한 권으로
끝내는
엑셀

한 권으로
끝내는
엑셀

2020년 9월 15일 1판 1쇄 인쇄
2020년 9월 20일 1판 1쇄 발행

지 은 이 | 이문형

펴 낸 곳 | (주)에듀웨이
주   소 | 14542 경기도 부천시 원미구 송내대로 265번길 59, 6층 603호(상동, 한솔프라자)
대표전화 | 032) 329-8703
팩   스 | 032) 329-8704
등   록 | 제387-2013-000026호
홈페이지 | www.eduway.net

북디자인 | 앤미디어
인   쇄 | 상지사 P&B
제   본 | 상지사 제본

Copyright©에듀웨이 R&D 연구소, 2020, Printed in Seoul, Korea
Illust Designed by Freepik

이 도서의 국립중앙도서관 출판예정도서목록(CIP)은 서지정보유통지원시스템 홈페이지(http://seoji.nl.go.kr)와
국가자료종합목록 구축시스템(http://kolis-net.nl.go.kr)에서 이용하실 수 있습니다.
(CIP제어번호 : CIP2020034013)

책값은 뒤표지에 있습니다.

ISBN   979-11-86179-48-2

엑셀은 직장인이라면 누구나 배워야 하는 필수 프로그램입니다. 각종 계산서는 물론 양식을 만들 때도 엑셀을 이용하는 사용자가 대부분입니다. 기본적인 계산 기능부터 표 데이터베이스, 매크로 등 다양한 기능을 사용할 수 있게 되면서 엑셀은 단순한 스프레드시트가 아닌 사회생활을 할 때 반드시 익혀야 할 종합 사무 지원 프로그램으로 거듭났습니다.

엑셀은 결코 배우기 힘든 프로그램이 아닙니다. 초보자가 힘들어 하는 함수도 엑셀 2016에서는 쉽고 빠르게 작성할 수 있도록 반자동 지원되며, 자동 사용되는 함수는 몇 번의 클릭만으로 작성이 가능합니다.

엑셀을 가장 빠르게 익히는 방법은 자신이 직접 수식을 짜서 작업해 보는 것입니다. 엑셀에서 제공하는 기능은 셀 수 없이 많지만 정작 자신이 업무에서 자주 사용하는 형식은 열댓 가지 내외이기 때문입니다. 자신이 자주 사용하는 형식의 엑셀 수식을 만들어 연습해 보면 해당 형식의 엑셀에는 전문가 수준이 될 수 있습니다.

견디기 힘들면 차라리 즐기라는 말처럼, 엑셀을 배워야 하는 상황이라면 보다 즐거운 상황에서 익힐 수 있는 방법을 찾는 것이 효율적입니다. 이 책을 처음부터 끝까지 모두 따라해 보기 보다는 자신이 배워야 할 부분만 우선 찾아 익히는 방법을 추천합니다. 그렇게 하면 어느새 엑셀에 자신감이 붙은 자신을 발견할 수 있을 것입니다.

이 책에서는 엑셀의 기본적인 기능부터 엑셀 2016의 새로운 기능에 이르기까지 다양한 기능을 수록하였습니다. 엑셀을 처음 배우시는 분이라면 도입 부분을 차근차근 익히고 이미 이전 버전의 엑셀을 익힌 분이라면 새로운 기능을 찾아 좀 더 실력을 쌓을 수 있습니다.

이 책이 완성되기까지 격려의 말을 아끼지 않았던 희수에게 감사의 말을 전하며, 이 책을 학습하는 분들이 엑셀을 업무에 자유자재로 활용할 수 있기를 바랍니다.

Contents _목차

Part ❶
엑셀 기본 다루기 및
환경 설정 익히기

1 : 엑셀 2016이란   **12**
엑셀(Excel)이란   12
엑셀 2016으로 할 수 있는 작업들   14

2 : 엑셀 2016의 새로운 기능   **17**
엑셀 2016의 새로운 기능   17

3 : 엑셀 2016 설치 및 업그레이드   **20**
엑셀 2016 설치하기   20
정품 인증하기   22

4 : 엑셀 2016 화면 구성   **24**
엑셀 2016의 화면 구성   24
미니 도구 모음 이용하기   26
화면 확대 및 축소하기   29
빠른 실행 도구 모음 편집하기   32

5 : 엑셀 2016 리본 메뉴   **35**
엑셀 2016의 리본 메뉴 구성   35
정황 탭의 구성   42
매크로 사용을 위한 [개발 도구] 탭 표시하기   45
나만의 리본 메뉴 구성하기   46
리본 메뉴 기본 구성으로 복원하기   51

6 : 엑셀 2016 실행과 종료   **52**
시작 메뉴에서 실행하기   52
바탕화면에 바로 가기 아이콘 만들기   53
시작 메뉴에 고정하기   54
통합 문서 닫기와 엑셀 2016 끝내기   55

7 : 새 문서 만들기   **56**
새 통합 문서 만들기   56
서식 파일을 이용하여 새 문서 만들기   57
온라인으로 서식 파일 검색하기   59

8 : 기존 문서 열고 저장하기   **60**
엑셀 2016에서 통합 문서 열기   60
다른 종류의 문서를 엑셀 2016에서 열기   63
통합 문서 저장하기   64
엑셀 2016 통합 문서를 구 버전으로 저장하기   66
엑셀 문서에 암호 설정하기   68

9 : 문서 출력하기   **72**
프린터 설정 및 인쇄 미리 보기   72
용지 방향 및 용지 여백 설정하기   76
용지보다 큰 문서 용지 크기에 맞게 인쇄하기   78
머리글 및 바닥글 삽입하기   80

10 : 사용 환경 설정   **82**
작성자 입력하기   82
오류 표식 색상 변경하기   83
문서 저장 위치 설정하기   84
셀 이동 방향 설정하기   86

Part ❷
셀과 워크시트 다루고
데이터 입력하기

1 : 엑셀의 시작, 셀 다루기   **90**
엑셀에서의 셀이란   91
셀 선택하기   91
단축키를 이용해 셀 이동하기   95
선택된 범위에 이름 정의하기   97
정의된 이름 삭제하기   99
셀 크기 변경하기   101

2 : 워크시트 다루기   **103**
워크시트 선택하기   104
워크시트 이름 변경하기   107
워크시트 이동 및 복사하기   108
새로운 워크시트 삽입하기   111
워크시트 삭제하기   114
화면에서 워크시트 숨기기   116

3 : 워크시트 및 통합 문서 보호하기   **118**
워크시트 보호하기   119
통합 문서 보호를 통해 워크시트 위치 고정하기   122

4 : 데이터 입력 및 편집하기   **124**
수치 데이터 입력하기   125
텍스트 입력하기   126
한자 입력하기   126
특수 문자 입력하기   127
날짜와 시간 입력하기   130

셀에 메모 입력하기   131
셀 데이터 복사 및 잘라내어 붙이기   132
셀 데이터 이동하기   133
셀 데이터 삭제하기   133
열 및 행 삽입하기   135
열 및 행 삭제하기   136

5 : 채우기 핸들로 데이터 자동 채우기   **137**
채우기 핸들을 이용한 연속 데이터 채우기   138
채우기 핸들을 이용한 셀 데이터 복사하기   140
자동 채우기를 이용한 수식 복사하기   142
사용자 지정 목록을 작성하여 자동 채우기   143

6 : 데이터 유효성 검사하기   **146**
데이터 유효성 검사하기   147
목록을 이용하여 입력 값 제한하기   150
글자 수를 이용하여 입력 값 제한하고 경고 상자 만들기   153
입력 값을 기준 이하의 정수로만 입력하게 하기   156
빈 셀을 찾아 동일한 데이터를 입력하기   159

7 : 자동차 연비 내역 만들기   **161**
표 제목 꾸미기   162
표 머리글 입력하기   165
각종 합계, 평균 및 연비 계산하기   169

Contents _목차

Part ❸
수식과 참조 사용하기

1 : 엑셀 수식이란   **174**
수식의 이해   175
연산자를 이용한 수식   176
수식 입력과 채우기   177
자동 수식을 이용하여 합계 구하기   180
셀 이름을 설정하고 수식에 이용하기   181
선택 영역에서 셀 이름 만들기   184

2 : 셀 참조하기   **186**
상대참조 사용하기   187
절대참조 사용하기   189
혼합참조 사용하기   192
참조 셀 추적하기   196

3 : 수식을 이용한 '수입/지출 현황' 만들기   **198**
이름 정의하기   199
데이터 유효성 검사 만들기   203
수식 만들기   205

Part ❹
셀 서식 및 표 다루기

1 : 표시 형식 설정하기   **212**
표시 형식의 종류   213
표시 형식 제한하기   213

리본 메뉴를 이용하여 빠르게 표시 형식 변경하기   217
사용자 임의의 표시 형식 만들기   220
사용자 형식 설정하기   223

2 : 셀 병합 및 셀 방향 설정하기   **225**
셀 병합의 형태   226
셀 병합 및 셀 정렬하기   227
셀 서식 창 맞춤 기능 살펴보기   230
셀 텍스트 방향 변경하기   231

3 : 셀 테두리 및 배경 설정하기   **234**
셀 테두리 만들기   235
셀 배경 설정하기   239
셀 스타일 적용하기   244
새 셀 스타일 만들기   246
서식 복사하기   249

4 : 표 만들기   **243**
표 만들기   252
표 서식 적용하기   257

5 : 조건부 서식 적용하기   **252**
조건부 서식이란   261
선택한 범위의 한 행 전체를 강조하기   262
셀 강조 규칙 적용하기   265
상위/하위 규칙 적용하기   268
2중 조건부 서식 적용하기   270

데이터 막대 적용하기	272	
색조 적용하기	275	
아이콘 집합 적용하기	276	
수식을 이용한 조건부 서식 적용하기	279	

6 ┊ 거래명세표 만들기   **281**

양식 테두리 선 만들기	282
셀 병합을 이용하여 구획하기	287
표시 형식 설정하기	291
수식 설정하기	295

Part ❺
그래픽 활용하여 꾸미기

1 ┊ 도형을 이용하여 문서 완성하기   **302**

도형 삽입하기	303
텍스트 상자 만들기	307
도형 복사하기	311
도형 정렬하기	318
블록 화살표 그리기	320
도형 순서 설정하기	324

2 ┊ 그림 파일 및 스크린샷 삽입하기   **325**

그림 삽입하기	326
스크린샷 삽입하기	328

3 ┊ 클립아트 삽입하기   **330**

클립아트 삽입하기	331

4 ┊ 워드아트 만들기   **334**

워드아트 만들기	335
워드아트 효과 부여하기	336

5 ┊ 스마트아트 이용하기   **339**

스마트아트 형태 알아보기	340
계층형 스마트아트 만들기	343
스마트아트 색상 변경 및 스타일 적용하기	346
관계형 스마트아트 만들기	348

Part ❻
함수로 정확한 값 산출하기

1 ┊ 함수의 적용   **354**

함수의 이해	355
함수의 입력 형식	356
함수 입력 방법	356

2 ┊ 가장 자주 사용되는 함수   **359**

SUM( ) 함수	360
AVERAGE( ) 함수	362
RANK.EQ( ) 함수	363

Contents _목차

IF( )/AND( ) 함수   365
MAX( )/MIN( ) 함수   367

3 ː 날짜 및 시간 함수   371
TODAY( )/NOW( ) 함수   372
YEAR( ) 함수   375
MONTH( ) 함수   377
DAY( ) 함수   378
DATE( ) 함수   380
WEEKDAY( ) 함수   382
DATEDIF( ) 함수   384
DAYS360( ) 함수   390

4 ː 수치 계산 및 수학/삼각 함수   392
ABS( ) 함수   393
INT( ) 함수   395
MOD( ) 함수   397
PRODUCT( )/SUMPRODUCT( ) 함수   398
SUMIF( ) 함수   401
ROUND( ) 함수   404
ROUNDUP( ) 함수   406
ROUNDDOWN( ) 함수   409
TRUNC( ) 함수   411

5 ː 통계 처리를 위한 통계 함수   413
AVERAGEA( ) 함수   414
COUNT( ) 함수   416
COUNTA( ) 함수   418
COUNTBLANK( ) 함수   420

COUNTIF( ) 함수   422
LARGE( ) 함수   424
SMALL( ) 함수   426
MEDIAN( ) 함수   429
MODE.SNGL( ) 함수   431

6 ː 데이터 검색을 위한 찾기/참조 함수   433
HLOOKUP( ) 함수   434
VLOOKUP( ) 함수   438
MATCH( )/INDEX( ) 함수   441

7 ː 문자 관련 작업을 위한 텍스트 함수   447
LEFT( ) 함수   448
MID( ) 함수   450
RIGHT( ) 함수   452
LEN( ) 함수   454
PROPER( ) 함수   456
UPPER( ) 함수   458
TEXT( ) 함수   460

8 ː 자동으로 입력되는 세금계산서 만들기   454
기초 양식에 이름 설정하기   463
세금계산서 양식에 함수 적용하기   468
세금계산서 작성하기   478

Part ❼
차트로 데이터 흐름 표현
및 분석하기

1 : 차트 빠르게 만들기   **482**

차트의 용도 및 종류   483

차트 도구를 이용하여 빠르게 차트 만들기   488

2 : 차트 서식 변경하기   **498**

데이터 계열 추가하기   499

데이터 계열 서식 설정하기   502

그림 영역 서식 설정하기   507

차트 제목 및 범례 삽입하기   509

3 : 동적인 차트 만들기   **515**

이름 정의하기   516

동적 차트 만들기   518

2 : 데이터 정렬하기   **543**

숫자를 기준으로 데이터 정렬하기   544

날짜를 기준으로 데이터 정렬하기   545

사용자 지정에 의해 데이터 정렬하기   546

3 : 데이터 필터링하기   **548**

자동 필터 사용하기   549

텍스트 필터를 통해 필터링하기   551

이중으로 자동 필터를 적용하기   552

조건 범위 안에 속하는 레코드만 필터링하기   554

고급 필터 사용하기   555

찾아보기   559

Part ❽
정렬과 필터로
데이터 관리하기

1 : 엑셀에서의 데이터 관리하기   **526**

외부 데이터 가져오기   527

텍스트 나누기   534

중복 데이터 제거하기   537

쿼리를 이용하여 외부 데이터 가져오기   539

Part 01

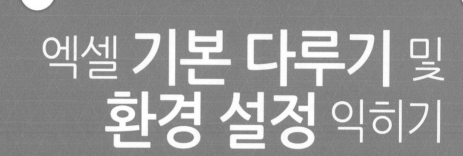

엑셀 기본 다루기 및 환경 설정 익히기

스프레드시트 분야에서 가장 많은 사용자를 가지고 있는 엑셀 2016에서는
공동 작업에 대한 기능이 대폭 강화되고 스마트 조회 등 새로운 기능이 추가되었습니다.
본격적으로 엑셀 2016을 배우기 전에 엑셀에 대해 자세히 알아보고,
엑셀 2016 설치 방법과 사용 환경에 대해 알아보겠습니다.

엑셀 2016이란

어느 회사를 막론하고 입사를 하면 엑셀과 파워포인트를 얼마나 잘 하는지에 따라 업무 역량을 평가하는 때가 있었습니다. 엑셀이 어떤 프로그램이기에 회사에서 필수적으로 배워야 하는 걸까요? 이 시간에는 엑셀 2016을 본격적으로 배우기에 앞서 엑셀이란 어떤 프로그램이고 엑셀로 할 수 있는 작업에는 어떤 것들이 있는지 알아보겠습니다.

Sub 1 엑셀(Excel)이란

회사에 다니는 사람이거나 장사를 하는 사람이라면 꼭 알아야 하는 프로그램이 엑셀입니다. 몰라도 업무는 할 수 있지만 엑셀을 아는 것과 모르는 것에는 많은 차이가 있습니다. 엑셀을 모르는 사람이 세 시간 걸려 작업할 분량을 엑셀을 사용하면 30분이면 할 수 있습니다.

1 스프레드시트(Spread Sheet)와 엑셀(Excel)

엑셀은 마이크로소프트에서 개발한 스프레드시트 프로그램입니다. 스프레드시트란 행과 열로 구성되어 있는 계산표를 이용하여 결과 값을 구하고 데이터를 관리하는 프로그램을 말합니다. 처음에는 주로 회계나 경리 분야에서 계산을 쉽게 처리하기 위해 개발되었으나 지금은 워드프로세서를 대체할 정도로 범용으로 사용되고 있습니다. 스프레드시트가 개발된 초기에는 로터스나 쿼트로 프로와 같은 많은 스프레드시트 프로그램이 있었지만 엑셀의 독보적인 기능과 편리한 사용 방법으로 인해 현재는 사용자 대부분이 엑셀을 사용합니다.

▲ 스프레드시트의 대명사였던 로터스　　　　▲ 최초의 버전인 엑셀 2.0

스프레드시트 개발 당시에는 단순히 행과 열의 숫자를 계산하기 위한 용도로 사용되었지만 현재의 엑셀은 기본적인 기능 이외에도 통계 처리와 분석, 데이터베이스 관리에 이르기까지 다양한 용도로 사용되고 있습니다.

엑셀 2016이 개발되기까지 초기 버전에 비해 많은 기능들이 추가되었지만, 일반적으로 엑셀을 사용하려는 목적은 스프레드시트이므로 기본적인 스프레드시트 기능을 우선 익힌 다음 추가적인 기능을 익히는 것이 올바른 순서일 것입니다.

② 엑셀 2016 시스템 요구 사양

엑셀 2016은 윈도우 7 서비스팩 1 이상의 운영체제에서 사용이 가능합니다. 그러므로 기본적으로 윈도우 7을 설치할 수 있는 시스템 사양이라면 오피스 2016도 설치가 가능하다는 의미입니다. 단 그래픽 카드는 DirectX 10의 그래픽 가속 기능이 있는 제품을 사용하는 것이 좋습니다.

엑셀 2016을 사용하기 위한 시스템 요구 사양은 다음과 같습니다.

구성 요소	요구 사양
컴퓨터 및 프로세서	1GHz 프로세서 이상
메모리	2GB 이상
하드 디스크	3GB의 사용 가능한 디스크 공간
광학 디스크 드라이브	DVD-ROM 드라이브
니스플레이	모니터 해상도 1024×768 이상
운영체제	Windows 7 서비스팩 1 이후에 개발된 운영체제
그래픽	그래픽 가속화 기능이 있는 DirectX 10 그래픽 카드
.NET	.NET 3.5 이상 설치
계정	마이크로소프트 계정

③ 오피스 2016 제품군

엑셀 2016은 단독으로 구매하여 사용할 수는 없으며, 오피스 2016 제품군에 포함되어 있는 프로그램입니다. 오피스 2016 제품군은 가정에서 사용하는 Home 제품군과 기업에서 사용하는 Business 제품군으로 구분하여 판매되며, 제품군에 따라 일부 제품이 포함되거나 빠져 있을 뿐 기능은 모두 동일한 제품들입니다.

표시 형식	제품군	워드	엑셀	파워포인트	원노트	아웃룩	퍼블리셔	액세스
Home	Office 365 Home	○	○	○	○	○	○	○
	Office 365 Personal	○	○	○	○	○	○	○
	Office Home & Student 2016	○	○	○	○			
	Office Home & Student 2016 for Mac	○	○	○	○			
Business	Office Home & Business 2016	○	○	○	○	○		
	Office Home & Business 2016 for Mac	○	○	○	○	○		
	Office Professional 2016	○	○	○	○	○	○	○

Sub ② 엑셀 2016으로 할 수 있는 작업들

엑셀 2016으로 어떤 작업들을 할 수 있는지 알아보겠습니다. 엑셀 2016에는 기본적인 계산 기능 이외에 표를 만들 수 있는 도구와 그림을 편집할 수 있는 도구, 그리고 차트를 만들 수 있는 도구와 데이터베이스를 관리하는 도구 등이 있습니다. 이러한 기능들을 하나씩 살펴보면 어떤 작업을 할 수 있을지 짐작할 수 있습니다.

1 스프레드시트 기능

엑셀은 무엇보다도 행과 열의 수치를 이용하여 결과 값을 얻기 위한 스프레드시트 기능에 충실합니다. 스프레드시트 기능 이외에 많은 기능이 있지만 이러한 기능 모두 스프레드시트 기능을 기본으로 하여 작업이 수행되는 것입니다. 특히 엑셀에서 제공하는 함수를 이용하면 사용자가 구현하고자 하는 거의 대부분의 결과 값을 만들 수 있습니다.

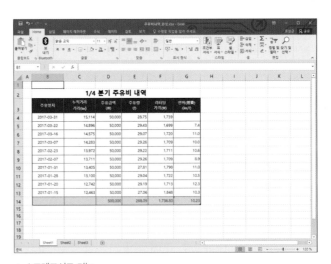

▲ 스프레드시트 기능

2 문서 작성 기능

우리나라와 외국 문서에서 가장 크게 차이가 나는 점은 표의 사용입니다. 우리나라에서는 대부분의 문서에 표가 삽입되지만 외국 문서는 우리나라 문서보다 표 사용이 적습니다. 이러한 이유로 다른 나라와는 달리 우리나라에서는 엑셀에서의 표 기능이 유용하게 사용됩니다. 이러한 표를 이용하면 그럴듯한 문서를 만들 수 있습니다. 특히 스프레드시트를 기반으로 하는 양식은 사용자에게 더 없이 편리한 계산 기능을 제공합니다.

◀ 뛰어난 표 작성 기능

3 그래픽과 차트 기능

문장 열 줄보다 그림 하나가 효과적일 경우가 많습니다. 엑셀에서는 다양한 그래픽 도구를 이용하여 사용자가 구현하고자 하는 그래픽 대부분을 만들 수 있습니다. 특히 스마트아트와 같은 그래픽 도구를 사용하면 조직도나 다이어그램과 같은 도형을 쉽고 빠르게 만들 수 있습니다. 그래픽 이외에 데이터의 추이를 파악하기 위한 차트 기능도 제공합니다. 스프레드시트와 차트는 서로 뗄 수 없는 관계입니다. 엑셀 2016에서는 73가지 형태의 차트를 만들 수 있는 기능을 제공합니다.

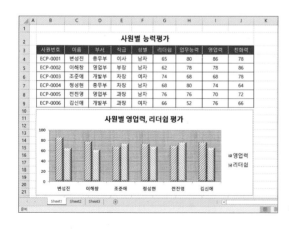

◀ 대부분의 사용자 의도를 표현할 수 있는 차트 기능

4 데이터베이스 기능

엑셀에서는 숫자 이외에도 다양한 형태의 데이터를 입력할 수 있습니다. 이러한 데이터들이 일련의 관계를 맺고 규칙이 적용되면 자연스럽게 데이터베이스가 만들어집니다. 엑셀은 한눈에 데이터베이스 정보를 파악할 수 있는 장점이 있습니다. 정해진 범위 안에서 사용자 의도에 맞추어 데이터를 재정렬하거나 일부 데이터만 추출할 수 있습니다. 또한 피벗 테이블이나 시나리오 같은 기능을 이용하면 데이터베이스를 이용하여 새로운 데이터를 만들 수 있습니다.

◀ 데이터 관리 도구를 이용한 데이터베이스 기능

5 자동화 기능

엑셀을 사용하다 보면 단순한 작업을 반복해야 할 경우가 있습니다. 반면 복잡하고 긴 작업 과정을 어느 순간 반복해야 할 경우도 있습니다. 단순하든 복잡하든 문제는 반복을 해야 한다는 점입니다. 이러한 경우를 위해 매크로 기능이 만들어졌습니다. 매크로 기능을 이용하면 사용자가 지정한 순서에 의해 작업이 순차적으로 진행됩니다. 매크로를 사용하여 동일한 작업을 반복하는 시간을 크게 줄일 수 있으며 작업의 정확도를 기할 수 있습니다.

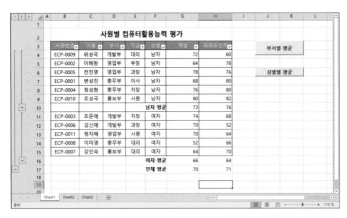

◀ 복잡한 작업 과정을 마우스 클릭 한 번으로 끝낼 수 있는 엑셀 매크로 기능

엑셀 2016의 새로운 기능

이미 엑셀을 업무에 사용하고 있던 기존 사용자라면 엑셀 2016을 사용하는 데 무리가 없을 것입니다. 엑셀의 기본적인 계산 능력은 이전 버전과 동일하며 새로운 기능이 추가되었기 때문입니다. 이전 버전 엑셀에 능숙한 사용자라면 새로운 기능을 중심으로 엑셀 2016을 익힌다면 보다 엑셀 2016에 빨리 익숙해질 것입니다.

Sub 1 엑셀 2016의 새로운 기능

엑셀 2016의 특징은 이전 버전에 비해 보다 신속하게 결과 값을 산출하고 시각적으로 진보된 화면을 제공한다는 점입니다. 또한 여러 사용자가 하나의 엑셀 문서를 공동으로 작업하는 협업 기능이 강화되고 전문적인 데이터 분석 기능이 제공되는 것이 특징이라 할 수 있습니다.

1 공동 작업(Co-Authoring) 기능

여러 사용자들이 실시간으로 엑셀 문서를 작성하고 공유하며 각자의 편집 화면을 하나의 문서에서 확인하며, 하나의 엑셀 파일을 여러 사용자가 동시에 작업하는 것이 쉬워졌습니다. 한 사용자가 엑셀 파일을 마이크로소프트 계정의 원드라이브에 저장한 다음 다른 사용자를 초대하면 다른 사용자와 함께 문서를 공동 편집할 수 있습니다.

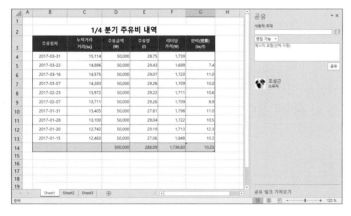

◀ 원드라이브를 이용해 다른 사용자와의 공동 편집할 수 있는 공동 작업 기능

② Tell me 기능

엑셀 2016의 탭 오른쪽 끝에는 항상 '수행할 작업을 알려주세요.'라는 문구가 뜨는데, 이곳에 수행할 작업을 입력하면 해당하는 작업 목록이 표시되어 선택할 수 있게 됩니다. 이것이 'Tell me' 기능으로 자주 사용하지 않는 기능이라면 리본의 위치를 기억하기 보다 'Tell me' 기능을 이용하여 수행하는 것이 빠르고 편리합니다.

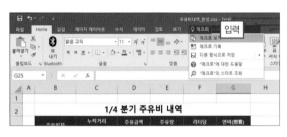

◀ 수행할 작업을 입력하여 실행할 수 있는 검색 기능

③ 진보된 자동 채우기

엑셀 2016에서는 보다 자동화된 채우기 기능을 제공합니다. 기존에 단순히 계산식을 채우던 기능에서 나아가 이메일 주소를 분석하여 자동으로 이름을 입력하는 등 일정한 형식을 갖춘 셀 데이터를 분석하여 진보된 자동 채우기 작업을 할 수 있습니다.

④ 빠른 분석을 쉬운 계산식 입력

기존에는 선택 영역을 계산할 때 일일이 함수를 입력하거나 [수식] 탭 화면의 자동 계산 입력 기능을 이용해야 했으나 엑셀 2016에서는 선택한 영역의 데이터를 쉽고 빠르게 계산할 수 있는 도구 상자가 제공됩니다. 도구 상자를 이용하면 선택한 영역에 대한 대표적인 계산 함수를 빠르게 사용할 수 있습니다.

5 추천 차트와 새로운 여섯 가지 차트

엑셀 2016에서는 사용자가 선택한 영역에 적합한 차트를 자동으로 찾아주는 [추천 차트]와 새로운 여섯 가지의 차트가 추가되어 더욱 다양한 차트를 사용할 수 있게 되었습니다. 추천 차트를 이용하면 문서에 어울리는 차트가 어떤 것인지 고민하지 않아도 엑셀에 가장 최적화된 차트를 찾아 줍니다. 다만 자신이 원하는 방향의 추천 차트를 만들려면 선택된 영역의 데이터가 완성된 상태여야 합니다.

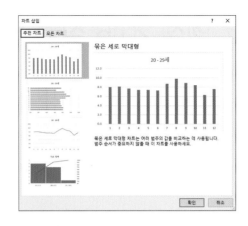

6 최근에 사용한 항목

최근 사용한 항목은 엑셀에서 가장 최근에 사용한 엑셀 목록을 순차적으로 표시하여 PC 혹은 모바일, 클라우드 등 어떤 장치에서 어떤 경로에 있는 파일을 작업했는지 확인할 수 있으며, 즉시 파일을 열어 작업할 수 있습니다.

7 가져오기 및 변환

엑셀 2016에서는 쉽고 빠르게 데이터 수집을 하고 모양을 지정할 수 있는 [가져오기 및 변환] 기능을 제공합니다. 이 기능을 이용하면 데이터베이스에 연결한 후 엑셀 2016에서 분석 요구에 맞는 결과를 도출할 수 있습니다. 엑셀 2016에서 [가져오기 및 변환] 기능을 사용하려면 통합 문서에서 쿼리를 만든 다음 필요에 맞게 데이터를 변환한 후 사용할 수 있습니다.

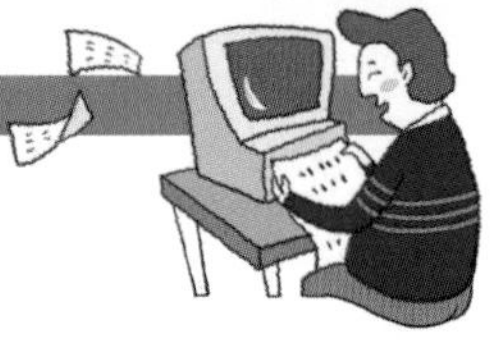

엑셀 2016 설치 및 업그레이드

엑셀 2016의 설치는 오피스가 없는 PC에 새롭게 설치하는 방법과 기존 오피스에서 업그레이드하는 방법으로 구분할 수 있습니다. 그럼 엑셀 2016을 설치하는 방법과 정품 인증을 받는 방법을 알아보겠습니다.

Sub 1 엑셀 2016 설치하기

엑셀 2013부터는 정품 인증을 위한 CD-Key를 프로그램 설치를 모두 마친 후에 입력해야 합니다. CD-Key를 입력하지 않으면 시험판으로만 60일 동안 사용할 수 있습니다. 그럼 엑셀 2016 설치를 시작하겠습니다. 여기서는 오피스 2013이 설치되어 있는 상태에서 업그레이드하는 방법에 대해 알아보겠습니다.

01 엑셀 2016 설치 파일을 실행합니다. 설치 파일은 구매한 형태에 따라 DVD-ROM일 수도 있고 다운로드한 파일 형태일 수도 있으므로, 자신이 가지고 있는 설치 파일을 실행하도록 합니다. 가장 처음으로 엑셀 2016의 소프트웨어 저작권에 대한 내용이 표시됩니다. [동의함] 옵션 상자에 체크 표시한 다음 [계속] 버튼을 클릭합니다.

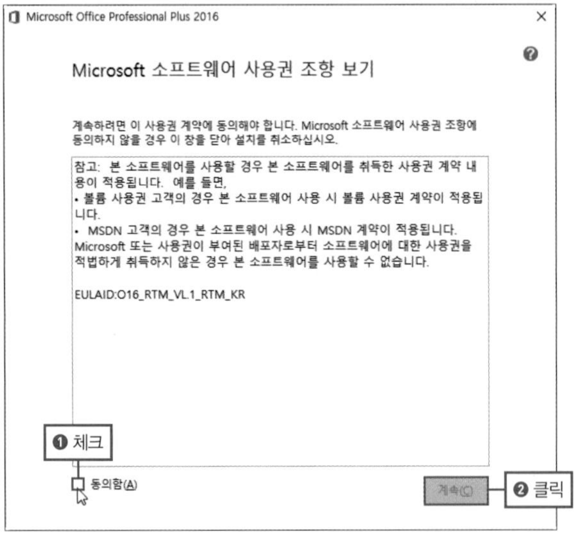

02 설치 유형을 선택하는 화면이 표시되면 [업그레이드] 버튼을 클릭합니다.

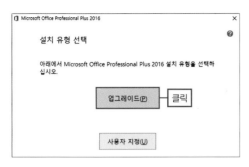

03 오피스 이전 버전의 유지 방법을 설정하는 화면이 표시됩니다. 사용자에 따라 필요한 항목을 선택한 다음 [설치 옵션] 탭을 선택합니다.

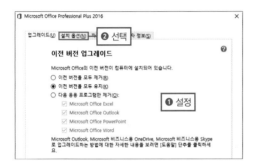

04 프로그램 선택 화면이 표시되면 설치하지 않을 프로그램 상자를 클릭한 다음 바로 가기 메뉴가 표시되면 [사용할 수 없음]을 선택합니다. 같은 방법으로 설치하지 않을 프로그램을 설정한 다음 [지금 설치] 버튼을 클릭합니다.

05 설치가 모두 끝나고 설치 완료 화면이 표시되면 [닫기] 버튼을 클릭하여 설치 과정을 마칩니다. 설치를 마치고 나면 PC를 재부팅해야 합니다. 재부팅 확인 상자가 표시되면 [예] 버튼을 클릭하여 PC를 재부팅합니다.

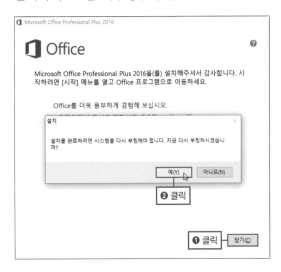

Sub ② 정품 인증하기

오피스 2016은 설치 과정이 모두 끝난 후 정품 과정을 거쳐야만 아무런 제한 없이 프로그램을 사용할 수 있습니다. 정품 인증을 하지 않으면 60일 동안의 시험판 버전으로만 사용할 수 있습니다. 그럼 정품 인증 과정을 알아보겠습니다.

01 정품 인증은 계정 옵션에서 설정할 수 있습니다. [파일] 탭을 선택한 다음 [계정]을 선택합니다.

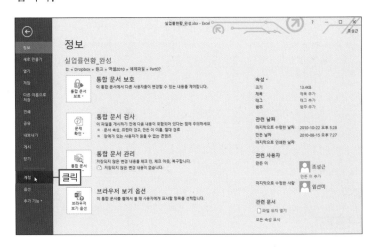

02 [계정] 화면이 표시되면 [제품 키 변경]을 클릭합니다.

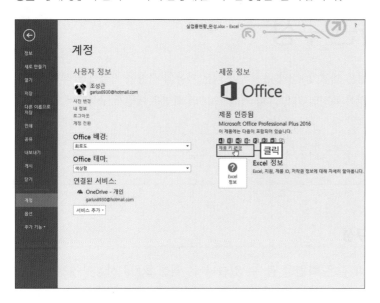

03 제품 키 입력 상자가 표시되면 제품키를 입력한 다음 [계속] 버튼을 클릭하면 정품 인증이 완료됩니다.

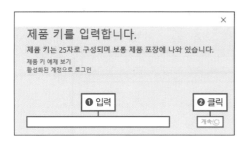

엑셀 2016 화면 구성

엑셀 2016의 기본적인 구성은 엑셀 2013과 유사하나 리본 메뉴의 구성이 조금씩 달라지고 'Tell me' 기능이 추가된 것이 특징입니다. 그럼 엑셀 2016의 화면은 어떻게 구성되어 있는지 알아보겠습니다.

Sub 1 엑셀 2016의 화면 구성

엑셀 2016을 실행하면 다음과 같은 화면을 볼 수 있습니다. 엑셀 2003 사용자에게는 상당히 생소할 수 있으나 엑셀 2007 이상 버전의 사용자에게는 익숙한 리본 화면으로 구성되어 있습니다.

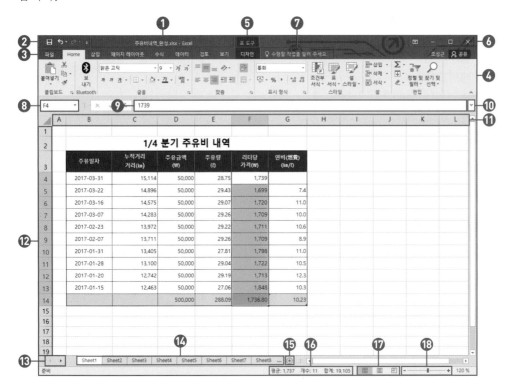

❶ **제목 표시줄** : 엑셀 문서 제목이 표시되는 곳입니다. 아직 저장하지 않은 상태라면 '통합 문서'라는 이름 뒤에 만든 순서대로 번호가 붙게 됩니다. 저장한 이후에는 문서 이름이 표시됩니다.

❷ **빠른 실행 도구 모음** : 엑셀 2016에서 자주 사용되는 기능을 빠르게 실행할 수 있도록 모은 곳입니다. 빠른 실행 도구 모음에서 사용할 수 있는 기능은 옵션 설정을 통해 변경할 수 있습니다.

❸ **Microsoft Office Backstage** : 오피스 2007에서의 오피스 버튼과 유사하지만 보다 많은 기능을 제공합니다. 화면에는 [파일] 탭으로 표시되며 파일 작업과 문서 관리, 옵션 설정 등을 할 수 있습니다.

❹ **리본 메뉴** : 기능별로 일곱 개의 탭으로 구성되며, 각 메뉴를 클릭하면 해당 탭 화면으로 전환됩니다. 리본 탭 화면의 기능은 옵션 설정을 통해 변경할 수 있습니다. 또한 리본 탭을 더블 클릭하거나 [리본 메뉴 축소] 버튼(▲)을 클릭하면 리본 메뉴를 화면에서 숨길 수 있습니다.

❺ **정황 탭** : 그림이나 표, 데이터 관리 등이 작업을 할 때 해당 기능에 대한 추가 기능이 해당 탭으로 표시됩니다. 편집 과정이 끝나면 탭 또한 사라집니다.

❻ **창 조절 버튼** : 창을 최소화하거나 최대화할 수 있고 엑셀 2016을 끝내기 위한 버튼이 제공됩니다.

❼ **Tell me** : 입력한 단어와 유사하거나 관련있는 기능을 직접 수행할 수 있습니다. 검색 상자에 입력한 단어와 동일하거나 관련있는 기능을 자동으로 찾을 수 있습니다.

❽ **이름 상자** : 기본적으로는 현재 선택된 상태의 셀 주소가 표시되며 셀의 범위를 설정하는 동안은 셀 크기가 표시됩니다. 또한 일정한 범위의 셀을 선택한 다음 해당 범위에 이름을 부여할 수가 있습니다.

❾ **수식 입력 줄** : 수식을 입력하는 곳입니다. 셀을 선택했을 때는 입력한 데이터나 수식이 표시됩니다.

❿ **수식 입력 줄 확장** : 수식 입력이나 데이터 입력이 여러 줄인 경우 수식 입력 창을 확장하여 표시합니다.

⑪ **열 머리글** : 열 이름이 표시되는 곳입니다. 최대 16,384개의 열을 만들 수 있으며 열 머리글을 클릭하면 해당 열이 모두 선택됩니다.

⑫ **행 머리글** : 행 이름이 표시되는 곳입니다. 최대 1,048,576개의 행을 만들 수 있으며 행 머리글을 클릭하면 해당 행이 모두 선택됩니다.

⑬ **워크시트 이동 버튼** : 화면에 보이지 않는 워크시트로 이동하기 위한 버튼입니다.

⑭ **시트 탭** : 워크시트의 탭들이 표시되며 탭을 선택하면 해당 워크시트가 표시됩니다. 워크시트의 순서는 변경할 수 있으며, 기존 워크시트를 복사하거나 삭제할 수 있습니다.

⑮ **워크시트 삽입** : 버튼을 클릭하면 새로운 워크시트가 만들어집니다.

⑯ **상황 표시줄** : 현재의 작업 현황을 표시합니다. 숫자로 된 셀을 여러 개 선택한 상태에서는 평균값과 개수 및 합계 등 자동 계산된 결과가 표시됩니다.

⑰ **페이지 보기 도구** : 엑셀의 화면을 [기본], [페이지 레이아웃], [페이지 나누기 미리 보기]로 구분하여 표시할 수 있게 합니다.

⑱ **화면 확대/축소 슬라이더 바** : 엑셀 화면을 확대하거나 축소할 수 있는 슬라이더 바를 제공합니다. 슬라이더 바를 드래그하거나 [＋]와 [－] 버튼을 이용하여 배율을 조정할 수 있습니다.

Sub ② 미니 도구 모음 이용하기

[빠른 실행 도구 모음]과 [미니 도구 모음]은 엑셀 2016에서 효율적인 작업을 위해 자주 사용하는 기능을 빠르게 사용할 수 있는 도구 모음입니다. [미니 도구 모음]은 셀의 바로 가기 메뉴와 함께 표시되며, 글꼴 관련 작업과 표시 형식을 설정할 수 있습니다.

01 미니 도구 모음을 표시하기 위해 [B2]셀에서 [E2]셀까지 드래그하여 선택한 다음 마우스 오른쪽 버튼을 클릭합니다.

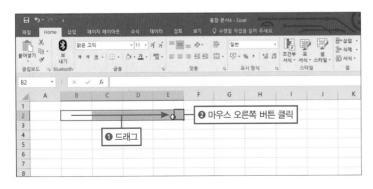

02 미니 도구 모음과 바로 가기 메뉴가 표시되면 미니 도구 모음의 [채우기 색▼]을 클릭합니다.

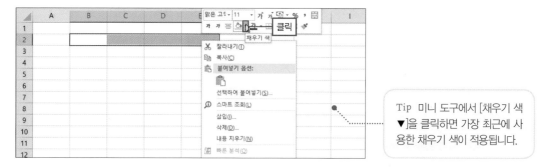

> **Tip** 미니 도구에서 [채우기 색▼]을 클릭하면 가장 최근에 사용한 채우기 색이 적용됩니다.

03 팔레트 상자가 표시되면 [파랑, 강조 5, 25% 더 어둡게]를 선택합니다.

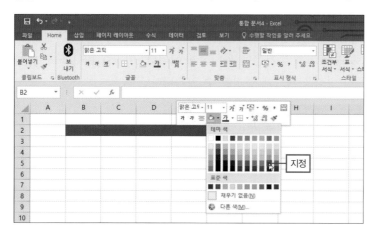

04 선택한 셀의 채우기 색이 변경되면 미니 도구 모음에서 [글꼴 색▼]을 클릭합니다. 글꼴 색을 선택할 수 있는 팔레트 상자가 표시되면 [흰색]을 선택합니다.

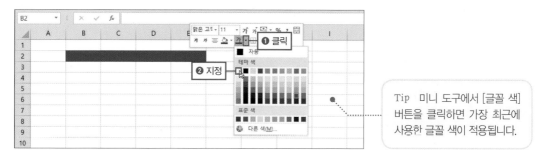

> **Tip** 미니 도구에서 [글꼴 색] 버튼을 클릭하면 가장 최근에 사용한 글꼴 색이 적용됩니다.

05 선택한 셀을 병합하기 위해 다시 셀 범위를 마우스 오른쪽 버튼으로 클릭한 다음 미니 도구가 표시되면 [병합하고 가운데 맞춤]을 클릭합니다.

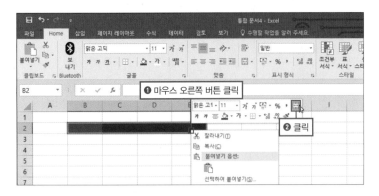

06 선택한 셀이 하나의 셀로 병합되고 셀 정렬이 가운데 맞춤으로 설정됩니다. [B2]셀을 클릭하고 내용을 입력하면 자동으로 병합된 셀의 가운데 위치하게 됩니다. 이처럼 미니 도구 모음을 사용하면 글꼴 관련 도구와 표시 형식을 빠르게 설정할 수 있습니다.

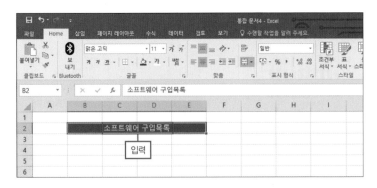

!) **알아두면 좋아요**

스크린 팁 사용하기

리본 메뉴의 스크린 팁을 사용하면 리본 메뉴에서 각 아이콘에 대한 간단한 도움말을 볼 수 있습니다. 리본 메뉴의 아이콘 위에 마우스 포인터를 올리면 잠시 후에 마우스 포인터가 위치하고 있는 해당 아이콘에 대한 스크린 팁이 표시됩니다.

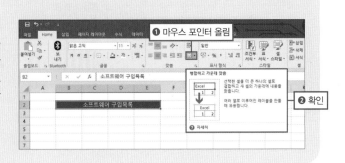

　오피스 계열의 프로그램들은 모두 동일한 화면 확대/축소 방법을 사용할 수 있는데, 화면을 확대하거나 축소할 때 [확대/축소 슬라이더 바]와 마우스의 두 가지 방법을 사용할 수 있습니다. 실제 작업에서는 [확대/축소 슬라이더 바]보다는 키보드와 마우스를 이용한 화면 확대/축소 방법을 자주 사용하게 됩니다.

01 엑셀 2016 창의 오른쪽 아랫부분에 있는 화면을 확대해 보기 위해 [화면 확대/축소 슬라이더 바]에서 +를 두 번 클릭합니다.

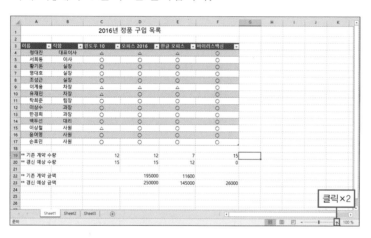

02 화면이 120%로 확대됩니다. 즉 +를 클릭할 때마다 10%씩 확대 비율이 증가합니다. 마찬가지로 −를 클릭하면 한 번 클릭할 때마다 10%씩 축소 비율이 작아집니다.

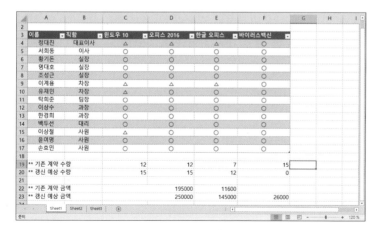

03 사용자가 직접 화면 배율을 지정하여 설정하는 방법을 알아보겠습니다. [화면 확대/축소 슬라이더 바]의 오른쪽에 표시되고 있는 화면 배율을 클릭합니다.

○	○	○	
○	○	○	
12	7	15	
15	12	0	
195000	11600		
250000	145000	26000	

클릭

04 [확대/축소] 창이 열립니다. 이 화면에서는 사용자가 직접 화면 배율을 선택하거나 입력하여 설정할 수 있습니다. 다시 기본 화면 상태로 돌아가기 위해 '100%' 항목을 선택한 다음 [확인] 버튼을 클릭합니다.

❶ 선택

확대/축소 ? ×
배율
○ 200%
◉ 100%
○ 75%
○ 50%
○ 25%
○ 선택 영역에 맞춤(F)
○ 사용자 지정(C): 100 %
확인 ❷ 클릭

05 다시 100% 비율의 기본 화면 배율로 표시됩니다. 이처럼 [화면 확대/축소 슬라이더 바]를 이용하면 적절한 비율로 화면 배율을 사용자가 설정할 수 있습니다.
키보드와 마우스를 이용하여 빠르게 화면 배율을 변경하는 방법을 알아보겠습니다. 기본 화면 배율을 유지한 상태에서 키보드의 [Ctrl] 키를 누른 채로 마우스의 휠을 아래쪽으로 한 단위를 돌립니다.

	A	B	C	D	E	F	G	H	I	J	K
3	이름	직함	윈도우 10	오피스 2016	한글 오피스	바이러스백신					
4	정대진	대표이사	△	○	○	○					
5	서희동	이사	○	○	○	○					
6	황기돈	실장	○	○	○	○					
7	명대호	실장	○	○	○	○					
8	조성근	실장	○	○	○	○					
9	이계용	차장	△	△	○	○					
10	유재민	차장	△	○	○	○					
11	탁회준	팀장	○	○	○	○					
12	이상수	과장	○	○	○	○					
13	한경회	과장	○	○	○						
14	백두선	대리	○	○	○	○					
15	이상철	사원	△	○	○	○					
16	윤여명	사원	○	○	○	○					
17	손효민	사원	○	○	○	○					
19	** 기존 계약 수량		12	12	7	15					
20	** 갱신 예상 수량		15	15	12	0					
22	** 기존 계약 금액			195000	11600						
23	** 갱신 예상 금액			250000	145000	26000					

[Ctrl]+아래쪽 휠 돌리기

06 화면이 85%의 배율로 작아집니다. 즉 마우스 휠을 이용하면 한 번 돌릴 때마다 15%씩 커지거나 작아집니다. 키보드의 `Ctrl` 키를 누른 채로 마우스 휠을 위쪽으로 두 단위를 돌립니다.

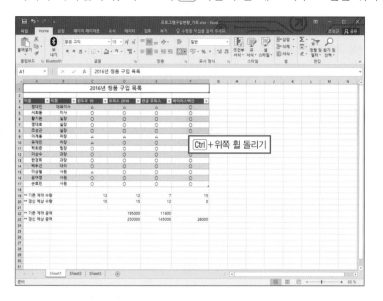

07 화면이 115%로 커집니다. 이처럼 [화면 확대/축소 슬라이더 바]를 이용해도 화면 배율을 조정할 수 있지만 실제 작업 중에는 키보드와 마우스를 이용해서 화면 배율을 조절하는 것이 빠르고 효과적입니다.

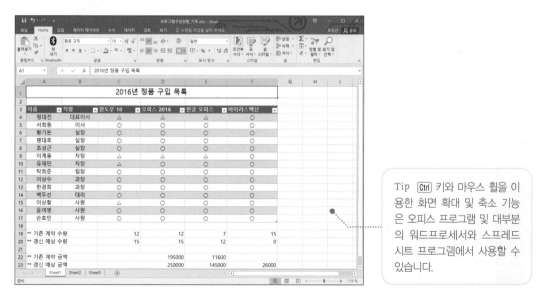

> Tip `Ctrl` 키와 마우스 휠을 이용한 화면 확대 및 축소 기능은 오피스 프로그램 및 대부분의 워드프로세서와 스프레드시트 프로그램에서 사용할 수 있습니다.

엑셀 2016의 화면 윗부분에는 작업 중 자주 사용하게 되는 기능을 모아 빠른 실행 도구 모음으로 제공합니다. 기본적으로 [저장] 버튼과 [실행 취소] 그리고 [다시 실행]의 세 가지 버튼이 제공되는데, 이 외에 자신이 자주 사용되는 기능이 있다면 빠른 실행 도구 모음에 버튼을 추가하여 사용할 수 있습니다.

01 빠른 실행 도구 모음은 [옵션] 창에서 설정할 수 있습니다. [파일] 탭을 선택합니다.

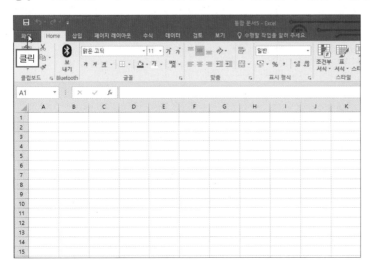

02 [파일] 탭 화면이 표시되면 [옵션]을 클릭합니다.

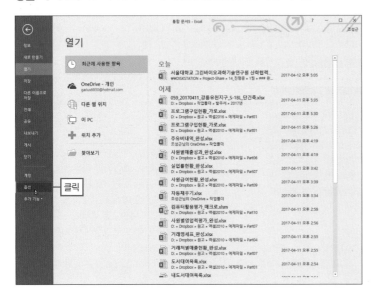

03 [Excel 옵션] 창이 열리면 탐색 창에서 [빠른 실행 도구 모음]을 클릭합니다. 빠른 실행 도구 모음 편집 화면이 표시됩니다. 여기서는 빠른 실행 도구 모음에 [새 파일] 버튼을 추가해 보겠습니다. [명령 선택] 창의 목록에서 [새 파일]을 선택한 다음 [추가] 버튼을 클릭합니다.

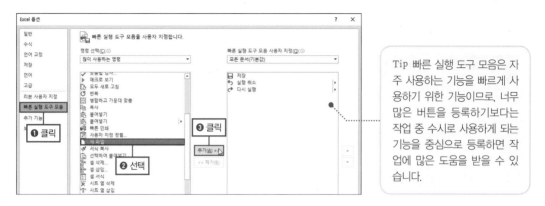

Tip 빠른 실행 도구 모음은 자주 사용하는 기능을 빠르게 사용하기 위한 기능이므로, 너무 많은 버튼을 등록하기보다는 작업 중 수시로 사용하게 되는 기능을 중심으로 등록하면 작업에 많은 도움을 받을 수 있습니다.

04 빠른 실행 도구 모음 사용자 지정 상자에 [새 파일]이 추가되면 [확인] 버튼을 클릭합니다.

05 엑셀 2016 창이 표시되면 빠른 실행 도구 모음에 [새 파일] 버튼이 추가된 것을 확인할 수 있습니다. 이처럼 빠른 실행 도구 모음은 사용자 설정에 의해 언제든지 추가나 제거가 가능합니다.

빠른 실행 도구 모음의 위치 설정하기

빠른 실행 도구 모음은 기본적으로 리본 메뉴의 위쪽에 위치하고 있지만 사용자 설정에 의해 리본 메뉴 아래쪽에 위치시킬 수 있습니다. 빠른 실행 도구 모음의 위치를 변경하려면 [빠른 실행 도구 모음 사용자 지정] 아이콘(▼)을 클릭한 다음 바로 가기 메뉴에서 [리본 메뉴 아래에 표시] 혹은 [리본 메뉴 위에 표시]를 선택하면 됩니다.

▲ 리본 메뉴의 위쪽이나 아래쪽으로 변경이 가능한 빠른 실행 도구 모음

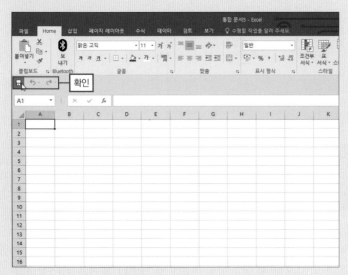

▲ 리본 메뉴 아래쪽에 위치한 모습

엑셀 2016 리본 메뉴

리본 메뉴는 엑셀 2013부터 도입된 기능으로, 비슷한 유형의 기능을 단락으로 묶어 사용자가 명령어를 몰라도 쉽게 기능을 찾아 수행할 수 있도록 만든 사용자 인터페이스입니다. 엑셀 2016에서는 기존 리본 메뉴와 유사하지만 스마트 검색과 같은 좀 더 다양하고 진화된 기능을 제공합니다.

Sub 1 엑셀 2016의 리본 메뉴 구성

엑셀 2016에서도 이전 버전과 마찬가지로 리본 메뉴를 사용자가 구성할 수 있고 화면에서 숨길 수 있습니다. 엑셀 2016에서의 리본 메뉴는 어떻게 구성되어 있고 어떤 기능을 수행하는지 확인해 보겠습니다.

1 [파일] 화면

[파일] 탭 화면에서는 엑셀 문서를 열거나 저장하는 등의 파일 작업과 현재 작업 중인 문서에 대한 정보, 그리고 인쇄와 옵션 설정 등의 작업을 할 수 있습니다.

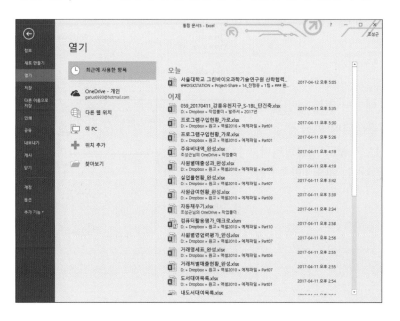

② [홈] 탭

[홈] 탭은 엑셀 2016을 실행했을 때 기본적으로 표시되는 화면으로, 엑셀 작업에서 가장 자주하는 편집 기능과 서식 설정 기능이 포함되어 있습니다. [홈] 또는 [HOME]으로 표시됩니다.

❶ [클립보드] 그룹 : 선택한 영역을 복사하거나 잘라내고 다시 붙이는 등 클립보드를 이용한 작업과 관련된 아이콘들이 제공됩니다. 확장 버튼을 클릭하면 클립보드에 저장된 내용들이 표시되어 선택적으로 엑셀 문서에 삽입할 수 있습니다.

> Tip [Bluetooth] 그룹은 노트북처럼 블루투스 기능이 있는 경우에만 표시됩니다.

❷ [글꼴] 그룹 : 글꼴과 글꼴 크기, 글꼴색 등 글꼴 작업과 관련된 아이콘들이 제공되며 확장 버튼을 클릭하면 [셀 서식] 창의 [글꼴] 탭 화면이 표시됩니다.

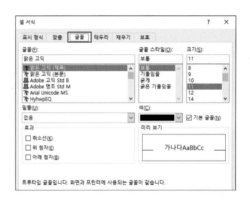

❸ [맞춤] 그룹 : 셀 안에서의 데이터 정렬 방법을 설정할 수 있는 아이콘들로 구성되며 여러 셀을 병합하여 하나의 셀로 만드는 기능도 제공합니다. 확장 버튼을 클릭하면 [셀 서식] 창의 [맞춤] 탭 화면이 표시됩니다.

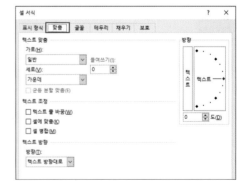

❹ [표시 형식] 그룹 : 백분율 · 통화 · 콤마 등 셀 데이터의 표시 형식을 설정하는 아이콘들로 구성되어 있으며, 확장 버튼을 클릭하면 [셀 서식] 창의 [표시 형식] 탭 화면이 표시됩니다.

❺ [스타일] 그룹 : 조건부 서식과 표 서식 그리고 셀 스타일을 설정할 수 있는 항목들로 구성되어 있습니다.

❻ [셀] 그룹 : 행이나 열을 삽입하거나 삭제하기 위한 항목과 셀과 시트의 서식을 설정할 수 있는 항목으로 구성되어 있습니다.

❼ [편집] 그룹 : 자동 합계나 채우기, 정렬 및 필터 등 셀 편집 및 정렬 및 검색과 관련된 항목들로 구성되어 있습니다.

❸ [삽입] 탭

[삽입] 탭은 엑셀 문서에 표나 그림, 도형, 차트 등의 요소를 삽입하기 위한 도구들로 구성되어 있습니다.

❶ [표] 그룹 : 엑셀 문서에 표와 피벗 테이블을 삽입하기 위한 항목으로 구성되어 있습니다.

❷ [일러스트레이션] 그룹 : 엑셀 문서에 그림이나 클립아트, 도형, 스크린샷 등의 일러스트레이션 요소를 삽입할 수 있는 항목들로 구성되어 있습니다.

❸ [추가 기능] 그룹 : 옵션의 추가 기능 관리에 의해 선택된 추가 기능들이 표시됩니다.

④ [차트] 그룹 : 엑셀 문서에 차트를 삽입할 수 있는
항목들로 구성되어 있습니다. 차트 형태에 따라
차트 각각을 클릭하면 세부적인 차트 형태를 선
택할 수 있으며, 확장 버튼을 클릭하면 [차트 삽
입] 창이 열립니다.

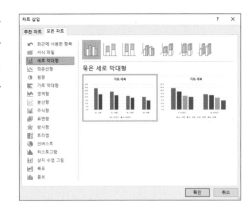

⑤ [투어] 그룹 : 3D 데이터 시각화 도구를 제공합니다. 3D 맵을 사용해 지구본 또는 사용자 지
정 지도에 지리 및 시간에 따른 데이터를 보여줄 수 있습니다.

⑥ [스파크라인] 그룹 : 선택한 영역에 스파크라인 차트를 삽입할 수 있는 항목들로 구성되어 있
습니다.

⑦ [필터] 그룹 : 피벗 테이블의 데이터를 재구성할 수 있는 슬라이서 기능이 제공됩니다.

⑧ [링크] 그룹 : 선택한 텍스트나 객체에 인터넷 사이트나 문서, 전자 메일 주소 등을 연결합니다.

⑨ [텍스트] 그룹 : 엑셀 문서에 텍스트 상자를 삽입하고 머리글과 바닥글 및 워드아트를 삽입할
수 있는 항목들로 구성되어 있습니다.

⑩ [기호] 그룹 : 현재 선택 중인 셀에 수식이나 기호를 삽입할 수 있는 항목들로 구성되어 있습니다.

④ [페이지 레이아웃] 탭

[페이지 레이아웃] 탭에서는 엑셀 문서의 테마 및 인쇄를 위한 페이지 설정, 시트 옵션 등 화
면, 인쇄 페이지 설정과 관련된 도구들이 제공됩니다.

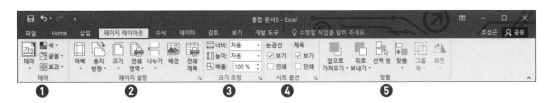

❶ [테마] 그룹 : 엑셀 문서의 일관성 있는 디자인을 유지하기 위한 테마 기능을 사용할 수 있습
니다. 테마의 종류 및 테마에 사용된 글꼴과 효과 등을 설정할 수 있는 항목들로 구성되어 있
습니다.

❷ [페이지 설정] 그룹 : 용지의 여백이나 크기, 용지
   방향 등 인쇄를 위한 용지 설정과 관련된 기능들
   로 구성됩니다.

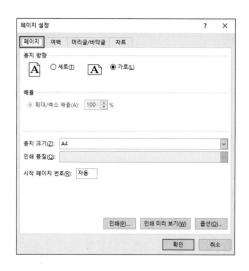

❸ [크기 조정] 그룹 : 인쇄할 때의 크기를 설정하기 위한 항목들로 구성됩니다.

❹ [시트 옵션] 그룹 : 인쇄할 때 시트의 눈금선 표시
   방법과 같이 시트 인쇄와 관련된 기능들로 구성
   됩니다.

❺ [정렬] 그룹 : 도형이나 텍스트 상자, 워드아트 등 개체 순서를 설정하고 정렬할 수 있는 항목
   들로 구성되어 있습니다.

⑤ [수식] 탭

[수식] 탭은 함수를 삽입하고 수식을 분석하는 등 수식과 관련된 도구들로 구성되어 있습니다.

❶ **[함수 라이브러리] 그룹** : 각종 함수를 삽입할 수 있는 항목들로 구성되어 있습니다. 각 분야의 함수를 클릭하면 세부 함수를 삽입할 수 있습니다.

❷ **[정의된 이름] 그룹** : 엑셀 문서에서 선택한 영역의 이름을 정의하고 정의된 이름을 관리하는 등 이름과 관련된 항목들로 구성되어 있습니다.

❸ **[수식 분석] 그룹** : 수식의 관계를 분석하고 관리하는 기능들로 구성되어 있습니다.

❹ **[계산] 그룹** : 계산과 관련된 항목들로 구성되어 있습니다.

⑥ [데이터] 탭

[데이터] 탭은 엑셀 문서로 외부 데이터를 가져오거나 데이터를 필터링하여 필요한 데이터만 추출하는 등 데이터를 추출하고 관리하기 위한 도구들로 구성되어 있습니다.

❶ **[외부 데이터 가져오기] 그룹** : 액세스 데이터베이스나 웹에서 엑셀 문서로 외부 데이터를 가져오기 위한 기능들로 구성되어 있습니다.

❷ **[가져오기 및 변환] 그룹** : 엑셀 2016에서 새롭게 도입된 그룹으로 데이터 수집 및 모양 지정과 관련된 기능이 제공됩니다.

❸ **[연결] 그룹** : 엑셀 문서에 삽입된 외부 데이터의 갱신과 새로운 외부 데이터를 연결하는 작업 등 외부 데이터 연결 작업과 관련된 기능이 제공됩니다.

❹ **[정렬 및 필터] 그룹** : 데이터 정렬 및 필터 설정과 관련된 기능들로 구성되어 있습니다.

❺ **[데이터 도구] 그룹** : 중복된 데이터를 제거하거나 유효한 데이터만 입력하게 하는 등 데이터 입력 및 관리를 위한 기능들로 구성되어 있습니다.

❻ [예측] 그룹 : 기존 데이터를 이용해 향후 예측을 할 수 있습니다.

❼ [윤곽선] 그룹 : 일정한 범위의 셀들을 하나의 그룹으로 만들거나 그룹을 해제하고 부분합을 구하는 기능을 제공합니다.

⑦ [검토] 탭

[검토] 탭에서는 셀 데이터의 내용을 확인하고 맞춤법을 검사하거나 메모를 입력하는 등 데이터를 검토하기 위한 항목들이 제공됩니다.

❶ [언어 교정] 그룹 : 맞춤법 검사나 동의어 사전 등 입력된 텍스트의 교정을 위한 기능들로 구성되어 있습니다.

❷ [정보 활용] 그룹 : 단어를 선택한 다음 버튼을 클릭하면 웹에서 가장 관련성 높은 검색 결과를 찾을 수 있습니다.

❸ [언어] 그룹 : 한글을 한자로 변환하거나 번역을 하는 등 언어 변환과 관련된 기능들로 구성되어 있습니다.

❹ [메모] 그룹 : 선택한 셀에 메모를 추가하거나 숨기는 등 메모와 관련된 기능들로 구성됩니다.

❺ [변경 내용] 그룹 : 시트 보호와 통합 문서 보호 등 내용 변경을 방지하거나 변경 내용을 추적하는 내용 변경 작업과 관련된 기능들이 제공됩니다.

⑧ [보기] 탭

[보기] 탭에서는 화면의 배율 설정 및 화면 표시 방법 등을 설정할 수 있는 도구와 매크로를 실행할 수 있는 매크로 도구가 제공됩니다.

❶ [통합 문서 보기] 그룹 : 페이지 레이아웃 화면이나 전체 화면 등 화면의 보기 방법에 대한 기능들로 구성되어 있습니다.

❷ [표시] 그룹 : 눈금선이나 수식 입력 줄 등 화면 표시 방법에 관한 기능들이 제공됩니다.

❸ [확대/축소] 그룹 : 화면의 배율을 설정하거나 일부분을 확대할 수 있는 기능들로 구성되어 있습니다.

❹ [창] 그룹 : 창을 나누거나 다른 창으로 전환하는 등 창과 관련된 작업을 수행하는 기능들로 구성되어 있습니다.

❺ [매크로] 그룹 : 매크로를 실행할 수 있는 매크로 버튼이 제공됩니다.

⑨ [개발 도구] 탭

[개발 도구] 탭은 기본적인 환경에서는 표시되지 않으며 [Excel 옵션] 창의 [리본 사용자 지정] 설정을 통해서 표시할 수 있습니다. [개발 도구] 탭 화면에서는 매크로 및 VBA를 만들고 편집할 수 있는 도구들이 제공됩니다.

❶ 코드 : 매크로 및 VBA를 작성하고 편집할 수 있는 기능들로 구성되어 있습니다.

❷ 추가 기능 : 레이블 인쇄 마법사나 분석 도구와 같이 기본적으로 제공되지 않는 기능을 추가할 수 있는 기능들로 구성되어 있습니다.

❸ 컨트롤 : 엑셀 문서에 각종 컨트롤을 삽입하고 정렬할 수 있는 기능들로 구성되어 있습니다.

❹ XML : 엑셀 문서의 XML 맵을 관리할 수 있는 기능들로 구성되어 있습니다.

Sub ② 정황 탭의 구성

엑셀 2016에서는 그림이나 표, 차트 등의 요소들을 만들고 편집할 때 별도의 탭이 만들어져서 해당 개체를 편집하기 위한 도구들을 제공하는데, 이러한 탭을 정황 탭이라고 합니다.

▌1 [그리기 도구] 정황 탭

도형이나 워드아트를 만들거나 편집할 때 표시되는 정황 탭으로, 도형의 종류 및 채우기 색상과 스타일을 설정할 수 있습니다.

▌2 [그림 도구] 정황 탭

그림을 삽입하거나 편집할 경우 표시되는 정황 탭으로, 그림의 보정 효과와 그림 스타일, 그림 순서와 그림 크기를 설정할 수 있습니다.

▌3 [차트 도구] 정황 탭

차트를 만들거나 편집할 때 표시되는 정황 탭입니다. 차트 종류와 서식을 변경할 수 있고 차트 레이아웃과 차트 스타일을 설정할 수 있습니다.

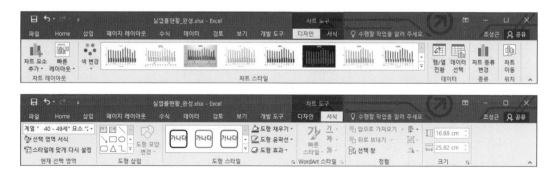

▌4 [표 도구] 정황 탭

표를 만들거나 편집할 때 표시되는 정황 탭으로, 표의 크기와 옵션을 설정할 수 있고 표 스타일을 설정할 수 있습니다.

5 [SmartArt 도구] 정황 탭

스마트아트를 삽입하거나 편집할 때 표시되는 정황 탭으로, 스마트아트의 레이아웃과 스타일을 설정할 수 있습니다.

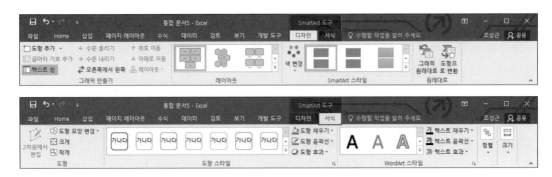

6 [스파크라인 도구] 정황 탭

스파크라인 차트를 삽입하거나 편집할 때 표시되는 정황 탭으로, 스파크라인의 종류 및 스타일 등 스파크라인의 외형 및 속성을 설정할 수 있습니다.

7 [수식 도구] 정황 탭

수식을 입력하거나 수정할 때 표시되는 정황 탭으로, 수식을 입력할 수 있는 도구와 수식 기호, 그리고 수식의 표현을 위한 도구들로 구성되어 있습니다.

⑧ [머리글/바닥글 도구] 정황 탭

페이지 레이아웃을 설정할 때 표시되며, 머리글과 바닥글의 내용을 삽입하고 머리글과 바닥글에 삽입할 요소들을 선택할 수 있습니다.

Sub ③ 매크로 사용을 위한 [개발 도구] 탭 표시하기

[개발 도구] 탭에서는 매크로나 VBA 등 자동화 기능을 사용할 수 있지만 매크로와 VBA가 문서의 보안과도 관련이 있는 만큼 기본적인 화면에서는 표시되지 않고 [Excel 옵션] 창을 통해 리본 메뉴 구성을 변경해야만 표시할 수 있습니다.

01 [Excel 옵션] 창을 열기 위해 우선 [파일] 탭을 선택합니다.

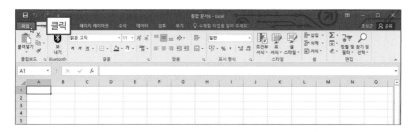

02 [파일] 탭 화면이 표시되면 탐색 창에서 [옵션]을 클릭합니다.

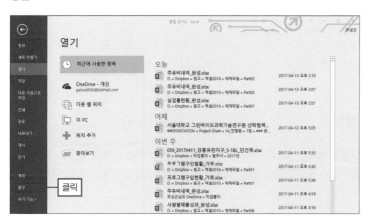

03 [Excel 옵션] 창이 열리면 탐색 창에서 [리본 사용자 지정]을 클릭합니다. [리본 사용자 지정] 화면이 표시됩니다. 이 화면에서 각 리본 메뉴의 구성을 자유롭게 삭제하거나 추가할 수 있습니다. [개발 도구] 탭을 표시하기 위해 [리본 메뉴 사용자 지정] 상자에서 [개발 도구] 옵션 상자에 체크 표시한 다음 [확인] 버튼을 클릭합니다.

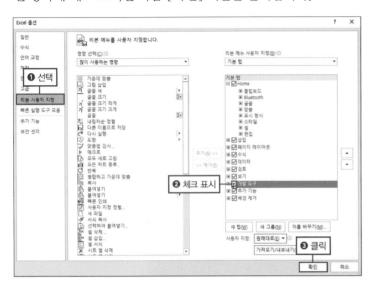

04 다시 엑셀 2016 화면이 표시되면 기존의 리본 탭 이외에 [개발 도구] 탭이 표시되는 것을 확인할 수 있습니다.

Sub 4 나만의 리본 메뉴 구성하기

리본 메뉴는 사용자 의도에 따라 자유롭게 항목을 삭제하거나 추가하는 등 나만의 리본 메뉴를 구성할 수 있습니다. 여기서는 [홈] 탭의 [셀] 그룹을 제거하고 [내 도구]라는 그룹을 만든 다음 그 안에 카메라 기능을 삽입하여 리본 메뉴를 재구성하겠습니다.

01 리본 메뉴를 재구성하려면 [Excel 옵션] 창을 이용해야 합니다. 먼저 [파일] 탭을 선택합니다. [파일] 탭 화면이 표시되면 탐색 창 목록에서 [옵션]을 선택합니다.

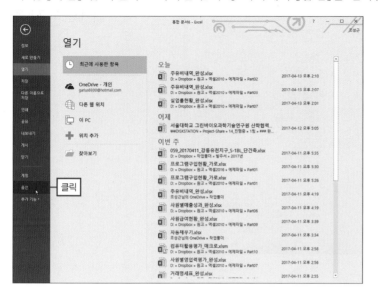

02 [Excel 옵션] 창이 열리면 탐색 창에서 [리본 사용자 지정]을 클릭합니다. 리본 메뉴 사용자 지정 화면이 표시되면 먼저 [홈] 탭의 [셀] 그룹을 제거하겠습니다. [리본 메뉴 사용자 지정] 상자에서 [홈]의 + 버튼(⊞)을 클릭합니다. [홈] 탭의 하위 그룹들이 표시되면 [셀]을 선택한 다음 [제거] 버튼을 클릭합니다.

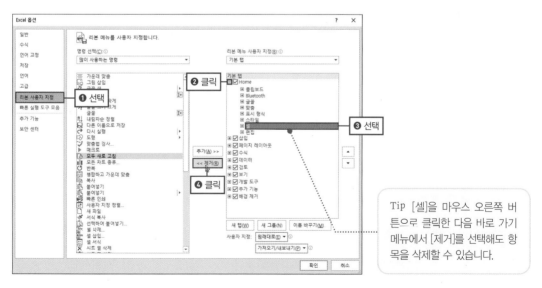

Tip [셀]을 마우스 오른쪽 버튼으로 클릭한 다음 바로 가기 메뉴에서 [제거]를 선택해도 항목을 삭제할 수 있습니다.

03 [셀] 그룹이 [홈] 탭의 하위 그룹 목록에서 삭제됩니다.

04 [홈] 탭에 새로운 그룹을 만들어 보겠습니다. [홈] 탭의 하위 그룹에서 [편집] 그룹을 선택한 상태에서 [새 그룹] 버튼을 클릭합니다. [편집] 그룹 다음에 [새 그룹]이라는 그룹이 만들어집니다. 새로 만들어진 그룹의 이름을 변경하기 위해 [새 그룹] 그룹을 선택한 상태에서 [이름 바꾸기] 버튼을 클릭합니다.

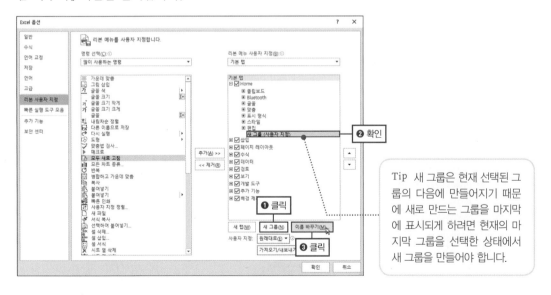

Tip 새 그룹은 현재 선택된 그룹의 다음에 만들어지기 때문에 새로 만드는 그룹을 마지막에 표시되게 하려면 현재의 마지막 그룹을 선택한 상태에서 새 그룹을 만들어야 합니다.

05 새로 만든 그룹의 이름을 '내 도구'로 입력하여 지정합니다.

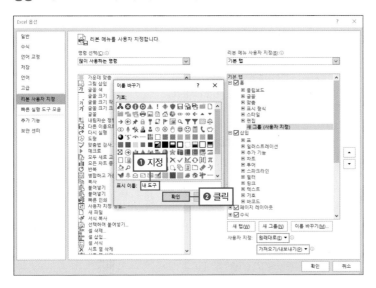

06 새로 만든 그룹에 '카메라' 명령을 추가해 보겠습니다. [명령 선택] 상자를 열고 '리본 메뉴에 없는 명령'을 선택합니다. [리본 메뉴에 없는 명령] 목록이 표시되면 '카메라' 항목을 선택하고 [추가] 버튼을 클릭합니다. 이때 [리본 메뉴 사용자 지정] 상자에서 [내 도구] 그룹이 선택된 상태여야 합니다.

07 [내 도구] 그룹의 하위 항목으로 '카메라' 항목이 등록되면 [확인] 버튼을 클릭합니다.

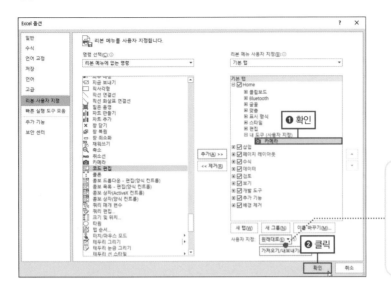

Tip [가져오기/내보내기] 버튼을 이용하면 리본 메뉴의 구성과 빠른 실행 도구 모음의 구성을 파일로 저장하여 다른 PC의 엑셀 2016에 적용할 수 있습니다.

08 [홈] 탭 화면이 표시되면 기존의 [셀] 그룹이 삭제되고 새로운 [내 도구] 그룹 안에 '카메라' 항목이 만들어진 것을 확인할 수 있습니다.

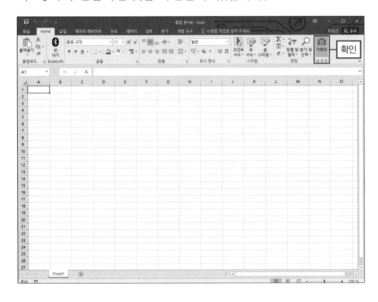

　리본 메뉴 구성이 자유로운 만큼 원래의 기본적인 리본 메뉴 구성으로 복원해야 할 경우도 생깁니다. 리본 메뉴를 기본적인 구성으로 복원하는 과정 역시 [리본 사용자 지정] 화면에서 설정할 수 있습니다.

01 [리본 사용자 지정] 화면에서 [리본 메뉴 사용자 지정] 상자 아랫부분에 있는 [원래대로] 버튼을 클릭합니다. 바로 가기 메뉴가 표시되면 [모든 사용자 지정 다시 설정]을 선택합니다.

02 리본 메뉴 및 빠른 실행 도구 모음의 내용을 삭제할 것인지 묻는 대화상자가 열리면 [예] 버튼을 클릭합니다.

03 다시 [리본 사용자 지정] 화면이 표시되면 리본 메뉴의 구성이 기본 설정으로 복원된 것을 확인할 수 있습니다.

엑셀 2016 실행과 종료

오피스 2016을 설치하더라도 엑셀 2016을 비롯한 오피스 프로그램군의 단축 아이콘은 바탕화면에 만들어지지 않습니다. 그러므로 엑셀을 자주 사용하는 사용자라면 자신이 편리한 방법으로 엑셀 2016을 빠르게 실행할 수 있는 방법을 설정해 두는 것이 좋습니다. 이번 섹션에서는 엑셀 2016을 빠르게 실행할 수 있는 방법에 대해 알아보겠습니다.

Sub 1 시작 메뉴에서 실행하기

엑셀 2016을 기본적으로 실행하는 방법은 [시작] 메뉴를 이용하는 방법입니다. 오피스 2016을 설치하면 [시작] 메뉴에 엑셀 2016을 실행할 수 있는 프로그램 폴더가 만들어집니다.

01 [시작] 버튼을 클릭한 다음 [Excel 2016]을 선택합니다.

02 엑셀 2016이 실행됩니다.

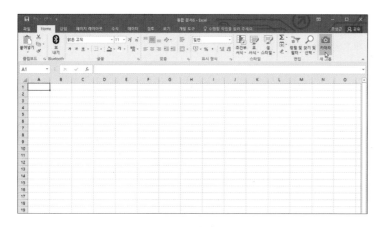

Sub 2 바탕화면에 바로 가기 아이콘 만들기

윈도우 운영체제에서 응용 프로그램을 가장 빨리 실행할 수 있는 방법은 바탕화면의 단축 아이콘을 더블클릭하는 방법과 작업 표시줄 아이콘을 클릭하는 방법입니다. 우선 엑셀 2016의 단축 아이콘을 바탕화면에 만드는 방법을 알아보겠습니다.

[시작] 버튼을 클릭하고 [Excel 2016] 메뉴를 찾은 다음 바탕화면으로 드래그합니다. [연결] 아이콘이 표시되면 마우스를 드롭합니다. 바탕 화면에 엑셀 2016 아이콘이 추가됩니다.

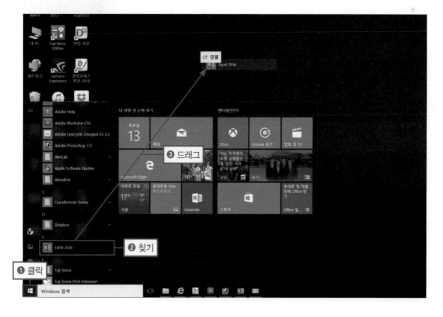

윈도우 10에서는 시작 메뉴에 자주 사용하는 프로그램 아이콘을 등록하여 빠르게 실행할 수 있습니다. 시작 메뉴에 등록된 프로그램 아이콘은 아이콘의 크기나 위치를 쉽게 변경하여 사용할 수 있습니다.

01 [시작] 버튼을 클릭하고 [Excel 2016] 메뉴를 찾은 다음 마우스 오른쪽 버튼으로 클릭합니다. 바로 가기 메뉴가 표시되면 [시작 화면에 고정]을 선택합니다.

02 선택한 엑셀 2016 아이콘이 시작 화면에 고정되어 표시된 것을 확인할 수 있습니다.

엑셀 2016에서는 하나의 프로그램 안에서 여러 개의 통합 문서를 작업할 수 있습니다. 그러므로 현재 작업 중이었던 통합 문서를 닫았다고 하더라도 다른 통합 문서가 열린 상태라면 엑셀 2016은 종료되지 않습니다.

01 현재 문서를 닫기 위해 [파일] 탭을 선택합니다. [파일] 탭 화면이 표시되면 탐색 창에서 [닫기]를 선택합니다.

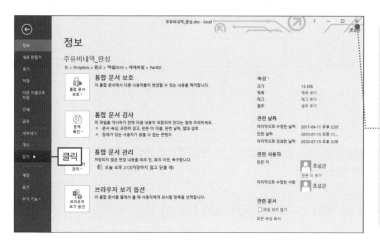

> **Tip** 창 조절 버튼의 × 버튼(▣)을 클릭해도 현재 문서를 닫을 수 있습니다. 여러 개의 문서가 열린 경우 × 버튼을 클릭하면 현재 문서가 닫히지만, 열린 문서가 한 개인 경우에는 엑셀이 종료됩니다.
> 통합 문서를 닫을 때나 엑셀 2016을 끝낼 때, 작업하던 통합 문서를 저장하지 않은 상태라면 저장할 것인지 묻는 대화 상자가 표시됩니다.

02 닫은 통합 문서 이외에 다른 통합 문서가 있다면 통합 문서 화면이 표시됩니다. 더 이상 열린 통합 문서가 없는 상태에서 창 조절 버튼의 × 버튼을 클릭하면 엑셀 2016이 종료됩니다.

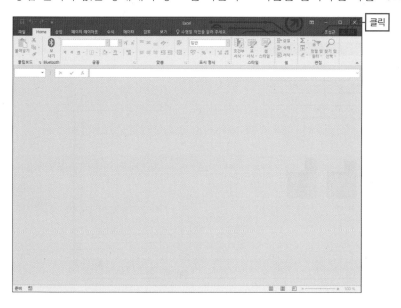

새 문서 만들기

엑셀 2016에서는 새로운 문서를 만들 때 빈 문서를 만드는 방법과 예제 서식 파일을 이용하여 새 문서를 만드는 방법이 있습니다. 예제 서식 파일을 이용하면 양식과 서식이 미리 정의되어 있으므로 내용 작성만으로 빠르게 문서를 완성할 수 있는 장점이 있습니다.

Sub 1 새 통합 문서 만들기

새 통합 문서는 아무런 내용이 삽입되어 있지 않은 빈 문서입니다. 새 통합 문서를 만들 때는 [파일] 탭을 이용하는 방법과 단축키를 이용하는 방법을 사용할 수 있습니다.

01 작업 중이던 통합 문서에서 새 통합 문서를 만들기 위해 [파일] 탭을 선택합니다.

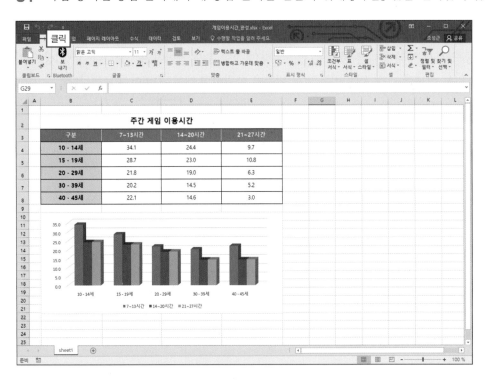

02 [파일] 탭 화면이 표시되면 탐색 창에서 [새로 만들기]를 선택합니다. [새로 만들기] 화면이 표시되면 [새 통합 문서] 아이콘을 더블클릭합니다.

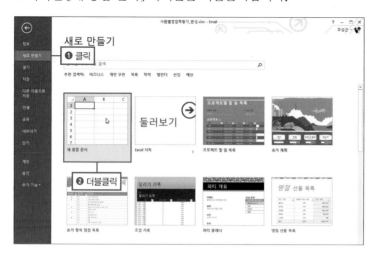

03 비어 있는 새 통합 문서가 만들어집니다. 엑셀 2016에서는 하나의 프로그램 안에서 여러 개의 통합 문서를 작업할 수 있으므로, 새로운 통합 문서를 만들었다 하더라도 기존에 작업 중이던 통합 문서가 닫히는 등의 영향을 주지 않습니다.

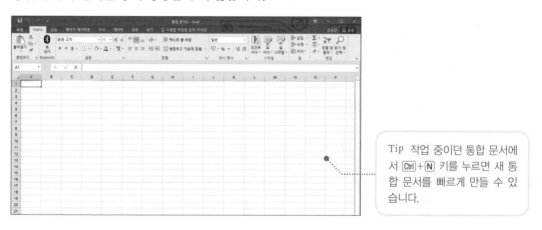

Tip 작업 중이던 통합 문서에서 Ctrl+N 키를 누르면 새 통합 문서를 빠르게 만들 수 있습니다.

Sub 2 | 서식 파일을 이용하여 새 문서 만들기

서식 파일이란 미리 작성해 둔 통합 문서로서, 기본적인 형태의 문서를 이용하여 빠르게 통합 문서를 완성할 수 있는 템플릿 파일이라고 할 수 있습니다. 엑셀 2016에서는 기본적으로 제공되는 서식 파일 이외에 Office.com을 통해서 서식 파일을 다운로드하여 사용할 수 있습니다.

01 작업 중이던 통합 문서에서 새 통합 문서를 만들기 위해 [파일] 탭을 선택합니다. [파일] 탭 화면이 표시되면 탐색 창에서 [새로 만들기]를 선택합니다. [새로 만들기] 화면이 표시되면 화면에서 편집할 서식 파일이나 통합 문서를 클릭하여 선택합니다.

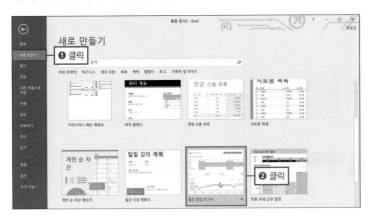

02 선택한 서식 파일이나 문서에 대한 개략적인 설명이 표시됩니다. 설명을 읽고 해당 문서를 사용하려면 [만들기] 버튼을 클릭합니다.

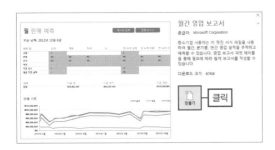

03 선택한 서식 파일이나 통합 문서가 다운로드된 다음 열립니다. 기본적인 프로토타입 형태만 만들어진 상태이므로 사용자가 실제 내용을 채운 다음 편집하여 사용하면 됩니다.

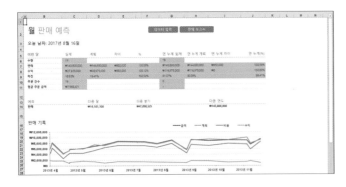

엑셀 2016에서는 기본적으로 제공하는 서식 파일 이외에 온라인을 통해 자신이 원하는 형식의 서식 파일이나 문서를 검색하고 다운로드하여 사용할 수 있습니다. 다운로드하는 서식 파일이나 문서는 모두 무료이며 사용자 임의대로 수정하여 사용할 수 있습니다.

01 작업 중이던 통합 문서에서 새 통합 문서를 만들기 위해 [파일] 탭을 선택합니다. [파일] 탭 화면이 표시되면 탐색 창에서 [새로 만들기]를 선택합니다. [새로 만들기] 화면이 표시되면 [온라인 서식 파일 검색] 상자에 필요한 서식이나 문서 형식을 입력한 다음 [검색] 버튼을 클릭합니다.

02 검색 결과가 화면에 표시되면 자신이 사용할 서식 파일이나 문서 항목을 더블클릭합니다.

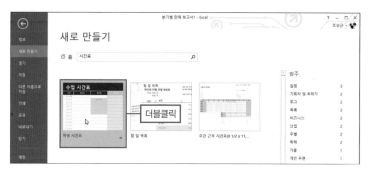

03 선택한 서식 파일이나 통합 문서가 다운로드된 다음 열립니다.

기존 문서 열고 저장하기

엑셀 2016에서는 간편하고 빠르게 문서를 만들고 저장할 수 있습니다. 대부분의 작업을 단축키로 작업할 수 있기 때문에 파일을 열고 저장하기 위한 별도의 작업이 필요하지 않을 정도입니다. 그럼 이번 시간에는 엑셀 2016에서 통합 문서를 열고 저장하는 방법을 알아보겠습니다.

Sub 1 엑셀 2016에서 통합 문서 열기

엑셀 2016에서 통합 문서를 여는 방법은 엑셀 2016 안에서 [파일] 탭을 이용하는 방법과 단축키를 이용하는 방법, 그리고 탐색기에서 문서를 더블클릭하여 여는 방법을 사용할 수 있습니다.

01 먼저 리본 메뉴를 이용하여 엑셀 통합 문서를 여는 방법에 대해 알아보겠습니다. 엑셀 2016에서 파일을 열고 저장하는 등의 파일 작업은 모두 [파일] 탭 화면에서 이루어집니다. 엑셀 통합 문서를 열기 위해 [파일] 탭을 선택합니다. 단축키인 Ctrl + O 키를 눌러도 엑셀 통합 문서를 열 수 있습니다.

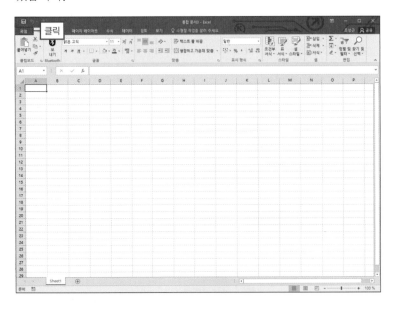

02 [파일] 탭 화면이 표시되면 탐색 창에서 [열기]를 선택합니다. [열기] 창이 표시되면 컴퓨터의 다른 위치에 있는 통합 문서를 열기 위해 [컴퓨터] 또는 [이 PC]를 선택합니다. 만일 최근에 작업한 문서라면 [최근에 사용한 통합 문서] 목록에서 선택하여 빠르게 통합 문서를 열 수 있습니다.

03 [컴퓨터] 위치 선택 화면이 표시되면 통합 문서가 저장되어 있는 폴더를 지정하기 위해 [찾아보기]를 선택합니다.

04 [열기] 대화상자가 표시되면 작업할 통합 문서가 저장되어 있는 폴더를 선택하고 불러올 통합 문서를 더블클릭하거나 선택한 다음 [열기] 버튼을 클릭합니다.

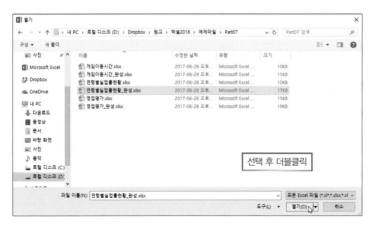

05 선택한 통합 문서가 열립니다.

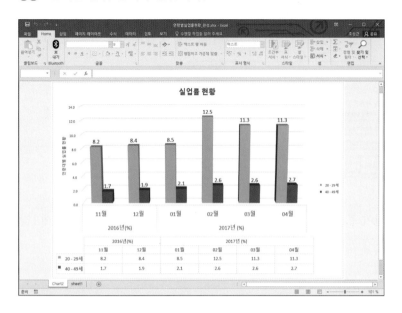

![알아두면 좋아요]

읽기 전용으로 열기

엑셀 통합 문서를 수정하면 안 되는 경우에는 읽기 전용으로 열어 데이터를 안전하게 보전할 수 있습니다. 엑셀 통합 문서를 읽기 전용으로 열면 읽을 수만 있고 수정은 할 수 없지만 다른 이름으로 복사본 저장은 할 수 있습니다.

엑셀 통합 문서를 읽기 전용으로 열려면 [열기] 대화상자에서 불러올 통합 문서를 선택한 다음 [열기] 버튼의 확장 버튼을 클릭한 후 바로 가기 메뉴에서 [읽기 전용으로 열기]를 선택합니다.

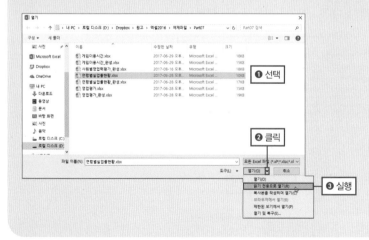

엑셀 2016에서는 엑셀 2016 및 이전 버전의 엑셀에서 작성한 XLS, XLSX 형식 통합 문서는 물론 다른 형식의 문서도 열 수 있습니다. 엑셀 2016에서 다른 종류의 문서를 불러오는 방법에 대해 알아보겠습니다.

01 [파일] 탭을 선택한 다음 탐색 창에서 [열기]를 선택합니다. [열기] 창이 표시되면 컴퓨터의 다른 위치에 있는 통합 문서를 열기 위해 [컴퓨터]를 선택한 후 통합 문서가 저장되어 있는 폴더를 지정하기 위해 [찾아보기]를 선택합니다.

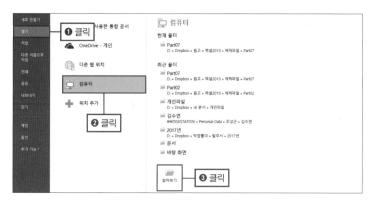

02 [열기] 대화상자가 표시되면 파일 유형 상자를 연 다음 불러올 파일의 유형을 선택합니다. 화면에 선택한 유형의 파일이 표시되면 더블클릭하여 엽니다.

[통합 문서]를 저장할 때 현재 작업 중인 통합 문서가 아직 저장되기 전이라면 저장하기 위한 대화상자가 표시되지만 이미 한 번 이상 저장한 통합 문서라면 대화상자는 표시되지 않고 현재 통합 문서의 이름으로 저장됩니다.

01 아직 저장하지 않은 통합 문서를 저장하기 위해 [파일] 탭을 선택하거나 단축키인 Ctrl + S 키를 누릅니다.

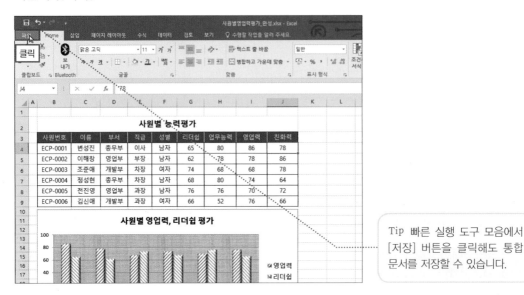

> **Tip** 빠른 실행 도구 모음에서 [저장] 버튼을 클릭해도 통합 문서를 저장할 수 있습니다.

02 [파일] 탭이 표시되면 탐색 창에서 [다른 이름으로 저장]을 선택합니다.

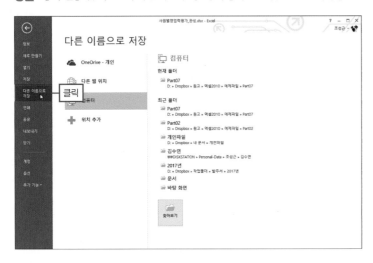

03 [다른 이름으로 저장] 열리면 경로를 설정한 다음 통합 문서의 이름을 입력한 후 [저장] 버튼을 클릭합니다.

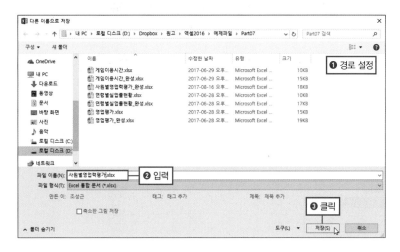

04 다시 통합 문서 화면이 표시되면 제목 표시줄에 통합 문서의 이름이 표시됩니다. 이제부터는 단축키인 Ctrl + S를 누르거나 빠른 실행 도구 모음의 [저장] 버튼을 클릭하면 현재 통합 문서에 저장이 이루어집니다.

Sub 4 엑셀 2016 통합 문서를 구 버전으로 저장하기

엑셀 2016으로 작업한 통합 문서를 다른 사용자에게 전할 때, 다른 사용자가 구 버전을 사용하고 있다면 엑셀 2016 에서 만든 통합 문서를 읽을 수 없습니다. 이런 경우에는 엑셀 2016 통합 문서를 구 버전의 통합 문서로 변환하여 저 장하면 됩니다.

01 작업 중인 통합 문서를 구 버전의 통합 문서로 저장하기 위해 [파일] 탭을 선택합니다.

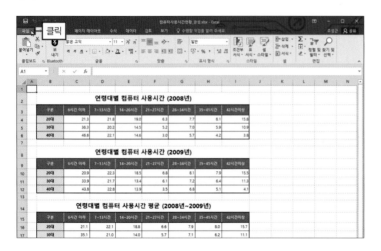

02 [파일] 탭 화면이 표시되면 탐색 창에서 [다른 이름으로 저장]을 선택합니다. [찾아보기]를 클릭하고 [다른 이름으로 저장] 대화상자가 표시되면 [파일 형식] 상자의 확장 버튼을 클릭합니다. 문서 파일 형식을 선택하는 목록이 표시되면 [Excel 97 – 2003 통합 문서]를 선택합니다.

03 파일 형식이 [Excel 97 – 2003 통합 문서]로 선택되면 파일 이름을 입력한 다음 [저장] 버튼을 클릭합니다.

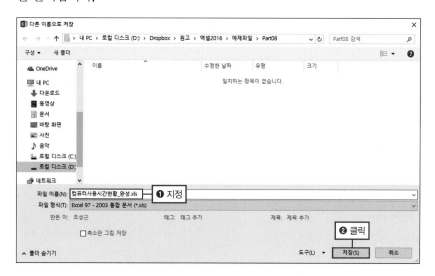

04 [호환성 검사] 창이 열립니다. 현재 문서에서 엑셀 2016에서만 사용할 수 있는 기능이 포함되어 있다면 구 버전에서는 사용할 수 없으므로 엑셀 2016에서만 사용되는 내용은 구 버전의 표현 방법으로 변환되거나 삭제될 수 있습니다. 구 버전 통합 문서로 저장하기 위해 [계속] 버튼을 클릭하면 저장이 완료됩니다.

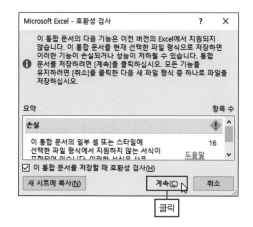

자동 복구 정보 저장 간격 설정

자동 복구 정보는 엑셀 통합 문서를 저장하지 않은 상황에서 예기치 않은 상황으로 프로그램이 종료된 경우 파일을 복구하기 위한 정보입니다. 자동 복구 정보는 기본적으로 일정한 간격으로 작업 중인 엑셀 통합 문서에 저장되며, [Excel 옵션] 대화상자의 [저장] 설정 화면에서 [자동 복수 정보 저장 간격] 입력 상자에 입력된 시간 간격에 따라 자동으로 저장됩니다. 프로그램이 예기치 않게 종료된 경우에는 다음 프로그램을 실행할 때 마지막으로 저장된 자동 복구 정보에 의해 복구된 화면이 표시됩니다.

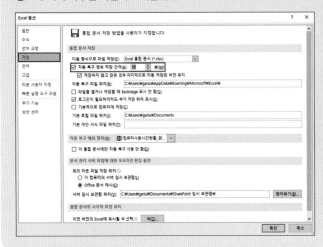

현대는 보안과의 전쟁이라 해도 과언이 아닙니다. 혹시나 발생할 수도 있는 문서 유출에 대비하여 보안을 유지해야 할 통합 문서에는 암호를 설정해 두는 것이 안전합니다. 엑셀 2016에서는 읽기와 쓰기 모두에 각각 암호를 설정할 수 있어 보안과 수정 방지에 효과적으로 사용할 수 있습니다.

01 작업 중인 통합 문서에 암호를 설정하기 위해 [파일] 탭을 선택합니다. [파일] 탭 화면이 표시되면 [다른 이름으로 저장]을 선택합니다.

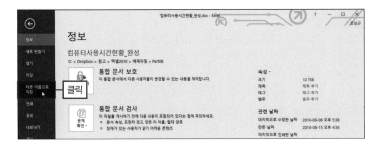

02 [찾아보기]를 클릭하고 [다른 이름으로 저장] 대화상자가 표시되면 [도구] 버튼의 확장 버튼을 클릭합니다. [도구] 버튼의 바로 가기 메뉴가 표시되면 [일반 옵션]을 선택합니다.

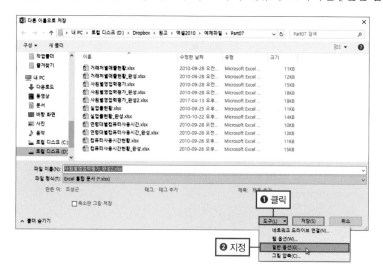

03 [일반 옵션] 창이 열리면 [열기 암호]와 [쓰기 암호] 입력 상자에 각각 암호를 입력한 다음 [확인] 버튼을 클릭합니다. [열기]와 [쓰기] 암호 입력 상자에 동일한 암호를 입력하지 않아도 됩니다. [열기]와 [쓰기]는 다른 작업이기 때문에 각각 독립적인 암호를 기억합니다.

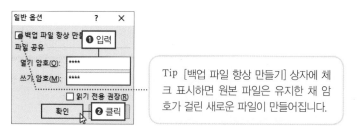

Tip [백업 파일 항상 만들기] 상자에 체크 표시하면 원본 파일은 유지한 채 암호가 걸린 새로운 파일이 만들어집니다.

04 열기 암호를 확인하는 대화상자가 표시되면 입력 상자에 열기 암호를 입력한 다음 [확인] 버튼을 클릭합니다.

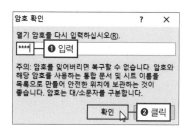

05 다시 쓰기 암호를 확인하는 대화상자가 표시되면 입력 상자에 쓰기 암호를 입력한 다음 [확인] 버튼을 클릭합니다. [저장] 버튼을 클릭합니다.

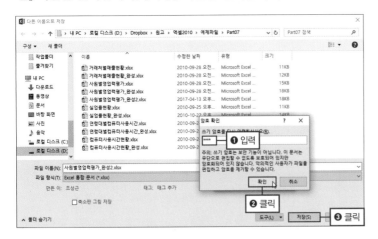

06 암호로 생성된 통합 문서를 확인하기 위해 현재 문서를 닫습니다. [파일] 탭 화면에서 [닫기] 버튼을 클릭합니다.

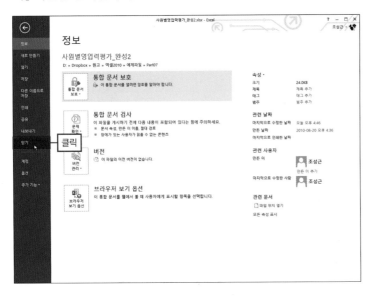

07 다시 [파일] 탭의 [열기] 화면에서 [최근에 사용한 항목]을 선택한 다음 가장 위쪽에 위치한 파일을 클릭합니다.

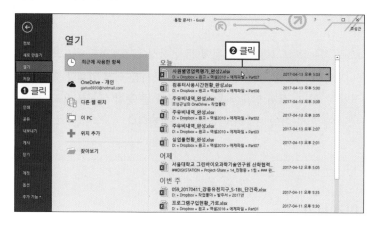

08 [암호] 대화상자가 표시되면 입력 상자에 열기 암호를 입력한 다음 [확인] 버튼을 클릭합니다. [읽기 전용] 버튼을 클릭하여 읽기 전용으로 열거나 쓰기 암호를 입력하고 [확인] 버튼을 클릭합니다.

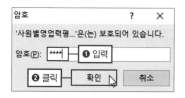

09 통합 문서가 열립니다. 이처럼 통합 문서에 암호를 설정하면 통합 문서가 유출되더라도 내용을 확인할 수 없어 안전합니다. 그러나 암호를 잊어버리면 통합 문서를 작성한 사용자 자신도 통합 문서를 열 수가 없으므로 암호 관리에 주의를 해야 합니다.

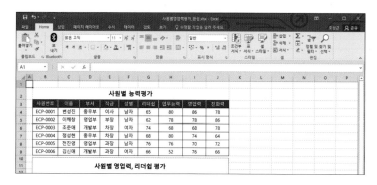

문서 출력하기

엑셀 2016은 계산을 주목적으로 하는 프로그램이기 때문에 문서 작성에 최적화된 워드프로세서에 비해 문서 작성 기능이 다양하지 않습니다. 대신 엑셀 통합 문서를 쉽게 인쇄할 수 있도록 다양한 인쇄 환경을 설정할 수 있고, 실제 인쇄할 용지 크기보다 큰 통합 문서를 용지에 적합한 크기로 줄여 주는 등 인쇄를 위한 편의 기능이 다양하게 제공됩니다.

Sub 1 프린터 설정 및 인쇄 미리 보기

동일한 통합 문서를 작업하더라도 어느 곳에서 출력하는가에 따라 다르게 출력될 수 있습니다. 그것은 작업하는 PC에 연결된 프린터가 각기 다르기 때문인데, 사용자 자신이 원하는 상태로 인쇄하기 위해서는 인쇄하기 전에 프린터를 설정해야 합니다. 여기서는 컬러 프린터를 이용하여 흑백으로 인쇄하는 방법을 알아보겠습니다.

01 인쇄할 통합 문서를 연 상태에서 [파일] 탭을 선택합니다.

02 [파일] 탭 화면이 표시되면 탐색 창에서 [인쇄]를 선택합니다. [인쇄] 화면이 표시됩니다. 인쇄 화면의 오른쪽에는 인쇄 미리 보기 화면이 표시되어 인쇄할 때 통합 문서가 어떻게 인쇄될지 알 수 있습니다. 인쇄 미리 보기 화면을 자세히 확인하려면 화면을 확대하여 확인할 수 있습니다. 인쇄 미리 보기 화면의 오른쪽 아랫부분에 있는 [페이지 확대/축소] 아이콘을 클릭합니다.

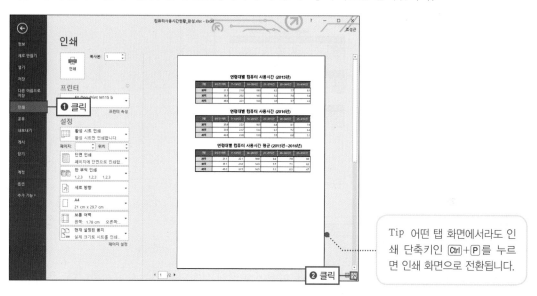

Tip 어떤 탭 화면에서라도 인쇄 단축키인 Ctrl+P를 누르면 인쇄 화면으로 전환됩니다.

03 인쇄 미리 보기 화면이 확대되어 표시됩니다. 확대된 화면에서 다시 전체 화면이 표시되게 하기 위해 다시 한 번 [페이지 확대/축소] 아이콘을 클릭합니다.

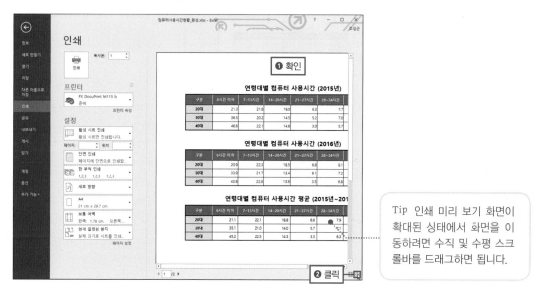

Tip 인쇄 미리 보기 화면이 확대된 상태에서 화면을 이동하려면 수직 및 수평 스크롤바를 드래그하면 됩니다.

04 인쇄 미리 보기 화면에서는 용지의 여백을 확인할 수도 있습니다. 인쇄 미리 보기 화면의 오른쪽 아랫부분에 있는 [여백 표시] 아이콘을 클릭합니다.

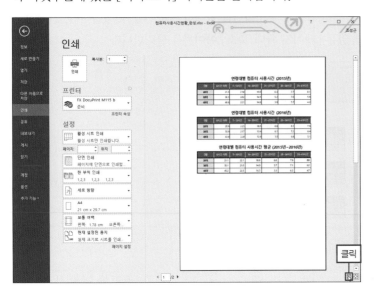

05 화면에 가는 선이 표시되어 현재 용지에 여백이 어떻게 설정되어 있는지 표시합니다. 용지 여백 선을 없애려면 다시 한 번 [여백 표시] 아이콘을 클릭합니다.

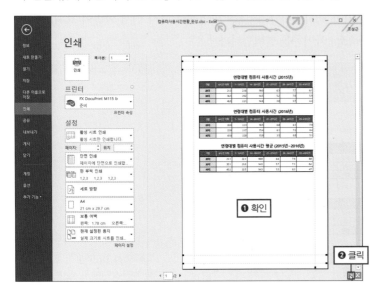

06 프린터를 선택해야 합니다. 프린터를 선택하기 위해 [프린터] 상자를 클릭하여 엽니다. [프린터] 상자가 열리면 목록에서 인쇄할 프린터를 선택합니다.

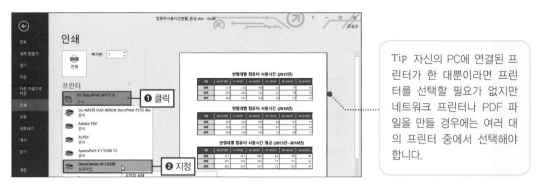

Tip 자신의 PC에 연결된 프린터가 한 대뿐이라면 프린터를 선택할 필요가 없지만 네트워크 프린터나 PDF 파일을 만들 경우에는 여러 대의 프린터 중에서 선택해야 합니다.

07 프린터가 선택되면 선택한 프린터의 속성을 설정하기 위해 [프린터 속성]을 클릭합니다.

08 선택한 프린터의 프린터 속성 창이 열리면 출력물의 색상을 설정하기 위해 [컬러 옵션] 탭을 선택합니다. [이미지 옵션] 창이 열리면 [컬러 모드] 상자를 클릭하여 엽니다. [컬러 모드] 상자가 열리면 흑백을 선택한 다음 [확인] 버튼을 클릭합니다.

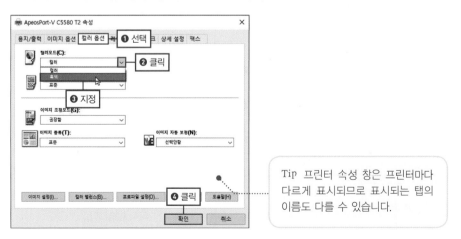

Tip 프린터 속성 창은 프린터마다 다르게 표시되므로 표시되는 탭의 이름도 다를 수 있습니다.

09 [인쇄] 화면이 표시된 다음 [인쇄] 버튼을 클릭하면 인쇄 미리 보기 화면에 표시된 형태로 인쇄됩니다.

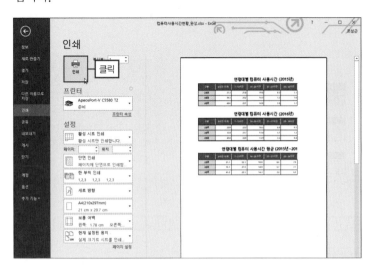

통합 문서를 인쇄할 때 용지 방향과 용지 여백을 설정하는 방법을 알아보겠습니다. [페이지 레이아웃] 탭 화면에서 용지 방향과 여백을 설정하지 않았더라도 인쇄 화면에서 용지 방향과 여백을 설정하여 인쇄할 수 있습니다.

01 용지 방향과 용지 여백을 설정하기 위해 [파일] 탭을 선택합니다. [파일] 탭 화면이 표시되면 탐색 창에서 [인쇄]를 선택합니다. [인쇄] 화면이 표시되면 [용지 방향] 상자를 클릭하여 엽니다.

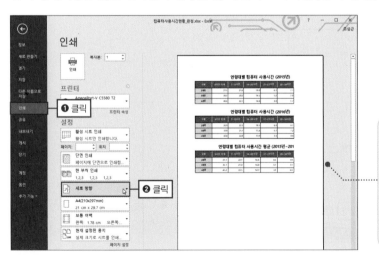

Tip [페이지 레이아웃] 탭에서의 용지 방향은 화면에서 설정하는 용지 방향이므로 통합 문서에 저장이 되지만, 인쇄에서의 용지 방향은 인쇄할 때만 적용되므로 통합 문서에 저장되지 않습니다.

02 [용지 방향]을 '가로 방향'으로 설정하면 인쇄 미리 보기 화면에서도 용지 방향이 변경되어 표시됩니다. 용지의 여백을 설정하기 위해 [용지 여백] 상자를 클릭하여 엽니다.

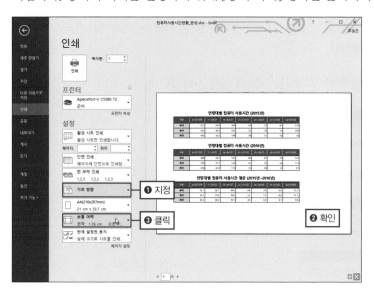

03 용지 여백 목록이 표시되면 여백을 넓게 설정하기 위해 [넓게]를 선택합니다. 인쇄 미리 보기 화면에서 여백이 넓게 적용된 것을 확인할 수 있습니다.

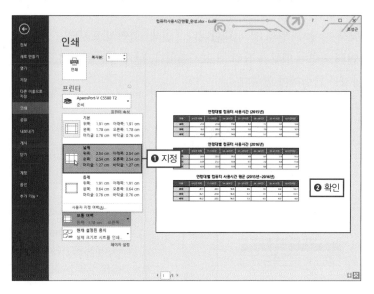

통합 문서를 작성하다 보면 본의 아니게 용지 크기보다 크게 만들어지는 경우가 종종 있습니다. 이런 경우 애써 용지 크기에 맞도록 셀의 크기를 무리하게 줄이거나 글꼴 크기를 변경하기보다는 인쇄 화면에서 인쇄 크기를 설정하면 쉽게 용지 크기에 맞게 인쇄를 할 수 있습니다.

01 설정된 용지보다 크게 작성된 통합 문서에서 [파일] 탭을 선택합니다.

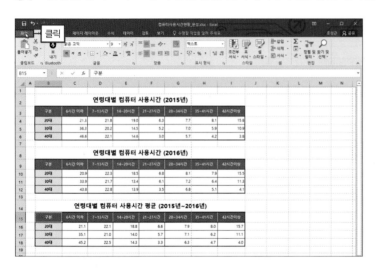

02 [파일] 탭 화면이 표시되면 탐색 창에서 [인쇄]를 선택합니다. [인쇄] 화면이 표시되면 인쇄 미리 보기 화면에 현재 통합 문서의 인쇄 화면이 일부가 잘린 채 표시됩니다. 현재 통합 문서를 한 페이지에 인쇄하기 위해 [인쇄 크기] 상자를 클릭하여 엽니다.

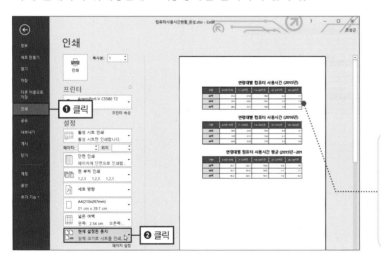

Tip 인쇄 미리 보기 화면에서 문서가 잘려 표시되더라도 문서 내용은 모두 인쇄됩니다. 즉, 1페이지에 일부 잘린 시트가 인쇄되고 2페이지에 나머지 부분이 인쇄됩니다.

03 [인쇄 크기] 목록에서 [한 페이지에 시트 맞추기]를 선택합니다.

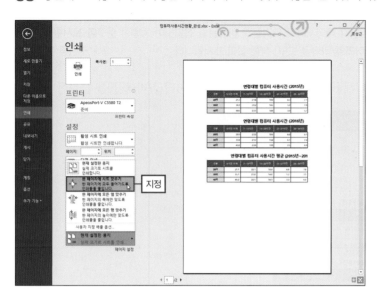

04 인쇄 미리 보기 화면에 통합 문서의 가로 폭이 용지의 가로 크기에 맞도록 축소되어 표시되는 것을 확인할 수 있습니다. 이제 [인쇄] 버튼을 클릭하면 용지 크기에 맞게 통합 문서가 인쇄됩니다.

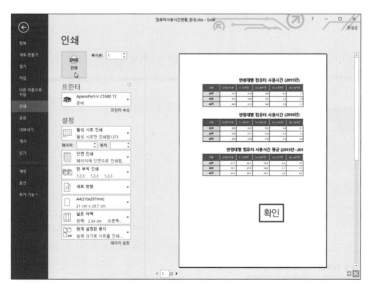

Sub ④ 머리글 및 바닥글 삽입하기

엑셀 통합 문서가 여러 페이지인 경우, 각 페이지마다 머리글과 바닥글을 삽입하여 동일한 문구를 표시할 수 있습니다. 머리글과 바닥글을 작성할 때는 [머리말/바닥글 도구] 정황 탭이 표시됩니다.

01 머리글과 바닥글을 만들기 위해 [삽입] 탭-[텍스트] 그룹-[머리글/바닥글]을 클릭합니다.

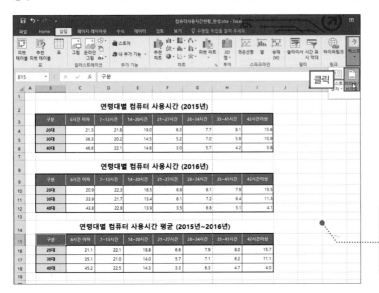

> Tip 머리글과 바닥글은 [보기] 탭 화면에서 [페이지 레이아웃] 아이콘을 클릭해도 만들 수 있습니다.

02 [머리글/바닥글 도구] 정황 탭이 표시되면 우선 머리말을 입력할 위치를 클릭합니다. 머리말은 화면 윗부분의 왼쪽, 가운데 그리고 오른쪽에 입력할 수 있습니다.

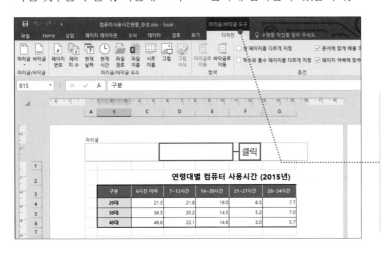

> Tip 머리말의 글꼴이나 글꼴 크기 등은 [홈] 탭을 선택하여 변경할 수 있습니다. 글꼴을 설정하고 다시 [머리글/바닥글 도구] 정황 탭을 표시하려면, 녹색으로 표시된 [머리글/바닥글 도구] 정황 탭을 선택하면 됩니다.

03 머리말 입력 상자가 표시되면 머리말을 입력합니다. 머리말을 입력한 후에 바닥말로 이동하기 위해 정황 탭 도구에서 [바닥글로 이동] 아이콘을 클릭합니다.

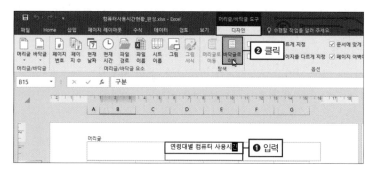

04 바닥글 화면이 표시되면 바닥글 위치를 클릭한 다음 문구를 삽입하거나 [머리글/바닥글 도구] 정황 탭 도구의 [머리글/바닥글 요소] 그룹에서 삽입할 항목을 선택합니다. 바닥글 요소를 삽입한 후에 머리글과 바닥글을 확인하기 위해 [파일] 탭을 선택합니다.

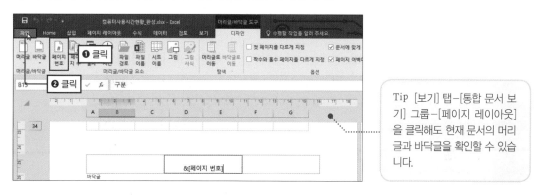

Tip [보기] 탭–[통합 문서 보기] 그룹–[페이지 레이아웃]을 클릭해도 현재 문서의 머리글과 바닥글을 확인할 수 있습니다.

05 [파일] 탭 화면이 표시되면 탐색 창에서 [인쇄]를 선택합니다. [인쇄] 화면이 표시되면 인쇄 미리 보기 화면에 입력한 머리글과 바닥글이 표시되는 것을 확인할 수 있습니다.

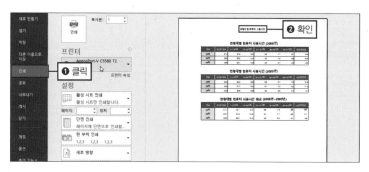

사용 환경 설정

동일한 엑셀 2016을 사용하지만 각 사용자마다 작업 스타일은 모두 다르기 마련입니다. 어떤 사용자는 Enter 키를 눌렀을 때 셀이 아래로 이동하기를 바라고 또 어떤 사용자는 Enter 키를 눌렀을 때 셀이 오른쪽으로 이동하기를 바랍니다. 이러한 경우 엑셀 2016의 옵션 설정을 통해 자신에게 가장 적합한 환경을 만들 수 있습니다.

Sub 1 작성자 입력하기

엑셀 문서의 작성자 이름은 기본적으로 엑셀 2016을 설치할 때 입력한 이름으로 설정됩니다. 만일 설치 과정에서 입력한 이름이 아닌 다른 이름으로 계속해서 사용해야 하는 경우라면 다음과 같은 방법으로 사용자 이름을 변경할 수 있습니다.

01 엑셀 2016 창에서 [파일] 탭을 선택합니다. [파일] 탭 화면이 표시되면 [옵션]을 선택합니다.

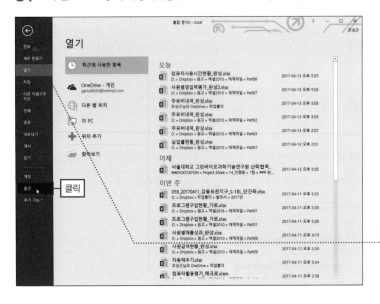

Tip 엑셀 문서의 작성자를 확인하려면 [파일] 탭 화면에서 [정보]를 클릭한 다음 [속성] 화면을 확인하면 됩니다.

02 [Excel 옵션] 창이 열리면 [일반]의 옵션 설정 화면이 표시됩니다. [일반] 작업 화면의 [사용자 이름]에 변경할 이름을 입력한 다음 [확인] 버튼을 클릭하면 사용자 이름이 변경됩니다.

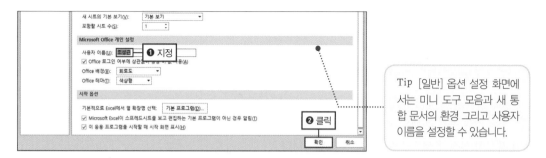

Tip [일반] 옵션 설정 화면에서는 미니 도구 모음과 새 통합 문서의 환경 그리고 사용자 이름을 설정할 수 있습니다.

Sub 2 오류 표식 색상 변경하기

엑셀에서는 셀 규칙에 어긋난 데이터를 입력했을 때 오류가 발생했음을 알리기 위해 셀의 왼쪽 윗부분에 작은 삼각형의 오류 표시가 나타납니다. 기본적으로 표시되는 녹색 오류 표식은 다음과 같은 과정에 의해 다른 색으로 변경할 수 있습니다.

01 [Excel 옵션] 창을 연 다음 탐색 창에서 [수식]을 선택합니다. [수식] 옵션 설정 화면이 표시되면 [오류 검사] 영역의 [오류 표시 색] 상자를 클릭하여 엽니다. 오류 표시 색의 색 선택 상자가 표시되면 오류 표시 색으로 사용할 색상을 선택합니다. 오류 표시 색을 선택하고 나면 [확인] 버튼을 클릭하여 옵션 설정 창을 닫습니다.

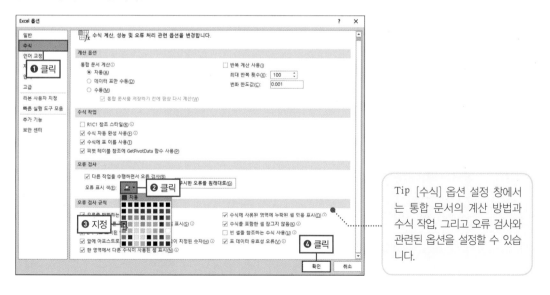

Tip [수식] 옵션 설정 창에서는 통합 문서의 계산 방법과 수식 작업, 그리고 오류 검사와 관련된 옵션을 설정할 수 있습니다.

02 오류 표시 색이 변경되었는지 확인해 보겠습니다. [C3]셀을 선택한 상태에서 "'123"을 입력합니다.

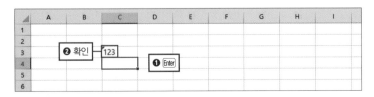

03 Enter 키를 누르면 셀의 왼쪽 윗부분에 오류 표시가 나타나는 것을 확인할 수 있습니다. 오류 표시의 색이 자신이 설정한 색으로 표시되는지 확인합니다.

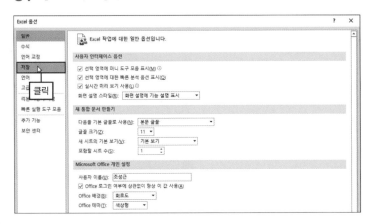

Sub ③ 문서 저장 위치 설정하기

엑셀 2016은 갑자기 컴퓨터가 다운되거나 꺼질 때를 대비하여 일정한 간격으로 자동 복구 정보를 만듭니다. 엑셀 통합 문서를 저장하지 않은 상태에서는 기본 파일 저장 위치에 파일 복구 정보가 저장되므로 기본 파일 저장 위치는 사용자가 지정하는 것이 좋습니다.

01 [Excel 옵션] 창을 연 다음 탐색 창에서 [저장]을 선택합니다.

02 [저장] 옵션 설정 화면이 표시되면 먼저 [자동 복구 정보 저장 간격] 입력 상자에 저장 간격을 분 단위로 입력합니다. 엑셀 문서의 저장 위치를 변경하기 위해 [기본 로컬 파일 위치] 입력 상자에 엑셀 문서를 저장할 경로와 폴더 이름을 입력한 다음 [확인] 버튼을 클릭합니다.

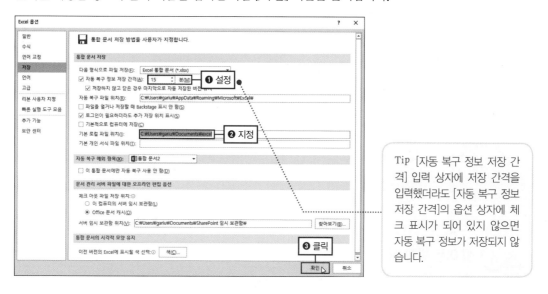

Tip [자동 복구 정보 저장 간 격] 입력 상자에 저장 간격을 입력했더라도 [자동 복구 정보 저장 간격]의 옵션 상자에 체 크 표시가 되어 있지 않으면 자동 복구 정보가 저장되지 않 습니다.

03 엑셀 2016 창이 표시되면 파일 저장 위치가 변경되었는지 확인해 보겠습니다. [A1]셀에 임의의 문자를 입력한 다음 저장합니다.

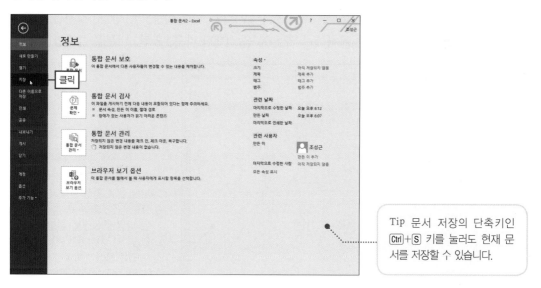

Tip 문서 저장의 단축키인 Ctrl + S 키를 눌러도 현재 문 서를 저장할 수 있습니다.

04 [다른 이름으로 저장] 창이 열리고 경로가 옵션 설정에서 설정한 [기본 파일 위치]의 경로로 설정되는 것을 확인할 수 있습니다.

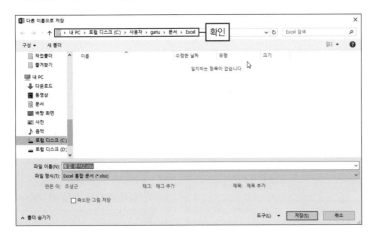

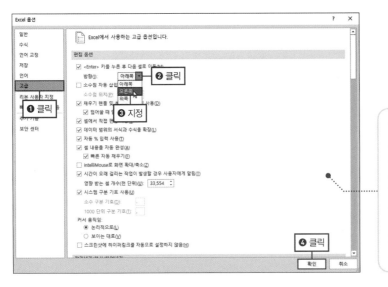

Sub ④ 셀 이동 방향 설정하기

기본적으로 엑셀 2016에서는 Enter 키를 누르면 현재 셀에서 아래쪽 셀로 포커스가 이동됩니다. 작업 유형에 따라 Enter 키를 눌렀을 때 현재 셀에서 오른쪽 셀로 포커스가 이동되도록 하려면 다음과 같이 설정하면 됩니다.

01 [Excel 옵션] 창을 연 다음 탐색 창에서 [고급]을 선택합니다. [고급] 옵션 설정 화면이 표시되면 [편집 옵션] 영역에서 [〈Enter〉 키를 누른 후 다음 셀로 이동]의 [방향] 상자를 클릭하여 엽니다. [방향] 상자가 열리면 목록에서 '오른쪽'을 선택한 다음 [확인] 버튼을 클릭합니다.

> **Tip** [고급] 옵션 설정 화면에서는 셀의 편집 환경 및 클립보드 작업, 화면 표시와 관련된 다양한 옵션을 설정할 수 있습니다. 시각적인 변화를 줄 수 있는 옵션 항목이기 때문에 [고급] 옵션 설정에 따라 엑셀 2016의 화면은 다르게 표시될 수 있습니다.

02 엑셀 2016 창이 표시되면 [B2]셀에 임의의 문자를 입력합니다.

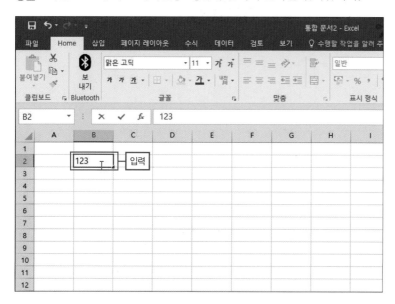

03 Enter 키를 누르면 셀이 오른쪽으로 이동하는 것을 확인할 수 있습니다.

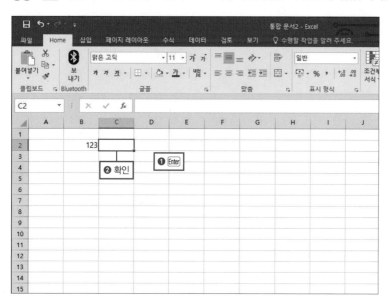

Part 02

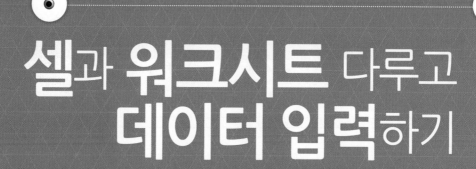

셀과 워크시트 다루고 데이터 입력하기

스프레드시트 형식이 셀을 이용한 계산이기 때문에 엑셀 또한 모든 계산 및 입력이 셀을 통해 이루어지게 됩니다.
엑셀에서는 하나의 셀 안에 데이터를 입력할 수도 있고 여러 셀을 합쳐 데이터를 입력할 수도 있기 때문에,
이러한 자유로운 데이터 입력 방식을 이용하여 다양한 표현을 할 수 있습니다. 또한 데이터 형식에
따라 표현 방식을 선택하거나 사용자가 직접 지정할 수 있는 것이 엑셀 데이터의 특징입니다.

Part 2 > Section 1

엑셀의 시작, 셀 다루기

스프레드시트에서의 기본 단위는 셀입니다. 엑셀 또한 대부분의 작업이 셀에서 진행되며,
셀은 하나의 데이터가 입력되는 공간입니다. 엑셀에서는 이러한 셀에 입력된 데이터를 이용
하여 계산하거나 표현을 하게 됩니다. 이번 섹션에서는 셀을 선택하는 방법과 셀에 데이터를
입력하는 방법에 대해 알아보겠습니다.

· Preview ·

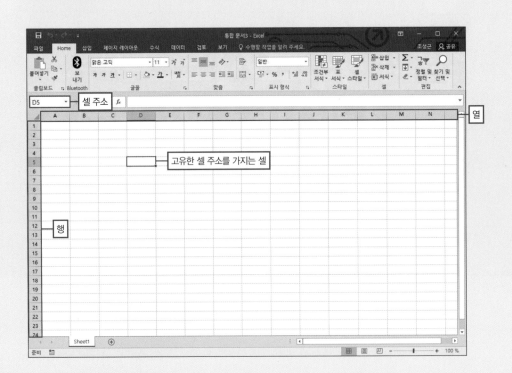

섹션별
주요 내용
① 엑셀에서의 셀이란　　② 셀 선택하기　　③ 단축키를 이용해 셀 이동하기
④ 선택된 범위에 이름 정의하기　　⑤ 정의된 이름 삭제하기　　⑥ 셀 크기 변경하기

엑셀의 기본 단위는 셀(Cell)입니다. 셀은 격자 형태로 표시되며 격자무늬의 사각형 하나가 하나의 셀을 표시합니다. 각 셀은 열 주소와 행 주소를 합쳐 고유한 주소를 가지게 됩니다. 즉 앞 페이지 그림의 선택된 셀은 네 번째 열인 'D'열과 다섯 번째 행이 교차하는 지점이므로 'D5'로 셀 주소를 가지게 되는 것입니다.

이러한 셀들이 모여 하나의 시트를 완성하게 되는데, 엑셀에서는 이러한 시트를 '워크시트 (WorkSheet)'라고 부릅니다. 엑셀 통합 문서에서는 이러한 워크시트가 기본적으로 한 개 만들어지는데, 한 개의 워크시트 이외에도 사용자가 워크시트를 추가할 수 있습니다.

Sub ② 셀 선택하기

특정한 셀에 데이터를 입력하기 위해서는 먼저 해당 셀을 선택해야 합니다. 엑셀 2016에서는 편리하고 빠르게 셀을 선택할 수 있도록 다양한 셀 선택 방법을 제공하고 있습니다.

1 마우스를 이용한 셀 선택 방법

셀을 선택할 때 가장 쉽고 빠른 방법은 마우스를 이용하여 셀을 클릭하는 방법입니다. 셀 주소에 관계없이 특정 데이터가 있는 셀을 선택하거나 데이터를 입력하기 위해 셀을 선택해야 할 경우에는 마우스를 이용하여 해당 셀을 클릭하면 됩니다. 선택된 셀은 테두리가 진하게 표시되어 현재 선택된 셀임이 표시되고, 이름 상자에 선택한 셀의 주소가 표시됩니다.

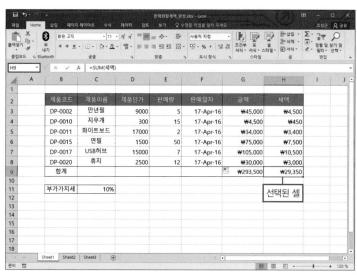

▲ 테두리가 진하게 표시되고 이름 상자에 셀 주소가 표시되는 선택된 셀

2 마우스를 이용한 영역 선택 방법

표, 차트, 피벗 테이블을 만들면서 셀의 일정 영역을 선택해야 할 경우에는 처음 시작되는 셀을 클릭한 다음 대각선 방향의 마지막 셀까지 드래그하면 됩니다. 영역으로 선택된 셀들은 하나의 셀을 선택했을 때와는 달리 옅은 회색으로 표시됩니다.

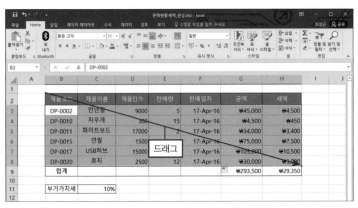

▲ 드래그하여 일정 영역을 선택한 모습

3 Shift 키를 이용한 영역 선택 방법

마우스를 이용하여 영역을 선택하는 방법 이외에 단축키를 같이 이용하여 영역을 선택하는 방법이 있습니다. 우선 영역의 시작 셀을 클릭한 다음 Shift 키를 누른 채로 대각선 방향의 마지막 셀을 클릭하면 시작 셀과 마지막 셀 사이에 있는 가상의 사각형 안에 포함된 셀들이 모두 선택됩니다.

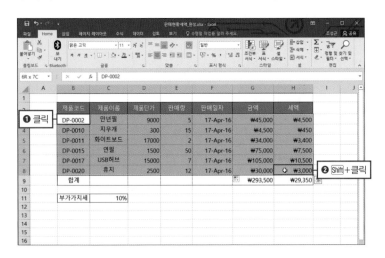

4 [Ctrl] 키를 이용한 개별 셀 선택 방법

일정한 영역이 아닌 일부 셀들만을 골라서 선택해야 하는 경우에는 [Ctrl] 키를 사용합니다. 우선 선택할 셀 하나를 클릭한 상태에서 다음 셀을 클릭할 때는 [Ctrl] 키를 누른 채로 선택합니다. 이렇게 하면 처음 선택된 셀이 해제되지 않고 선택 상태를 유지하게 됩니다.

5 모든 셀 선택 방법

현재 워크시트 안의 모든 셀을 한꺼번에 선택해야 하는 경우에는 [모든 셀 선택] 버튼(◢)을 클릭합니다. 현재 워크시트에 입력된 데이터의 글꼴을 한꺼번에 변경하고자 할 때 유용하게 사용할 수 있습니다.

> Tip 전체 데이터를 선택하기 위한 단축키인 [Ctrl]+[A] 키를 눌러도 현재 워크시트의 모든 셀을 선택할 수 있습니다.

6 열 및 행 전체 선택 방법

한 행이나 한 열의 모든 데이터를 한꺼번에 수정해야 할 경우에는 행 혹은 열 전체를 선택해야 합니다. 이런 경우에는 선택하려는 행이나 열의 머리글을 클릭하면 됩니다.

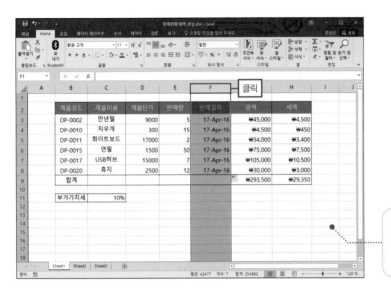

Tip Ctrl 키 또는 Shift 키를 이용하면 여러 개의 행과 열을 동시에 선택할 수 있습니다.

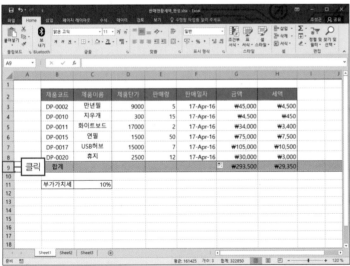

▲ 행 머리글 혹은 열 머리글을 클릭하여 행이나 열 전체를 선택한 모습

7 이름 상자를 이용한 셀 선택 방법

셀을 선택하면 선택된 셀의 주소가 이름 상자에 표시됩니다. 이를 반대로 생각하면 이름 상자에 셀 주소를 입력하면 해당 셀이 선택된다는 말과 같습니다. 즉 이름 상자에 'H9'라고 입력하면 'H9' 주소를 가진 셀이 선택됩니다.

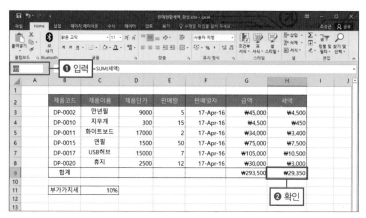

▲ 이름 상자에 셀 주소를 입력하여 해당 셀을 선택한 모습

Sub 3 단축키를 이용해 셀 이동하기

• 예제 파일 : Part 02\판매현황세액.xlsx
• 완성 파일 : Part 02\판매현황세액_완성.xlsx

현재 선택된 셀에서 근접한 셀로 이동할 때는 마우스보다 키보드 방향키를 이용하는 것이 빠르고 간편합니다. 그리고 데이터가 입력되어 있는 마지막 셀로 이동할 때는 마우스를 이용해야 할 것 같지만 이 또한 단축키를 이용하면 빠르게 이동이 가능합니다.

01 현재 선택되어 있는 셀에서 데이터가 입력되어 있는 가장 오른쪽 셀을 선택하겠습니다. 처음 셀이 선택된 상태에서 Ctrl 키를 누른 채로 오른쪽 방향키를 누릅니다.

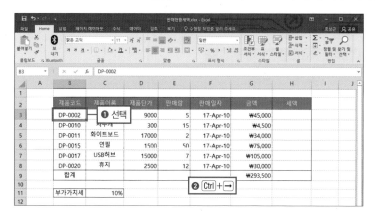

02 데이터가 입력되어 있는 가장 오른쪽 셀이 선택됩니다. 데이터가 입력되어 있는 가장 아래쪽 셀을 선택해보겠습니다. 같은 방법으로 Ctrl 키를 누른 상태에서 아래쪽 방향키를 누릅니다.

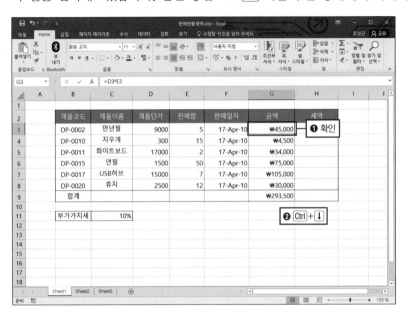

03 데이터가 입력되어 있는 가장 아래쪽 셀이 선택됩니다. 이처럼 Ctrl 키를 누른 채로 방향키를 누르게 되면 데이터가 입력되어 있는 가장 마지막 셀로 이동됩니다. 또한 Page up 키나 Page Down 키를 누르게 되면 한 화면 위쪽이나 한 화면 아래쪽으로 이동하게 되며, Alt 키를 누른 채로 Page up 키나 Page Down 키를 누르게 왼쪽 화면이나 오른쪽 화면으로 이동하게 됩니다.

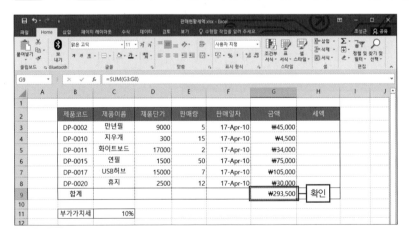

단축키	내용
[Ctrl]+방향키	입력한 방향의 데이터가 입력된 마지막 셀로 이동
[Ctrl]+[Home]	[A1]셀로 이동
[Alt]+[Page up]	한 화면 왼쪽으로 이동
[Alt]+[Page Down]	한 화면 오른쪽으로 이동
[Page up]	한 화면 위쪽으로 이동
[Page Down]	한 화면 아래쪽으로 이동

▲ 셀을 빠르게 이동하기 위한 단축키

Sub ④ 선택된 범위에 이름 정의하기

워크시트에서 선택된 영역을 자주 사용해야 하는 경우에는 선택 영역을 하나의 셀 이름으로 정의할 수 있습니다. 이름이 정의된 영역은 언제든지 불러내어 다시 활용할 수 있습니다. 셀 이름은 선택 영역을 설정하는 기능뿐만 아니라 선택 영역의 각 항목을 묶는 역할도 수행합니다.

01 이름으로 정의할 영역을 마우스로 드래그하여 선택합니다. 이름 상자에 이름을 입력한 다음 [Enter] 키를 누릅니다.

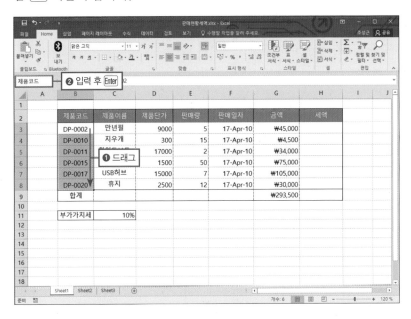

02 다른 영역을 마우스로 드래그하여 선택하고 이름 상자에 이름을 입력한 다음 Enter 키를 누릅니다. 같은 방법으로 [D3:D8]의 이름도 '제품단가'로 지정합니다.

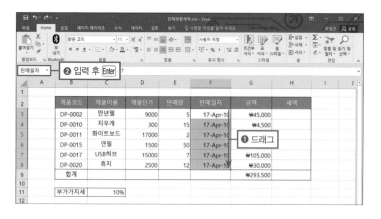

03 임의의 셀을 클릭하여 선택 영역을 해제한 다음 이름 상자의 확장 버튼을 클릭합니다.

04 이름 목록이 표시됩니다. 이름 목록에서 처음 만들었던 이름을 선택합니다.

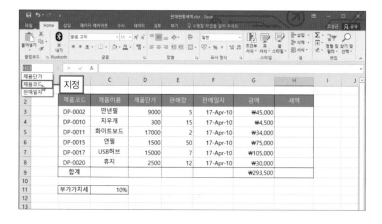

05 선택한 이름으로 정의된 선택 영역이 표시됩니다. 이처럼 이름을 이용하면 선택 영역을 자유롭게 지정할 수 있고 영역을 그룹으로 묶는 기능을 함께 수행할 수 있습니다.

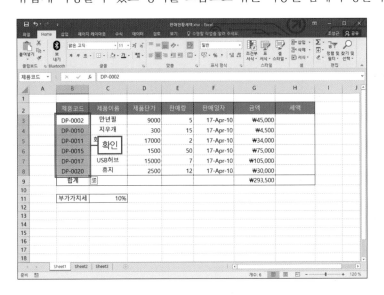

정의된 이름 삭제하기

정의된 이름을 삭제하려면 [이름 관리자]를 사용해야 합니다. [이름 관리자] 창에서는 정의된 이름을 삭제할 수 있을 뿐만 아니라 선택 영역을 편집하거나 새로운 이름을 만들 수도 있습니다.

01 [수식] 탭-[정의된 이름] 그룹-[이름 관리자]를 클릭합니다.

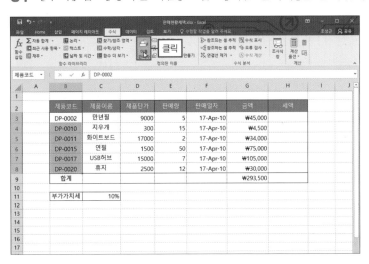

02 [이름 관리자] 창이 열리면 목록에서 삭제하려는 이름을 선택한 다음 [삭제] 버튼을 클릭합니다.

03 선택한 이름을 삭제할 것인지 확인하는 대화상자가 표시되면 [확인] 버튼을 클릭합니다.

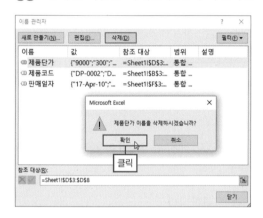

04 목록에서 이름이 삭제되면 [닫기] 버튼을 클릭합니다.

셀에 입력된 텍스트 크기가 변경되거나 길이가 긴 경우에는 셀의 높이와 너비를 알맞은 크기로 설정하는 작업이 필요합니다. 엑셀 2016에서는 셀 크기가 기본적으로 모두 동일하게 설정되지만, 경우에 따라 자유롭게 셀의 높이와 너비를 변경할 수 있습니다.

① 마우스를 이용한 셀 높이/너비 조정

마우스를 이용하여 행과 열 머리글의 경계선에 마우스 포인터를 가져가면 마우스 포인터가 양쪽 화살표 모양(━┿━)으로 변경됩니다. 이때 행 또는 열 머리글의 경계선을 클릭한 다음 조정하려는 크기로 드래그 앤 드롭하면 행과 열 크기를 조정할 수 있습니다.

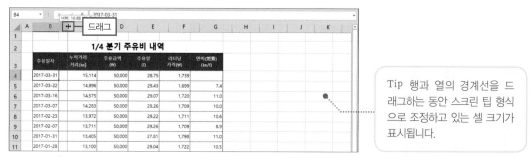

Tip 행과 열의 경계선을 드래그하는 동안 스크린 팁 형식으로 조정하고 있는 셀 크기가 표시됩니다.

▲ 행과 열 머리글의 경계선을 드래그하여 셀 크기를 조정하는 모습

② 셀 크기 직접 입력

셀의 높이나 너비를 특정한 수치에 맞추어 설정하려면 대화상자를 표시하여 직접 행과 열의 수치를 입력하여 설정할 수 있습니다. 셀 크기를 수치에 의해 설정하려면 먼저 행이나 열의 머리글을 마우스 오른쪽 버튼으로 클릭한 다음 바로 가기 메뉴에서 [열 너비]나 [행 높이]를 선택합니다. 그런 다음 표시되는 대화상자에서 셀 크기를 입력하면 셀 크기를 정확하게 설정할 수 있습니다.

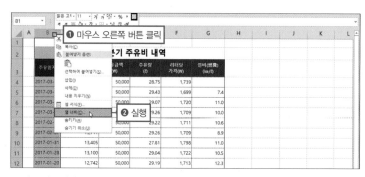

▲ 셀 크기를 설정할 수 있는 열이나 행 머리글의 바로 가기 메뉴

▲ [열 너비] 대화상자

▲ [행 높이] 대화상자

입력한 데이터 길이에 맞추어 자동으로 셀 너비 조정하기

셀 크기보다 셀에 입력한 데이터 길이가 긴 경우에는 데이터 일부가 보이지 않게 되거나 데이터가 기호로 표시됩니다. 이런 경우에는 데이터가 보이지 않는 셀의 열 머리글 경계선을 더블클릭하면 자동으로 해당 열에서 가장 긴 데이터 길이에 맞추어 셀 너비가 조정됩니다.

1. 셀 너비를 조정할 열 머리글의 경계선 부분을 더블클릭합니다.

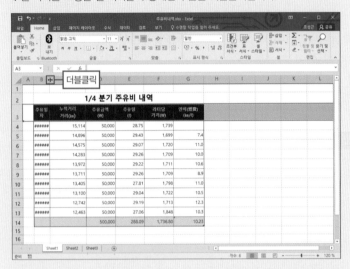

2. 셀 너비가 해당 열에서 가장 긴 데이터의 길이에 맞추어 자동으로 설정됩니다.

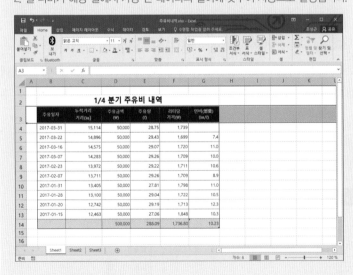

워크시트 다루기

셀에 입력된 데이터로 이루어진 하나의 작업 단위를 워크시트라고 부릅니다. 통합 문서에서 화면에 보이는 작업 공간이 워크시트라고 할 수 있습니다. 하나의 통합 문서는 한 개 이상의 워크시트를 포함하고 있으며 이러한 워크시트들은 워크시트 사이 참조를 통해 수식을 만들 수 있기도 합니다. 이번 섹션에서는 워크시트 편집 방법을 알아보겠습니다.

• Preview •

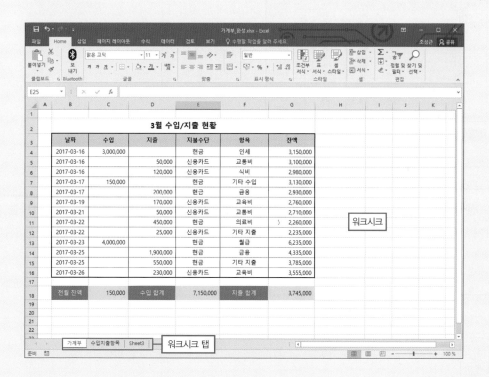

 섹션별 주요 내용

① 워크시트 선택하기   ② 워크시트 이름 변경하기   ③ 워크시트 이동 및 복사하기
④ 새로운 워크시트 삽입하기   ⑤ 워크시트 삭제하기   ⑥ 화면에서 워크시트 숨기기

셀이 엑셀 작업의 기본이 되는 단위라면 워크시트는 통합 문서의 기본이 되는 단위입니다. 즉 셀이 모여 하나의 워크 시트가 완성되고 이러한 워크시트가 모여 하나의 통합 문서를 이루게 됩니다. 워크시트가 많은 경우에는 모든 워크시트 가 보이지 않게 되므로 워크시트 이동 도구를 사용하여 워크시트 표시 위치를 변경할 수 있습니다.

01 현재 워크시트에서 화면에 표시된 다른 워크시트로 전환하고자 할 때는 해당 워크시트를 마우스로 클릭합니다.

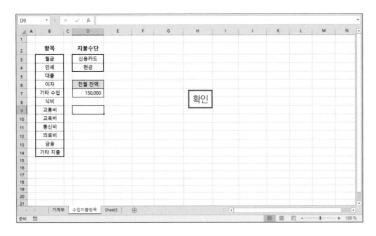

02 선택한 워크시트로 전환됩니다. 이처럼 다른 워크시트로 전환할 때는 해당 워크시트를 클릭합니다.

여러 개의 워크시트를 한꺼번에 선택하려면

두 개 이상의 워크시트를 한꺼번에 선택하려면 Ctrl 키나 Shift 키를 사용합니다. 연속적인 여러 개의 워크시트를 선택하려면 첫 번째 워크시트를 클릭한 다음 Shift 키를 누른 상태에서 마지막 워크시트를 선택합니다.

이에 반해 연속적이지 않은 워크시트를 여러 개 선택하려면, 하나의 워크시트를 선택한 다음 Ctrl 키를 누른 채로 다음에 선택할 워크시트를 클릭하면 됩니다.

03 워크시트가 여러 개인 경우에는 워크시트 탭이 보이지 않게 됩니다. 이런 경우에는 시트 이동 도구를 이용하여 워크시트 표시 위치를 변경하여 워크시트를 선택할 수 있습니다. 워크시트 표시 위치를 뒤쪽으로 표시하려면 시트 이동 도구에서 [다음] 버튼(▶)을 두 번 클릭합니다.

날짜	수입	지출	지불수단	항목	잔액
			3월 수입/지출 현황		
2017-03-16	3,000,000		현금	인세	3,150,000
2017-03-16		50,000	신용카드	교통비	3,100,000
2017-03-16		120,000	신용카드	식비	2,980,000
2017-03-17	150,000		현금	기타 수입	3,130,000
2017-03-17		200,000	현금	금융	2,930,000
2017-03-19		170,000	신용카드	교육비	2,760,000
2017-03-21		50,000	신용카드	교통비	2,710,000
2017-03-22		450,000	현금	의료비	2,260,000
2017-03-22		25,000	신용카드	기타 지출	2,235,000
2017-03-23	4,000,000		현금	월급	6,235,000
2017-03-25		1,900,000	현금	금융	4,335,000
2017-03-25		550,000	현금	기타 지출	3,785,000
2017-03-26		230,000	신용카드	교육비	3,555,000
전월 잔액	150,000	수입 합계	7,150,000	지출 합계	3,745,000

클릭×2

가계부 | 수입지출항목 | 주유비내역 | 금액별이자 | 판매세액 | 영업평가 ...

준비

04 화면에 보이지 않았던 워크시트가 화면에 표시됩니다.

날짜	수입	지출	지불수단	항목	잔액
			3월 수입/지출 현황		
2017-03-16	3,000,000		현금	인세	3,150,000
2017-03-16		50,000	신용카드	교통비	3,100,000
2017-03-16		120,000	신용카드	식비	2,980,000
2017-03-17	150,000		현금	기타 수입	3,130,000
2017-03-17		200,000	현금	금융	2,930,000
2017-03-19		170,000	신용카드	교육비	2,760,000
2017-03-21		50,000	신용카드	교통비	2,710,000
2017-03-22		450,000	현금	의료비	2,260,000
2017-03-22		25,000	신용카드	기타 지출	2,235,000
2017-03-23	4,000,000		현금	월급	6,235,000
2017-03-25		1,900,000	현금	금융	4,335,000
2017-03-25		550,000	현금	기타 지출	3,785,000
2017-03-26		230,000	신용카드	교육비	3,555,000
전월 잔액	150,000		7,150,000	지출 합계	3,745,000

확인

... | 주유비내역 | 금액별이자 | 판매세액 | 영업평가 | 급여현황 | Sheet1

준비

Tip [다음] 버튼을 클릭하더라도 워크시트가 전환되지는 않고 워크시트 표시 위치만 변경됩니다.

Sub 2 워크시트 이름 변경하기

워크시트는 기본적으로 'Sheet1, Sheet2, Sheet3'과 같이 번호가 있는 이름이 붙게 되는데 필요에 따라 워크시트 이름은 사용자가 언제든지 변경할 수 있습니다. 워크시트 이름은 워크시트 탭을 더블클릭하면 쉽게 변경할 수 있습니다.

01 이름을 변경하려는 워크시트의 탭을 더블클릭합니다. 워크시트 이름이 선택 상태로 전환되어 입력 대기 상태가 됩니다.

02 새로운 이름을 입력한 다음 Enter 키를 누르면 변경된 워크시트 이름이 적용됩니다.

바로 가기 메뉴를 이용한 워크시트 이름 바꾸기

워크시트 탭을 더블클릭하는 방법 이외에 바로 가기 메뉴를 이용해도 워크시트 이름을 변경할 수 있습니다. 이름을 변경하려는 워크시트 탭을 마우스 오른쪽 버튼으로 클릭한 다음 바로 가기 메뉴가 표시되면 [이름 바꾸기]를 실행합니다.

9	2017-03-19		170,000	신용카드	교육
10	2017-03-21		50,000	신용카드	교통
11	2017-03	삽입(I)...	450,000	현금	의료
12	2017-03	삭제(D)	25,000	신용카드	기타
13	2017-03	이름 바꾸기(R) ❷ 실행		현금	뭘
14	2017-03	이동/복사(M)...	1,900,000	현금	금
15	2017-03	코드 보기(V)	550,000	현금	기타
16	2017-03	시트 보호(P)...	230,000	신용카드	교육
17		탭 색(T) ▶			
18	전월 잔	숨기기(H)	수입 합계	7,150,000	지출
19		숨기기 취소(U)...			
		모든 시트 선택(S)			

◀ ▶ 가계부 ❶ 마우스 오른쪽 버튼 클릭 금액별이자 | 판매세액 | 영업평가

준비

Sub ③ 워크시트 이동 및 복사하기

통합 문서 안에서 워크시트 순서는 언제든지 변경이 가능합니다. 워크시트 순서가 변경되더라도 통합 문서의 내용 자체는 변경되지 않으며, 기존 워크시트를 복사하여 현재 통합 문서 및 다른 통합 문서에 붙여넣을 수 있습니다.

01 이동하려는 워크시트를 클릭한 상태에서 이동하려는 위치로 드래그 앤 드롭합니다.

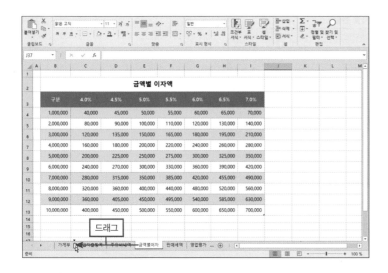

02 워크시트가 지정한 위치로 변경됩니다.

5	2,000,000	80,000	90,000	100,000	110,000	120,000	130,000	140,000
6	3,000,000	120,000	135,000	150,000	165,000	180,000	195,000	210,000
7	4,000,000	160,000	180,000	200,000	220,000	240,000	260,000	280,000
8	5,000,000	200,000	225,000	250,000	275,000	300,000	325,000	350,000
9	6,000,000	240,000	270,000	300,000	330,000	360,000	390,000	420,000
10	7,000,000	280,000	315,000	350,000	385,000	420,000	455,000	490,000
11	8,000,000	320,000	360,000	400,000	440,000	480,000	520,000	560,000
12	9,000,000	360,000	405,000	450,000	495,000	540,000	585,000	630,000
13	10,000,000	400,000	450,000	500,000	550,000	600,000	650,000	700,000
14								
15			확인					
16								

가계부 | 금액별이자 | 수입지출항목 | 주유비내역 | 판매세액 | 영업평가 ... ⊕

준비

03 화면에 보이지 않는 위치로 워크시트를 이동하거나 복사하려면 바로 가기 메뉴를 이용할 수 있습니다. 먼저 이동하려는 워크시트의 탭을 마우스 오른쪽 버튼으로 클릭합니다. 바로 가기 메뉴가 표시되면 [이동/복사]를 실행합니다.

04 [이동/복사] 대화상자가 열리면 목록에서 복사된 워크시트가 위치할 지점을 선택한 다음 [확인] 버튼을 클릭합니다.

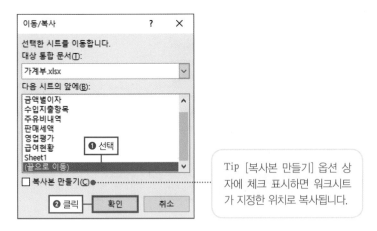

Tip [복사본 만들기] 옵션 상자에 체크 표시하면 워크시트가 지정한 위치로 복사됩니다.

05 지정한 위치로 워크시트가 이동됩니다.

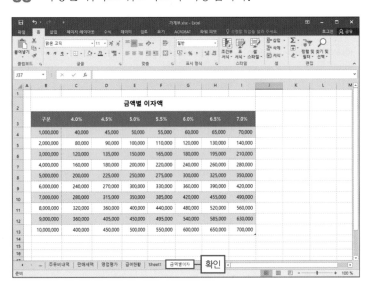

(!) **알아두면 좋아요**

다른 통합 문서로 워크시트를 이동하거나 복사하려면

선택한 워크시트를 다른 통합 문서로 이동하거나 복사하려면 [이동/복사] 대화상자에서 [대상 통합 문서] 상자를 열어 복사하거나 이동하려는 통합 문서를 선택한 다음 워크시트 위치를 선택하면 됩니다.

엑셀 통합 문서에는 기본적으로 세 개의 워크시트가 제공되지만 얼마든지 새로운 워크시트를 만들 수 있습니다. 또한 더 이상 사용하지 않는 워크시트라면 통합 문서에서 삭제할 수도 있습니다. 새로운 워크시트를 삽입하고 워크시트를 삭제하는 방법에 대해 알아보겠습니다.

01 워크시트를 가장 빠르게 만드는 방법은 [새 시트] 버튼을 이용하는 것입니다. 새로운 워크시트를 만들려면 마지막에 위치한 워크시트 오른쪽에 있는 [새 시트] 버튼(⊕)을 클릭합니다.

4		DP-0010	지우개	300	15	17-Apr-10
5		DP-0011	화이트보드	17000	2	17-Apr-10
6		DP-0015	연필	1500	50	17-Apr-10
7		DP-0017	USB허브	15000	7	17-Apr-10
8		DP-0020	휴지	2500	12	17-Apr-10
9		합계				
10						
11		부가가치세	10%			
12						
13						
14						
15						
16						
17						
18						

Sheet1 ⊕ 클릭

준비

02 가장 마지막 위치에 새로운 워크시트가 만들어집니다.

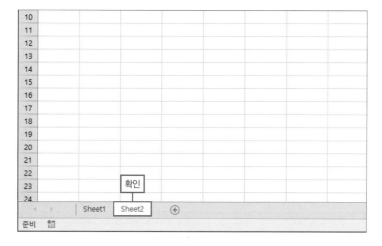

준비

03 새로운 워크시트를 만드는 또 다른 방법은 워크시트의 바로 가기 메뉴를 이용하는 것입니다. 새로운 워크시트를 삽입하려는 위치의 워크시트 탭을 마우스 오른쪽 버튼으로 클릭한 다음 바로 가기 메뉴에서 [삽입]을 실행합니다.

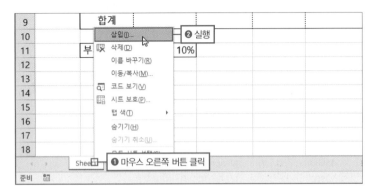

04 [삽입] 대화상자가 열리면 목록에서 [워크시트]를 선택한 다음 [확인] 버튼을 클릭합니다.

05 선택한 워크시트의 바로 이전 위치에 새로운 워크시트가 만들어집니다.

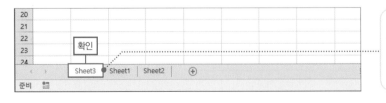

Tip 바로 가기 메뉴를 이용하면 선택한 워크시트의 바로 앞에 새로운 워크시트가 만들어집니다.

06 워크시트를 만드는 마지막 방법은 리본 메뉴를 이용하는 것입니다. [홈] 탭-[셀] 그룹-[삽입]-[시트 삽입]을 선택합니다.

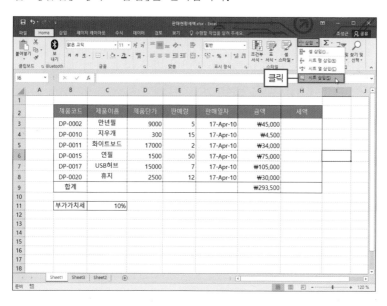

07 현재 열려있는 워크시트의 앞쪽에 새로운 워크시트가 만들어집니다. 이처럼 워크시트를 만드는 방법에 따라 워크시트 위치가 달라집니다.

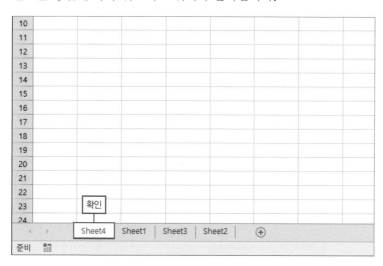

Sub 5 워크시트 삭제하기

워크시트를 삭제하는 방법에 대해 알아보겠습니다. 워크시트를 삭제하면 워크시트 안에 포함되어 있는 모든 셀의 데이터가 함께 삭제되므로 워크시트를 삭제할 때는 다시 한 번 워크시트의 내용을 확인한 다음 삭제하는 것이 좋습니다.

01 삭제하려는 워크시트의 탭을 마우스 오른쪽 버튼으로 클릭한 다음 바로 가기 메뉴가 표시되면 [삭제]를 선택합니다.

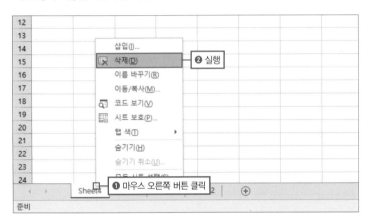

02 선택한 워크시트가 삭제되고 다음 위치의 워크시트가 화면에 표시됩니다.

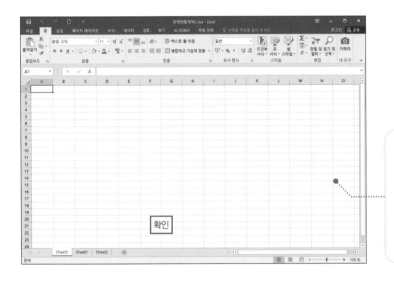

> Tip 삭제하려는 워크시트에 데이터가 저장된 경우에는 워크시트를 삭제할 것인지 다시 한번 확인하는 대화상자가 열리게 됩니다. 이 대화상자에서 [삭제] 버튼을 클릭하면 선택한 워크시트가 삭제됩니다.

03 현재 열려있는 워크시트를 삭제하는 방법입니다. 삭제하려는 워크시트가 열려있는 상태에서 [홈] 탭-[셀] 그룹-[삭제]-[시트 삭제]를 선택합니다.

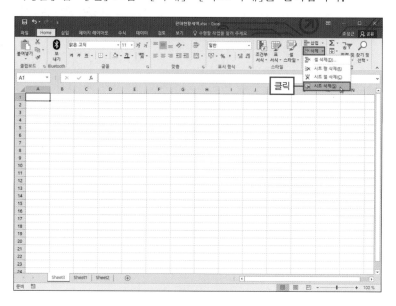

04 열려있던 워크시트가 삭제되고 다음에 위치한 워크시트가 화면에 표시됩니다.

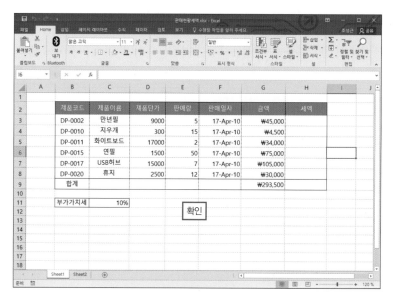

Sub 6 화면에서 워크시트 숨기기

여러 개의 워크시트 중 자주 사용하지 않는 워크시트라면 일시적으로 화면에서 표시되지 않도록 하여 작업 효율을 높일 수 있습니다. 숨겨진 워크시트는 언제든지 다시 표시할 수 있습니다. 워크시트를 화면에서 숨기는 방법에 대해 알아보겠습니다.

01 화면에서 숨기려는 워크시트 탭을 마우스 오른쪽 버튼으로 클릭한 다음 바로 가기 메뉴가 표시되면 [숨기기]를 실행합니다.

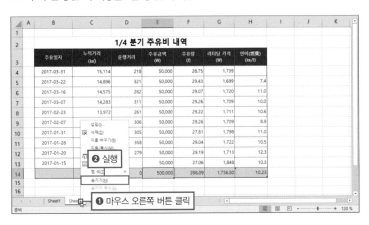

02 선택한 워크시트가 화면에서 사라집니다. 숨겨진 워크시트를 다시 화면에 표시하는 방법에 대해 알아보겠습니다. [홈] 탭-[셀] 그룹-[서식]-[숨기기 및 숨기기 취소]-[시트 숨기기 취소]를 실행합니다.

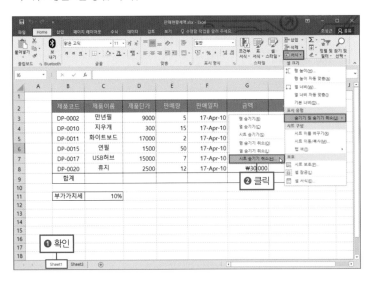

03 [숨기기 취소] 대화상자가 열리고 현재 숨겨져 있는 워크시트 목록이 표시됩니다. 워크시트 목록에서 다시 표시하려는 워크시트를 선택한 다음 [확인] 버튼을 클릭합니다.

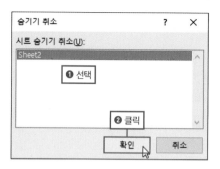

04 선택한 워크시트가 다시 화면에 표시됩니다. 이처럼 워크시트 숨기기 기능을 이용하면 자주 사용하지 않는 워크시트를 화면에서 보이지 않게 하여 워크시트를 빠르게 전환할 수 있습니다.

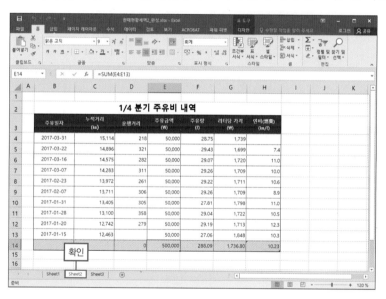

워크시트 및 통합 문서 보호하기

통합 문서 자체를 읽을 수만 있도록 암호를 설정하면 통합 문서 데이터를 보호할 수 있지만, 통합 문서 중 일부 워크시트 데이터만 보호하려면 다른 방법을 사용해야 합니다. 이번 섹션에서는 워크시트 내용을 보호하는 방법과 통합 문서에서 워크시트 위치를 고정하는 방법 그리고 워크시트 일부 영역만 편집이 가능하도록 설정하는 방법에 대해 알아보겠습니다.

· Preview ·

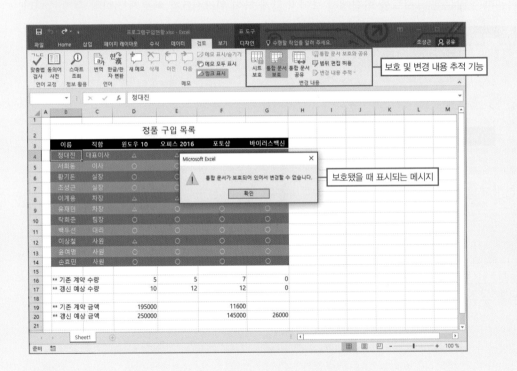

섹션별 주요 내용

① 워크시트 보호하기 ② 통합 문서 보호를 통해 워크시트 위치 고정하기

• 예제 파일 : Part 02\프로그램구입현황.xlsx

워크시트 내용을 보존하고 사용자 실수로 내용이 변경되는 것을 방지하려면 워크시트 보호 기능을 사용하면 됩니다. 워크시트 보호 기능을 사용하면 워크시트를 편집하려 할 때마다 암호를 물어 보게 하여 워크시트 내용을 보호할 수 있습니다.

01 보호하려는 워크시트의 탭을 마우스 오른쪽 버튼으로 클릭한 다음 바로 가기 메뉴가 표시되면 [시트 보호]를 실행합니다.

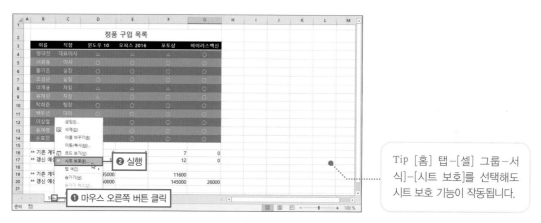

Tip [홈] 탭–[셀] 그룹–서식]–[시트 보호]를 선택해도 시트 보호 기능이 작동됩니다.

02 [시트 보호] 대화상자가 열리면 입력 상자에 시트 보호를 해제할 때 사용할 암호를 입력하고 [워크시트에서 허용할 내용] 목록에서 워크시트 보호 내용을 선택한 다음 [확인] 버튼을 클릭합니다.

03 [암호 확인] 대화상자가 열리면 입력 상자에 암호를 다시 한 번 입력한 다음 [확인] 버튼을 클릭합니다.

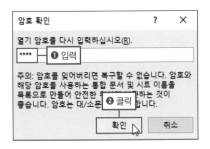

04 다시 워크시트가 표시됩니다. 워크시트가 잠겨있는지 확인하기 위해 데이터가 입력되어 있는 임의의 셀을 선택한 다음 Delete 키를 누릅니다.

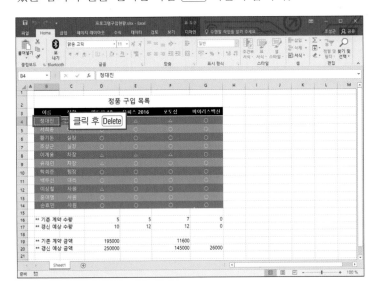

05 워크시트가 보호되어 있다는 메시지가 표시됩니다. [확인] 버튼을 클릭하여 대화상자를 닫습니다.

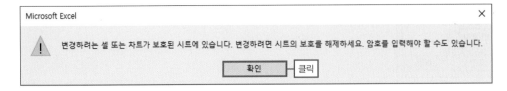

06 잠긴 상태의 워크시트를 해제하는 방법을 알아보겠습니다. 잠긴 워크시트를 화면에 표시한 상태에서 [검토] 탭-[변경 내용] 그룹-[시트 보호 해제]를 클릭합니다.

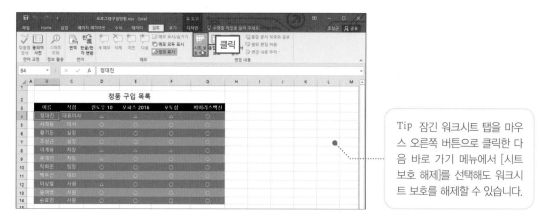

Tip 잠긴 워크시트 탭을 마우스 오른쪽 버튼으로 클릭한 다음 바로 가기 메뉴에서 [시트 보호 해제]를 선택해도 워크시트 보호를 해제할 수 있습니다.

07 [시트 보호 해제] 대화상자가 열리면 입력 상자에 시트 보호 잠금 해제를 위한 암호를 입력한 다음 [확인] 버튼을 클릭합니다.

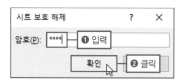

08 시트 보호가 해제됩니다. [검토] 탭-[변경 내용] 그룹-[시트 보호]가 표시되면 현재 워크시트가 잠기지 않은 상태임을 표시하는 것입니다.

통합 문서 보호 기능은 워크시트 내용을 보호하는 기능이 아니라 워크시트 위치를 변경하지 못하도록 하기 위해 사용하는 기능입니다. 통합 문서 보호 기능을 사용하면 기존 워크시트 위치는 물론 워크시트 삭제나 새로운 워크시트 삽입도 할 수 없게 됩니다.

01 워크시트 위치를 고정할 통합 문서를 연 상태에서 [검토] 탭−[변경 내용] 그룹−[통합 문서 보호] 버튼을 클릭합니다.

02 [구조 및 창 보호] 대화상자가 열리면 [보호할 대상]으로 '구조'에 체크 표시한 다음 [암호] 입력 상자에 암호를 입력하고 [확인] 버튼을 클릭합니다.

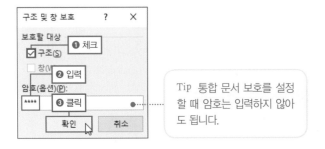

Tip 통합 문서 보호를 설정할 때 암호는 입력하지 않아도 됩니다.

03 [암호 확인] 대화상자가 표시되면 다시 한 번 암호를 입력한 다음 [확인] 버튼을 클릭합니다.

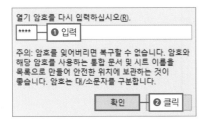

04 워크시트 탭을 마우스 오른쪽 버튼으로 클릭하고 바로 가기 메뉴가 표시되면 [시트 보호] 기능 이외에 다른 기능들은 모두 사용할 수 없도록 비활성화되어 있는 것을 확인할 수 있습니다.

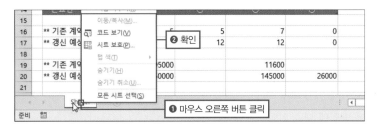

05 워크시트 탭을 더블클릭합니다. 보호되어 있어 변경할 수 없다는 메시지가 표시됩니다. [확인] 버튼을 클릭합니다.

이처럼 통합 문서가 보호되면 워크시트 변경을 할 수 없게 됩니다. 보호를 해제하기 위해 [검토] 탭-[변경 내용] 그룹-[통합 문서 보호]를 클릭합니다.

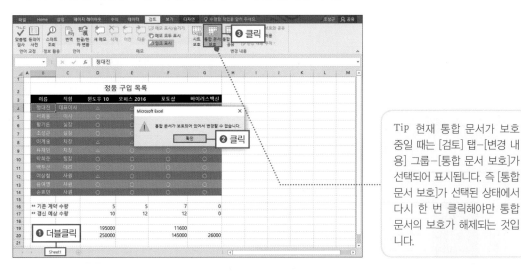

Tip 현재 통합 문서가 보호 중일 때는 [검토] 탭-[변경 내용] 그룹-[통합 문서 보호]가 선택되어 표시됩니다. 즉 [통합 문서 보호]가 선택된 상태에서 다시 한 번 클릭해야만 통합 문서의 보호가 해제되는 것입니다.

06 [통합 문서 보호 해제] 대화상자가 열리면 [암호] 입력 상자에 암호를 입력한 다음 [확인] 버튼을 클릭합니다. 통합 문서 보호가 해제됩니다. 임의의 워크시트 탭을 마우스 오른쪽 버튼으로 클릭하면 메뉴의 모든 항목이 사용할 수 있는 상태로 표시되는 것을 확인할 수 있습니다.

Tip 통합 문서 보호 설정 과정에서 암호를 설정하지 않았다면 암호를 묻지 않고 즉시 해제됩니다.

데이터 입력 및 편집하기

엑셀 2016에서 처리할 수 있는 데이터에는 숫자나 날짜와 같은 수치 데이터와 텍스트 데이터, 그리고 수식이 있습니다. 즉 어떠한 데이터라도 엑셀 2016에서 처리할 수 있지만 표시 방법에는 데이터마다 조금씩 차이가 있습니다. 이번 섹션에서는 셀에 데이터를 입력하는 방법과 입력된 데이터를 편집하는 방법에 대해 알아보겠습니다.

· Preview ·

▲ 오른쪽으로 정렬되는 숫자 데이터와 왼쪽으로 정렬되는 문자 데이터

▲ 정렬 방법에 따른 텍스트 위치

▲ 날짜와 시간을 형식대로 입력하여 엑셀에서 인식하는 모습

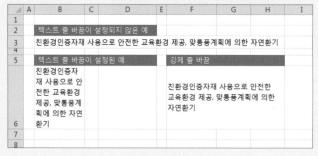

▲ 줄 바꿈 설정에 따른 셀 안에서의 텍스트 표시

섹션별 주요 내용

① 수치 데이터 입력하기　② 텍스트 입력하기　③ 한자 입력하기
④ 특수 문자 입력하기　⑤ 날짜와 시간 입력하기　⑥ 셀에 메모 입력하기
⑦ 셀 데이터 복사 및 잘라내어 붙이기　⑧ 셀 데이터 이동하기　⑨ 셀 데이터 삭제하기
⑩ 열 및 행 삽입하기　⑪ 열 및 행 삭제하기

엑셀 2016에서는 모든 데이터가 셀 단위로 입력됩니다. 화면에서 여러 셀에 걸쳐 입력되었다 하더라도 실제 그 데이터가 가지는 셀 주소는 하나입니다. 이러한 셀에는 수치 데이터와 문자 데이터, 그리고 수식이 입력됩니다.

셀에 입력되는 데이터가 어떤 형식인지 지정할 필요는 없습니다. 엑셀 2016은 입력된 데이터의 유형을 파악하여 자동으로 설정합니다. 단 숫자 데이터이지만 실제로는 텍스트 데이터처럼 사용하려면 숫자 데이터 앞에 아포스트로피(')를 입력하면 됩니다.

	A	B	C	D	E
1					
2		숫자 데이터		문자데이터	
3		380,000		650000	
4		350,000		600000	
5		350,000		600000	
6		320,000		500000	
7		320,000		500000	
8					

▲ 오른쪽으로 정렬되는 숫자 데이터와 왼쪽으로 정렬되는 문자 데이터

셀에 입력할 수 있는 수치 데이터는 숫자와 날짜, 그리고 시간과 같이 연산이 가능한 데이터입니다. 수치 데이터는 기본적으로 오른쪽을 기준으로 입력이 되며, 열두 자리가 넘으면 지수 형태로 표시됩니다. 수치 데이터는 부호나 통화 기호와 함께 사용할 수 있으며 수치 데이터 앞에 텍스트가 입력되면 텍스트 데이터로 인식됩니다.

숫자는 일반적인 숫자와 통화에 사용되는 숫자, 그리고 회계에 사용되는 숫자로 구분할 수 있으며 각각 콤마(,)의 사용 유무와 소수점 처리 방법에 따라 표시 방법이 결정됩니다. 숫자 표시 형식에 관해서는 다음에 다시 자세히 배우게 됩니다.

사원번호	이름	부서	직급	기본급	비급여	갑근세	주민세	의료보험	요양보험	국민연금	고용보험	실수령액
DDR001	정세준	영업	이사	4,500,000	300,000	219,050	21,905	119,925	7,855	202,500	21,600	4,207,165
DDR002	명진섭	홍보	이사	4,000,000	300,000	155,300	15,530	106,600	6,982	180,000	19,350	3,816,238
DDR003	이상정	개발	이사	4,000,000	300,000	155,300	15,530	106,600	6,982	180,000	19,350	3,816,238
DDR004	조성수	개발	부장	3,500,000	300,000	93,960	9,396	93,275	6,110	157,500	17,100	3,422,659
DDR005	이정재	홍보	차장	3,200,000	300,000	60,090	6,009	85,280	5,586	144,000	15,750	3,183,285
DDR006	백두진	개발	차장	3,200,000	300,000	60,090	6,009	85,280	5,586	144,000	15,750	3,183,285
DDR007	한경혜	홍보	과장	3,000,000	300,000	43,190	4,319	79,950	5,237	135,000	14,850	3,017,454
DDR008	최상진	영업	대리	2,700,000	300,000	25,910	2,591	71,955	4,713	121,500	13,500	2,759,831
DDR009	이은희	홍보	대리	2,700,000	300,000	25,910	2,591	71,955	4,713	121,500	13,500	2,759,831
DDR010	박효정	영업	사원	2,500,000	300,000	20,900	2,090	66,625	4,364	112,500	12,600	2,580,921
DDR011	이독호	개발	사원	2,500,000	300,000	20,900	2,090	66,625	4,364	112,500	12,600	2,580,921
DDR012	오대환	개발	사원	2,300,000	300,000	16,050	1,605	61,295	4,015	103,500	11,700	2,401,835
합계				38,100,000	3,600,000			1,015,365	66,506	1,714,500	187,650	37,729,664

사원급여현황

▲ 숫자 데이터의 사용

Sub 2 텍스트 입력하기

셀에 입력되는 텍스트에는 모든 언어를 입력할 수 있으며 특수 문자도 텍스트에 포함됩니다. 텍스트는 연산에 사용되지는 않지만 함수를 이용하여 인수의 일부분으로 사용할 수 있습니다. 텍스트는 기본적으로 왼쪽으로 정렬되어 입력되며 [홈] 탭-[맞춤] 그룹의 정렬 도구를 사용해서 셀에서 텍스트 위치를 설정할 수 있습니다.

▲	A	B	C	D	E	F	G
1							
2		위로 맞춤		가운데 맞춤		아래쪽 맞춤	
3							
4		왼쪽 맞춤		가운데 맞춤		오른쪽 맞춤	

▲ 정렬 방법에 따른 텍스트 위치

한글과 영문은 키보드의 [한/영] 키를 이용하여 전환한 다음 입력할 수 있으며, 표시된 셀보다 긴 텍스트를 입력하면 셀 범위를 넘어서 표시가 되지만 [셀 서식] 창의 [맞춤] 탭에서 [텍스트 줄 바꿈]을 설정한 경우에는 셀의 너비에 맞추어 텍스트에 자동 줄 바꿈이 적용됩니다. 또한 하나의 셀 안에서 여러 줄의 텍스트를 입력할 때는 줄을 바꿀 때 Alt+Enter 키를 누르면 되며, 한 줄로 입력된 텍스트를 자동 줄 바꿈 상태로 변경하려면 [홈] 탭-[맞춤] 그룹-[텍스트 줄 바꿈]을 클릭하면 됩니다. 한 줄로 텍스트가 입력된 경우 셀의 오른쪽 열 경계를 더블클릭하면 자동으로 입력된 텍스트 길이에 맞추어 셀 너비가 조정됩니다.

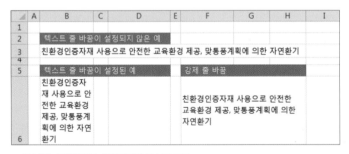

▲ 줄 바꿈 설정에 따른 셀 안에서의 텍스트 표시

Sub 3 한자 입력하기

한자는 먼저 한글을 입력한 다음 한자로 변환하여 사용합니다. 한자를 한 글자씩 변환하려면 먼저 수식 입력 줄에 한자로 변환하려는 글자를 입력한 다음 키보드의 한자 키나 오른쪽 Ctrl 키를 누릅니다(컴퓨터 설정에 따라 한자 입력 키가 다를 수 있습니다). 이어서 입력한 한글 발음에 해당하는 한자 목록이 표시되면 목록에서 한자를 마우스로 클릭하거나 방향키를 이용해서 이동한 다음 Enter 키를 누릅니다. 이때 글자를 입력한 직후가 아닌 입력한 후에 수식 입력 줄을 클릭하여 한자로 변환하려고 하면 한자 목록이 아닌 [한글/한자 변환] 창이 열리게 됩니다.

단어 단위로 한자로 변환하려면, 먼저 변환할 단어를 수식 입력 줄에 입력한 다음 입력한 단어를 드래그하여 선택하거나 변환할 단어 바로 앞에 커서를 위치한 후 한자 키를 누릅니다. 이어서 [한글/한자 변환] 창이 열리면 변환할 한자를 선택한 다음 [변환] 버튼을 클릭합니다. 만일 변환할 한자가 목록에 없다면 [고급 기능] 버튼을 클릭하고 새로운 한자 단어를 등록하여 사용할 수 있습니다.

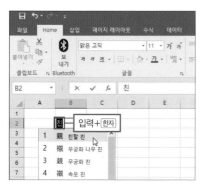
▲ 글자를 입력한 다음 한자 키를 눌러 한글을 한자로 변환

▲ 입력한 단어를 선택한 상태에서 한자 키를 눌러 단어 단위로 한자를 변환

Sub 4 특수 문자 입력하기

• 예제 파일 : Part 02\주소록.xlsx
• 완성 파일 : Part 02\주소록_완성.xlsx

특수 문자는 키보드에 없는 기호를 입력할 때 사용합니다. 특수 문자를 입력하는 방법에는 리본 메뉴의 [기호] 버튼을 클릭하여 입력하는 방법과 한글을 입력한 다음 특수 문자로 변환하는 방법이 있습니다.

01 리본 메뉴를 이용하여 특수 문자를 입력하려면 특수 문자를 입력하려는 곳에 커서를 위치시키고 먼저 [삽입] 탭-[기호] 그룹-[기호]를 클릭합니다.

02 [기호] 창이 열리면 [하위 집합] 상자를 열고 사용할 기호가 포함된 범주를 선택한 다음 특수 문자 목록에서 특수 문자를 더블클릭하여 입력합니다. [닫기] 버튼을 클릭합니다.

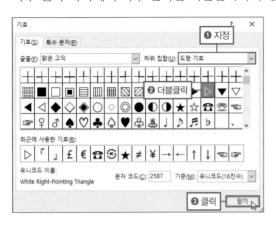

03 선택한 특수 문자가 커서가 위치한 곳에 삽입됩니다. 자음을 특수 문자로 변환하는 방법을 알아보겠습니다. 한글을 특수 문자로 변환하는 방법은 먼저 특수 문자의 범주에 해당하는 한글 자음을 입력한 다음 [한자] 키 또는 오른쪽 [Ctrl] 키를 누릅니다. 이어서 특수 문자 목록이 표시되면 입력하려는 특수 문자를 마우스로 클릭하거나 키보드 방향키를 이용하여 선택한 다음 [Enter] 키를 누릅니다.

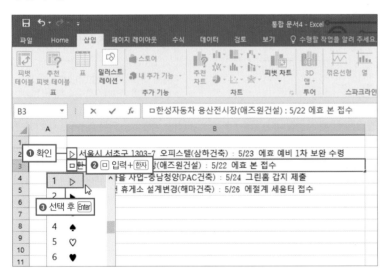

04 선택한 특수 문자가 삽입됩니다. 한글의 자음에 해당하는 특수 문자는 눌러 보기 전에는 알 수 없으므로 특수 문자표를 만들어 참고하는 것이 좋습니다.

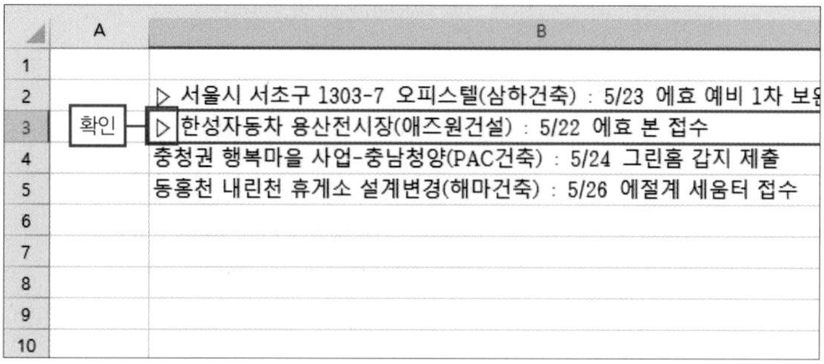

	A	B
1		
2		▷ 서울시 서초구 1303-7 오피스텔(삼하건축) : 5/23 에효 예비 1차 보완
3	확인	▷ 한성자동차 용산전시장(애즈원건설) : 5/22 에효 본 접수
4		충청권 행복마을 사업-충남청양(PAC건축) : 5/24 그린홈 갑지 제출
5		동홍천 내린천 휴게소 설계변경(해마건축) : 5/26 에절계 세움터 접수
6		
7		
8		
9		
10		

알아두면 좋아요

한글 자음에 해당하는 특수 문자 목록

수식 입력 줄에 한글의 자음을 입력한 다음 [한자] 키 또는 오른쪽 [Ctrl] 키를 누르면 다음과 같은 기호를 선택하여 입력할 수 있습니다.

❶ ㄱ에 있는 특수 문자 : 문장 부호

공백 ！ ' , . ／ : ; ? ^ _ ` ｜ ￣ 、 · ‥ … ″ ″ ― ‖ ＼ ～ ´ ~ ˇ ˘ ″ ˚ ˙ ¸ ˛ ¡ ¿ :

❷ ㄴ에 있는 특수 문자 : 괄호

〃 ( ) [ ] { } ' ' " " 〔 〕 〈 〉 《 》 「 」 『 』 【 】

❸ ㄷ에 있는 특수 문자 : 수학 기호 및 부호

＋ － ＜ ＝ ＞ ± × ÷ ≠ ≤ ≥ ∞ ∴ ♂ ♀ ∠ ⊥ ⌒ ∂ ∇ ≡ ≒ ≪ ≫ √ ∽ ∝ ∵ ∫ ∬ ∈ ∋ ⊆ ⊇ ⊂ ⊃ ∪ ∩ ∧ ∨ ¬ ⇒ ⇔ ∀ ∃ ∮ Σ Π

❹ ㄹ에 있는 특수 문자 : 단위

＄ ％ ￦ Ｆ ′ ″ ℃ Å ¢ £ ¥ ¤ ℉ ‰ ?? ㎕ ㎖ ㎗ ℓ ㎘ ㏄ ㎟ ㎠ ㎡ ㎢ ㎙ ㎚ ㎛ ㎜ ㎝ ㎞ ㎧ ㎨ ㎡ ㎢ ㏊ ㎍ ㎎ ㎏ ㏏ ㎈ ㎉ ㏈ ㎨ ㎧ ㎰ ㎱ ㎲ ㎳ ㎴ ㎵ ㎶ ㎷ ㎸ ㎹ ㎺ ㎻ ㎼ ㎽ ㎾ ㎿ ㎐ ㎑ ㎒ ㎓ ㎔ Ω ㏀ ㏁ ㎊ ㎋ ㎌ ㏖ ㏅ ㎭ ㎮ ㎯ ㏛ ㎩ ㎪ ㎫ ㎬ Ɛ ㏃ ㏉ ㏜ ㎏

❺ ㅁ에 있는 특수 문자 : 도형

＃ ＆ ＊ ＠ § ※ ☆ ★ ○ ● ◎ ◇ ◆ □ ■ △ ▲ ▽ ▼ → ← ↑ ↓ ↔ ＝ ◁ ◀ ▷ ▶ ♤ ♠ ♡ ♥ ♧ ♣ ⊙ ◈ ▣ ◐ ◑ ▨ ▧ ▥ ▤ ▦ ▩ ♨ ☏ ☎ ☜ ☞ ¶ † ‡ ↕ ↗ ↙ ↘ ↖ ♭ ♩ ♪ ♬ ㉿ ㈜ № ㏇ ™ ㏂ ㏘ ℡ ?? ⓐ ⓞ

❻ ㅂ에 있는 특수 문자 : 선 그리기

─ │ ┌ ┐ ┘ └ ├ ┬ ┤ ┴ ┼ ━ ┃ ┏ ┓ ┛ ┗ ┣ ┳ ┫ ┻ ╋ ┠ ┯ ┨ ┷ ┿ ┝ ┰ ┥ ┸ ╂ ┒ ┑ ┚ ┙ ┖ ┕ ┎ ┍ ┞ ┟ ┡ ┢ ┦ ┧ ┩ ┪ ┭ ┮ ┱ ┲ ┵ ┶ ┹ ┺ ┽ ┾ ╀ ╁ ╃ ╄ ╅ ╆ ╇ ╈ ╉ ╊

❼ ㅅ에 있는 특수 문자 : 한글 원문자

㉠ ㉡ ㉢ ㉣ ㉤ ㉥ ㉦ ㉧ ㉨ ㉩ ㉪ ㉫ ㉬ ㉭ ㉮ ㉯ ㉰ ㉱ ㉲ ㉳ ㉴ ㉵ ㉶ ㉷ ㉸ ㉹ ㉺ ㉻ ㈀ ㈁ ㈂ ㈃ ㈄ ㈅ ㈆ ㈇ ㈈ ㈉
㈊ ㈋ ㈌ ㈍ ㈎ ㈏ ㈐ ㈑ ㈒ ㈓ ㈔ ㈕ ㈖ ㈗ ㈘ ㈙ ㈚ ㈛

❽ ㅇ에 있는 특수 문자 : 영문 및 숫자 원문자

ⓐ ⓑ ⓒ ⓓ ⓔ ⓕ ⓖ ⓗ ⓘ ⓙ ⓚ ⓛ ⓜ ⓝ ⓞ ⓟ ⓠ ⓡ ⓢ ⓣ ⓤ ⓥ ⓦ ⓧ ⓨ ⓩ ① ② ③ ④ ⑤ ⑥ ⑦ ⑧ ⑨ ⑩ ⑪
⑫ ⑬ ⑭ ⑮ ⒜ ⒝ ⒞ ⒟ ⒠ ⒡ ⒢ ⒣ ⒤ ⒥ ⒦ ⒧ ⒨ ⒩ ⒪ ⒫ ⒬ ⒭ ⒮ ⒯ ⒰ ⒱ ⒲ ⒳ ⒴ ⒵ ⑴ ⑵ ⑶ ⑷ ⑸ ⑹ ⑺
⑻ ⑼ ⑽ ⑾ ⑿ ⒀ ⒁ ⒂

❾ ㅈ에 있는 특수 문자 : 숫자 기호

0 1 2 3 4 5 6 7 8 9 ⅰ ⅱ ⅲ ⅳ ⅴ ⅵ ⅶ ⅷ ⅸ ⅹ Ⅰ Ⅱ Ⅲ Ⅳ Ⅴ Ⅵ Ⅶ Ⅷ Ⅸ Ⅹ

❿ ㅊ에 있는 특수 문자 : 분수와 제곱

½ ⅓ ⅔ ¼ ¾ ⅛ ⅜ ⅝ ⅞ ^{1} ^{2} ^{3} ^{4} ^{n} $_{1}$ $_{2}$ $_{3}$ $_{4}$

⓫ ㅋ에 있는 특수 문자 : 한글 자모음

ㄱ ㄲ ㄳ ㄴ ㄵ ㄶ ㄷ ㄸ ㄹ ㄺ ㄻ ㄼ ㄽ ㄾ ㄿ ㅀ ㅁ ㅂ ㅃ ㅄ ㅅ ㅆ ㅇ ㅈ ㅉ ㅊ ㅋ ㅌ ㅍ ㅎ ㅏ ㅐ ㅑ ㅒ ㅓ ㅔ ㅕ ㅖ
ㅗ ㅘ ㅙ ㅚ ㅛ ㅜ ㅝ ㅞ ㅟ ㅠ ㅡ ㅢ ㅣ

⓬ ㅌ에 있는 특수 문자 : 한글 고어

ㅥ ㅦ ㅧ ㅨ ㅩ ㅪ ㅫ ㅬ ㅭ ㅮ ㅯ ㅰ ㅱ ㅲ ㅳ ㅴ ㅵ ㅶ ㅷ ㅸ ㅹ ㅺ ㅻ ㅼ ㅽ ㅾ ㅿ ㆀ ㆁ ㆂ ㆃ ㆄ ㆅ ㆆ ㆇ ㆈ ㆉ ㆊ
ㆋ ㆌ ㆍ ㆎ

⓭ ㅍ에 있는 특수 문자 : 영문 알파벳

A B C D E F G H I J K L M N O P Q R S T U V W X Y Z a b c d e f g h i j k l m n o p q r s t u v w x y z

⓮ ㅎ에 있는 특수 문자 : 로마자

Α Β Γ Δ Ε Ζ Η Θ Ι Κ Λ Μ Ν Ξ Ο Π Ρ Σ Τ Υ Φ Χ Ψ Ω α β γ δ ε ζ η θ ι κ λ μ ν ξ ο π ρ σ τ
υ φ χ ψ ω

Sub 5 날짜와 시간 입력하기

날짜와 시간은 연산할 수 있는 수치 데이터에 포함되지만 텍스트와 함께 표시될 수 있습니다. 날짜를 텍스트처럼 사용하고 싶을 때는 사용자 임의대로 입력하면 되지만 날짜와 시간을 위해 연산을 해야 할 경우에는 형식에 맞게 입력해야 합니다. 날짜와 시간을 형식에 맞게 입력하면 엑셀 2016에서는 자동으로 데이터 형식을 인식하여 표시 형식을 설정합니다.

날짜는 연도와 월, 그리고 일을 하이픈(–)으로 구분하여 '2016 – 10 – 13' 형식으로 입력해야 합니다. 각 요소를 빗금(/)으로 구분하여 '2016/10/13'의 형식으로도 입력할 수 있으나 이러한 형식은 입력 후 자동으로 '2016 – 10 – 13' 형식으로 변경됩니다. 또한 시간은 콜론(:)을 사용해서 시간, 분, 초를 구분하여 '17:35' 형식으로 입력하며 엑셀 2016에서 입력된 시간을 자동으로 '오후 05:35'의 형식으로 표시합니다.

	A	B	C	D
1				
2		날짜 형식	2017-08-17	
3		표시 형식	2017년 8월 17일 목요일	
4		시간 형식	오전 11:28:00	
5		오늘 날짜	2017-08-17	
6		현재 시간	11:28 AM	
7				

◀ 날짜와 시간을 형식대로 입력하여 엑셀에서 인식하는 모습

날짜와 시간을 입력할 때 오늘 날짜와 현재 시간을 자동으로 입력하는 방법이 있습니다. 셀을 선택한 상태에서 [Ctrl]+[;] 키를 누르면 오늘 날짜가 입력되고 [Shift]+[Ctrl]+[;] 키를 누르면 현재 시간이 입력됩니다.

Sub ⑥ 셀에 메모 입력하기

직접 연산에 사용되지는 않지만 입력된 셀의 데이터에 주석을 달아야 하는 경우에는 메모 기능을 사용할 수 있습니다. 메모를 삽입할 셀을 마우스 오른쪽 버튼으로 클릭한 다음 [메모 삽입]을 실행하면 셀에 메모를 삽입할 수 있습니다. 셀 메모가 삽입되면 셀의 오른쪽 윗부분에 빨간색 삼각형 메모 표식이 표시되며, 메모 표식 위에 마우스 포인터를 가져가면 메모 내용을 확인할 수 있습니다.

	A	B	C	D	E	F	G
1							
2				사원급여현황			
3		사원번호	이름	부서	직급	기본급	수당
4		DDR001	정세준	영업	이사	4,500,000	650,000
5		DDR002	명진섭	홍보	이사	4,000,000	600,000
6		DDR003	이상정	개발	이사	4,000,000	600,000
7		DDR004	조성수	2010-12-05 퇴사 예정		3,500,000	500,000
8		DDR005	이정재			3,200,000	500,000
9		DDR006	백두진			3,200,000	500,000
10		DDR007	한경혜	홍보	과장	3,000,000	250,000

▲ 메모 표식 위로 마우스 포인터를 가져가 메모 내용을 확인하는 모습

셀을 복사하거나 잘라내어 붙이는 경우 셀에 입력된 데이터는 물론 채우기 색과 글자색, 그리고 양식까지 모든 서식이 복사되거나 이동됩니다. 그러나 셀 데이터가 복사되거나 이동되더라도 셀의 높이와 너비는 유지되지 않습니다.

셀을 복사하는 방법은 복사할 영역을 선택한 다음 [홈] 탭-[클립보드] 그룹-[복사]를 클릭하거나 복사 단축키인 Ctrl+C 키를 누릅니다. 셀이 복사된 상태에서는 선택 영역이 점선으로 표시되며 새로운 셀을 선택하고 [홈] 탭-[클립보드] 그룹-[붙여넣기]를 클릭하거나 붙여넣기 단축키인 Ctrl+V 키를 누르면 복사된 셀 영역이 붙여집니다. 셀을 붙여넣은 후에는 붙여넣기 옵션 상자가 표시되며, 붙여넣기 옵션 상자를 클릭하면 원본이나 수식, 서식 등을 선택하여 붙일 수 있습니다.

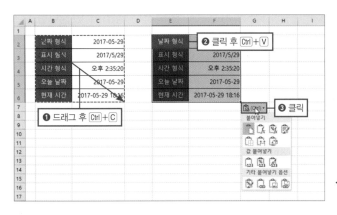

◀ 복사할 선택 영역이 점선으로 표시되고 붙여진 후에 붙이기 방법을 선택할 수 있는 모습

잘라내기 방법 또한 복사할 때의 방법과 동일합니다. 먼저 잘라낼 영역을 선택한 다음 [홈] 탭-[클립보드] 그룹-[잘라내기]를 클릭하거나 잘라내기 단축키인 Ctrl+X 키를 누릅니다. 잘려질 영역이 점선으로 표시되면 새로운 셀을 선택한 다음 [홈] 탭-[클립보드] 그룹-[붙여넣기]를 클릭하거나 붙여넣기 단축키인 Ctrl+V 키를 누르면 잘려진 셀 영역이 붙여집니다.

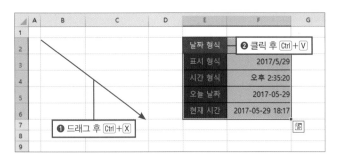

셀 데이터는 셀에 입력된 데이터는 물론 채우기 색이나 테두리 선과 같은 모든 서식을 포함합니다. 셀 데이터를 이동한 결과는 잘라낸 후 붙인 결과와 동일하지만 좀 더 간단하고 빠르게 작업할 수 있다는 점에서 자주 사용하게 되는 기능입니다.

셀 데이터를 이동하려면 먼저 이동하려는 영역을 선택한 다음 선택 영역의 경계 위에 마우스 포인터를 가져갑니다. 마우스 포인터가 네 방향 화살표(✛)로 바뀌면 경계를 클릭한 채 이동하려는 위치로 드래그한 다음 드롭을 하면 셀 데이터가 이동합니다.

▲ 선택 영역 경계를 드래그하는 모습

▲ 선택 영역 경계를 이동하려는 위치로 드래그한 모습

셀을 지운다는 의미는 셀에 입력된 데이터만을 삭제한다는 의미와 셀 자체를 삭제한다는 의미로 구분할 수 있습니다. 데이터만을 지우게 되면 데이터는 지워지지만 셀은 그대로 남게 되므로 셀에 설정된 채우기 색이나 글자 색 등과 같은 셀 서식이나 테두리 선, 표시 형식 등은 그대로 남게 됩니다. 반면 셀을 지운다는 의미는 셀 자체를 삭제한다는 의미이므로 셀에 입력된 데이터는 물론 셀에 설정된 모든 서식과 설정 내용을 함께 제거하게 됩니다. 셀을 제거함에 따라 아래쪽이나 오른쪽에 위치한 셀들은 제거한 셀 크기만큼 이동하게 되므로 셀을 제거할 때는 이점을 항상 주의해야 합니다.

셀에 입력된 데이터 중 데이터 전부를 삭제하고자 할 때는 셀을 선택한 다음 Delete 키를 누르거나 선택 영역을 마우스 오른쪽 버튼으로 클릭한 다음 바로 가기 메뉴에서 [내용 지우기]를 실행합니다. 또한 셀에 입력된 데이터 중 일부를 지우고자 할 때는 셀을 선택한 다음 수식 입력 줄에서 내용을 수정하면 됩니다.

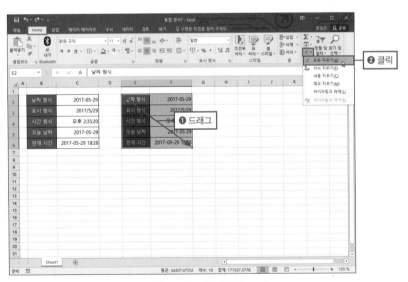

▲ Delete 키를 눌러 셀에 입력된 데이터만을 지운 모습

이에 반해 셀 전부를 삭제하고자 할 때는 삭제하려는 셀 범위를 지정한 다음 [홈] 탭－[편집] 그룹－[지우기]를 클릭한 다음 바로 가기 메뉴에서 [모두 지우기]를 선택하면 됩니다.

셀 데이터는 그대로 유지한 채 채우기 색이나 테두리 선과 같은 서식만을 지우고자 할 때는 같은 방법으로 [홈] 탭－[편집] 그룹－[지우기]를 클릭한 다음 바로 가기 메뉴에서 [서식 지우기]를 선택하면 됩니다.

▲ 선택 영역의 모든 셀을 삭제하기 위해 [모두 지우기]를 실행하는 모습

기존 셀 사이에 새로운 행이나 새로운 열을 삽입할 때는 머리글의 바로 가기 메뉴를 이용합니다. 먼저 새로운 행을 삽입하려면 새로운 행이 삽입될 아래쪽 행의 머리글을 마우스 오른쪽 버튼으로 클릭한 다음 바로 가기 메뉴에서 [삽입]을 실행합니다. 이 때 삽입하려는 행의 위쪽 행에 채우기 색이나 글자 색, 테두리 선 등의 서식이 설정되어 있다면 서식이 그대로 유지된 채 새로운 행이 만들어집니다.

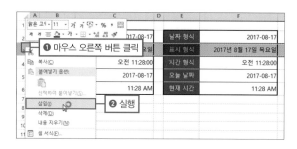

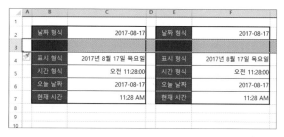

▲ 선택한 행의 위쪽에 새로운 행이 삽입된 모습

새로운 열을 삽입할 때도 마찬가지 방법으로 새로운 열이 삽입된 오른쪽 열을 마우스 오른쪽 버튼으로 클릭한 다음 바로 가기 메뉴에서 [삽입]을 실행합니다. 행을 삽입했을 때와 마찬가지로 서식이 설정되어 있는 셀 사이에 새로운 열을 삽입하면 서식이 그대로 복사된 채 새로운 열이 만들어집니다.

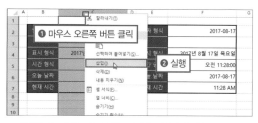

▲ 삽입하려는 열의 오른쪽 열을 선택한 상태에서 열을 삽입

▲ 선택한 열의 왼쪽에 새로운 열이 삽입된 모습

행이나 열 단위로 삭제를 해야 하는 경우에는 삭제하려는 행 머리글이나 열 머리글을 마우스 오른쪽 버튼으로 클릭한 다음 바로 가기 메뉴에서 [삭제]를 실행합니다. 행과 열 단위로 삭제가 되면 선택 행과 열에 있던 모든 셀들이 삭제되며 아래쪽이나 오른쪽에 있던 셀들이 삭제된 행이나 열의 크기만큼 이동하게 됩니다.

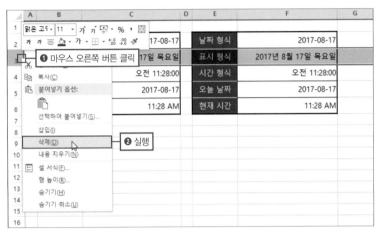

▲ 행이나 열 단위로 삭제하려는 경우는 머리글을 클릭한 다음 삭제

여러 행이나 여러 열을 한꺼번에 삭제하려는 경우에도 먼저 행 머리글이나 열 머리글을 드래그 하거나 Ctrl 키를 누른 채로 머리글을 클릭하여 삭제할 대상을 선택한 다음 마우스 오른쪽 버튼으로 클릭한 다음 바로 가기 메뉴에서 [삭제]를 선택합니다.

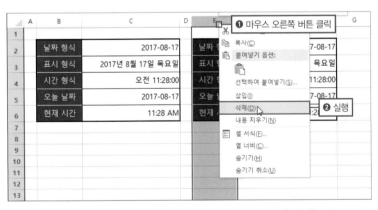

▲ 여러 개의 행과 열을 한꺼번에 삭제하기 위해 Ctrl 키를 누른 채로 머리글을 클릭한 모습

채우기 핸들로 데이터 자동 채우기

동일한 패턴의 데이터를 채우거나 연속적인 데이터를 입력해야 하는 경우에는 채우기 핸들을 이용하여 빠르게 데이터를 입력할 수 있습니다. 채우기 핸들을 이용하면 여러 셀에 같은 데이터를 빠르게 입력할 수 있을 뿐만 아니라 연속적인 숫자나 수식을 쉽게 채울 수 있습니다.

· Preview ·

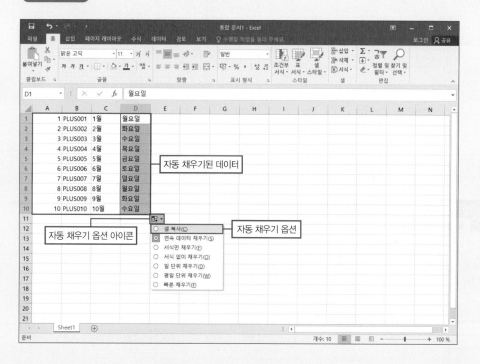

 섹션별 주요 내용

① 채우기 핸들을 이용한 연속 데이터 채우기   ② 채우기 핸들을 이용한 셀 데이터 복사하기

③ 자동 채우기를 이용한 수식 복사하기   ④ 사용자 지정 목록을 작성하여 자동 채우기

• 완성 파일 : Part 02\통합 문서.xlsx

다양한 셀 데이터 형식 중 일부 데이터는 '1, 2, 3, 4, 5 ……'와 'T001, T002, T003 ……'과 같은 연속적인 형식을 가지게 됩니다. 이런 데이터는 일일이 입력할 필요 없이 채우기 핸들을 이용하면 쉽게 데이터 입력이 가능합니다.

01 [A1]셀에 '1'을 입력하고 [A2]셀에 '2'를 입력합니다. 데이터가 입력된 셀을 선택하면 셀의 오른쪽 아랫부분 모서리에 채우기 핸들이 표시됩니다. 마우스 커서를 채우기 핸들에 가져가면 마우스 포인터가 ╋ 형태로 표시됩니다.

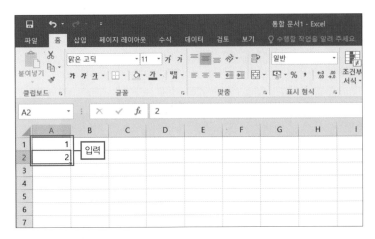

02 [A2]셀의 채우기 핸들을 클릭한 채 [A10]셀까지 드래그합니다.

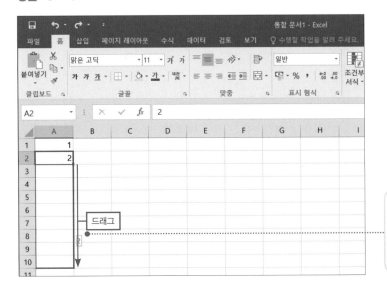

> **Tip** 채우기 핸들을 드래그하는 동안 선택 영역에 채워질 데이터가 스크린 팁으로 표시됩니다.

03 [A2]셀에서 [A10]셀까지 데이터 값인 '2'가 채워집니다. 채우기 규칙을 적용하기 위해 [자동 채우기 옵션] 상자를 클릭한 다음 선택 상자가 표시되면 [연속 데이터 채우기]를 선택합니다.

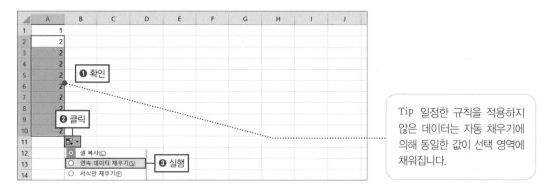

Tip 일정한 규칙을 적용하지 않은 데이터는 자동 채우기에 의해 동일한 값이 선택 영역에 채워집니다.

04 선택된 영역의 데이터가 연속적인 숫자로 변경되어 입력됩니다. 이처럼 채우기 핸들을 이용하면 채우기 옵션에 따라 다양한 형태의 데이터를 채울 수 있습니다. 연속적인 데이터는 반드시 숫자가 아니더라도 텍스트 뒤에 연속적인 숫자가 있다면 이 또한 채우기 핸들을 이용하여 데이터를 자동으로 입력할 수 있습니다. [B1]셀에 'PLUS001'이라는 텍스트를 입력합니다.

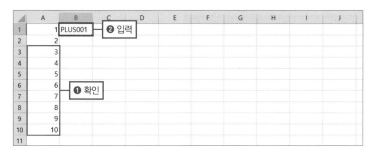

05 [A1]셀의 채우기 핸들을 이용하여 [B10]셀까지 드래그합니다. 선택 영역에 데이터가 자동으로 입력됩니다. 텍스트임에도 불구하고 텍스트와 함께 사용된 숫자가 연속적인 데이터임을 파악하여 자동으로 입력되는 것입니다.

06 우리가 익히 알고 있는 연속 데이터 이외에도 사용자가 직접 연속적인 데이터 패턴을 만들어 사용할 수 있습니다. 일단 기본적으로 엑셀 2016에서 제공하는 사용자 정의 목록을 이용하여 채워 보겠습니다. [C1]셀에 '1월'을 입력합니다. [C1]셀의 채우기 핸들을 이용하여 [C10]셀까지 드래그합니다.

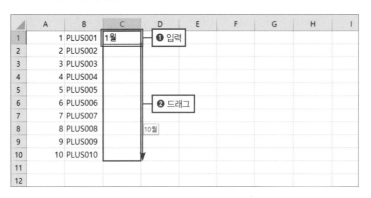

07 아무런 규칙이 없는 텍스트임에도 선택 영역에 다른 데이터가 입력됩니다. 이것은 사용자 지정 목록에 의해 텍스트 순서가 미리 설정되었기 때문입니다.

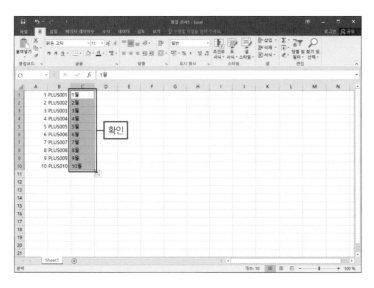

Sub **2** 채우기 핸들을 이용한 셀 데이터 복사하기

일정한 영역에 동일한 데이터를 채워야 할 경우가 있습니다. 이런 경우에도 채우기 핸들을 이용하면 쉽게 동일한 데이터를 채울 수 있습니다. 채우기 핸들을 이용한 셀 복사 방법에 대해 알아보겠습니다.

01 [D1]셀에 '월요일'을 입력합니다. [D1]셀의 채우기 핸들을 이용하여 [D10]셀까지 드래그합니다.

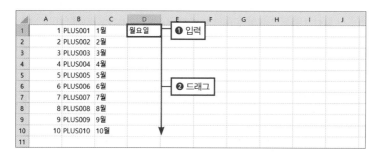

02 기본적으로 '월요일'이라는 데이터는 사용자 지정 목록에 등록된 데이터 형식이기 때문에 자동으로 사용자 지정 목록의 데이터 형식이 채워집니다. 선택 영역에 동일한 데이터를 채우기 위해 [자동 채우기 옵션] 상자를 클릭하고 [셀 복사]를 선택합니다.

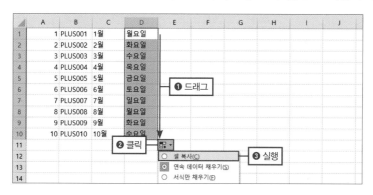

03 선택 영역에 '월요일'이 모두 채워집니다. 이처럼 사용자 지정 목록에 있는 데이터이거나 연속적인 데이터라 할지라도 자동 채우기 옵션 설정을 통해 같은 값을 채울 수 있습니다.

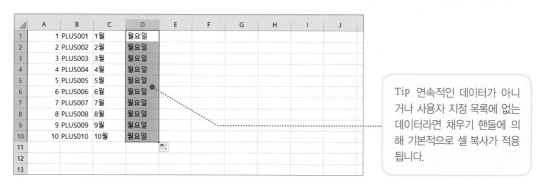

Tip 연속적인 데이터가 아니거나 사용자 지정 목록에 없는 데이터라면 채우기 핸들에 의해 기본적으로 셀 복사가 적용됩니다.

채우기 핸들은 연속적인 데이터뿐만 아니라 데이터의 패턴이나 수식을 파악하여 동일한 형태로 데이터를 채울 수 있습니다. 이러한 채우기 핸들을 이용한 수식 복사 기능을 이용하면 아무리 복잡한 수식이라도 간단하게 나머지 셀에 데이터를 채울 수 있게 됩니다.

01 [G2]셀에서 [H10]셀까지 간단한 수치를 입력한 다음 [E2]셀에 '=G2/H2'를 입력합니다. 즉 [E2]셀에, [G2]셀의 값을 [H2]셀의 값으로 나눈 값을 입력하기 위한 수식을 만듭니다.

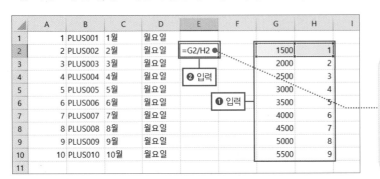

Tip 수식을 입력할 때는 반드시 앞에 '='를 입력해야 하며 셀 주소를 입력하면 해당 셀 주소의 테두리가 표시되어 입력한 셀 주소가 정확한 위치인지 확인할 수 있습니다.

02 [E2]셀에 수식이 적용되면 [E2]셀의 채우기 핸들을 [E10]셀까지 드래그합니다. 나머지 선택 영역에 동일한 형식의 수식이 적용되어 값이 입력됩니다. 즉 [E10]셀에는 '=G10/H10'이라는 수식이 적용되는 것입니다. 이처럼 채우기 핸들은 데이터나 숫자는 물론 수식도 동일한 형식으로 채울 수 있습니다.

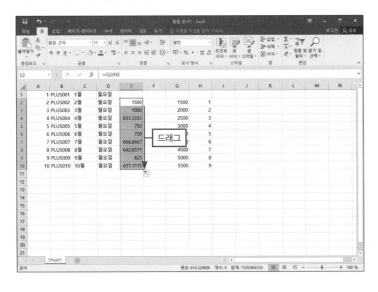

Sub 4 **사용자 지정 목록을 작성하여 자동 채우기**

앞서 '월요일'을 입력하고 채우기 핸들을 이용하면 자동으로 '월요일, 화요일, 수요일⋯⋯.' 의 데이터가 입력되는 것을 확인했습니다. 이것은 미리 사용자 지정 목록에서 일정한 데이터 패턴을 만들어 두었기 때문입니다. 사용자 지정 목록을 사용하면 자주 사용하는 연속적인 텍스트를 만들어 빠르게 데이터를 채울 수 있습니다. 사용자 정의 목록을 만들어 보겠습니다.

01 사용자 정의 목록은 [옵션] 창을 통해 만들 수 있습니다. [옵션] 창을 열기 위해 [파일] 탭을 선택합니다.

02 [파일] 탭 화면이 표시되면 탐색 창에서 [옵션]을 선택합니다.

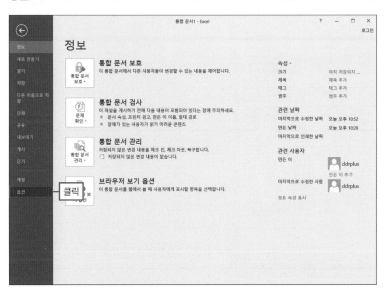

03 [Excel 옵션] 창이 열리면 다시 탐색 창에서 [고급]을 선택합니다. [고급] 옵션 설정 화면이 표시되면 [일반] 영역에 있는 [사용자 지정 목록 편집] 버튼을 클릭합니다.

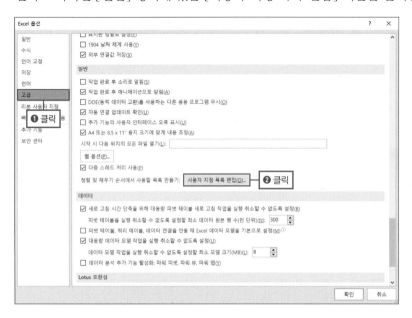

04 [사용자 지정 목록] 창이 열립니다. 새로운 사용자 지정 목록을 만들기 위해 [목록 항목] 상자에 '대표이사, 이사, 부장, 차장, 과장, 대리, 주임, 사원'을 입력한 다음 [추가] 버튼을 클릭합니다.

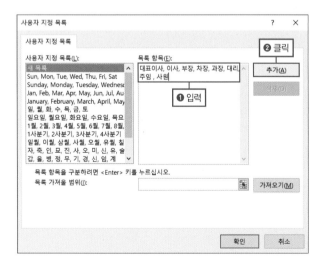

05 [사용자 지정 목록] 상자에 입력한 사용자 지정 목록이 등록되면 [확인] 버튼을 클릭합니다. 다시 [고급] 옵션 설정 창이 표시되면 [확인] 버튼을 클릭합니다.

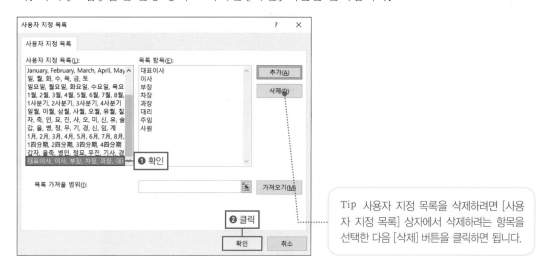

Tip 사용자 지정 목록을 삭제하려면 [사용자 지정 목록] 상자에서 삭제하려는 항목을 선택한 다음 [삭제] 버튼을 클릭하면 됩니다.

06 워크시트 화면이 표시되면 [J1]셀에 '대표이사'를 입력합니다. [J1]셀의 채우기 핸들을 이용하여 [J8]셀까지 드래그합니다.

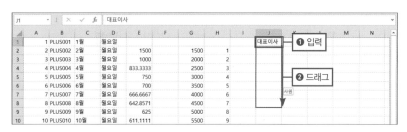

07 사용자 지정 목록에서 정의한 데이터가 순서대로 입력됩니다. 이처럼 사용자 지정 목록을 미리 정의해 두면 채우기 핸들을 이용하여 일정한 영역에 사용자 지정 목록을 쉽게 채울 수 있습니다.

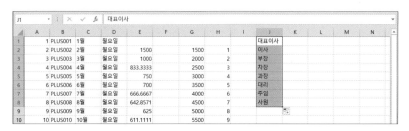

데이터 유효성 검사하기

데이터 유효성 검사 기능은 입력되는 값이 올바른 데이터인지 검사하여 정확하고 유효한 값만 입력되도록 하는 기능입니다. 예를 들어 '나이'를 입력해야 한다면 정수만 입력되도록 하거나 '주민등록번호'를 입력한다면 텍스트 열네 자리로 입력하게 하는 등 입력 형태에 제한을 두어 유효한 데이터만을 입력할 수 있도록 유도합니다.

· Preview ·

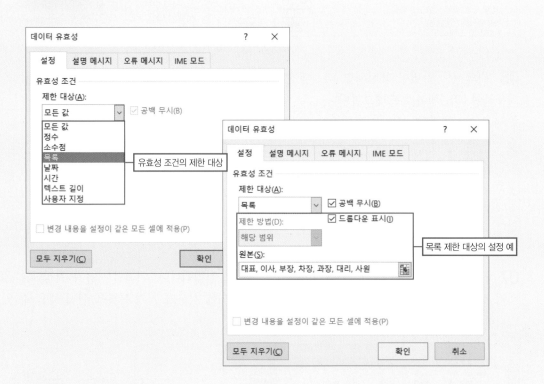

유효성 조건의 제한 대상

목록 제한 대상의 설정 예

섹션별
주요 내용

① 데이터 유효성 검사하기　　　　　② 목록을 이용하여 입력 값 제한하기
③ 글자 수를 이용하여 입력 값 제한하고 경고 상자 만들기　　④ 입력 값을 기준 이하의 정수로만 입력하게 하기
⑤ 빈 셀을 찾아 동일한 데이터를 입력하기

데이터 유효성 검사는 입력 값을 제한하기 위한 기능이지만 이미 입력된 데이터도 유효성 검사를 통해 올바른 형식의 데이터인지 검사할 수 있습니다. 데이터 유효성 검사를 하려면 먼저 유효성 검사가 적용된 범위를 지정해야 합니다.

01 선택 영역 중 데이터 형식이 틀린 셀을 찾아보겠습니다. 먼저 [B5]셀에서 [B17]셀까지 드래그하여 선택하고 [데이터] 탭－[데이터 도구] 그룹－[데이터 유효성 검사]를 클릭한 다음 바로 가기 메뉴에서 [데이터 유효성 검사]를 선택합니다.

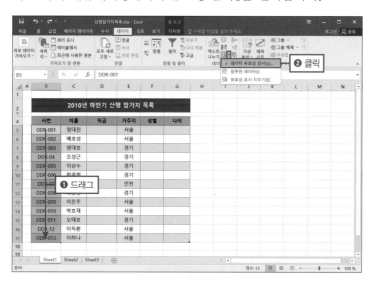

02 [데이터 유효성] 창이 열리면 [제한 대상] 상자를 열고 '텍스트 길이'를 선택합니다.

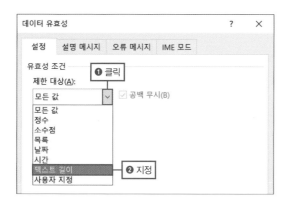

03 [제한 방법] 상자를 열고 '='을 선택합니다. [길이] 입력 상자에 '7'을 입력하고 [확인] 버튼을 클릭합니다. 즉 선택한 셀에 입력되는 텍스트의 길이가 7인지 검사하도록 설정합니다.

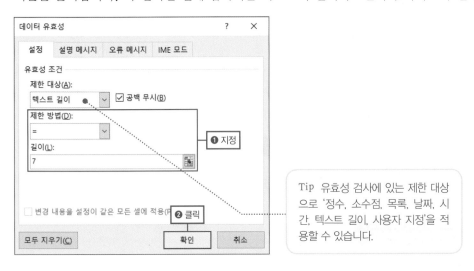

Tip 유효성 검사에 있는 제한 대상으로 '정수, 소수점, 목록, 날짜, 시간, 텍스트 길이, 사용자 지정'을 적용할 수 있습니다.

04 다시 워크시트가 표시되면 입력 데이터의 형태가 다른 셀에 오류 표시가 나타납니다. 오류 표시가 있는 셀을 클릭하면 오류 설명 팁이 표시됩니다. 자세한 오류 내용을 확인하기 위해 오류 설명 팁을 클릭합니다. 오류 설명 팁의 바로 가기 메뉴가 표시되면 [형식 정보 표시]를 선택합니다.

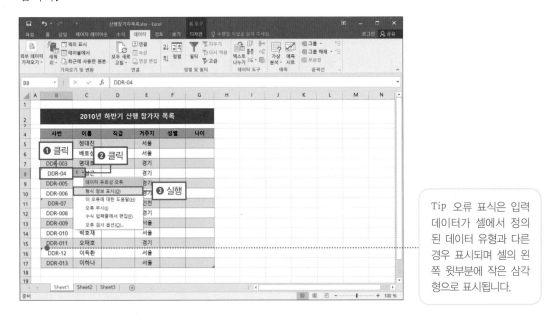

Tip 오류 표식은 입력 데이터가 셀에서 정의된 데이터 유형과 다른 경우 표시되며 셀의 왼쪽 윗부분에 작은 삼각형으로 표시됩니다.

05 제한된 데이터 형식에 대한 설명이 표시됩니다. [확인] 버튼을 클릭하여 대화상자를 닫습니다.

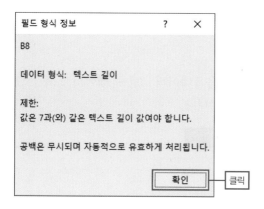

06 워크시트가 표시되면 오류 표시가 나타난 표시된 셀을 찾아 올바른 데이터 형식으로 수정해 줍니다. 데이터를 수정하면 즉시 오류 표시가 사라지는 것을 확인할 수 있습니다. 이처럼 데이터 유효성 검사 기능을 사용하면 이미 입력된 데이터 중에서도 잘못된 형식으로 입력된 셀을 찾을 수 있습니다.

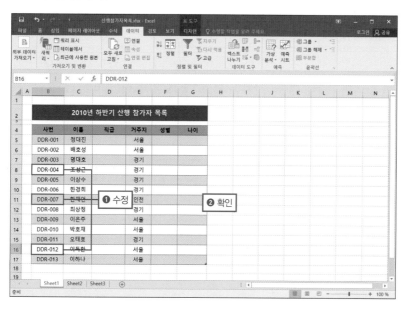

이번에는 목록 상자를 통해서만 값을 선택할 수 있게 하여 셀에 정확한 데이터가 입력될 수 있도록 데이터 유효성 검사를 설정하겠습니다. 목록 상자를 이용하면 입력되는 값의 개수가 제한되지만 사용자가 지정한 데이터만 입력할 수 있어 가장 정확한 유효성 검사라고 할 수 있습니다.

01 [D5]셀에서 [D17]셀까지 드래그하여 선택한 다음 [데이터] 탭−[데이터 도구] 그룹−[데이터 유효성 검사]−[데이터 유효성 검사]를 선택합니다.

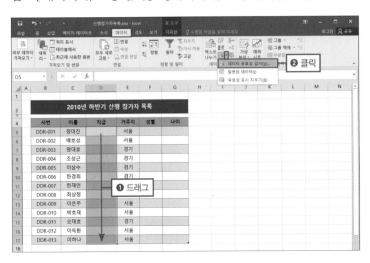

02 [데이터 유효성] 창이 열리면 [제한 대상] 상자를 열고 '목록'을 선택합니다. [원본] 입력 상자에 '대표, 이사, 부장, 차장, 과장, 대리, 사원'을 입력한 다음 [확인] 버튼을 클릭합니다.

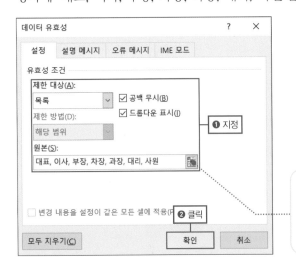

Tip 원본 상자의 항목을 구분할 때는 ', '를 이용합니다. 많은 수의 항목을 입력할 때는 [원본] 아이콘(▦)을 클릭하여 입력하면 편리합니다.

03 워크시트가 표시되면 [D5]셀을 클릭했을 때 다른 셀과는 달리 확장 버튼이 표시되는 것을 확인할 수 있습니다. 데이터를 입력하기 위해 확장 버튼을 클릭합니다. [데이터 유효성] 창에서 입력했던 데이터 항목들이 펼침 상자로 표시됩니다. 펼침 상자에서 '대표'를 선택합니다.

	A	B	C	D	E	F	G	H	I
1									
2			**2010년 하반기 산행 참가자 목록**						
4		사번	이름	직급 ❶ 클릭	지	성별	나이		
5		DDR-001	정대진		서울				
6		DDR-002	배호성	대표	❷ 지정				
7		DDR-003	명대호	이사 / 부장	경기				
8		DDR-004	조성근	차장	경기				
9		DDR-005	이상수	과장 / 대리	경기				
10		DDR-006	한경희	사원	경기				
11		DDR-007	한재언		인천				
12		DDR-008	최상정		경기				
13		DDR-009	이은주		서울				
14		DDR-010	박호재		서울				
15		DDR-011	오태호		경기				
16		DDR-012	이득환		서울				

04 [D5]셀에 '대표'가 입력됩니다. 이처럼 유효성 검사를 이용하면 펼침 상자를 이용하여 간편하게 데이터를 입력할 수 있고 더불어 데이터의 정확성도 기할 수 있어 일석이조의 효과를 가질 수 있습니다.

	A	B	C	D	E	F	G	H	I
1									
2			**2010년 하반기 산행 참가자 목록**						
4		사번	이름	직급	거주지	성별	나이		
5		DDR-001	정대진	대표	확인				
6		DDR-002	배호성		서울				
7		DDR-003	명대호		경기				
8		DDR-004	조성근		경기				
9		DDR-005	이상수		경기				
10		DDR-006	한경희		경기				
11		DDR-007	한재언		인천				
12		DDR-008	최상정		경기				
13		DDR-009	이은주		서울				
14		DDR-010	박호재		서울				
15		DDR-011	오태호		경기				
16		DDR-012	이득환		서울				

05 [D5]셀에서 [D17]셀까지 펼침 상자를 이용하여 데이터를 입력합니다.

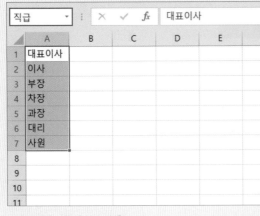

셀 이름을 이용한 목록 만들기

목록을 이용한 유효성 검사에서 입력할 항목이 많은 경우에는 셀 이름을 이용하면 편리합니다. 다른 워크시트에 목록으로 표시할 항목들을 입력하고 입력한 항목을 하나의 셀 이름으로 정의합니다. 그런 다음 [데이터 유효성] 창에서 [제한 대상]을 '목록'으로 선택하고 [원본] 입력 상자에 '=직급' 형식으로 셀 이름을 입력하면, [원본] 입력 상자에 직접 항목들을 입력한 것과 동일한 결과를 얻을 수 있습니다.

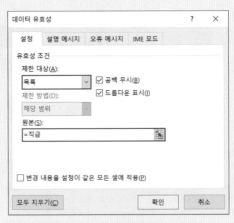

▲ 항목들에 대한 셀 이름 정의　　　　　　　　▲ [원본] 입력 상자에 셀 이름 입력

글자 수를 이용하여 입력 값 제한하고 경고 상자 만들기

입력 값을 제한하는 방법 중에 가장 흔하게 사용되는 유형이 글자 수를 제한하는 것입니다. 주민등록번호라든가 사용자 이름, 전화번호 등 입력 값의 글자 수를 제한하는 경우에는 입력 값을 유도하는 도움말을 함께 표시하는 것이 좋습니다. 글자 수를 제한하고 입력 값을 유도할 수 있는 도움말이 표시되도록 하겠습니다.

01 [F5]셀에서 [F17]셀까지 드래그하여 선택한 다음 [데이터] 탭-[데이터 도구] 그룹-[데이터 유효성 검사▼]-[데이터 유효성 검사]를 선택합니다.

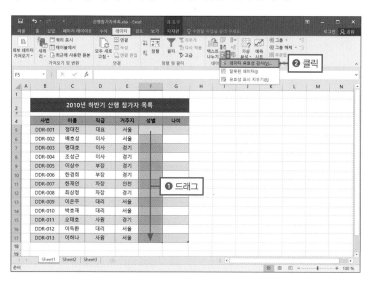

02 [데이터 유효성] 창이 열리면 [제한 대상] 상자를 열어 '텍스트 길이'를 선택합니다. [제한 방법]을 '='로 선택한 다음 [길이] 입력 상자에 '2'를 입력하고 [설명 메시지] 탭을 선택합니다.

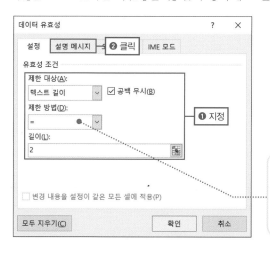

Tip 기준 글자 이상이거나 이하의 텍스트 길이를 제한하려면 [제한 방법] 상자에서 부호를 변경하면 됩니다.

03 [설명 메시지] 탭 화면이 표시되면 [제목] 입력 상자에 '성별 입력'을 입력하고 [설명 메시지] 입력 상자에 '남자, 여자 중 해당 성별을 입력'을 입력한 다음 [오류 메시지] 탭을 선택합니다.

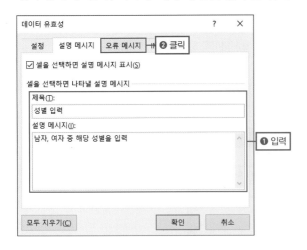

04 잘못 입력했을 때 표시되는 경고 메시지를 설정하는 화면입니다. [제목] 입력 상자에 '입력 오류'를 입력하고 [오류 메시지] 입력 상자에 '2글자로만 입력하시오.'를 입력한 다음 [IME 모드] 탭을 선택합니다.

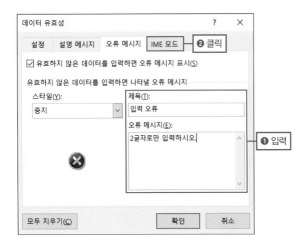

05 [IME 모드] 탭 화면이 표시되면 [모드] 상자를 열어 '한글'을 선택한 다음 [확인] 버튼을 클릭합니다. 이 화면에서는 입력 언어를 설정합니다.

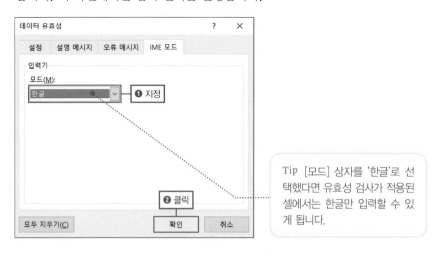

Tip [모드] 상자를 '한글'로 선택했다면 유효성 검사가 적용된 셀에서는 한글만 입력할 수 있게 됩니다.

06 다시 워크시트가 표시되고 [F5]셀을 클릭하면 입력 데이터의 유형을 유도하는 스크린 팁이 표시됩니다. 경고 메시지를 확인해 보겠습니다. [F5]셀에 '남'을 입력하고 Enter 키를 누릅니다.

07 [입력 오류] 대화상자가 열리고 '2글자로만 입력하시오.'라는 메시지가 표시됩니다. 즉 유효성 검사 설정 과정에서 입력한 내용이 표시됩니다. [다시 시도] 버튼을 클릭합니다.

08 남자에 해당하는 셀에 '남자'를 모두 입력합니다.

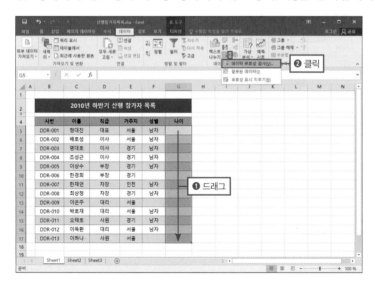

Sub **4** **입력 값을 기준 이하의 정수로만 입력하게 하기**

입력 값을 정수로만 입력하게 하는 것도 유효성 검사의 설정 방법이지만 좀 더 제한적으로 정수의 범위를 정해 주면 정확하게 데이터 입력을 제한할 수 있습니다. 정수만 입력하게 하면서 60 이하의 숫자만 입력되도록 유효성 검사를 설정해 보겠습니다.

01 [G5]셀에서 [G17]셀까지 드래그하여 선택한 다음 [데이터] 탭-[데이터 도구] 그룹-[데이터 유효성 검사▼]-[데이터 유효성 검사]를 선택합니다.

02 [데이터 유효성] 창이 열리면 [설정] 탭을 클릭하고 [제한 대상] 상자를 연 다음 '정수'를 선택합니다. [제한 방법] 상자를 열어 '〈='을 선택하고 [최대값] 입력 상자에 '60'을 입력한 다음 [확인] 버튼을 클릭합니다. 즉 나이 입력 셀에 60 이하의 정수로만 입력하라는 의미입니다.

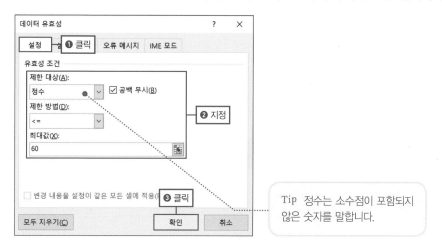

Tip 정수는 소수점이 포함되지 않은 숫자를 말합니다.

03 다시 워크시트가 표시되면 유효성 검사를 테스트하기 위해 [G5]셀에 '2017'을 입력한 다음 Enter 키를 누릅니다.

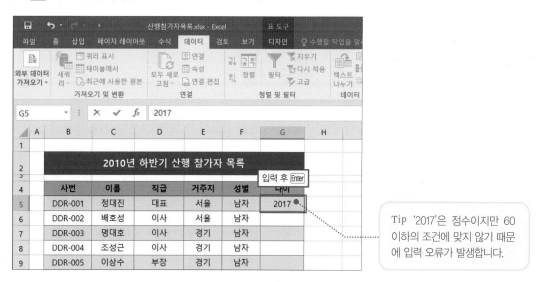

Tip '2017'은 정수이지만 60 이하의 조건에 맞지 않기 때문에 입력 오류가 발생합니다.

04 입력 오류에 대한 경고 메시지가 표시되면 [다시 시도] 버튼을 클릭합니다.

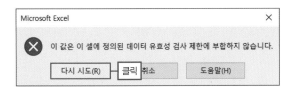

05 [G5]셀에 '55'를 입력하면 정상적으로 입력됩니다. 이처럼 정수를 제한할 때는 정수의 범위도 함께 설정하면 좀 더 정확하게 데이터 값을 제한할 수 있습니다.

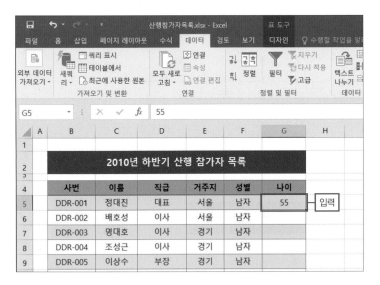

06 나머지 셀에도 동일한 데이터 유형으로 데이터를 입력하여 표를 완성합니다.

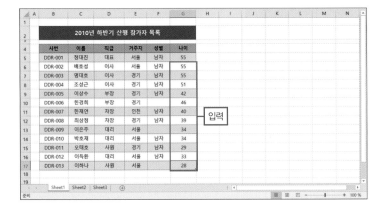

워크시트에서 데이터를 입력하다 보면 값이 없는 경우이거나 의미가 없는 값 또는 기본적으로 사용되는 값인 경우에 빈 셀로 남기는 경우가 있습니다. 나중에 이러한 많은 빈 셀에 동일한 값을 입력해야 한다면 여간 번거로운 일이 아닐 것입니다. 이런 경우에는 특정한 값을 찾아 선택해 주는 [이동] 기능을 사용하면 편리합니다.

01 아직 입력되지 않은 빈 셀에 '여자'라는 데이터를 한꺼번에 입력하겠습니다. [F5]셀에서 [F17]셀까지 드래그하여 선택한 다음 [홈] 탭-[편집] 그룹-[찾기 및 선택]-[이동 옵션]을 선택합니다.

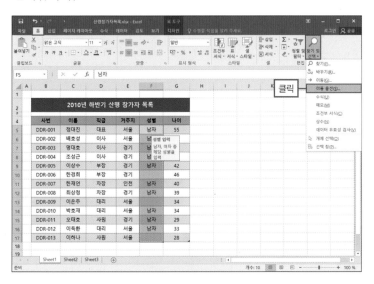

02 [이동 옵션] 창이 열리면 [빈 셀]을 선택한 다음 [확인] 버튼을 클릭합니다.

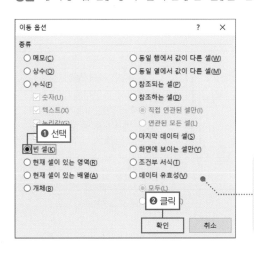

Tip [이동 옵션] 기능을 이용하면 빈 셀은 물론 특정 조건에 만족하는 셀만을 선택할 수 있으므로 여러 개의 셀을 동시에 수정하고자 할 때 유용하게 사용할 수 있습니다.

03 선택 영역 중 빈 셀만 선택됩니다. 예제에서는 세 개의 빈 셀만 선택되지만 [이동 옵션] 기능을 이용하면 아무리 많은 빈 셀이라도 한꺼번에 선택이 가능합니다.

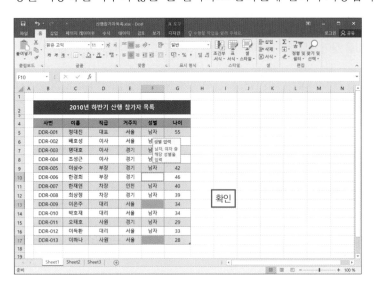

04 수식 입력 줄에 '여자'를 입력한 다음 Ctrl 키를 누른 채로 Enter 키를 누릅니다. 빈 셀에 모두 '여자'가 입력됩니다.

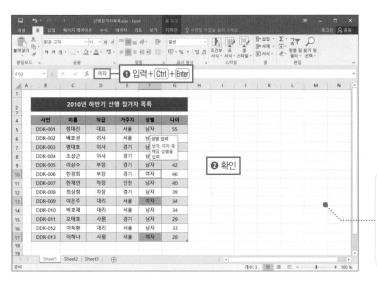

Tip 여러 개의 셀이 선택된 상태에서 데이터를 입력하고 Ctrl + Enter 키를 누르게 되면 선택된 셀에 모두 동일한 데이터가 입력됩니다.

자동차 연비 내역 만들기

자동차에 연료를 채울 때마다 거리계와 주유량을 기록해 두면 일정 기간 동안의 자동차 연비를 구할 수 있습니다. 이번 섹션에서는 자동차 연비 내역을 만들어 가며 이전까지 배웠던 데이터 입력 방법을 다시 한번 복습하는 시간을 가지겠습니다. 아직 배우지 않은 내용이 나오더라도 예습 차원에서 따라하기 바랍니다.

Preview

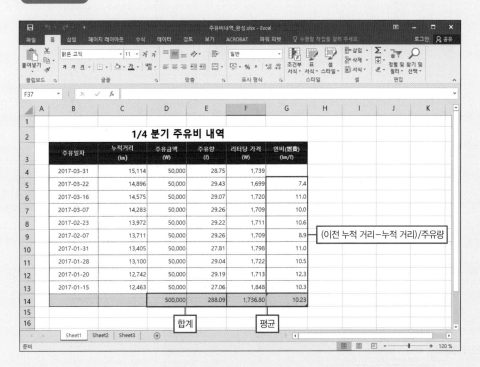

섹션별 주요 내용　① 표 제목 꾸미기　② 표 머리글 입력하기　③ 각종 합계, 평균 및 연비 계산하기

· 예제 파일 : Part 02\주유비내역.xlsx
· 완성 파일 : Part 02\주유비내역_완성.xlsx

Sub 1 표 제목 꾸미기

　엑셀에서 글꼴을 변경할 때는 글꼴을 설정할 데이터가 있는 셀을 선택한 상태에서 바로 가기 메뉴의 미니 도구 모음이나 [홈] 탭−[글꼴] 그룹의 기능을 사용합니다. 또한 여러 셀을 병합시킬 때는 [병합하고 가운데 맞춤]을 사용하면 간단히 처리할 수 있습니다.

01　작업에 앞서 글꼴이 작은 상태이므로 화면을 확대한 상태에서 작업을 진행하겠습니다. 프로그램 창의 오른쪽 아랫부분에 있는 + 표시를 두 번 클릭합니다.

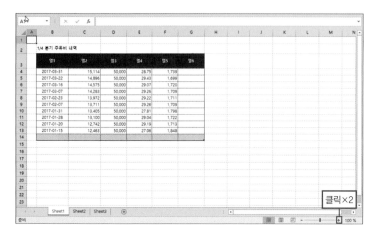

02　화면이 120%로 확대되면, 행 머리글의 4행에서 14행까지를 드래그하여 선택한 다음 선택된 부분을 마우스 오른쪽 버튼으로 클릭합니다. 바로 가기 메뉴가 표시되면 [행 높이]를 실행합니다.

03 [행 높이] 대화상자가 표시되면 입력 상자에 '20'을 입력한 다음 [확인] 버튼을 클릭합니다.

04 4행부터 14행까지의 행 높이가 커진 것을 확인할 수 있습니다. 표 제목을 꾸미기 위해 [B2]셀을 선택한 상태에서 [홈] 탭-[글꼴] 그룹-[글꼴 크기]를 '15'로 설정한 다음 Enter 키를 누릅니다.

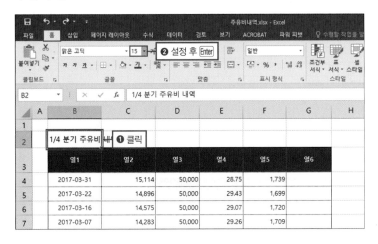

05 표 제목의 크기가 커지면 [홈] 탭-[글꼴] 그룹-[굵게]를 클릭하여 제목을 진하게 표시합니다.

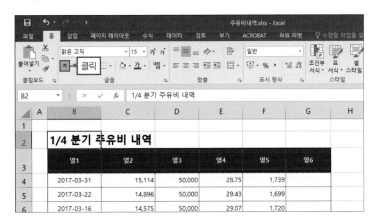

06 [B2]셀에서 [G2]셀까지 드래그하여 선택한 다음 [홈] 탭-[맞춤] 그룹-[병합하고 가운데 맞춤]을 클릭합니다.

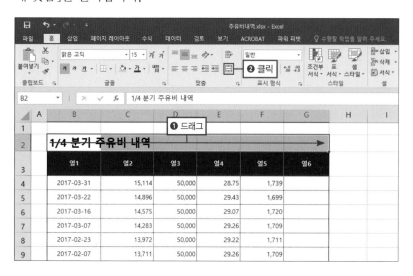

07 [B2]셀에서 [G2]셀까지 영역이 하나의 셀로 만들어지고 제목이 셀의 가운데 위치하게 됩니다.

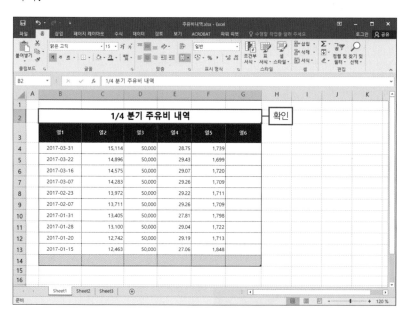

표의 머리글을 입력하면서 각 형태의 데이터를 입력하는 방법을 복습하겠습니다. 표 머리글은 표의 데이터를 구분하는 중요한 항목이므로 다른 데이터와 구분되도록 글꼴이나 배경색을 달리 설정하는 것이 좋습니다.

01 [B3]셀을 클릭한 다음 '주유일자'를 입력하고 Enter 키를 누릅니다. [C3]셀을 클릭하고 '누적거리'를 입력한 다음 Alt 키를 누른 채로 Enter 키를 누릅니다.

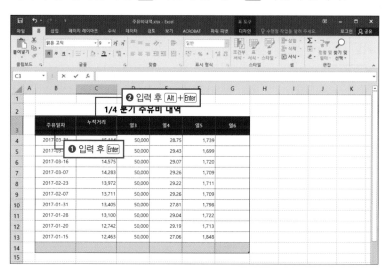

02 셀 안에서 줄이 바뀌면 '거리('를 입력한 다음 기호를 입력하기 위해 [삽입] 탭-[기호] 그룹-[기호]를 클릭합니다.

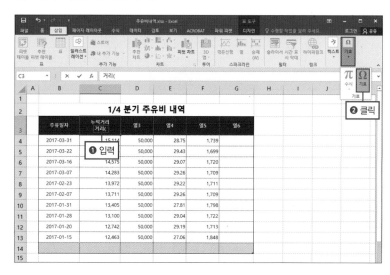

03 [기호] 대화상자가 열리면 [하위 집합] 상자를 '한중일 호환'으로 선택합니다. 기호 목록에서 'km'를 선택한 다음 [삽입] 버튼을 클릭하고 [닫기] 버튼을 클릭합니다.

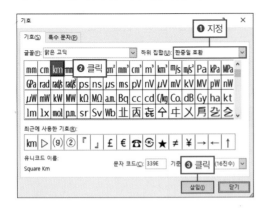

04 다시 워크시트 화면이 표시되면 선택한 기호가 삽입되어 있는 것을 확인할 수 있습니다. 입력된 기호 끝에 ')'를 입력하여 머리글을 완성합니다.

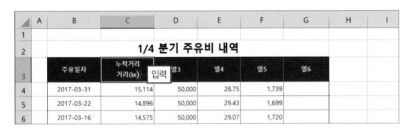

05 [D3]셀에 '주유금액 (₩)'을 두 줄에 걸쳐 입력한 다음 [E3]셀에 '주유량'을 입력하고 [Alt] 키를 누른 채 [Enter] 키를 눌러 셀 안에서 줄을 바꿉니다.

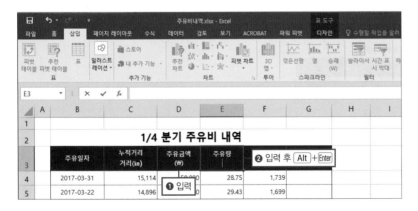

06 다음 줄에 '('를 입력하고 특수 문자 입력을 위해 'ㄹ'을 입력한 다음 [한자] 키 또는 오른쪽 [Ctrl] 키를 누릅니다. 특수 문자 목록이 표시되면 세 번째 목록에서 'ℓ'를 찾아 입력합니다.

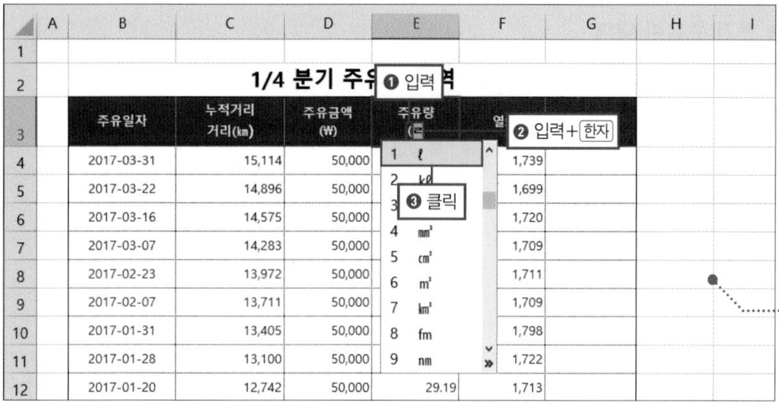

Tip 사용 환경에 따라 [한자] 키 대신 오른쪽 [Ctrl] 키를 눌러야 할 경우도 있습니다.

07 특수 문자가 입력되면 나머지 ')'를 입력하여 머리글을 완성합니다.

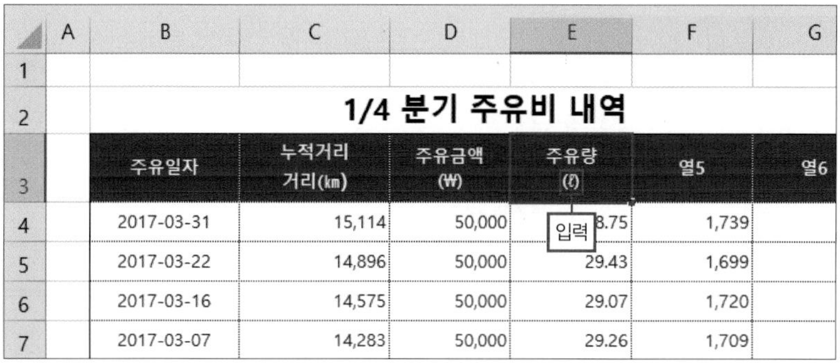

08 [F4]셀에 '리터당 가격(₩)'을 두 줄에 걸쳐 입력한 다음 [G3]셀에 '연비('를 입력합니다. 계속해서 한자를 입력하기 위해 '연'을 입력한 다음 [한자] 키를 누릅니다.

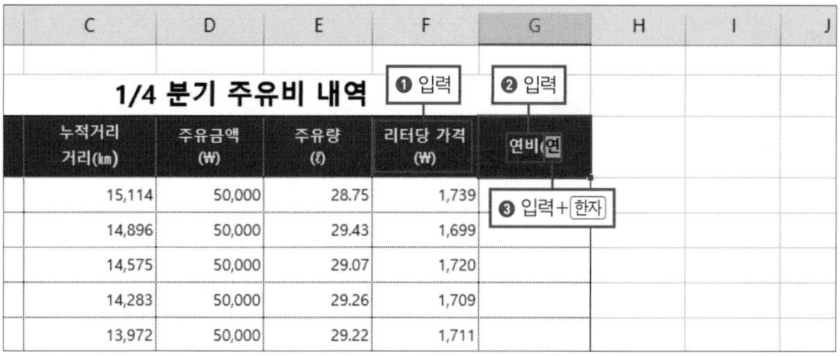

09 한자 목록이 표시되면 '燃(불탈 연)'을 선택합니다.

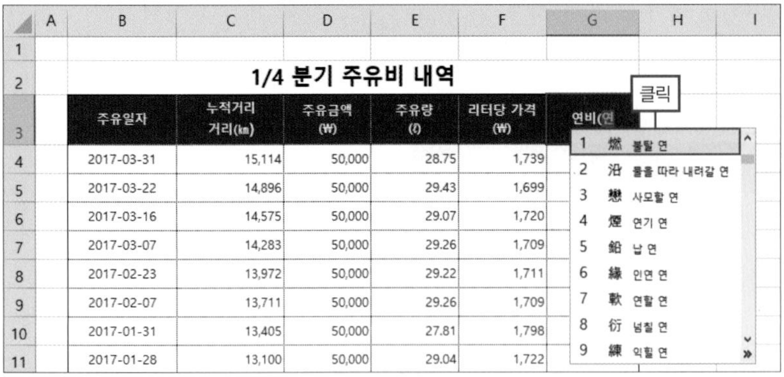

10 계속해서 '비'를 입력하고 한자 키를 누른 다음 '費(쓸 비)'를 선택합니다.

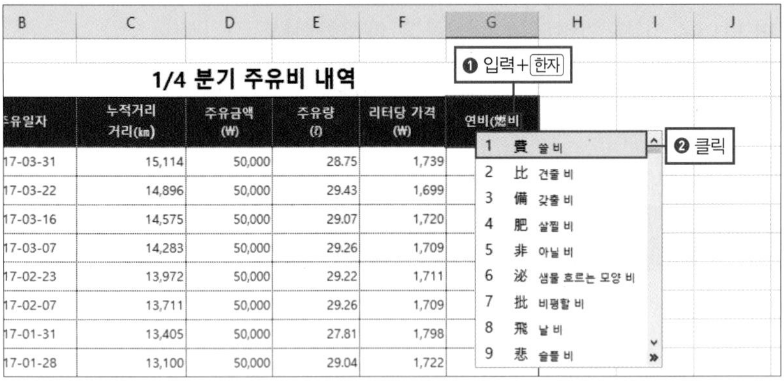

11 연비의 단위까지 입력하여 표의 머리글을 완성합니다. 이처럼 머리글에서 특수 문자나 기호를 사용하면 공간도 활용할 수 있고 글꼴 모양도 미려해집니다.

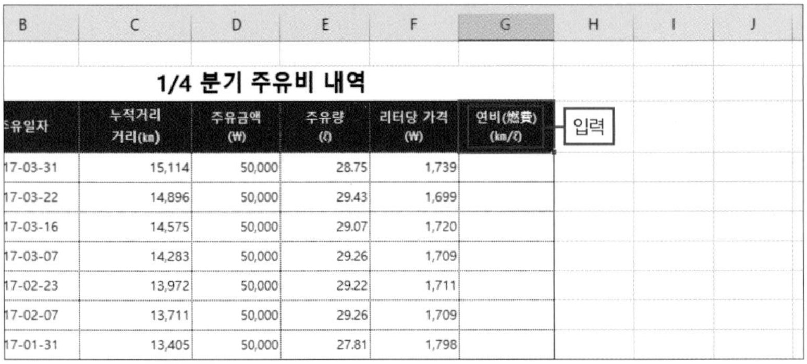

이제 거리계 및 주유량을 이용하여 연비를 계산하겠습니다. 계산식 입력 방법이나 함수 사용 방법은 아직 배우지 않았지만 간단하고 자주 사용하는 기능이므로 따라하면서 기능을 미리 익히기 바랍니다.

01 [D4]셀에서 [D13]셀까지 드래그하여 선택한 다음 [홈] 탭-[편집] 그룹-[자동 합계 ▼]-[합계]를 선택합니다.

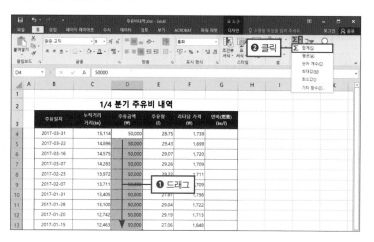

02 [D14]셀에 [D4]셀에서 [D13]셀까지의 합계가 자동 계산되어 표시됩니다. 이처럼 자동 계산 기능을 이용하면 자주 사용하는 합계나 평균 등의 수치를 간단하게 입력할 수 있습니다. '주유량' 열도 같은 방법으로 합계를 구합니다. '리터당 가격'의 평균값을 구하기 위해 [F4]셀에서 [F13]셀 까지 드래그하여 선택한 후 [홈] 탭-[편집] 그룹-[자동 합계▼]-[평균]을 선택합니다.

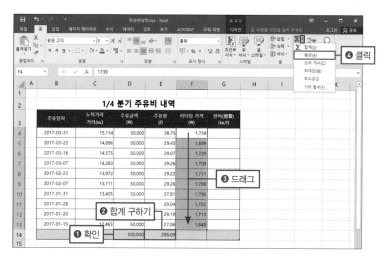

03 [F14]셀에 [F4]셀에서 [F13]셀까지의 평균값이 자동 계산되어 입력됩니다. 연비를 계산하겠습니다. [G5]셀을 클릭하고 수식 입력 줄에 '=(C4 − C5)/E5'를 입력한 다음 Enter 키를 누릅니다. 즉 직전 주유 당시의 거리계에서 이전 주유할 때 거리계를 뺀 다음 그 결과 값을 주유량으로 나누면 그 기간 동안의 연비가 계산되는 것입니다.

주유일자	누적거리 거리(km)	주유금액 (W)	주유량 (ℓ)	리터당 가격 (W)	연비(燃費) (km/ℓ)
2017-03-31	15,114	50,000	28.75	1,739	
2017-03-22	14,896	50,000	29.43	1,699	=(C4-C5)/E5 ② 입력 후 Enter
2017-03-16	14,575	50,000	29.07	1,720	
2017-03-07	14,283	50,000	29.26	1,709	
2017-02-23	13,972	50,000	29.22	1,711	
2017-02-07	13,711	50,000	29.26	1,709	
2017-01-31	13,405	50,000	27.81	1,798	
2017-01-28	13,100	50,000	29.04	1,722	
2017-01-20	12,742	50,000	29.19	1,713	
2017-01-15	12,463	50,000	27.06	1,848	
		500,000	288.09	1,736.80	❶ 확인

04 [G5]셀 및 해당 열에 모두 입력한 수식에 의해 계산된 결과가 적용되어 계산됩니다. 단 [G4]셀에는 누적 거리가 계산되지 않으므로 삭제해야 합니다. 만일 자동 채우기가 되지 않으면 [G5]셀의 채우기 핸들을 [G13]셀까지 드래그합니다.

1/4 분기 주유비 내역

주유일자	누적거리 거리(km)	주유금액 (W)	주유량 (ℓ)	리터당 가격 (W)	연비(燃費) (km/ℓ)
2017-03-31	15,114	50,000	28.75	1,739	#VALUE!
2017-03-22	14,896	50,000	29.43	1,699	7.4
2017-03-16	14,575	50,000	29.07	1,720	11.0
2017-03-07	14,283	50,000	29.26	1,709	10.0
2017-02-23	13,972	50,000	29.22	1,711	10.6
2017-02-07	13,711	50,000	29.26	1,709	8.9 ─ 확인
2017-01-31	13,405	50,000	27.81	1,798	11.0
2017-01-28	13,100	50,000	29.04	1,722	10.5
2017-01-20	12,742	50,000	29.19	1,713	12.3
2017-01-15	12,463	50,000	27.06	1,848	10.3
		500,000	288.09	1,736.80	43.26

Sheet1 Sheet2 Sheet3 (+)

05 [G4]셀과 [G14]셀을 선택한 다음 Delete 키를 눌러 데이터를 삭제합니다.

	주유일자	누적거리 거리(km)	주유금액 (₩)	주유량 (ℓ)	리터당 가격 (₩)	연비(燃費) (km/ℓ)
	1/4 분기 주유비 내역					
4	2017-03-31	15,114	50,000	28.75	1,739	
5	2017-03-22	14,896	50,000	29.43	1,699	7.4
6	2017-03-16	14,575	50,000	29.07	1,720	11.0
7	2017-03-07	14,283	50,000	29.26	1,709	10.0
8	2017-02-23	13,972	50,000	29.22	1,711	10.6
9	2017-02-07	13,711	50,000	29.26	1,709	8.9
10	2017-01-31	13,405	50,000	27.81	1,798	11.0
11	2017-01-28	13,100	50,000	29.04	1,722	10.5
12	2017-01-20	12,742	50,000	29.19	1,713	12.3
13	2017-01-15	12,463	50,000	27.06	1,848	10.3
14			500,000	288.09	1,736.80	

06 '리터랑 가격'의 평균값을 계산하는 식을 '연비'에도 적용하기 위해 [F14] 채우기 핸들을 [G14]셀까지 드래그합니다. 연비의 평균값이 표시됩니다. 이처럼 채우기 핸들을 이용하면 수식은 물론 함수까지 자동으로 채웁니다.

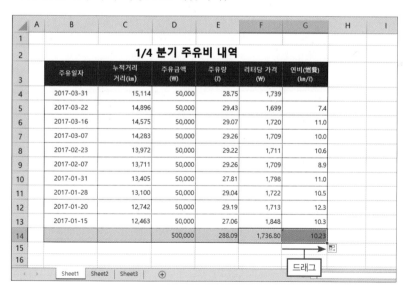

Part 03

수식과 참조
사용하기

다양한 작업을 할 수 있는 것이 엑셀의 장점이지만 우리가 엑셀을 사용하는 가장 큰 목적은
복잡한 계산을 자동으로 빠르게 처리하기 위함입니다. 엑셀을 사용하여 이러한
결과 값을 얻기 위해서는 사용자가 계산 과정을 입력하는 과정이 필요합니다.
이렇게 계산을 위해 입력하는 식을 수식이라고 합니다.

엑셀 수식이란

　엑셀의 기본은 강력한 계산 기능에 있습니다. 수식은 결과 값을 얻기 위해 사용자가 입력하는 계산식이며, 엑셀에서는 쉽고 빠르게 계산할 수 있는 다양한 수식 입력 방법을 제공합니다. 결과 값을 얻기 위한 수식 입력 방법에 대해 알아보겠습니다.

· Preview ·

우선순위	기호	설명	우선순위	기호	설명
1	(−)	입력 값을 음수로 변환	4	*	곱하기
2	%	입력 값을 백분율로 변환		/	나누기
3	^	지수(거듭제곱)를 사용	5	+	더하기
				−	빼기

▲ 수학 연산자

기호	설명	기호	설명
A5 = B5	[A5]셀의 값과 [B5]셀의 값은 같다.	A5 >= B5	[A5]셀의 값이 [B5]셀의 값 이상이다.
A5 〈 B5	[A5]셀의 값이 [B5]셀의 값 미만이다.	A5 〈〉 B5	[A5]셀의 값과 [B5]셀의 값은 같지 않다.
A5 <= B5	[A5]셀의 값이 [B5]셀의 값 이하이다.	A5 〉〈 B5	
A5 〉 B5	[A5]셀의 값이 [B5]셀의 값을 초과한다.		

▲ 비교 연산자

기호	내용	설명
A5 : B5	[A5]셀에서 [B5]셀까지	연속적인 셀 범위 지정
A5:A7, B5:B7	[A5]셀에서 [A7]셀까지와 [B5]셀에서 [B7]셀까지	떨어져 있는 셀 범위 지정
A1:D1 A3:F5	[A1]셀에서 [D1]셀까지	두 개의 셀 범위가 교차하는 범위 지정

▲ 참조 연산자

섹션별 주요 내용

① 수식의 이해　　　　　② 연산자를 이용한 수식
③ 수식 입력과 채우기　　④ 자동 수식을 이용하여 합계 구하기
⑤ 셀 이름을 설정하고 수식에 이용하기　⑥ 선택 영역에서 셀 이름 만들기

엑셀에서는 숫자 혹은 문자와 수식을 구분하기 위해 수식 앞에는 반드시 '='을 입력해야 합니다. 즉 수식 입력 줄에 'A5*B5'라고 입력을 하면 [A5]셀의 값과 [B5]셀의 값을 곱하라는 의미가 아니라 그냥 문자인 'A5*B5'로 인식을 합니다. 그러므로 [A5]셀의 값과 [B5]셀의 값을 곱한 결과 값을 표시하려면 수식 입력 줄에 '=A5*B5'를 입력해야 하는 것입니다.

또한 수식을 입력할 때는 연산자를 이용하여 계산을 수행하게 됩니다. 기본적인 수식의 형태는 다음과 같습니다.

= A5 * B5

여기서 '='은 수식 입력을 시작하는 수식 기호이며 'A5'와 'B5'는 피연산자입니다. 피연산자는 숫자를 직접 입력할 수도 있고 셀 주소를 입력할 수 있습니다. 셀 주소를 입력하면 셀 주소에 있는 값을 가져와 계산하게 됩니다. 이러한 두 개 이상의 피연산자를 이용하여 계산을 하기 위해 피연산자 사이에 연산자를 입력하여 수식을 완성하게 됩니다.

즉 수식을 다시 한번 정리하면 다음과 같이 설명할 수 있습니다.

=	피연산자	연산자	피연산자

다음은 좀 더 이해를 돕기 위한 수식의 예입니다.

❶ 가장 많이 사용하는 경우로, 피연산자를 셀 주소로 입력하는 형태
: =(A5+B5) * C4/D3

❷ 피연산자로 셀 주소와 숫자를 함께 입력하는 형태
: =(A5+55) * C4/10

❸ 숫자만으로 수식을 입력하는 형태
: = 43500 * 0.45/100

❹ 함수를 이용하여 수식을 입력하는 형태
: =SUM(A5:A10)

　앞서 수식을 입력할 때는 피연산자 사이에 연산자를 입력하여 계산을 구한다고 했습니다. 일반적으로 우리가 알고 있는 연산자에는 '+, −, *, /'가 있지만, 엑셀에서는 이러한 연산자 외에도 다양한 연산자를 제공합니다.

1 수학 연산자

　일반적으로 우리가 알고 있는 '+, −, *, /'가 수학 연산자이며, 엑셀에서는 다음과 같은 수학 연산자를 사용할 수 있습니다.

우선순위	기호	설명
1	(−)	입력 값을 음수로 변환
2	%	입력 값을 백분율로 변환
3	^	지수(거듭제곱)를 사용
4	*	곱하기
	/	나누기
5	+	더하기
	−	빼기

2 비교 연산자

　두 개의 피연산자를 비교하여 참 또는 거짓의 값을 얻기 위해 사용하는 연산자로, 주로 IF 함수를 사용할 때 자주 사용합니다.

기호	설명
A5 = B5	[A5]셀의 값과 [B5]셀의 값은 같다.
A5 〈 B5	[A5]셀의 값이 [B5]셀의 값 미만이다.
A5 〈= B5	[A5]셀의 값이 [B5]셀의 값 이하이다.
A5 〉 B5	[A5]셀의 값이 [B5]셀의 값을 초과한다.
A5 〉= B5	[A5]셀의 값이 [B5]셀의 값 이상이다.
A5 〈〉 B5	[A5]셀의 값과 [B5]셀의 값은 같지 않다.
A5 〉〈 B5	

③ 참조 연산자

참조 연산자는 계산에 사용되는 참조 셀의 범위를 지정할 때 사용합니다.

기호	내용	설명
A5:B5	[A5]셀에서 [B5]셀까지	연속적인 셀 범위 지정
A5:A7, B5:B7	[A5]셀에서 [A7]셀까지와 [B5]셀에서 [B7]셀까지	떨어져 있는 셀 범위 지정
A1:D1 A3:F5	[A1]셀에서 [D1]셀까지	두 개의 셀 범위가 교차하는 범위 지정

④ 문자열 연산자

두 개 이상의 문자열을 연결하여 한 개의 문자열로 만들고자 할 때 사용하며 '&' 연산자를 사용합니다. 아래의 예제에서 [A5]셀에 '1,000'이라는 값이 있었다면 결과는 '1,000원'이 됩니다.

기호	내용
[A5] & "원"	[A5]셀의 값과 "원"을 연결

Sub ③ 수식 입력과 채우기

- 예제 파일 : Part 03\판매현황세액.xlsx
- 완성 파일 : Part 03\판매현황세액_완성.xlsx

수식을 입력할 때는 숫자나 셀 주소를 이용하게 되는데, 셀 주소를 입력할 때는 직접 셀 주소를 입력하거나 참조 셀을 클릭해서 입력할 수 있습니다. 또한 엑셀을 이용하여 수식을 작성하다 보면 입력 값만 다를 뿐 수식은 동일하게 작성되는 경우가 있습니다. 이런 경우에는 수식을 매번 입력할 필요 없이 자동 채우기 기능을 이용하여 수식을 복사하면 쉽게 수식을 입력할 수 있습니다.

01 여기에서 '제품단가'와 '판매량'을 곱한 값을 '금액' 셀에 입력하고자 합니다. 우선 수식 입력줄에 '=D3'을 입력합니다.

Tip 수식 입력 줄에서 셀 주소를 입력하면 입력한 셀 테두리가 자동으로 파란색으로 표시되어 셀 주소를 올바르게 입력했는지 사용자가 확인할 수 있습니다.

02 수식 입력 줄의 '=D3' 뒤에 '＊'를 입력한 다음 [E3]셀을 클릭하면 자동으로 클릭한 셀 주소가 주소 입력 줄에 입력되어 '=D3＊E3' 수식이 완성됩니다. 이처럼 수식 입력 줄에서 셀 주소를 입력할 때는 직접 셀 주소를 입력하거나 셀을 클릭해서 셀 주소를 입력할 수 있습니다.

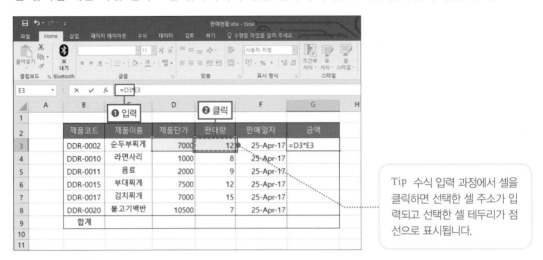

Tip 수식 입력 과정에서 셀을 클릭하면 선택한 셀 주소가 입력되고 선택한 셀 테두리가 점선으로 표시됩니다.

03 Enter 키를 누르면 입력한 수식의 결과 값이 표시됩니다. 즉 직접 값을 입력하지 않아도 셀 주소만으로 계산이 가능한 것입니다.

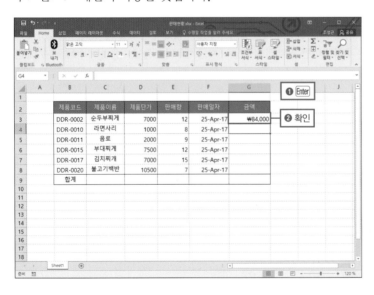

04 [G4]셀에서 [G8]셀까지는 모두 [G3]셀과 동일한 형태의 수식을 사용합니다. 이런 경우에는 자동 채우기 기능을 사용하여 수식을 복사하면 됩니다. [G3]셀의 자동 채우기 핸들을 [G8]셀까지 드래그합니다. [G4]셀에서 [G8]셀까지 수식이 복사되어 결과 값이 표시됩니다.

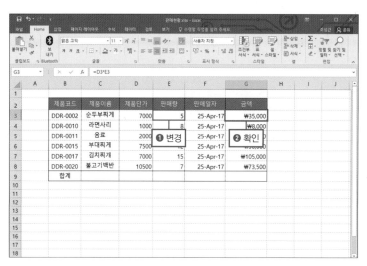

05 셀 주소의 값에 따라 수식이 적용된 결과가 어떻게 변하는지 확인하겠습니다. [E3]셀의 값을 '5'로 변경합니다. [E3]셀의 값을 변경함과 동시에 [G3]셀의 값도 변경되는 것을 알 수 있습니다. 이처럼 직접 값을 입력하지 않고 셀 주소를 이용하면 셀 주소의 값이 변경됨에 따라 자동으로 수식이 적용된 셀의 값도 변경됩니다.

Sub ④ 자동 수식을 이용하여 합계 구하기

자동 수식은 사용자가 직접 수식을 입력하지 않아도 선택한 범위의 값을 계산하여 합계를 구하거나 평균을 구하는 등 자주 사용하는 수식을 자동으로 입력하는 기능입니다. 자동 수식에 사용할 수 있는 연산은 '합계, 평균, 숫자 개수, 최대값, 최소값'이 있으며 이 외에도 사용자가 자주 사용하는 임의의 함수를 추가하여 자동 수식으로 사용할 수 있습니다.

01 자동 수식을 사용하려면 먼저 수식을 적용할 셀 범위를 지정해야 합니다. [G3]셀에서 [G8]셀까지 선택합니다. [홈] 탭-[편집] 그룹-[자동 합계▼]-[합계]를 선택합니다.

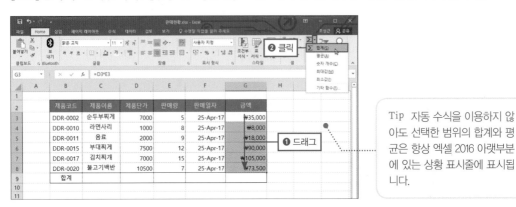

> **Tip** 자동 수식을 이용하지 않아도 선택한 범위의 합계와 평균은 항상 엑셀 2016 아랫부분에 있는 상황 표시줄에 표시됩니다.

02 [G9]셀에 [G3]셀에서 [G8]셀까지의 합계가 계산되어 입력됩니다. 즉 자동 수식에 의해 [G3]셀에서 [G8]셀까지의 합계를 구하는 '=SUM(G3:G8)'이라는 함수가 입력됩니다. 이처럼 자동 수식을 사용하면 선택한 셀 범위의 합계나 평균 등 자주 사용하는 수식을 쉽게 입력할 수 있습니다.

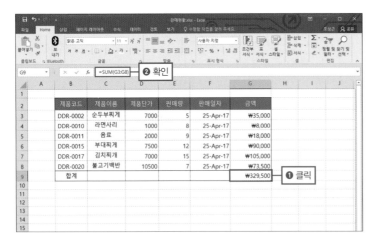

앞서 셀에 대해 설명할 때 셀이나 셀 범위에 이름을 부여할 수 있다고 했습니다. 셀에 이름을 부여하면 수식을 입력할 때 길고 복잡한 셀 주소를 간단한 이름으로 입력할 수 있어 매우 편리합니다. 셀과 셀 범위에 이름을 부여하여 수식에 적용하는 방법을 알아보겠습니다.

01 우선 셀에 이름을 부여해 봅니다. 셀이나 셀 범위에 이름을 부여하는 방법에는 두 가지가 있는데 먼저 이름 상자를 이용하여 이름을 부여해 보겠습니다. [C11]셀을 선택한 다음 이름 상자에 '부가세'를 입력합니다. 이제부터 수식 입력 줄에 '부가세'를 입력하면 [C11]셀의 값이 적용됩니다.

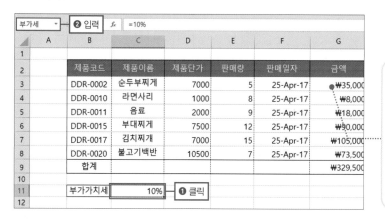

Tip 수식 입력 줄에 셀 이름을 입력할 때는 특별한 기호 없이 셀 이름을 입력하면 됩니다. 단 셀 이름은 수식 입력 과정에서만 인식하며 수식 형식이 아닌 셀 이름만 입력하면 문자로 인식하게 되니 주의해야 합니다.

02 H열까지 표를 늘리고 [H2]셀에 '세액'을 입력합니다. [H3]셀을 클릭하고 수식 입력 줄에 '=G3*부가세'를 입력한 다음 Enter 키를 누릅니다.

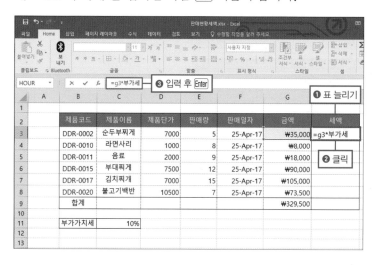

03 [G3]셀의 값에 '부가세'의 이름을 가진 [C11]셀의 값이 곱해진 값이 [H3]셀에 표시됩니다. 이 처럼 셀 이름을 사용하면 셀 주소를 잘못 입력할 우려도 없고 길이도 짧아져 편리합니다. [H3]셀의 자동 채우기 핸들을 이용하여 [H8]셀까지 드래그합니다.

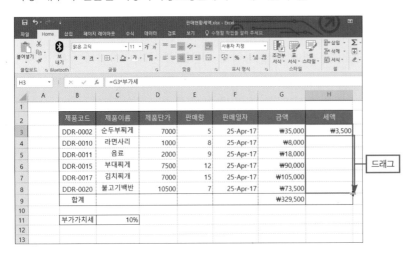

04 [H3]셀의 수식이 나머지 셀에 복사되어 자동으로 입력됩니다. 셀 이름은 특정 셀의 값을 참조 하는 것이므로 수식 복사에도 적용이 되는 것입니다. 셀 범위에 이름을 정의하여 수식에 적용하는 방 법을 알아보겠습니다. [H3]셀에서 [H8]셀까지 선택한 상태로 [수식] 탭-[정의된 이름] 그룹-[이 름 정의]를 클릭합니다.

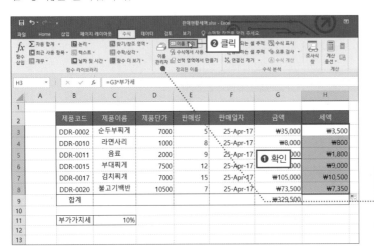

Tip 정의된 셀 이름들은 [이름 관리자] 대화상자를 통해 셀 범위를 편집하거나 셀 이름 을 삭제할 수 있습니다.

05 [새 이름] 창이 열리면 [이름] 입력 상자에 '세액'을 입력한 다음 [확인] 버튼을 클릭합니다.

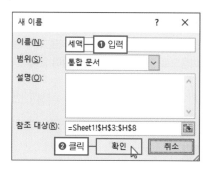

06 워크시트가 표시되면 [H9]셀에 '=SUM(세액)'을 입력한 다음 Enter 키를 누릅니다.

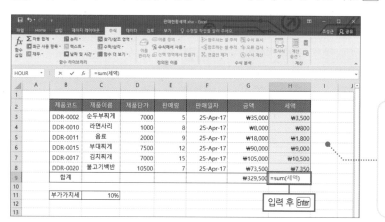

Tip 셀 이름을 사용하지 않으면 [H9]셀에 '=SUM(H3:H8)'이라고 입력해야 하지만, [H3]셀에서 [H8]셀까지의 범위를 '세액'이라고 정의했으므로 합계가 구해지는 것입니다.

07 [H3]셀에서 [H8]셀까지의 합계가 구해집니다. 이처럼 셀 이름은 하나의 셀뿐만 아니라 셀 범위까지도 정의하여 수식에 이용할 수 있으며, 셀 이름을 이용하면 셀 주소를 잘못 입력할 우려를 없앨 수 있는 장점도 가지고 있습니다.

여러 개의 셀 이름을 동시에 만들어야 하는 경우에는 일일이 셀 범위를 지정할 필요 없이 [선택 영역에서 만들기] 기능을 이용하여 셀 이름을 쉽게 만들 수 있습니다. 예제에서 [제품코드]와 [제품이름] 그리고 [제품단가] 영역을 각각 셀이름으로 정의하고 각각의 [제품코드]에 따른 [제품이름]과 [제품단가]를 셀 이름으로 정의하려면 다음과 같이 합니다.

01 [B2]셀에서 [D8]셀까지를 선택하여 셀 범위를 지정합니다. [수식] 탭-[정의된 이름] 그룹-[선택 영역에서 만들기]를 클릭합니다.

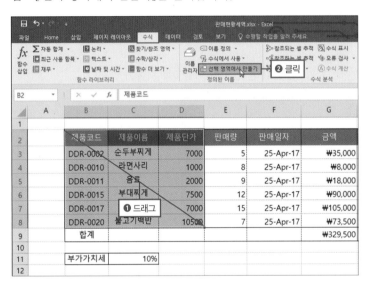

02 [선택 영역에서 이름 만들기] 창이 열리면 [첫 행]과 [왼쪽 열] 옵션 상자에 체크 표시한 다음 [확인] 버튼을 클릭합니다.

Tip 옵션 상자는 각각의 셀 이름을 지정하는 항목입니다. 즉 '첫 행' 옵션 상자에 체크 표시하면 첫 행의 내용을 셀 이름으로 지정하고 첫 행을 제외한 해당 열의 셀들을 하나의 셀 이름으로 정의합니다. 마찬가지로 '왼쪽 열'을 선택하면 왼쪽 첫 번째 셀의 내용을 셀 이름으로 지정하며 왼쪽 열을 제외한 해당 행의 셀들을 하나의 셀 이름으로 지정합니다.

03 화면에는 아무런 변화가 없지만 각각의 셀 범위가 셀 이름으로 지정된 상태입니다. 셀 이름을 확인하기 위해 이름 상자를 열고 'DDR_0010'을 선택합니다. [C4]셀에서 [D4]셀까지 선택 범위로 지정됩니다. 즉 [C4]셀에서 [D4]셀까지 선택 범위가 왼쪽 열의 'DP_0010'이라는 셀 이름으로 정의된 것입니다.

04 이름 상자를 열고 '제품이름'을 선택합니다.

05 [C3]셀에서 [C8]셀까지 선택됩니다. 마찬가지로 [C3]셀에서 [C8]셀까지 선택 범위가 첫 행의 '제품이름'이라는 셀 이름으로 정의된 것입니다.

셀 참조하기

　셀 참조란 수식 입력 줄에 수식을 입력할 때 숫자를 입력하지 않고 데이터가 입력된 셀 주소를 입력하는 것을 말합니다. 셀 참조를 사용하면 자동 채우기 핸들을 이용하여 동일한 수식을 복사할 수 있어 유용합니다. 셀 참조를 사용할 때는 셀 주소 변경 형태에 따라 상대참조와 절대참조 그리고 이 두 가지를 혼합한 혼합참조로 구분할 수 있습니다.

• Preview •

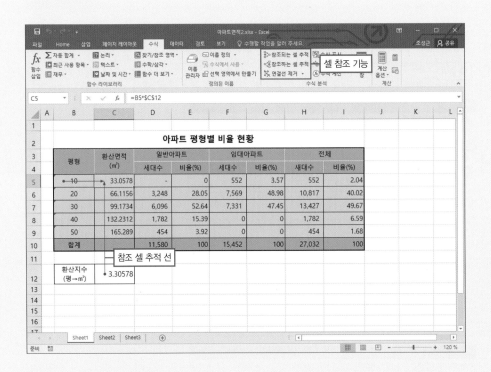

 섹션별 주요 내용　① 상대참조 사용하기　② 절대참조 사용하기　③ 혼합참조 사용하기　④ 참조 셀 추적하기

Sub 1 상대참조 사용하기

상대참조란 수식이 입력된 셀을 변경하더라도 참조한 셀의 위치가 그에 맞게 자동으로 변경되는 셀 참조 방식입니다. 즉 수식에서 참조한 셀의 위치가 변경되더라도 참조한 셀의 위치를 수식에 자동으로 반영하기 때문에 결과 값은 변화가 없게 됩니다. 엑셀 2016에서 기본적으로 사용하는 셀 참조 방식이 상대참조입니다.

01 먼저 셀의 위치를 이동하기 전에 수식을 확인해 봅니다. [G5]셀을 선택하면 '(C4 – C5)/E5'의 수식이 입력되어 있는 것을 확인할 수 있습니다.

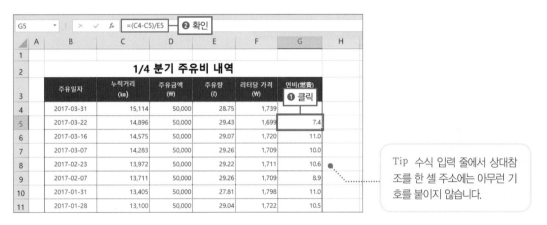

> Tip 수식 입력 줄에서 상대참조를 한 셀 주소에는 아무런 기호를 붙이지 않습니다.

02 D열의 머리글을 마우스 오른쪽 버튼으로 클릭한 다음 바로 가기 메뉴가 표시되면 [삽입]을 실행합니다.

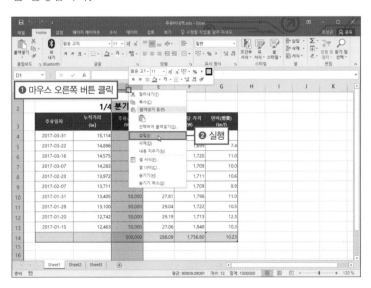

03 C열 다음에 새로운 열이 삽입됩니다. 새로운 열이 삽입됨에 따라 H열에서 참조하던 E열이 F열로 바뀐 것을 알 수 있습니다. [D3]셀에 '운행거리'를 입력하고 [D4]셀에 '=C4−C5'를 입력하여 운행거리를 계산합니다.

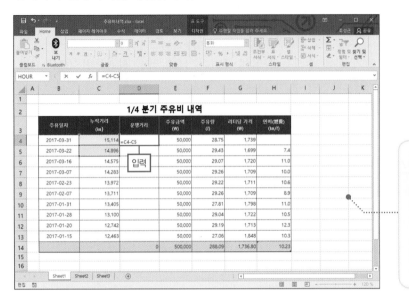

Tip 열 머리글의 바로 가기 메뉴를 이용하여 열을 삽입하면 선택한 열의 오른쪽에 새로운 열이 삽입되지만 셀의 바로 가기 메뉴에서 열을 삽입하면 선택한 행의 왼쪽에 새로운 열이 삽입됩니다.

04 자동으로 나머지 셀에도 같은 수식이 적용되어 채워집니다. [D13]셀은 다음 셀이 없어 계산할 수 없으므로 값을 지웁니다.

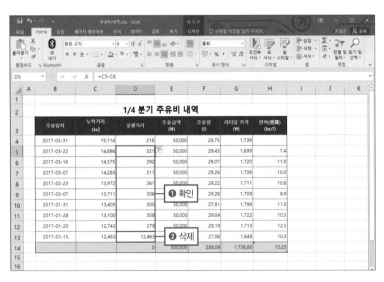

05 다시 [H5]셀을 선택하면 표시되는 값은 변화가 없는 반면 수식 입력 줄에 표시되는 수식은 '=(C4-C5)/F5'로 처음의 '=(C4-C5)/E5' 수식에서 참조하는 셀 주소가 변경된 것을 확인할 수 있습니다. 이처럼 상대참조를 사용하면 수식에서 참조하는 셀의 주소가 변경되더라도 셀 위치를 기억하여 수식에 자동으로 반영합니다.

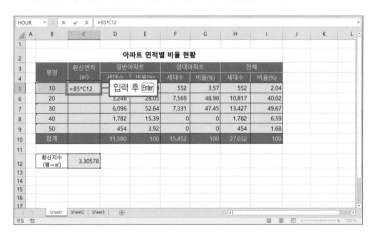

· 예제 파일 : Part 03\아파트면적.xlsx
· 완성 파일 : Part 03\아파트면적_완성.xlsx

Sub 2 **절대참조 사용하기**

상대참조가 여러 줄에 걸쳐 상대적인 셀을 참조하는 반면 하나의 셀만을 여러 수식에서 참조해야 하는 경우에는 절대참조를 사용해야 합니다. 절대참조는 셀 주소를 기억하게 되므로, 수식 입력 줄에서 절대참조로 참조한 셀 주소가 변경되면 수식의 결과도 달라지게 됩니다.

01 평수를 ㎡로 환산하기 위해 [C5]셀에 '=B5*C12'를 입력합니다. [C12]셀에는 평수를 ㎡로 환산하기 위한 환산 지수가 입력되어 있습니다.

02 [C5]셀에 ㎡로 환산된 값이 표시됩니다. 수식을 복사하기 위해 [C5]셀의 자동 채우기 핸들을 [C9]셀까지 드래그합니다.

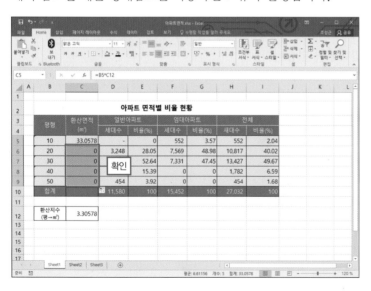

03 [C6]셀에서 [C9]셀까지의 환산 면적이 '0'으로 표시됩니다. 이것은 수식이 복사됨에 따라 환산 지수의 셀 주소를 비어 있는 셀로 참조하기 때문입니다. 이처럼 하나의 셀을 여러 수식에서 참조할 때는 상대참조를 사용하면 오류가 발생합니다.

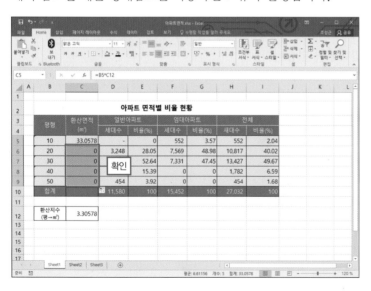

04 잘못 설정된 수식을 지우기 위해 [C6]셀부터 [C9]셀까지 선택하고 선택 영역을 마우스 오른쪽 버튼으로 클릭한 다음 바로 가기 메뉴에서 [내용 지우기]를 선택합니다.

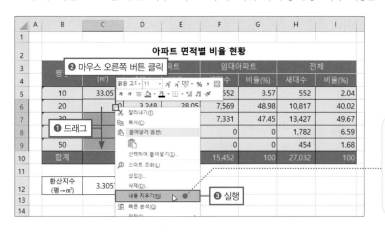

Tip [내용 지우기]는 셀 서식은 그대로 유지한 채 셀에 입력된 데이터만 삭제하는 기능으로, Delete 키를 누르는 것과 동일한 효과를 나타냅니다.

05 [C5]셀을 선택하고 수식 입력 줄의 'C12' 다음에 커서를 위치시킨 다음 F4 키를 누릅니다. 'C12' 셀 주소가 '$C$12'로 변경됩니다. 즉 상대참조 주소가 절대참조 주소로 변경된 것입니다.

	A	B	C	D	E	F	G	H	I	J	K	L
1												
2			아파트 면적별 비율 현황									
3		평형	환산면적	일반아파트		임대아파트		전체				
4			(㎡)	세대수	비율(%)	세대수	비율(%)	세대수	비율(%)			
5		10	33.0578		0	552	3.57	552	2.04			
6		20		3,248	28.05	7,569	48.98	10,817	40.02			
7		30		6,096	52.64	7,331	47.45	13,427	49.67			
8		40		1,782	15.39	0	0	1,782	6.59			

❷ 클릭 후 F4 | =B5*$C$12
❶ 클릭

알아두면 좋아요

참조 방식의 입력

수식 입력 줄에서 셀 주소를 입력할 때 셀 주소 뒤에 커서를 위치시키고 F4 키를 누를 때마다 [절대참조] → [혼합참조] → [상대참조]의 형태로 변경됩니다.

즉 'C12'라는 수식 뒤에 커서를 위치시키고 F4 키를 누를 때마다 다음과 같은 순서로 참조 셀 주소가 변경됩니다.

C12 → $C$4 → G$4 → $G4 → G4

이 중에서 열과 행 번호에 '$' 기호가 각각 붙은 셀 주소를 [절대참조]라고 하며, 열과 행 번호 중 한 개에만 '$' 기호가 붙은 것을 [혼합참조]라고 부릅니다. 일반적으로 사용하는 [상대참조]는 '$' 기호를 붙이지 않습니다.

06 Enter 키를 누르면 상대참조를 사용했을 때와 동일한 환산 면적이 입력됩니다. 그러나 수식을 복사했을 때는 결과가 달라집니다. 수식을 복사하기 위해 [C5]셀의 자동 채우기 핸들을 이용하여 [C9]셀까지 드래그합니다. 상대참조 주소를 입력했을 때와는 달리 각각의 평수를 환산지수로 곱한 환산 면적이 제대로 입력됩니다. 즉 수식을 복사하더라도 절대참조 주소를 사용했기 때문에 동일한 값을 적용할 수 있는 것입니다.

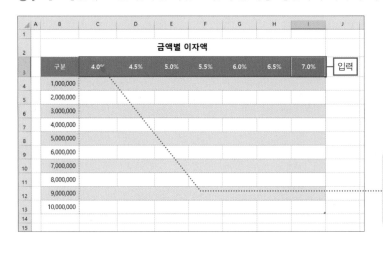

C5		▼ : × ✓ fx =B5*$C$12					

아파트 면적별 비율 현황

평형	환산면적 (㎡)	일반아파트		임대아파트		전체	
		세대수	비율(%)	세대수	비율(%)	세대수	비율(%)
10	33.0578	-	0	552	3.57	552	2.04
20	66.1156	3,248	28.05	7,569	48.98	10,817	40.02
30	99.1734	6,096	52.64	7,331	47.45	13,427	49.67
40	132.2312	1,782	15.39	0	0	1,782	6.59
50	165.289	454	3.92	0	0	454	1.68
합계		11,580	100	15,452	100	27,032	100

환산지수 (평→㎡)	3.30578

> Tip 수식 복사를 하면 셀의 서식도 복사가 되기 때문에 셀의 배경색도 원본 셀의 배경색으로 설정됩니다.

Sub ③ **혼합참조 사용하기**

- 예제 파일 : Part 03\이자액.xlsx
- 완성 파일 : Part 03\이자액_완성.xlsx

혼합참조는 절대참조와 상대참조를 섞은 형태로, 열이나 행 번호 중 하나를 절대참조 형태로 기입합니다. 혼합참조는 가로 열과 세로 열에 모두 절대참조로 참조할 셀이 존재하는 경우에 유용하게 사용할 수 있습니다. 다음 예제를 통해 혼합참조를 어떻게 사용하는지 확인하겠습니다.

01 [C3]셀에 '4'를 입력한 다음 그림과 같이 [I3]셀까지 각각의 머리글에 이자율을 입력합니다.

금액별 이자액

구분	4.0%⌃	4.5%	5.0%	5.5%	6.0%	6.5%	7.0%	← 입력
1,000,000								
2,000,000								
3,000,000								
4,000,000								
5,000,000								
6,000,000								
7,000,000								
8,000,000								
9,000,000								
10,000,000								

> Tip '4'를 입력해도 머리글의 표시 형식이 [백분율]로 설정되어 있기 때문에 자동으로 입력한 숫자 뒤에 '%'가 붙게 됩니다.

02 [C4]셀을 클릭하고 수식 입력 줄에 '=B4'를 입력한 다음 F4 키를 세 번 누릅니다. 수식이 '=$B4'로 변경됩니다. 즉 대출금액이 절대참조가 될 수 있도록 입력합니다.

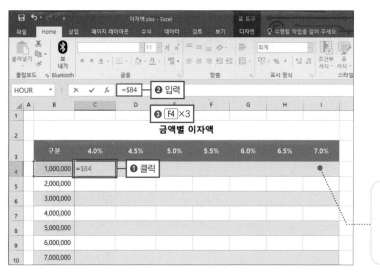

Tip 셀 주소가 상대참조 형식인 경우 F4 키를 누를 때마다 혼합참조 혹은 절대참조 형식으로 변경됩니다.

03 이어서 '*C3'을 입력한 다음 F4 키를 두 번 누릅니다. 수식이 'C$3'으로 변경됩니다. 즉 이자율이 절대참조가 될 수 있도록 입력합니다.

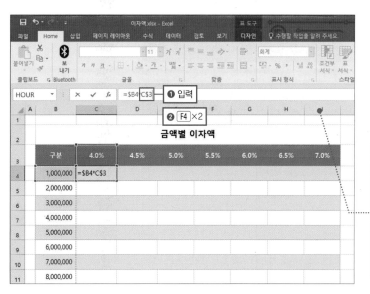

Tip 금액과 이자율이 입력된 셀은 고정적이지만 셀을 복사하게 되면 상대참조 형식으로 입력된 셀 주소는 자동으로 아래쪽 셀을 참조하게 되므로, 금액과 이자율이 입력된 셀은 절대참조 형식으로 입력해야 하는 것입니다.

04 Enter 키를 누르면 수식을 입력한 셀이 포함된 첫 번째 열에 자동으로 동일한 수식이 적용되어 채워집니다. 만일 자동으로 수식이 채워지지 않는다면 [C5]셀의 자동 채우기 핸들을 이용하여 [C13]셀까지 드래그하면 수식이 복사됩니다.

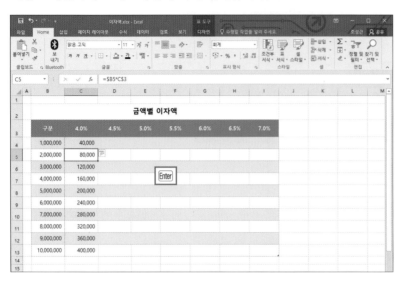

05 나머지 셀에 수식을 복사하기 위해 [C4]셀에서 [C13]셀까지 선택합니다. [C4]셀에서 [C13]셀까지 선택된 상태에서 자동 채우기 핸들을 이용하여 [I13]셀까지 드래그합니다.

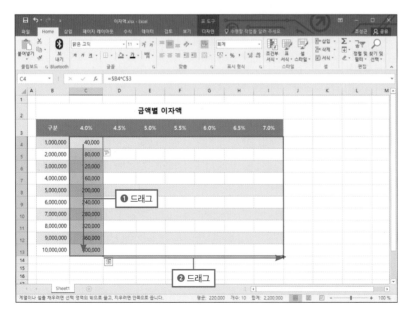

06 수식이 복사되어 금액이 표시되면 자동 채우기 옵션 상자를 클릭한 다음 바로 가기 메뉴에서 [서식 없이 채우기]를 선택합니다.

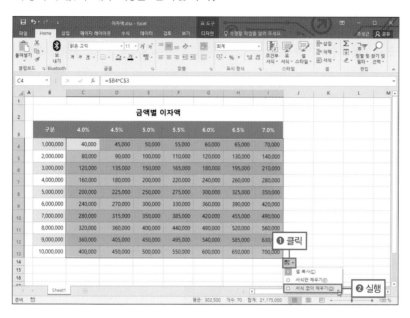

07 혼합참조를 이용한 금액별 이자율이 완성됩니다. 이처럼 가로 방향과 세로 방향으로 모두 참조해야 할 셀이 있는 경우에는 혼합참조를 사용해야 오류가 발생하지 않습니다.

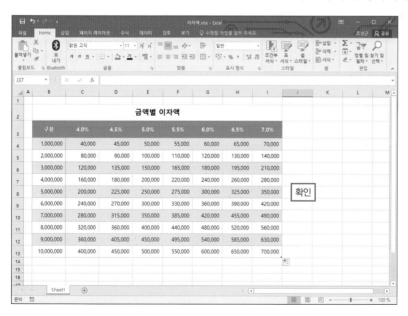

입력한 수식에서 오류가 발생하는 경우는 수식이 잘못된 셀 주소를 참조하는 경우가 많습니다. 수식이 많은 경우 참조한 셀을 일일이 찾기란 어려우므로, 이런 경우에는 참조 셀을 추적하여 잘못 입력된 셀을 쉽게 찾을 수 있습니다. 즉 참조 셀 추적 기능을 이용하여 현재 셀에서 참조하거나 참조되는 셀을 표시하면, 수식에서의 셀 참조 관계를 쉽게 알 수 있습니다.

01 [C5]셀에서 참조되고 있는 셀을 표시하려면, [C5]셀을 선택한 다음 [수식] 탭 - [수식 분석] 그룹 - [참조되는 셀 추적]을 클릭합니다.

02 [B5]셀과 [C12]셀에서 [C5]셀로 화살표가 표시됩니다. 즉 [B5]셀과 [C12]셀의 값을 이용해서 수식이 만들어졌음을 알 수 있습니다. 이처럼 참조 셀 추적 기능을 이용하면 현재 셀에서 참조하고 있는 셀을 쉽게 확인할 수 있습니다.

> Tip 참조 셀 추적은 셀의 수식 관계를 표시하는 기능으로 참조선이 표시된 상태에서는 참조선도 인쇄가 가능합니다.

03 참조 표시선을 화면에서 사라지게 하려면 [수식] 탭-[수식 분석] 그룹-[연결선 제거]를 클릭합니다.

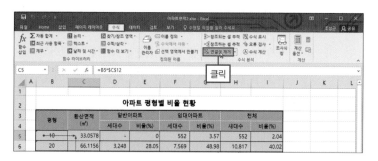

04 참조 표시선이 사라지면 [C12]셀을 선택한 다음 [수식] 탭-[수식 분석] 그룹-[참조하는 셀 추적]을 클릭합니다.

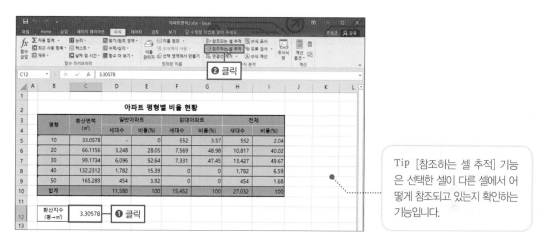

> Tip [참조하는 셀 추적] 기능은 선택한 셀이 다른 셀에서 어떻게 참조되고 있는지 확인하는 기능입니다.

05 [C12]셀에서 [C4]셀과 [C9]셀까지의 각 셀로 참조 표시선이 표시됩니다. 즉 [C12]셀이 [C4]셀에서 [C9]셀까지의 영역에서 참조되고 있음을 확인할 수 있습니다.

수식을 이용한 '수입/지출 현황' 만들기

수식을 이용하여 쉽게 만들 수 있는 것이 가계부나 수입/지출 현황입니다. 그동안 배웠던 내용들을 토대로 수입과 지출 항목을 목록으로 삽입할 수 있게 하고, 수입과 지출에 따라 자동으로 잔액이 계산되며, 수입과 지출의 합계가 자동으로 계산될 수 있도록 하겠습니다.

· Preview ·

 섹션별 주요 내용   ① 이름 정의하기   ② 데이터 유효성 검사 만들기   ③ 수식 만들기

셀 범위를 이름으로 정의하면 데이터 유효성 검사를 이용하여 미리 정의된 항목만을 입력할 수 있어 데이터의 정확성을 기할 수 있고 입력을 빠르게 할 수 있는 장점이 있습니다.

01 [수입지출항목] 워크시트 탭을 선택합니다. [수입지출항목] 워크시트 탭이 표시되면 [D3]셀에서 [D4]셀까지 선택한 다음 이름 상자에 '지불수단'을 입력합니다.

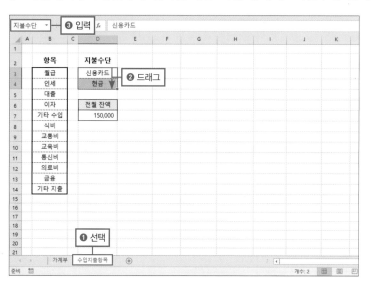

02 [B2]셀에서 [B14]셀까지 선택한 다음 [수식] 탭-[정의된 이름] 그룹-[선택 영역에서 만들기]를 클릭합니다.

03 [선택 영역에서 이름 만들기] 창이 열리면 [첫 행] 옵션 상자에 체크 표시한 다음 [확인] 버튼을 클릭합니다.

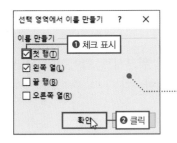

Tip [선택 영역에서 이름 만들기]를 사용하면 지정한 셀을 제외한 나머지 선택 범위가 지정된 셀에 입력된 이름으로 정의됩니다. 즉 여기서는 첫 행을 제외한 나머지 선택 범위가 첫 행의 내용인 '항목'이라는 이름으로 정의되는 것입니다.

04 [가계부] 워크시트 탭을 선택한 다음 [C4]셀에서 [C16]셀까지 셀 범위를 지정한 다음 이름 상자에 '수입'을 입력합니다.

05 같은 방법으로 [D4]셀에서 [D16]셀까지 선택한 다음 이름 상자에 '지출'을 입력합니다.

06 [전월 잔액]셀의 금액을 가져오겠습니다. [C18]셀을 클릭하고 수식 입력 줄에 '='을 입력합니다.

07 수식이 입력된 상태에서 [수입지출항목] 워크시트 탭을 선택한 다음 [D7]셀을 클릭합니다.

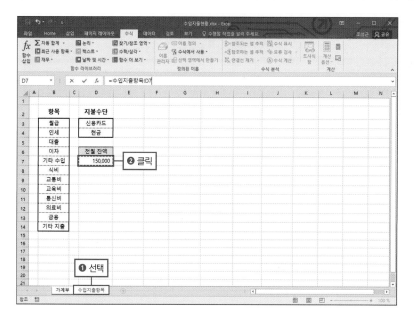

08 수식 입력 줄에 [수입지출항목] 워크시트의 [D7]셀 주소가 입력됩니다. 입력된 셀 주소를 절대참조 형식으로 변경하겠습니다. 수식 입력 줄의 'D7' 뒤에 커서를 위치시킨 다음 F4 키를 누릅니다.

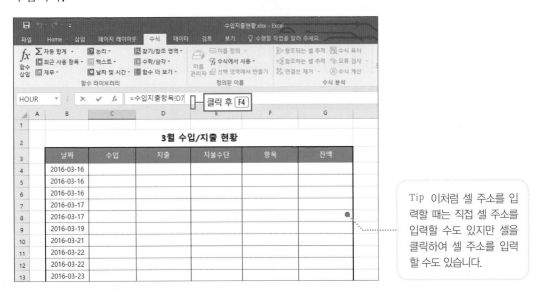

Tip 이처럼 셀 주소를 입력할 때는 직접 셀 주소를 입력할 수도 있지만 셀을 클릭하여 셀 주소를 입력할 수도 있습니다.

09 'D7'의 셀 주소가 절대참조 형식인 '$D$7'로 변경됩니다.

앞서 정의된 이름을 이용해 데이터 유효성 검사를 설정하여 지정된 내용만 입력되도록 설정하겠습니다. [지불수단] 과 [항목]을 목록으로 만들어 내용을 쉽고 빠르게 입력할 수 있도록 설정하는 작업입니다.

01 [E4]셀에서 [E16]셀까지 선택한 다음 [데이터] 탭-[데이터 도구] 그룹-[데이터 유효 성 검사▼]-[데이터 유효성 검사]를 선택합니다.

02 [데이터 유효성] 창이 열리면 [제한 대상] 상자를 '목록'으로 지정하고 [원본] 입력 상자 에 '=지불수단'을 입력한 다음 [확인] 버튼을 클릭합니다.

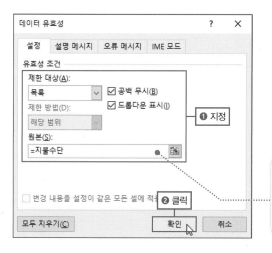

Tip 목록의 원본 이름 앞에 '='을 입력 하면 수식으로 인식되므로 '=지불수단'은 [지불수단]이라는 이름을 가진 셀 범위를 지정하는 것입니다.

03 워크시트가 표시되면 [F4]셀에서 [F16]셀까지 선택한 다음 [데이터] 탭-[데이터 도구] 그룹-[데이터 유효성 검사▼]-[데이터 유효성 검사]를 선택합니다.

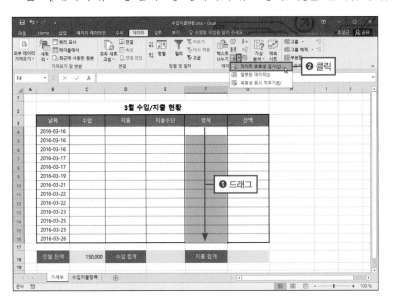

04 [데이터 유효성] 창이 열리면 [제한 대상] 상자를 '목록'으로 지정하고 [원본] 입력 상자에 '=항목'을 입력한 다음 [확인] 버튼을 클릭합니다.

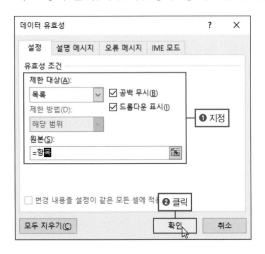

이름 정의와 데이터 유효성 검사 설정이 완료되면 이제 입력된 금액을 자동으로 계산하여 잔액과 합계를 만들 차례입니다. 간단한 수식과 기본적인 함수만 사용하면 간단한 가계부나 수입지출현황이 완성됩니다.

01 최초 항목은 전월 잔액을 이용해야 하므로 다른 항목과 다른 수식을 적용해야 합니다. [G4]셀을 클릭한 다음 '='을 입력합니다. [C18]셀을 클릭한 다음 '+'를 입력하고 다시 [C4]셀을 클릭하여 셀 주소를 입력합니다. 그리고 다시 '−'를 입력한 다음 [D4]셀을 클릭하여 '=C18+C4−D4' 수식을 완성합니다.

Tip 셀 주소를 직접 입력하는 것보다 참조 셀을 클릭하면 셀 주소를 입력하는 시간도 줄일 수 있고 정확한 셀 주소를 입력할 수 있는 장점이 있습니다.

02 [G5]셀을 클릭한 다음 같은 방법으로 '=G4+C5−D5'를 입력합니다.

03 수식이 적용되어 금액이 표시됩니다. 나머지 행에 수식을 복사하기 위해 [G5]셀의 자동 채우기 핸들을 이용하여 [G16]셀까지 드래그합니다. 선택된 영역에 수식이 복사되면 채우기 핸든 옵션 상자를 클릭한 다음 바로 가기 메뉴에서 [서식 없이 채우기]를 선택합니다.

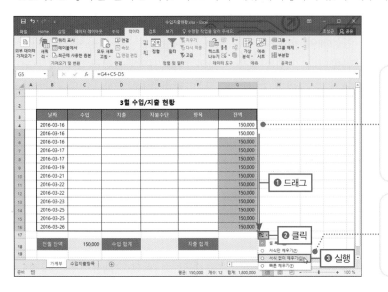

Tip 첫 번째 행은 전월 금액과 수입을 더한 금액에서 지출을 뺀 금액이 표시되고 두 번째 행부터는 이전 잔액과 수입을 더한 금액에서 지출을 뺀 금액이 표시됩니다.

Tip 마지막 행의 테두리 선을 그대로 유지하기 위해 [서식 없이 채우기]를 적용하는 것입니다.

04 수입의 합계를 구하겠습니다. 수입이 입력되는 범위를 '수입'이라는 셀 이름으로 정의하였으므로 이를 이용하여 합계를 구합니다. [E18]셀을 클릭한 다음 수식 입력 줄에 '=SUM(수입)'을 입력한 다음 Enter 키를 누릅니다.

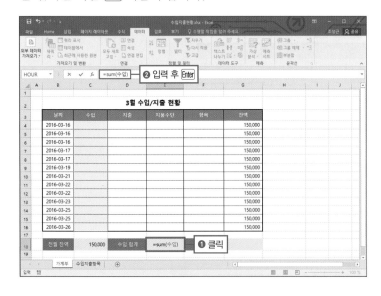

05 [E18]셀에 '0'이 입력됩니다. 즉 현재 수입에 기록된 내용이 없다는 의미입니다. 같은 방법으로 [G18]셀을 클릭한 다음 '=SUM(지출)'을 입력하고 Enter 키를 누릅니다.

06 수입 합계 금액과 지출 합계 금액에 자릿수를 표시하기 위해 [E18]셀을 클릭한 다음 Ctrl 키를 누른 채로 [G18]셀을 클릭하여 두 개의 셀을 한꺼번에 선택합니다. 그런 다음 [홈] 탭-[표시 형식] 그룹-[쉼표 스타일]을 클릭합니다.

Tip 표시 형식을 변경하게 되면 일반 형식이 숫자로 변환되기 때문에 수입과 지출 금액이 입력되기 전까지는 '0'이 아닌 비어 있는 셀로 표시됩니다.

07 [E18]셀과 [G18]셀의 표시 형식이 변경됩니다. 수입 금액과 지출 금액이 입력된 [C4]셀에서 [D16]셀까지 선택한 다음 [홈] 탭-[표시 형식] 그룹-[쉼표 스타일]을 클릭하여 표시 형식을 변경합니다.

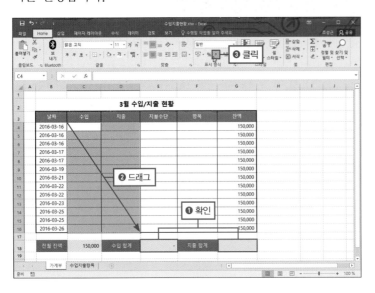

08 [C4]셀을 클릭한 다음 '3000000'을 입력합니다. 수입 금액이 기록됨에 따라 [잔액]과 [수입 합계] 금액이 자동으로 변경됩니다. 지불수단을 입력하기 위해 [E4] 셀을 클릭한 다음 목록 버튼을 클릭합니다. 목록이 표시되면 '현금'을 선택합니다.

	A	B	C	D	E	F	G
1							
2				3월 수입/지출 현황			
3		날짜	수입	지출	지불수단	항목	잔액
4		2016-03-16	3,000,000	❷ 클릭	▼	❸ 클릭	3,150,000
5		2016-03-16			신용카드		3,150,000
6		2016-03-16	❶ 입력		현금		3,150,000
7		2016-03-17			❹ 지정		3,150,000
8		2016-03-17					3,150,000
9		2016-03-19					3,150,000
10		2016-03-21					3,150,000
11		2016-03-22					3,150,000
12		2016-03-22					3,150,000
13		2016-03-23					3,150,000
14		2016-03-25					3,150,000
15		2016-03-25					3,150,000
16		2016-03-26					3,150,000
17							

Tip 데이터 유효성 검사 설정을 통해 [지불수단] 열에서는 목록을 이용하여 '지불수단' 셀 범위가 지정되었기 때문에 목록을 통해서만 내용을 입력할 수 있는 것입니다.

09 [F4]셀을 클릭하고 목록 버튼을 클릭한 다음 '인세'를 선택합니다. 이처럼 목록을 이용하면 데이터를 빠르고 쉽게 입력할 수 있습니다.

10 나머지 행에 수입과 지출, 그리고 항목을 입력하면 자동으로 잔액이 계산되고 수입과 지출의 합계도 계산되어 입력되는 것을 확인할 수 있습니다.

날짜	수입	지출	지불수단	항목	잔액
2016-03-16	3,000,000		현금	인세	3,150,000
2016-03-16		50,000	신용카드	교통비	3,100,000
2016-03-16		120,000	신용카드	식비	2,980,000
2016-03-17	150,000		현금	기타 수입	3,130,000
2016-03-17		200,000	현금	금융	2,930,000
2016-03-19		170,000	신용카드	교육비	2,760,000
2016-03-21		50,000	신용카드	교통비	2,710,000
2016-03-22		450,000	현금	의료비	2,260,000
2016-03-22		25,000	신용카드	기타 지출	2,235,000
2016-03-23	4,000,000		현금	월급	6,235,000
2016-03-25		1,900,000	현금	금융	4,335,000
2016-03-25		550,000	현금	기타 지출	3,785,000
2016-03-26		230,000	신용카드	교육비	3,555,000
전월 잔액	150,000	수입 합계		7,150,000	지출 합계	3,745,000

Part 04

셀 서식 및
표 다루기

다른 나라와 국내 엑셀 양식의 가장 큰 차이점은 문서에 표가 많이 사용된다는 점입니다.
스프레드시트에 표를 이용하면 데이터를 도식화하고 데이터 사이 관계를 쉽게 표현할 수 있기
때문에 많은 엑셀 양식에서 표가 이용됩니다. 셀 서식으로 데이터 유형을 표현하는 방법과
표로 데이터를 구체화하는 방법에 대해 알아보겠습니다.

표시 형식 설정하기

엑셀에 입력되는 데이터는 단지 숫자만 있는 것이 아니라 문자, 날짜, 개수 등 다양한 형식이 사용됩니다. 이러한 데이터 형식은 각 셀의 상관관계를 설명하기 위한 인자들로서 엑셀에서는 셀에 입력되는 데이터의 유형을 설정하여 입력 형식을 제한할 수 있습니다.

· Preview ·

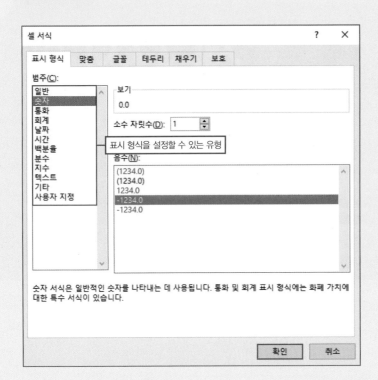

섹션별
주요 내용

① 표시 형식의 종류
③ 리본 메뉴를 이용하여 빠르게 표시 형식 변경하기
⑤ 사용자 형식 설정하기

② 표시 형식 제한하기
④ 사용자 임의의 표시 형식 만들기

셀에 입력되는 숫자나 문자를 어떤 형태로 표시할 것인지 설정하는 것이 표시 형식입니다. 표시 형식은 선택한 셀의 바로 가기 메뉴에서 [셀 서식]을 선택하거나 리본 메뉴에서 표시 형식을 선택하여 적용할 수 있습니다.

엑셀 2016에서는 다음과 같은 형태의 표시 형식을 사용할 수 있습니다.

표시 형식	입력	적용	설명
일반	12345	12345	숫자나 텍스트를 표시
숫자	12345	12,345	숫자를 표시하며 자릿수 표시 가능
통화	12345	₩12,345	숫자 앞에 통화 기호 표시
회계	12345	₩ 12,345	셀의 맨 앞에 통화 기호 표시
간단한 날짜	08-16	2016-08-16	'년도-월-일'을 숫자로만 표시
자세한 날짜	08-16	2016년 8월 16일 월요일	'년도-월-일-요일'을 한글로 표시
시간	09:50	오전 9:50:00	'오전/오후-시-분-초'로 표시
백분율	0.05	5%	'100'을 곱하고 백분율 기호 표시
분수	0.5	1/2	소수점을 분수로 변환
지수	1234567890	1.E+09	숫자의 자릿수를 지수로 표시
기타	12345678901	(123)4567-8901	주민등록번호나 전화번호 형식 표시

Sub 2 표시 형식 제한하기

- 예제 파일 : Part 04\인센티브현황.xlsx
- 완성 파일 : Part 04\인센티브현황_완성.xlsx

셀에 '0'이라는 데이터를 입력할 때 숫자로서의 '0'과 문자로서의 '0'은 다른 의미를 가지고 있습니다. 숫자 '0'은 계산을 할 수 있지만 다른 문자와 결합할 수 없으며, 문자로서의 '0'은 다른 문자와 결합은 할 수 있으나 계산은 할 수 없는 유형입니다. 이처럼 셀에 입력되는 데이터의 유형을 미리 지정함으로써 계산이나 결합을 쉽고 정확하게 유도할 수 있습니다.

01 입력된 셀이 주민등록번호 형식에 맞게 입력될 수 있도록 설정해 보겠습니다. 주민등록번호는 앞 여섯 자리와 ' - ' 그리고 뒤 일곱 자리의 숫자로 구성됩니다. [C4]셀을 클릭한 다음 주민등록번호 열세 자리 숫자를 입력합니다.

02 [C4]셀을 선택한 상태에서 [홈] 탭-[표시 형식] 그룹-[표시 형식] 상자를 열고 [기타 표시 형식]을 선택합니다.

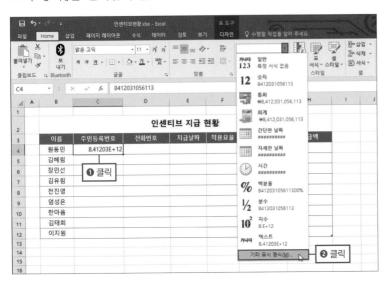

03 [셀 서식] 창이 열리면 [표시 형식] 탭의 [범주] 상자에서 '기타'를 선택하고 [형식] 목록에서 '주민등록번호'를 선택한 다음 [확인] 버튼을 클릭합니다.

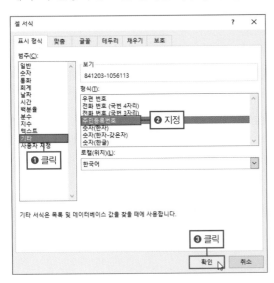

04 입력한 숫자가 주민등록번호 형식에 맞추어 표시됩니다. 이처럼 표시 형식은 숫자나 텍스트를 미리 설정해 놓은 형식에 따라 표시하도록 설정하는 작업입니다. 전화번호를 입력하겠습니다. [D4]셀에 휴대폰 전화번호 열한 자리를 입력합니다.

05 셀 서식을 설정할 때는 리본 메뉴를 이용하기도 하지만 셀의 바로 가기 메뉴를 통해서도 설정이 가능합니다. [D4]셀을 마우스 오른쪽 버튼으로 클릭한 다음 바로 가기 메뉴가 표시되면 [셀 서식]을 실행합니다.

06 [셀 서식] 창이 열리면 [표시 형식] 탭의 [범주] 상자에서 '기타'를 선택하고 [형식] 상자에서 '전화 번호 (국번 4자리)'를 선택한 다음 [확인] 버튼을 클릭합니다.

07 다시 워크시트 화면이 표시되면 입력한 열한 자리의 숫자가 전화번호 형식으로 표시되는 것을 확인할 수 있습니다. [E4]셀에 '2016－07－13'의 형식으로 날짜를 입력합니다. 형식에 맞추어 날짜를 입력하면 자동으로 입력한 데이터를 날짜로 인식하여 표시 형식 또한 '날짜'로 변경됩니다.

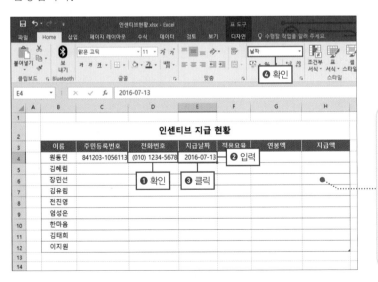

Tip 표시 형식이 전화번호로 변경되면 처음에 입력했던 숫자가 텍스트로 인식됩니다. '연도－월－일'의 표기 순서는 각 국가마다 다를 수 있습니다. 이러한 표기 순서는 [제어판]의 [국가 및 언어]에서 설정한 내용에 따라 자동으로 변경이 이루어집니다.

통화나 백분율, 그리고 자릿수를 표시하는 쉼표 스타일과 같이 자주 사용하는 표시 형식은 리본 메뉴를 이용하여 빠르게 표시 형식을 설정할 수 있습니다. 심지어 소수점 자릿수도 리본 메뉴를 통해 쉽게 늘리거나 줄일 수 있습니다.

01 백분율을 입력하겠습니다. [F4]셀에 '0.033'을 입력하고 [F4]셀을 선택한 다음 [홈]탭-[표시 형식] 그룹-[백분율 스타일]을 클릭합니다.

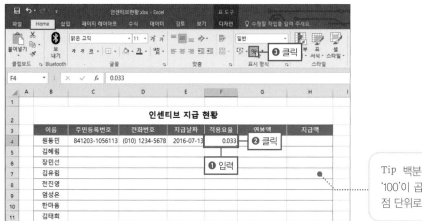

Tip 백분율로 변환하게 되면 '100'이 곱해지게 되므로 소수점 단위로 입력해야 합니다.

02 소수점이 백분율로 변환됩니다. 실제로는 '3.3%'가 표시되어야 하는데 '3%'가 표시된 것은 아직 표시 형식 설정이 완료되지 않았기 때문입니다. [F4]셀을 마우스 오른쪽 버튼으로 클릭한 다음 [셀 서식]을 실행합니다.

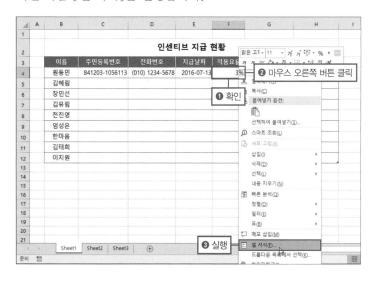

03 [셀 서식] 창이 열리면 [표시 형식] 탭의 [소수 자릿수] 입력 상자에 '1'을 입력한 다음 [확인] 버튼을 클릭합니다.

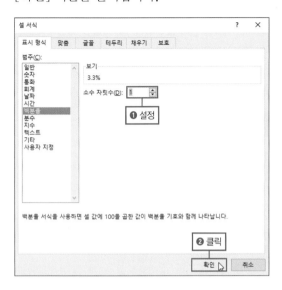

04 다시 워크시트가 표시되면 백분율 수치가 '3.3%'로 표시되는 것을 확인할 수 있습니다. 숫자의 세 자리마다 콤마(,)를 표시하도록 하겠습니다. [G4]셀에 '60000000'을 입력한 다음 [홈] 탭-[표시 형식] 그룹-[쉼표 스타일]을 클릭합니다.

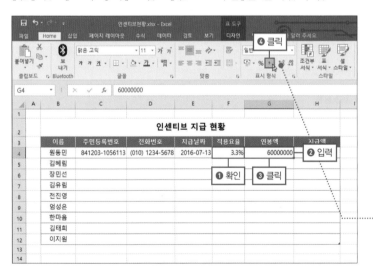

Tip [홈] 탭-[표시 형식] 그룹-[자릿수 늘림]을 클릭해도 소수점 자릿수를 늘릴 수 있습니다.

05 입력한 숫자에 세 자리마다 쉼표가 표시되어 금액을 쉽게 확인할 수 있습니다. [H4]셀의 '지급액'을 계산하기 위해 '=G4*F4'를 입력합니다.

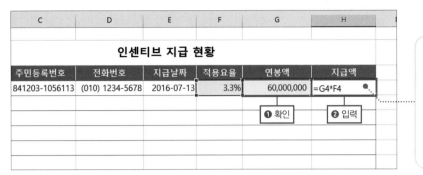

> Tip 백분율이 곱해질 때는 표시된 수치를 100으로 나눈 값이 적용됩니다. 즉 '5.5%'라고 표시되어 있다면 실제로 '0.05'의 값이 적용되는 것입니다.

06 '연봉액'에 '적용 요율'이 곱해진 지급액이 계산됩니다.

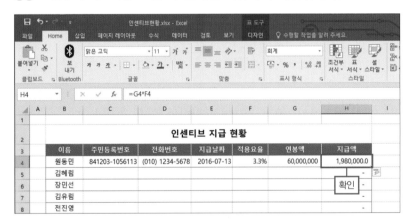

🄠 알아두면 좋아요

리본 메뉴를 이용한 표시 형식 설정
대부분의 표시 형식은 [홈] 탭–[표시 형식] 그룹에서 선택할 수 있습니다.

❶ 표시 형식 선택 상자 : 현재 셀의 표시 형식을 선택한 표시 형식으로 변경합니다.

❷ 회계 표시 형식 : 현재 셀에 ₩, ¥, £, $와 같은 통화 기호를 표시합니다.

❸ 백분율 스타일 : 현재 셀의 값을 백분율로 표시합니다. '%' 기호가 붙고 '100'이 곱해진 값이 적용됩니다.

❹ 쉼표 스타일 : 숫자가 네 자리 이상인 경우 뒤쪽에서부터 세 자리마다 콤마(,)가 표시됩니다.

❺ 자릿수 늘림/줄임 : 현재 셀의 소수점 자릿수를 한 자리씩 늘리거나 줄입니다. (예 : 0.5 ↔ 0.55)

❻ 셀 서식 : 표시 형식 : [셀 서식] 창의 [표시 형식] 탭을 표시합니다.

Sub 4 사용자 임의의 표시 형식 만들기

엑셀 2016에서는 사용자 표시 형식을 만들 때 서식 기호를 사용하여 표시 형식을 설정합니다. 서식 기호를 사용하면 사용자가 원하는 거의 모든 형태의 표시 형식을 설정할 수 있습니다.

1 사용자 지정 형식 지침

사용자 지정 형식을 만들려면 최대 네 개의 구역을 세미콜론(;)으로 구분하여 작성하게 되며, 네 개의 구역은 양수, 음수, 0, 텍스트의 순서로 서식을 설정합니다.

〈POSITIVE〉;〈NEGATIVE〉;〈ZERO〉;〈TEXT〉
[예] [빨강]#,##0;[파랑]#,##0.00;0.00;@ "원"

사용자 지정 형식에 모든 구역을 사용할 필요는 없으나 각 구역이 두 개 이상 사용될 때는 반드시 순서에 따라 서식을 설정해야 합니다. 예를 들어 음수와 텍스트만으로 사용자 지정 형식을 만들고자 할 때는 음수, 텍스트의 순서로 작성해야 합니다.

2 숫자 자릿수 표시자

• 0 : 입력한 숫자의 자릿수가 설정한 자릿수보다 적으면 무의미한 '0'을 표시합니다.

서식기호	입력	적용
#.00	2.5	2.50
000	2	002

• # : '0'과 동일한 자릿수 표시자이지만 무의미한 '0'을 표시하지 않습니다

서식기호	입력	적용
#.##	2.55	2.55
#.##	2.5	2.5
#.#	2.54	2.5

• ? : '0'과 동일한 규칙을 적용하지만 소수점을 기준으로 양 방향에 '0' 대신 공백이 추가되어 소수점을 기준으로 정렬합니다.

서식기호	입력
0.0?	2.55
	2.5

• . : 지정한 자리에 소수점을 표시합니다.

- , : 숫자 뒷자리에서 세 자리마다 콤마(,)를 표시합니다. 마지막에 콤마를 붙이면 콤마의 개수만큼 마지막 세 자리를 자릅니다.

서식기호	입력	적용
#,##0	12345	12,345
#,##0,	12000	12
#,##0,,	12000000	12
000000-0000,"***"	6707131056215	670713-1056***

③ 텍스트 포함 표시 형식

- 숫자와 텍스트 함께 표시 : 금액이나 숫자 뒤에 텍스트를 표시하고자 할 때는 텍스트가 삽입될 위치에 큰 따옴표(" ")를 이용하여 텍스트를 입력합니다. 단 $, (, :, ^, ', {, ⟨, =, −, /,), !, &, ~, }, ⟩의 기호와 공백은 큰 따옴표를 사용하지 않고도 화면에 표시됩니다.

서식기호	입력	적용
#,##0 "원"	123000	123,000 원
#.00 "%"	12.5	12.50 %
₩-#,##0" 부족"	-12300	-₩-12,300 부족
₩#.0" %이상";₩-#.0" %이하"	-5.4	₩-5.4 %이하
₩#.0" %이상";₩-#.0" %이하"	3.8	₩3.8 %이상

- @ : 셀에 입력된 텍스트를 지정합니다.

서식기호	입력	적용
@ "사원"	이상수	이상수 사원
"☎"* @	011-9755-6930	☎ 011-9755-6930
"오전" @"반"	근무	오전 근무반

- * : 다음에 오는 문자를 반복하여 열 너비를 채웁니다.

서식기호	입력	적용
**0	12345	***************12345
0*-	12345	12345--------------
*0	12345	00000000000 12345

④ 색 지정 표시 형식

- [색 이름] : 서식을 색으로 표시하려면 '검정, 녹색, 흰색, 파랑, 자홍, 노랑, 녹청, 빨강'의 여덟 가지 색 이름을 대괄호 안에 입력하며 반드시 서식의 가장 앞에 위치해야 합니다.

서식기호	입력	적용
[빨강]#,##0	12345	12,345
[파랑]#.00 "%"	12.4	12.40 %

5 조건 지정 표시 형식

• [조건] : 지정한 조건에 만족하는 숫자에만 서식을 적용합니다. 조건은 대괄호 안에 입력하고 조건식 다음에 서식을 입력합니다.

서식기호	입력	적용
[파랑][=0]"합격";[빨강][=1]"불합격"	1	불합격
[빨강][>125]↑#,##0;[파랑][<125]↓#,##0	122	↓122

6 날짜 표시 형식

• yy/yyyy : [연도]를 두 자리(yy) 혹은 네 자리(yyyy)로 표시합니다.

• m/mm/mmmm : [월]을 한 자리(m) 혹은 두 자리(mm)와 영문(mmmm)으로 표시합니다. [연도] 표시 다음에 표시되는 'm/mm/mmmm'은 자동으로 월 서식으로 인식합니다.

• d/dd : [일]을 한 자리(d) 혹은 두 자리(dd)로 표시합니다.

• ddd/dddd : [요일]을 영문자 세 자리(ddd) 혹은 전체(dddd)로 표시합니다.

• h/hh : [시각]을 한 자리(h) 또는 두 자리(hh)로 표시합니다.

• m/mm : [분]을 한 자리(m) 또는 두 자리(mm)로 표시합니다. [시각] 표시 다음에 표시되는 'm/mm/mmmm'은 자동으로 분 서식으로 인식합니다.

• s/ss : [초]를 한 자리(s) 또는 두 자리(ss)로 표시합니다.

서식기호	입력	적용
h"시" mm"분"	7:40	7시 40분
yyyy-mm-dd h:mm AM/PM	2018/08/22 7:40	2018-08-22 7:40 AM
dd"일" mmmm, dddd	2018-08-22	22일 August, Sunday
yyyy"年" mm"月" dd"日"	2018-8-22	18年 08月 22日

엑셀 2016에서 제공하는 표시 형식 이외에 사용자가 임의의 글자를 표시하도록 하거나 다른 형태의 표시 형식을 만들고자 할 때는 사용자 표시 형식을 사용할 수 있습니다. 사용자 표시 형식을 사용하면 선택한 셀을 동일한 형태로 표시할 수 있는 장점이 있습니다.

01 [지급액] 셀에 표시되는 금액 뒤에 '원'이라는 글자를 표시하도록 하겠습니다. 먼저 [H4] 셀을 선택합니다.

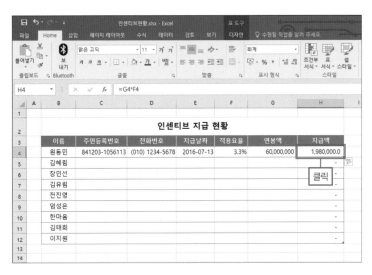

02 [홈] 탭−[표시 형식] 그룹−[표시 형식] 상자를 열고 [기타 표시 형식]을 선택합니다.

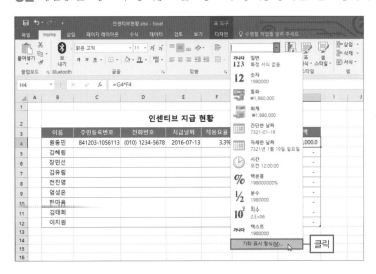

03 [셀 서식] 창이 열리고 [표시 형식] 탭의 [범주] 상자에서 현재 설정된 표시 형식이 선택된 상태로 표시됩니다. 표시 형식을 변경하기 위해 '사용자 지정'을 선택합니다. [사용자 지정]이 선택되면 [형식] 상자에서 '#,##0'을 선택합니다. [형식] 입력 상자에 표시된 형식 뒤에 '"원"'을 입력하고 [확인] 버튼을 클릭합니다.

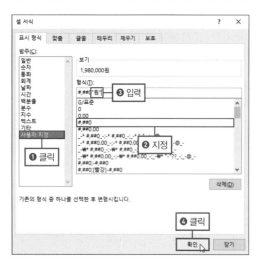

04 [지급액]셀에 표시된 금액 뒤에 '원'이라는 글자가 표시되는 것을 알 수 있습니다. 즉 실제로 '원'이라는 글자를 입력하지 않았음에도 표시 형식만으로 임의의 형태를 표시할 수 있는 것입니다.

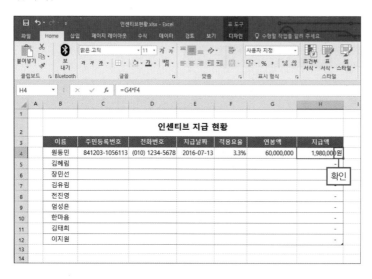

셀 병합 및 셀 방향 설정하기

엑셀 2016의 셀 너비는 정해져 있고 설정한 너비보다 길이가 긴 데이터를 입력하면 일부
는 보이지 않게 되거나 줄이 바뀌어 표시됩니다. 다른 행의 데이터에 영향을 주지 않으면서
길이가 긴 데이터를 모두 표시하려면 여러 개의 셀을 병합하면 됩니다. 여러 개의 셀을 병합
하는 방법과 셀에서의 텍스트 방향을 설정하는 방법에 대해 알아보겠습니다.

Preview

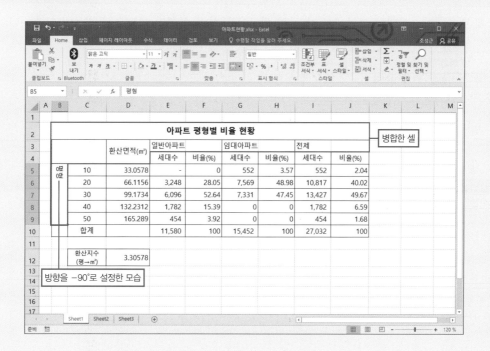

 섹션별 주요 내용

① 셀 병합의 형태   ② 셀 병합 및 셀 정렬하기

③ 셀 텍스트 정렬 및 병합 창   ④ 셀 텍스트 방향 변경하기

여러 개의 셀을 하나의 셀로 병합할 때 주의할 점은 두 개 이상의 셀을 병합할 때 첫 번째 셀에 있는 데이터만 남고 나머지 셀의 내용은 사라지게 된다는 것입니다. 그러므로 먼저 셀 병합을 통해 셀 서식을 설정한 다음 데이터를 입력해야 데이터를 다시 입력하는 번거로움을 줄일 수 있습니다.

• 병합하고 가운데 맞춤(▤) : 선택한 여러 개의 셀을 하나의 셀로 병합한 후 가로 방향과 세로 방향으로 가운데 맞춤을 설정합니다.

셀 병합 전	셀 병합 후
셀 병합 후	셀 병합 후
가운데 맞춤	

• 전체 병합(▤) : 선택한 영역에서 각 행의 셀들을 병합하며 정렬 기능은 수행하지 않습니다.

셀 병합 전		셀 병합 후
전체	병합	전체
전체	병합	전체

• 셀 병합(▤) : 선택한 셀들을 하나의 셀로 병합하며 정렬 기능은 수행하지 않습니다.

셀 병합 전	셀 병합 후
셀 병합	셀 병합
셀 병합	

• 셀 분할(▦) : 병합된 셀을 원래의 상태로 분할합니다.

셀 분할 전	셀 분할 후
셀 분할	셀 분할

Sub 2 **셀 병합 및 셀 정렬하기**

셀을 병합할 때 가장 쉽고 빠른 방법은 리본 메뉴를 이용하는 것입니다. 리본 메뉴를 이용하면 셀을 다양한 형태로 병합할 수 있습니다. 또한 여러 셀 서식 작업을 한꺼번에 수행할 때는 [셀 서식] 창을 통해서도 셀을 병합할 수 있습니다.

01 셀 병합을 하지 않은 상태에서 가운데 정렬을 하면 어떤 형태로 표시되는지 확인해 보겠습니다. [B2]셀을 선택한 상태에서 [홈] 탭-[맞춤] 그룹-[가운데 맞춤]을 클릭합니다.

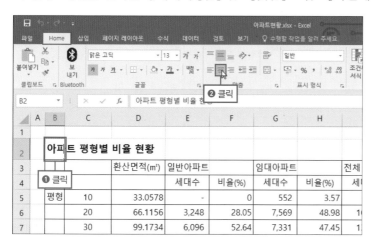

02 셀의 내용이 가운데 맞춤으로 설정됨에 따라 좌우로 셀을 벗어나 표시됩니다. [B2]셀에서 [J2]셀까지 선택하고 [홈] 탭-[맞춤] 그룹-[셀 병합▼]-[전체 병합]을 선택합니다. [전체 병합]은 선택한 영역의 각 행을 병합하는 기능입니다.

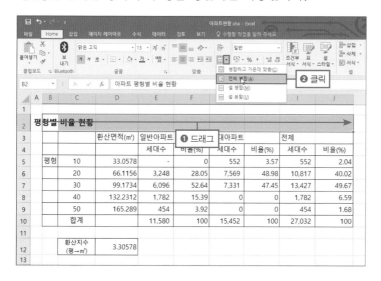

03 선택한 셀이 하나의 셀로 병합되고 셀의 내용이 가운데로 정렬됩니다. 이처럼 셀 병합 기능을 이용하면 여러 개의 셀을 하나의 셀로 병합할 수 있습니다. 단 셀 병합 기능은 가로나 세로 방향으로 연속적인 선택 셀만 병합할 수 있습니다.

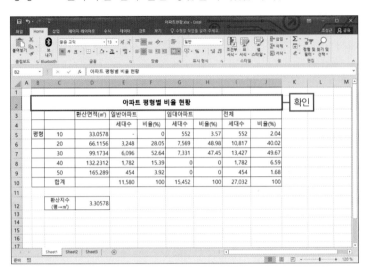

04 셀 병합은 리본 메뉴 이외에 [셀 서식] 창을 통해서도 가능합니다. [B3]셀에서 [C4]셀까지 선택한 다음 선택 영역을 마우스 오른쪽 버튼으로 클릭합니다. 바로 가기 메뉴가 표시되면 [셀 서식]을 실행합니다.

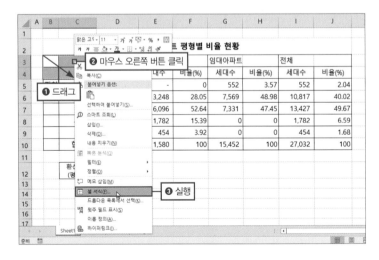

05 [셀 서식] 창이 열리면 [맞춤] 탭에서 [셀 병합] 옵션 상자에 체크 표시한 다음 [확인] 버튼을 클릭합니다.

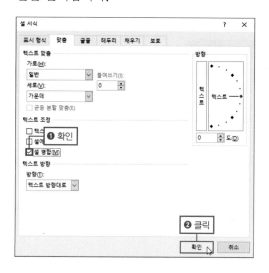

06 선택한 네 개의 셀이 하나의 셀로 병합됩니다. [셀 서식] 창을 통해 셀을 병합한 경우에는 정렬 기능이 적용되지 않습니다. 즉 리본 메뉴의 [셀 병합]을 한 것과 동일한 효과를 가집니다. 셀을 병합하고 가운데 정렬까지 한번에 작업을 하겠습니다.

[D3]셀에서 [D4]셀까지 선택한 다음 [홈] 탭-[맞춤] 그룹-[병합하고 가운데 맞춤]을 클릭합니다. 여러 개의 셀을 병합한 후에는 대부분 셀의 내용을 가운데 맞춤으로 정렬하기 때문에 [병합하고 가운데 맞춤] 기능은 자주 사용하는 기능 중에 하나입니다.

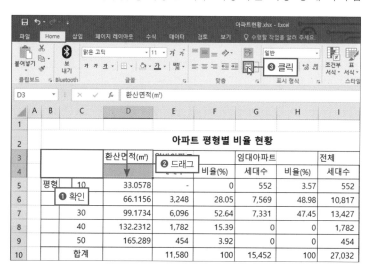

07 두 개의 셀이 하나로 합쳐지고 셀의 내용이 자동으로 가운데로 맞추어집니다. [병합하고 가운데 맞춤] 기능은 가로 방향뿐만 아니라 지금처럼 세로 방향으로 셀을 병합했을 때도 세로의 가운데로 맞추어집니다.

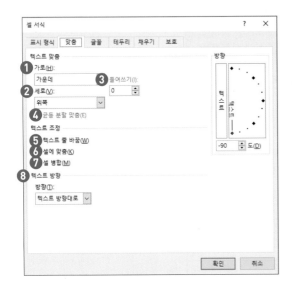

Sub ③ 셀 서식 창 맞춤 기능 살펴보기

[셀 서식] 창의 [맞춤] 탭 화면에서는 텍스트 정렬 방법과 텍스트 입력 방향, 그리고 텍스트 표시 방향을 설정할 수 있습니다.

❶ **텍스트 맞춤 가로** : 가로 방향 텍스트 정렬 방법을 선택합니다.

❷ **텍스트 맞춤 세로** : 세로 방향 텍스트 정렬 방법을 선택합니다.

❸ **들여쓰기** : 가로 방향 텍스트에서 들여쓰기를 설정합니다.

❹ **균등 분할 맞춤** : [텍스트 맞춤 가로]를 [균등 분할]로 설정한 경우 셀 너비에 맞추어 글자 수를 분할하여 정렬합니다.

❺ **텍스트 줄 바꿈** : 셀 너비보다 텍스트 길이가 긴 경우 자동으로 줄을 바꿉니다.

❻ **셀에 맞춤** : 셀 너비보다 텍스트 길이가 긴 경우 자동으로 셀 너비에 맞추어 텍스트 크기가 작아집니다.

❼ **셀 병합** : 선택한 셀을 하나의 셀로 병합합니다.

❽ **텍스트 방향** : 텍스트 표시 방향을 설정합니다.

Sub ④ 셀 텍스트 방향 변경하기

일반적으로 셀에 입력되는 텍스트 방향은 가로 방향입니다. 그러나 셀에 테두리를 만들거나 표를 만들었을 때는 일부 텍스트 방향을 세로 방향으로 표시해야 하는 경우가 있습니다. 이처럼 텍스트를 세로로 표시하는 방법에 대해 알아보겠습니다.

01 [B5]셀에서 [B9]셀까지 선택한 다음 [홈] 탭–[맞춤] 그룹–[병합하고 가운데 맞춤]을 클릭합니다. 선택한 셀이 병합되고 셀의 내용이 세로 가운데 맞춤으로 설정됩니다. 셀의 텍스트 방향을 변경하기 위해 [홈] 탭–[맞춤] 그룹–[맞춤 설정] 버튼(🔲)을 클릭합니다.

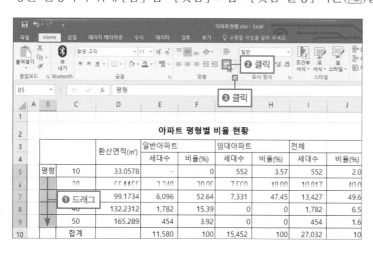

02 [셀 서식] 창의 [맞춤] 탭 화면이 표시되면 [방향]의 아래쪽 점을 클릭하여 '-90'으로 설정한 다음 [확인] 버튼을 클릭합니다. [방향]에 표시되는 점을 클릭하면 선택한 점에 해당하는 각도가 자동으로 입력되며 입력 상자에 직접 각도를 입력해도 됩니다.

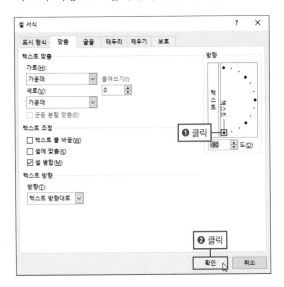

03 병합된 셀의 텍스트 방향이 -90도 방향으로 회전되어 표시되는 것을 확인할 수 있습니다. 이처럼 텍스트 방향을 이용하면 텍스트 방향을 90도에서 -90도까지 설정할 수 있습니다. 텍스트의 위치를 위쪽으로 정렬해 보겠습니다. 병합된 셀을 선택한 상태에서 [홈] 탭-[맞춤] 그룹-[맞춤 설정] 버튼(⬜)을 클릭합니다.

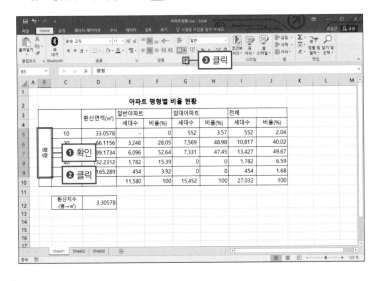

04 [셀 서식] 창의 [맞춤] 탭에서 [텍스트 맞춤]의 [세로] 상자를 [위쪽]으로 설정한 다음 [확인] 버튼을 클릭합니다.

05 병합된 셀의 텍스트가 위쪽을 기준으로 표시되는 것을 확인할 수 있습니다. 이처럼 [셀 서식]의 [맞춤] 탭이나 [홈] 탭-[맞춤] 그룹의 리본 메뉴를 이용하면 셀 데이터의 정렬과 텍스트 방향을 설정할 수 있습니다. [홈] 탭-[맞춤] 그룹-[위쪽 맞춤]을 클릭해도 셀 데이터의 세로 방향 위치를 설정할 수 있습니다.

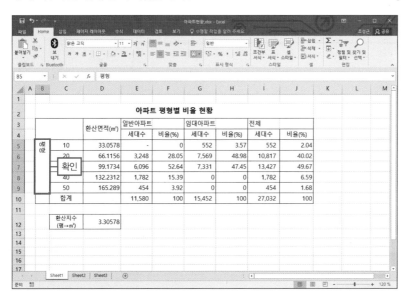

셀 테두리 및 배경 설정하기

데이터를 일목요연하게 정리하여 표현하는 방법 중 가장 대표적인 방법이 양식을 이용하는 것입니다. 양식을 이용하는 것만으로도 데이터를 구분하고 정리하여 데이터 사이 상관관계를 파악할 수 있습니다. 셀 테두리를 이용하여 양식을 만들고 셀의 배경색과 셀 스타일을 이용하여 셀을 강조하는 방법에 대해 알아보겠습니다.

· Preview ·

연령대별	연령별 실업률(%)					
	2016년		2017년			
	11월	12월	1월	2월	3월	4월
15 - 19세	7.7	8.8	10.0	10.0	11.3	10.1
20 - 29세	8.2	8.4	8.5	12.5	11.3	11.3
30 - 39세	3.0	3.0	3.3	3.7	3.8	4.0
40 - 49세	1.7	1.9	2.1	2.6	2.6	2.7
50 - 59세	2.0	1.8	2.2	2.3	2.1	2.3
60세 이상	2.0	2.1	4.7	7.1	2.7	2.4

셀 스타일

서식 복사

섹션별 주요 내용   1 셀 서식 복사하기   2 표시 형식   3 표시 형식 제한하기

Sub 1 셀 테두리 만들기

셀 테두리를 만드는 방법에는 리본 메뉴를 이용하는 방법과 [셀 서식]을 이용하는 방법이 있습니다. 이 중 리본 메뉴는 한 가지 형식의 테두리를 빠르게 작성할 때 유용하고 [셀 서식]의 [테두리] 화면에서는 여러 형태의 테두리를 한꺼번에 처리할 수 있습니다. 두 가지 테두리 작성 방법을 모두 사용하여 양식을 완성해 보겠습니다.

01 제목 셀에 테두리를 만들기 위해 [B4]셀에서 [H5]셀까지 선택합니다.

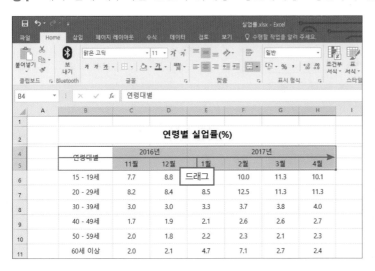

02 [홈] 탭-[글꼴] 그룹-[테두리▼]-[모든 테두리]를 선택합니다.

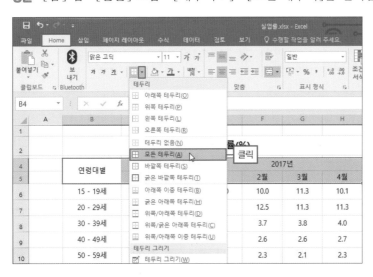

03 선택한 영역의 셀들에 테두리가 만들어집니다. 이처럼 한 가지 형태의 테두리를 만들 때는 리본 메뉴를 이용하는 것이 간편하고 빠릅니다. 데이터 영역 셀에 테두리를 만들겠습니다. 먼저 [B6]셀에서 [H11]셀까지 선택하고 [홈] 탭-[글꼴] 그룹-[테두리▼]-[다른 테두리]를 선택합니다.

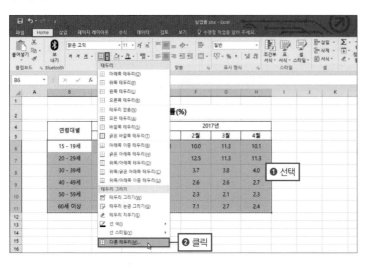

04 [셀 서식] 창의 [테두리] 탭 화면이 표시되면 먼저 [선 스타일] 상자에서 두 번째 점선을 선택합니다. 테두리 선을 만들 때는 먼저 테두리 선의 스타일과 색상을 선택한 다음 테두리를 지정해야 합니다. 선택한 테두리 선 스타일을 적용하기 위해 [테두리] 상자에서 [가운데] 버튼을 클릭합니다. 미리 보기 상자에 행 구분선이 점선으로 표시됩니다.

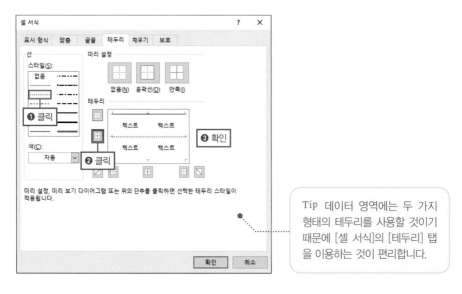

Tip 데이터 영역에는 두 가지 형태의 테두리를 사용할 것이기 때문에 [셀 서식]의 [테두리] 탭을 이용하는 것이 편리합니다.

05 다른 스타일로 테두리 선을 만들겠습니다. [테두리 스타일] 상자에서 실선을 선택하고 [아래쪽 가운데] 버튼을 클릭한 다음 [확인] 버튼을 클릭합니다. [셀 서식] 창의 [테두리] 탭에서 테두리를 설정할 때는 반드시 미리 보기 상자에 표시된 테두리 스타일이 적용되었는지 확인한 후 [확인] 버튼을 눌러야 합니다.

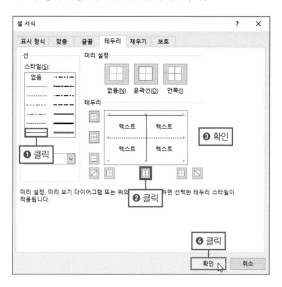

06 선택한 영역의 행 구분선이 점선으로 표시되고 열 구분선은 실선으로 표시됩니다. 이처럼 두 개 이상의 테두리 선 스타일을 한꺼번에 만들 때는 [셀 서식] 창의 [테두리] 탭 화면을 이용하는 것이 편리합니다.

연령대별	2016년		2017년			
	11월	12월	1월	2월	3월	4월
15 - 19세	7.7	8.8	10.0	10.0	11.3	10.1
20 - 29세	8.2	8.4	8.5	12.5	11.3	11.3
30 - 39세	3.0	3.0	3.3	3.7	3.8	4.0
40 - 49세	1.7	1.9	2.1	2.6	2.6	2.7
50 - 59세	2.0	1.8	2.2	2.3	2.1	2.3
60세 이상	2.0	2.1	4.7	7.1	2.7	2.4

연령별 실업률(%)

07 양식의 테두리를 굵은 선으로 만들어 마무리하겠습니다. [B4]셀에서 [H11]셀까지 선택한 다음 [홈] 탭-[글꼴] 그룹-[테두리▼]-[굵은 바깥쪽 테두리]를 선택합니다. 리본 메뉴나 [셀 서식] 창을 이용해서 테두리를 만들 때는 반드시 테두리를 만들고자 하는 영역을 먼저 선택한 다음 테두리 형태를 선택해야 합니다.

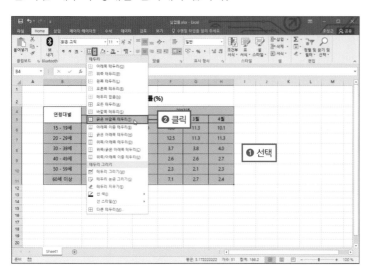

08 선택한 영역의 외곽으로 굵은 선이 표시됩니다. 이처럼 테두리 선은 선택된 영역을 기준으로 만들어지므로 테두리 선을 만들 때는 먼저 테두리를 표시할 영역을 선택한 다음 테두리 스타일과 선 색을 적용하면 됩니다.

연령대별	2016년		2017년			
	11월	12월	1월	2월	3월	4월
15 - 19세	7.7	8.8	10.0	10.0	11.3	10.1
20 - 29세	8.2	8.4	8.5	12.5	11.3	11.3
30 - 39세	3.0	3.0	3.3	3.7	3.8	4.0
40 - 49세	1.7	1.9	2.1	2.6	2.6	2.7
50 - 59세	2.0	1.8	2.2	2.3	2.1	2.3
60세 이상	2.0	2.1	4.7	7.1	2.7	2.4

연령별 실업률(%)

셀에 대각선 선을 삽입해야 할 경우

다음 그림에서 보는 것처럼 하나의 셀을 대각선으로 구분하여 만들어야 하는 경우가 있습니다. 이런 경우에는 대각선을 삽입하고자 하는 셀을 선택한 다음 [셀 서식]의 [테두리] 탭 화면에서 좌우 대각선 버튼을 클릭하면 됩니다.

이름\n과목	조성근	이미숙	오계영
국어	90	86	92
수학	82	94	90

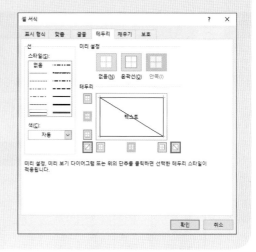

Sub ② 셀 배경 설정하기

양식에서 특정 셀을 강조하는 가장 효과적인 방법은 셀 배경을 설정하는 것입니다. 셀 배경은 셀 내용을 돋보이게 하려는 것인 만큼 셀 배경으로 인해 셀 내용을 파악하기 힘들지 않도록 셀 배경과 글꼴 색을 조화롭게 설정하는 것이 중요합니다.

01 [B4]셀부터 [B11]셀을 선택한 다음 [홈] 탭-[글꼴] 그룹-[채우기 색▼]-[파랑, 강조 1, 80% 더 밝게]를 선택합니다.

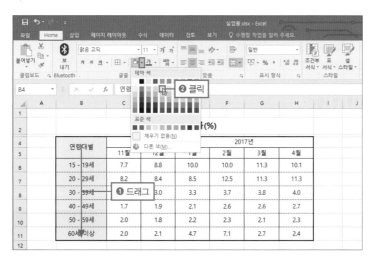

02 [B4]셀에서 [B11]셀에 배경색이 설정되면, [C4]셀에서 [H5]셀까지 선택한 다음 [홈] 탭-[글꼴] 그룹-[채우기 색▼]-[바다색, 강조 5, 25% 더 어둡게]를 선택합니다.

03 셀의 배경색이 진한 색이므로 글꼴 색을 흰색으로 변경하겠습니다. [C4]셀에서 [H5]셀까지 선택된 채로 [홈] 탭-[글꼴] 그룹-[글꼴 색▼]-[흰색, 배경 1]을 선택합니다.
이전에 사용한 채우기 색이나 글꼴 색을 다시 사용하고자 할 때는 [채우기 색]이나 [글꼴 색] 버튼을 클릭하면 바로 이전에 사용한 색상이 적용됩니다. 선택한 제목 셀의 글꼴 색이 흰색으로 변경됩니다. 이처럼 셀의 배경색을 설정할 때는 셀의 배경색에 따라 가독성이 높은 글꼴 색을 설정해야 합니다.

04 제목 셀의 배경색이 진한 계통이므로 테두리 선 또한 흰색으로 표시되도록 하겠습니다. [홈] 탭-[글꼴] 그룹-[테두리▼]-[선 색]-[흰색]을 선택합니다.

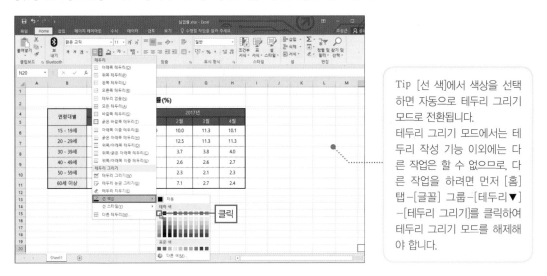

Tip [선 색]에서 색상을 선택하면 자동으로 테두리 그리기 모드로 전환됩니다.
테두리 그리기 모드에서는 테두리 작성 기능 이외에는 다른 작업은 할 수 없으므로, 다른 작업을 하려면 먼저 [홈] 탭-[글꼴] 그룹-[테두리▼]-[테두리 그리기]를 클릭하여 테두리 그리기 모드를 해제해야 합니다.

05 마우스 포인터가 연필 형태(✏)로 표시됩니다. 마우스 포인터가 연필 형태일 때는 테두리만 그릴 수 있습니다. 마우스 포인터를 이용하여 [C4]셀에서 [H4]셀까지 밑줄을 긋습니다.

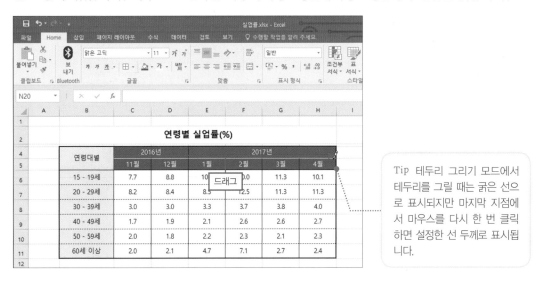

Tip 테두리 그리기 모드에서 테두리를 그릴 때는 굵은 선으로 표시되지만 마지막 지점에서 마우스를 다시 한 번 클릭하면 설정한 선 두께로 표시됩니다.

06 [C4]셀에서 [O4]셀까지 아래쪽의 테두리 선이 흰색으로 표시되면, [C5]셀의 오른쪽 테두리를 흰색으로 그립니다.

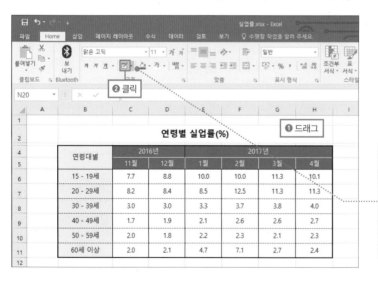

07 [C5]셀에서 [H5]셀까지의 오른쪽 테두리 선을 모두 흰색으로 그린 다음 테두리 그리기 모드를 해제하기 위해 [홈] 탭-[글꼴] 그룹-[테두리 그리기]를 클릭하여 선택을 해제합니다.

Tip [홈] 탭-[글꼴] 그룹-[테두리 그리기]가 회색(☑▾)으로 표시되어 있다면 현재 테두리 그리기 모드로 전환되어 있는 것이므로, 테두리 그리기 모드를 해제하려면 다시 한 번 [테두리 그리기]를 클릭하면 됩니다.

셀 배경으로 무늬와 그라데이션 설정하기

• **무늬를 셀 배경으로 설정하기**

선택한 셀의 배경으로 단색이 아닌 무늬를 지정해야 할 경우가 있습니다. 셀 배경으로 무늬를 지정하고자 할 때는 [셀
서식] 창의 [채우기] 탭 화면에서 [무늬 색]과 [무늬 스타일]을 설정하면 됩니다.

연령별 실업률(%)

연령대별	2016년		2017년			
	11월	12월	1월	2월	3월	4월
15 - 19세	7.7	8.8	10.0	10.0	11.3	10.1
20 - 29세	8.2	8.4	8.5	12.5	11.3	11.3
30 - 39세	3.0	3.0	3.3	3.7	3.8	4.0
40 - 49세	1.7	1.9	2.1	2.6	2.6	2.7
50 - 59세	2.0	1.8	2.2	2.3	2.1	2.3
60세 이상	2.0	2.1	4.7	7.1	2.7	2.4

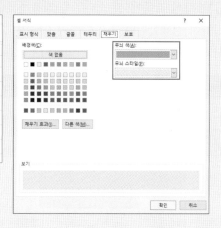

• **그라데이션을 셀 배경으로 설정하기**

그라데이션은 한 가지 색에서 다른 색으로 점진적으로 변화하는 효과를 말합니다. 셀 배경으로 그라데이션을 설정하
고자 할 때는 [셀 서식] 창의 [채우기] 탭 화면에서 [채우기 효과] 버튼을 클릭한 다음 그라데이션에 사용할 두 가지 색
과 음영 스타일을 설정하면 됩니다.

연령별 실업률(%)

연령대별	2016년		2017년			
	11월	12월	1월	2월	3월	4월
15 - 19세	7.7	8.8	10.0	10.0	11.3	10.1
20 - 29세	8.2	8.4	8.5	12.5	11.3	11.3
30 - 39세	3.0	3.0	3.3	3.7	3.8	4.0
40 - 49세	1.7	1.9	2.1	2.6	2.6	2.7
50 - 59세	2.0	1.8	2.2	2.3	2.1	2.3
60세 이상	2.0	2.1	4.7	7.1	2.7	2.4

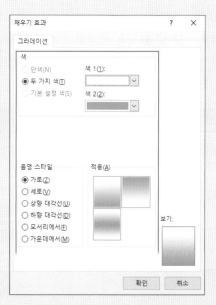

Sub ③ 셀 스타일 적용하기

셀 배경색이 셀을 강조하는 효과를 가진다면 셀 스타일은 셀의 성격에 맞는 배경색과 글꼴 색 그리고 테두리의 세 가지 스타일을 모두 적용한 것을 말합니다. 엑셀 2016에서는 미리 설정되어 있는 셀 스타일을 이용하여 같은 성격의 셀에 빠르게 셀 스타일을 적용하여 셀을 강조할 수 있습니다.

01 양식 제목에 셀 스타일을 적용하겠습니다. 먼저 셀 스타일을 적용하기 위해 [B2]셀을 클릭하여 선택합니다. [홈] 탭-[스타일] 그룹-[셀 스타일]을 클릭하고 [셀 스타일] 화면이 표시되면 [테마 셀 스타일] 영역에서 [강조색2]를 선택합니다.

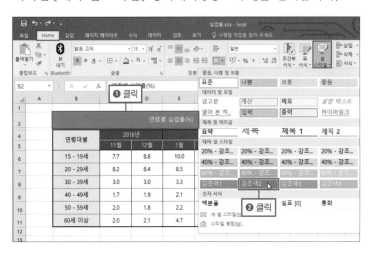

02 기존의 서식은 삭제되고 선택한 셀 스타일에 의해 배경색과 글꼴 크기 그리고 글꼴 효과가 설정됩니다. [홈] 탭-[글꼴] 그룹-[글꼴 크기] 상자를 이용하여 셀 스타일에 의해 작아진 글꼴을 다시 '15' 포인트로 변경하고 [굵게]를 클릭하여 제목을 진하게 표시합니다.

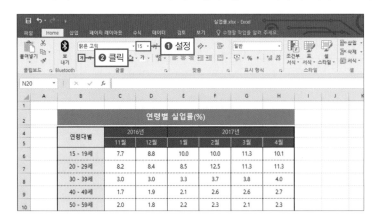

03 데이터 중 같은 성격의 셀들에 셀 스타일을 적용하겠습니다. [C7]셀에서 [H7]셀까지 선택한 다음 [홈] 탭-[스타일] 그룹-[셀 스타일]-[나쁨]을 선택합니다.

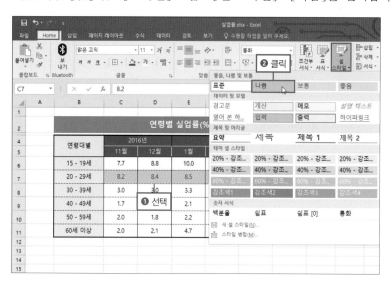

04 선택한 셀의 셀 스타일이 한꺼번에 변경됩니다. 이처럼 [셀 스타일]을 이용하면 같은 성격의 셀에 하나의 스타일을 빠르게 적용하여 강조할 수 있습니다.

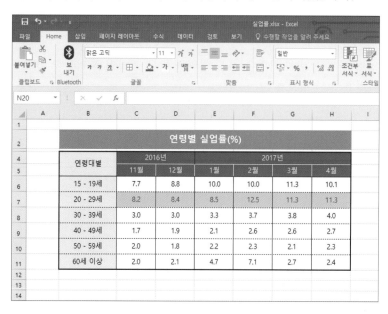

엑셀 2016에서 제공하는 셀 스타일 외에도 자신만의 셀 스타일을 만들어 사용할 수 있습니다. 한번 셀 스타일을 만들면 다른 엑셀 문서에서도 미리 만들어 둔 스타일을 즉시 적용하여 사용할 수 있습니다.

01 새로운 셀 스타일을 만들려면 [홈] 탭 - [스타일] 그룹 - [셀 스타일] - [새 셀 스타일]을 선택합니다.

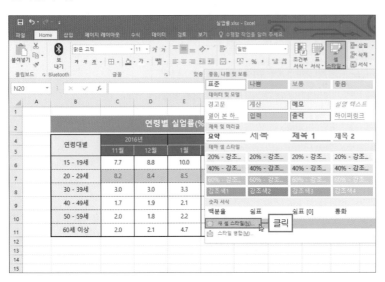

02 [스타일] 창이 열리면 입력 상자에 셀 스타일 이름을 입력한 다음 스타일을 적용할 항목을 설정하고 세부 설정을 하기 위해 [서식] 버튼을 클릭합니다.

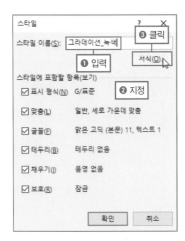

03 [셀 서식] 창이 열리면 [글꼴] 탭 화면에서 셀 스타일에 사용할 글꼴을 지정합니다.

04 [채우기] 탭을 선택한 다음 [채우기 효과] 버튼을 클릭합니다.

05 그라데이션 색상을 지정합니다. [셀 서식] 창이 다시 표시되면 [확인] 버튼을 클릭하고 [스타일] 창에서 또 한 번 [확인] 버튼을 클릭합니다.

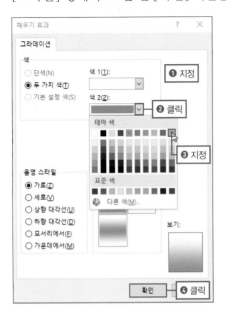

06 [홈] 탭-[스타일] 그룹-[셀 스타일]을 클릭하면 셀 스타일 화면에 설정한 셀 스타일이 표시됩니다.

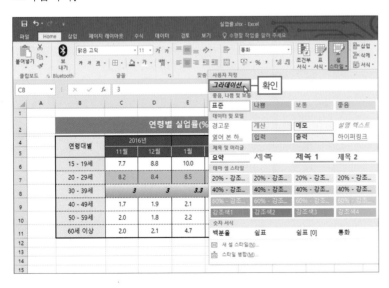

다른 셀에 설정되어 있는 셀 서식을 동일하게 적용해야 할 경우에는 서식을 다시 설정할 필요 없이 서식 복사 기능을 이용하여 서식을 복제할 수 있습니다. 서식 복사는 셀의 배경색과 글꼴 속성 및 테두리 등 셀에 적용된 모든 서식이 복사됩니다.

01 [C9]셀을 클릭한 다음 [홈] 탭 - [스타일] 그룹 - [셀 스타일] - [테마 셀 스타일] 영역 - [강조색4]를 클릭합니다.

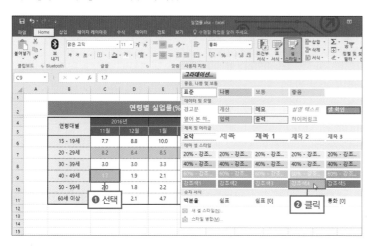

02 [C9]셀의 셀 서식이 선택한 셀 스타일로 변경되면 [C9]셀이 선택된 상태에서 [홈] 탭 - [클립보드] 그룹 - [서식 복사]를 클릭합니다.

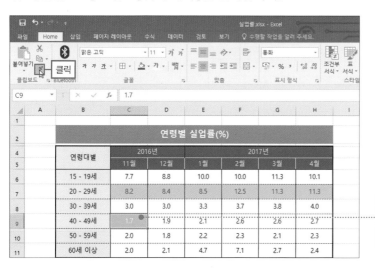

Tip 서식 복사를 하려면 먼저 서식 원본이 있는 셀을 선택한 상태에서 서식을 적용하려는 셀을 선택해야 합니다.

03 [C9]셀의 테두리가 점선으로 표시되면 [D9]셀부터 [H9]셀까지 드래그하여 서식을 적용할 범위를 지정합니다.

04 선택한 범위에 [C9]셀의 셀 서식과 동일한 셀 서식이 설정됩니다. 이처럼 서식 복사 기능을 이용하면 다른 셀의 셀 서식을 그대로 가져와 적용할 수 있어 효율적인 작업을 할 수 있습니다.

> **Tip** 조건부 서식이 적용되어 표시된 셀 서식은 서식 복사를 이용하여 셀 서식을 복제할 수 없습니다.

표 만들기

선과 점선을 이용한 테두리로 표를 만드는 작업은 단순하지만 번거로운 면이 있습니다. 이에 반해 표 만들기 기능을 이용하면 단 몇 번의 마우스 클릭만으로 미려하고 기능적이며 필터까지 적용되어 있는 표를 만들 수 있습니다. 또한 표 만들기를 이용하여 만들어진 표는 영역설정을 통해 쉽게 행과 열을 삽입할 수 있습니다.

· Preview ·

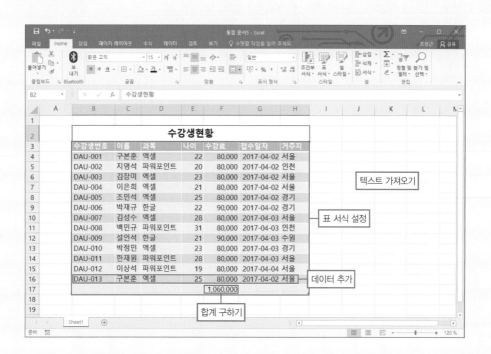

① 표 만들기   ② 표 서식 적용하기

Sub 1 표 만들기

엑셀 2016에서는 표의 스타일과 표의 영역만 설정해 주면 쉽게 표를 만들 수 있습니다. 또한 단순히 양식이 아닌 기능적인 표를 삽입할 수 있으며, 만들어진 표의 세부 스타일은 사용자 자신이 자유롭게 설정할 수 있고 필요한 경우 사용자가 직접 새로운 표 스타일을 만들어 사용할 수 있습니다.

01 먼저 표를 만들 때는 표를 먼저 만들고 데이터를 입력하는 방법과 데이터를 입력하고 표를 만드는 방법이 있습니다. 또한 입력할 데이터가 텍스트나 외부 데이터로 존재하는 경우에는 외부 데이터를 불러와 쉽게 표로 만들 수 있습니다. 텍스트를 불러오기 위해 [데이터] 탭-[외부 데이터 가져오기] 그룹-[텍스트]를 클릭합니다.

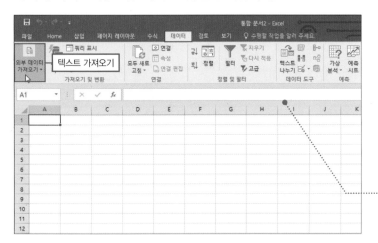

> **Tip** 표를 먼저 만드는 경우라면 데이터를 가져오거나 입력하는 과정 없이 **01**번 과정부터 시작하면 됩니다.

02 [텍스트 파일 가져오기] 창이 열리면 '수강생현황.txt' 파일을 선택한 다음 [가져오기] 버튼을 클릭합니다.

> **Tip** 외부 데이터를 가져오게 되면 원본 텍스트 파일이 변경되는 동시에 워크시트의 내용도 변경이 되는 장점이 있습니다. 텍스트를 [열기]를 통해 열게 되면 외부 데이터와의 연결 기능 없이 편집이 이루어지게 됩니다.

03 [텍스트 마법사]가 시작됩니다. 먼저 원본 데이터의 파일 유형을 선택하는 화면이 표시되면 [구분 기호로 분리됨]을 선택합니다. 이어서 [내 데이터에 머리글 표시]에 체크 표시한 다음 [다음] 버튼을 클릭합니다.

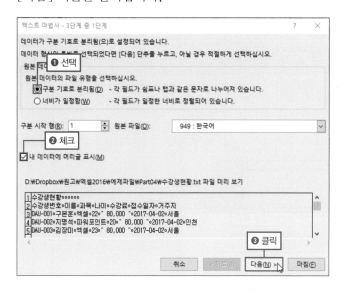

04 텍스트 구분 기호를 선택하는 화면이 표시되면 [탭]에 체크 표시한 다음 [다음] 버튼을 클릭합니다.

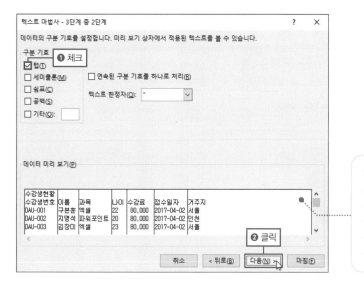

Tip 핸드폰 주소록을 CSV 형식으로 저장한 경우에는 대부분 구분 기호가 쉼표(,)로 되어 있습니다. 텍스트 파일을 엑셀로 가져올 때는 반드시 데이터를 구분하기 위해 구분 기호가 삽입되어 있어야 합니다.

05 각 열의 데이터 서식을 지정하는 화면이 표시되면 [일반]을 선택한 다음 [마침] 버튼을 클릭합니다.

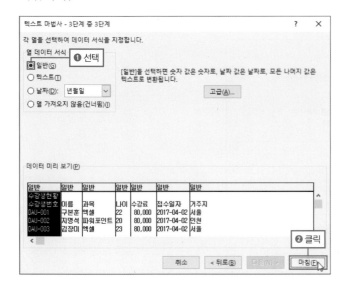

06 텍스트 파일이 삽입될 위치를 지정하는 창이 열리면 [B2]셀을 클릭한 다음 [확인] 버튼을 클릭합니다.

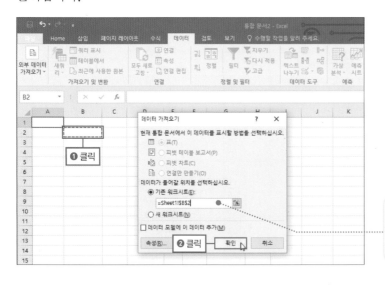

Tip 셀을 클릭하면 자동으로 선택한 셀 주소가 [기존 워크시트] 입력 상자에 입력됩니다.

07 선택한 [B2]을 기준으로 텍스트 파일의 내용이 삽입됩니다. 입력된 셀 내용에 따라 표를 만들겠습니다. 표의 시작 셀인 [B3]셀을 클릭하고 [홈] 탭-[스타일] 그룹-[표 서식]-[표 스타일 보통 14]를 선택합니다.

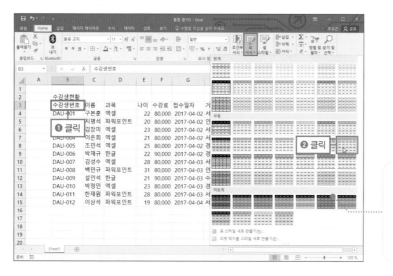

Tip 표 스타일을 적용한 후에도 [표 도구]의 [디자인] 탭을 이용하거나 [홈] 탭-[표 서식]을 이용하여 언제든지 표 스타일을 변경할 수 있습니다.

08 [표 만들기] 창이 열리면 [B3]셀에서 [H15]셀까지 드래그하여 표가 적용된 범위를 지정합니다. [표 만들기] 입력 상자에 선택한 범위가 입력되면 [머리글 포함]에 체크 표시한 다음 [확인] 버튼을 클릭합니다.

09 외부 데이터를 표로 변환하면 외부 연결이 제거된다는 메시지가 표시됩니다. [예] 버튼을
클릭합니다.

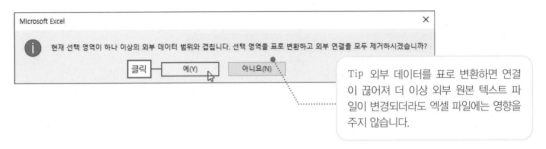

Tip 외부 데이터를 표로 변환하면 연결
이 끊어져 더 이상 외부 원본 텍스트 파
일이 변경되더라도 엑셀 파일에는 영향을
주지 않습니다.

10 선택한 표 스타일이 지정한 셀 범위에 적용되어 표가 만들어집니다.

Tip 표 스타일이 적용되면 자
동으로 열 머리글에 필터가 적
용되어 표시됩니다. 필터를 사
용하지 않으려면 [홈] 탭-[편
집] 그룹-[정렬 및 필터]-[필
터]를 선택하면 됩니다.

표 안의 서식을 변경하는 작업은 셀 서식을 변경하는 작업과 동일하며 표 스타일이 적용된 표 영역 안에서 새로운 행을 삽입하면 자동으로 표 스타일 적용됩니다. 단 표 스타일이 적용된 경우에는 표 스타일의 영향을 받기 때문에 셀 배경을 다른 색으로 바꿀 수는 있지만 없앨 수는 없습니다.

01 열 머리글의 배경색을 변경하기 위해 [B3]셀에서 [H3]셀까지 선택하고 [홈] 탭-[글꼴] 그룹-[채우기 색▼]-[파랑, 강조 5, 40% 더 밝게]를 선택합니다.

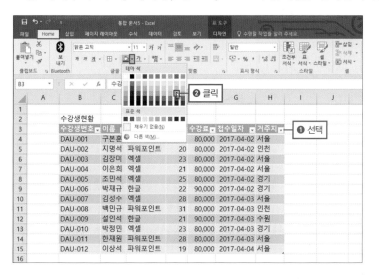

02 열 머리글의 필터 기호가 표시되지 않도록 하기 위해 [홈] 탭-[편집] 그룹-[정렬 및 필터]-[필터]를 선택합니다.

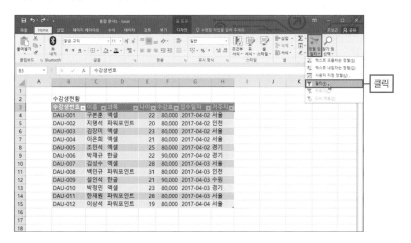

03 열 머리글의 필터 기호가 사라지면 표의 마지막 행에 새로운 행을 추가하기 위해 [H15]셀의 오른쪽 아랫부분에 있는 확장 아이콘을 [H6]셀까지 드래그합니다. 이처럼 확장 아이콘을 이용하면 표 스타일을 새롭게 적용하지 않아도 기존 표에 여러 줄을 삽입할 수 있습니다.

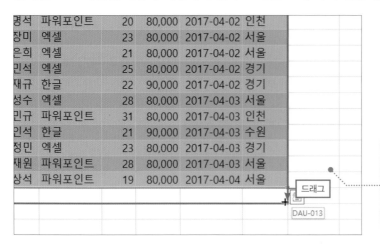

Tip [H15]셀에서 Tab 키를 눌러도 새로운 행이 추가됩니다. 즉 표 스타일이 적용된 표에서는 마지막 셀에서 Tab 키를 누르면 새로운 행이 추가됩니다.

04 마지막 줄에 표 스타일이 적용된 새로운 행이 추가되면 수강생 현황을 추가합니다. [F4]셀에서 [F15]셀까지 선택하고 [홈] 탭-[편집] 그룹-[자동 합계▼]-[합계]를 선택합니다.

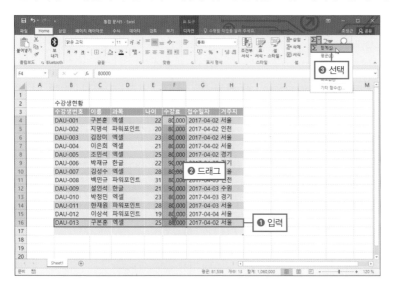

05 [F16]셀에 합계가 표시됩니다. 이처럼 자동 수식을 이용하면 선택한 영역의 합계는 물론 평균이나 갯수 등 계산식을 쉽게 입력할 수 있습니다. 표 제목의 서식을 설정하겠습니다. [B2]셀에서 [H2]셀까지 선택한 다음 [홈] 탭-[맞춤] 그룹-[병합하고 가운데 맞춤]을 클릭합니다.

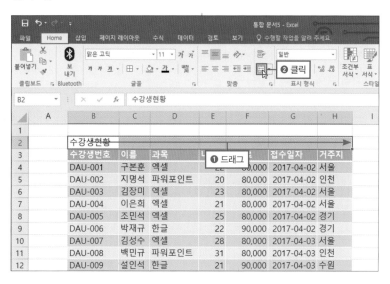

06 표의 제목을 완성하고 행 높이와 너비를 조정하여 표를 완성합니다.

조건부 서식 적용하기

워크시크에 입력된 많은 데이터 중에 내가 찾고자 하는 데이터를 찾기 위해서 어떤 방법을 사용해야 할까요? 조건부 서식을 사용하면 찾고자 하는 데이터를 다른 데이터와 구별되도록 표시할 수 있습니다. 이번 섹션에서는 조건부 서식을 이용하여 조건에 맞는 셀의 서식을 변경하거나 그래프를 표시하는 방법에 대해 알아보겠습니다.

· Preview ·

사원별 컴퓨터활용능력 평가

사원번호	이름	부서	직급	성별	액셀	파워포인트	합계	평균
ECP-0001	변성진	총무부	이사	남자	68	80	148	74
ECP-0002	정남곤	영업부	이사	남자	64	82	146	73
ECP-0003	이해창	영업부	부장	남자	64	78	142	71
ECP-0004	조춘애	개발부	차장	여자	74	68	142	71
ECP-0005	정성현	총무부	차장	남자	76	80	156	78
ECP-0006	전진영	영업부	과장	남자	78	76	154	77
ECP-0007	이무영	영업부	과장	남자	68	58	126	63
ECP-0008	김신애	개발부	과장	여자	70	52	122	61
ECP-0009	강인숙	홍보부	대리	여자	64	70	134	67
ECP-0010	이미영	총무부	대리	여자	52	66	118	59
ECP-0011	위성국	개발부	대리	남자	72	60	132	66
ECP-0012	조성국	홍보부	사원	남자	80	82	162	81
ECP-0013	정지혜	영업부	사원	여자	70	64	134	67

▲ 조건부 서식이 적용되기 전의 워크시트

사원별 컴퓨터활용능력 평가

사원번호	이름	부서	직급	성별	액셀	파워포인트	합계	평균
ECP-0001	변성진	총무부	이사	남자	68	64	132	66
ECP-0002	정남곤	영업부	이사	남자	64	82	146	73
ECP-0003	이해창	영업부	부장	남자	64	78	142	71
ECP-0004	조춘애	개발부	차장	여자	60	68	128	64
ECP-0005	정성현	총무부	차장	남자	76	80	156	78
ECP-0006	전진영	영업부	과장	남자	78	76	154	77
ECP-0007	이무영	영업부	과장	남자	68	58	126	63
ECP-0008	김신애	개발부	과장	여자	70	78	148	74
ECP-0009	강인숙	홍보부	대리	여자	64	70	134	67
ECP-0010	이미영	총무부	대리	여자	78	66	144	72
ECP-0011	위성국	개발부	대리	남자	72	60	132	66
ECP-0012	조성국	홍보부	사원	남자	80	82	162	81
ECP-0013	정지혜	영업부	사원	여자	70	64	134	67
				70점 이하		상위 20%		

▲ 조건부 서식이 적용된 후의 워크시트

섹션별 주요 내용

① 조건부 서식이란
② 선택한 범위의 한 행 전체를 강조하기
③ 셀 강조 규칙 적용하기
④ 상위/하위 규칙 적용하기
⑤ 2중 조건부 서식 적용하기
⑥ 데이터 막대 적용하기
⑦ 색조 적용하기
⑧ 아이콘 집합 적용하기
⑨ 수식을 이용한 조건부 서식 적용하기

　　조건부 서식이란 조건에 맞는 셀이 다른 셀과 구분되도록 셀 서식을 적용하는 것을 말합니다. 셀 배경과 글꼴 서식을 이용하여 구분할 수도 있고 셀에 그래프나 아이콘을 삽입하여 표시할 수 있습니다. 또한 조건을 설정할 때는 일정 기준을 설정하거나 수식을 이용하여 직접 셀에 입력된 데이터의 조건을 설정할 수 있습니다.

　　조건부 서식에서 조건을 설정하고 표현하는 방법에는 다음의 여섯 가지가 있습니다.

① 셀 강조 규칙 : 선택한 범위의 셀 중에서 설정한 조건에 맞는 셀의 배경과 글꼴 서식을 이용하여 셀을 강조합니다.

② 상위/하위 규칙 : 선택한 범위의 셀 중에서 설정한 조건의 범위에 있는 셀의 배경과 글꼴 서식을 이용하여 셀을 강조합니다.

③ 데이터 막대 : 선택한 범위의 입력 값 중에서 가장 큰 값을 기준으로 막대그래프를 표시합니다.

④ 색조 : 한 가지 색에서 다른 색으로의 변화를 이용하여 데이터의 분포를 표시합니다.

⑤ 아이콘 집합 : 선택한 범위의 값을 화살표, 기호 등으로 표시하여 데이터의 등락이나 분포를 나타냅니다.

⑥ 새 규칙 : 수식을 이용하여 데이터의 분포나 위치를 표시합니다.

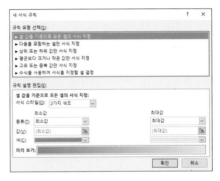

Sub 2 **선택한 범위의 한 행 전체를 강조하기**

· 예제 파일 : Part 04\컴퓨터활용능력평가.xlsx
· 완성 파일 : Part 04\컴퓨터활용능력평가_완성.xlsx

일반적인 경우는 선택한 범위에 있는 한 셀만을 강조하게 되지만 특정한 값이 행 전체를 강조해서 표시해야 할 경우가 있습니다. 예를 들어 이번 주에 생일인 사원을 찾고자 한다면 조건을 생일로 설정하지만 실제 찾고자 하는 것은 사원 이름이므로 행 전체를 표시해야 작업을 수행하는 목적에 부합됩니다. 이렇게 행 전체를 강조할 때는 수식을 이용한 조건부 서식을 이용해야 합니다.

01 같은 조건에서 엑셀 점수가 70점 미만인 경우 행 전체를 강조하는 방법을 알아보겠습니다. 행 전체를 강조하기 위해서는 조건부 서식을 적용할 범위를 표 전체로 설정해야 하므로 [B4]셀에서 [J16]셀까지 선택합니다. [홈] 탭-[스타일] 그룹-[조건부 서식]-[새 규칙]을 선택합니다.

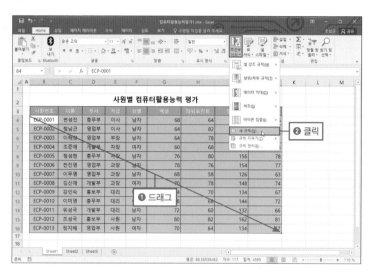

02 [서식 규칙 편집] 창이 열리면 [규칙 유형 선택] 상자에서 [수식을 사용하여 서식을 지정할 셀 결정]을 선택한 다음 수식 입력 상자에 '=$G4<70'을 입력하고 서식을 설정하기 위해 [서식] 버튼을 클릭합니다. 수식 '=$G4<70'은 G열의 4행부터 범위에 있는 셀을 검사하여 70 미만인 값만 찾게 하는 것입니다.

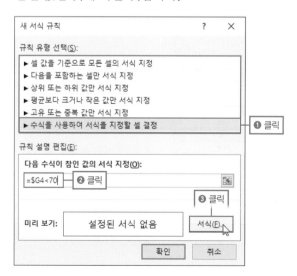

03 [셀 서식] 창이 열리면 [채우기] 탭을 선택한 다음 셀 배경색을 선택하고 [확인] 버튼을 클릭합니다. 이전 화면이 표시되면 [확인] 버튼을 클릭합니다.

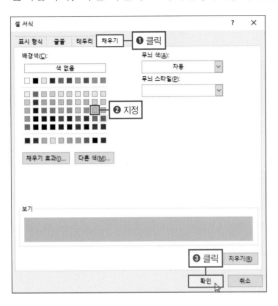

04 엑셀 점수가 70점 미만인 행 전체가 강조되어 표시됩니다. 이처럼 행 전체를 강조할 때는 수식을 이용하게 되며 수식을 입력할 때 함수를 사용하면 더욱 정확하고 다양한 범위를 지정할 수 있습니다. Ctrl+Z 키를 눌러 작업을 취소합니다.

조건부 서식 중 셀 강조 규칙은 설정한 조건에 맞는 셀의 배경색과 글꼴 서식을 이용하여 셀을 강조하는 방법으로 주로 입력한 수치를 기준으로 작거나 큰 데이터를 표시하고자 할 때 자주 사용되며 특정 텍스트가 포함된 셀을 찾고 자 할 때도 사용됩니다.

01 먼저 엑셀 점수가 70점 이하인 셀만 표시되도록 하겠습니다. 다시 예제 파일을 연 다음 조 건부 서식을 적용하기 위해 조건부 서식을 적용할 범위를 지정합니다. [G4]셀에서 [G16]셀까 지 선택합니다. [홈] 탭–[스타일] 그룹–[조건부 서식]–[셀 강조 규칙]–[보다 작음]을 선택 합니다.

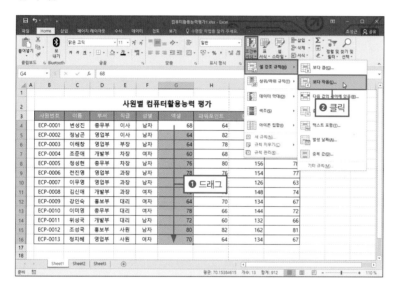

알아두면 좋아요

[셀 강조 규칙]의 조건

- 보다 큼 : 입력한 값보다 수치가 큰 셀만 강조합니다.

- 보다 작음 : 입력한 값보다 수치가 작은 셀만 강조합니다.

- 다음 값의 사이에 있음 : 입력한 두 값의 범위에 있는 셀만 강조합니다.

- 같음 : 입력한 값과 동일한 값이 있는 셀만 강조합니다.

- 텍스트 포함 : 입력한 텍스트가 포함되어 있는 셀만 강조합니다.

- 발생 날짜 : 셀 입력을 한 날짜 중 지정한 날짜에 해당하는 셀만 강조합니다.

- 중복 값 : 선택한 범위에 있는 값 중 중복되는 값이 포함된 셀만 강조합니다.

02 [보다 작음] 창이 열리면 조건 입력 상자에 '70'을 입력하고 [적용할 서식] 목록 상자를 열어 '사용자 지정 서식'을 선택합니다.

Tip 조건부 서식에서는 미리 지정된 여섯 가지의 셀 서식 이외에 사용자가 직접 셀 서식을 만들어 표시할 수 있습니다.

03 [셀 서식] 창이 열리면 먼저 셀 배경색을 지정합니다. [채우기] 탭을 선택한 다음 [배경색] 목록에서 [바다색, 강조 5, 60% 더 밝게]를 선택하고 글꼴 서식을 설정하기 위해 [글꼴] 탭을 선택합니다.

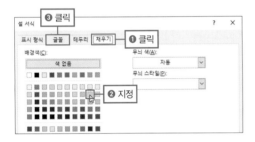

04 [글꼴] 탭이 표시되면 [글꼴 스타일] 상자에서 '굵게'를 선택하고 [색] 상자에서 [바다색, 강조 5, 25% 더 어둡게]를 선택한 다음 [확인] 버튼을 클릭합니다.

05 다시 이전 화면이 표시되면 [확인] 버튼을 클릭합니다.

06 선택한 범위에서 '70'보다 작은 값이 포함된 셀이 조건부 서식에서 설정한 셀 서식의 형태로 표시됩니다. 이처럼 [셀 강조 규칙]을 적용하면 입력한 값의 조건에 맞는 셀만 다른 셀 서식으로 표시되어 강조됩니다.

07 [G18]셀의 셀 서식을 조건부 서식에서 설정한 셀 서식으로 설정한 다음 '70점 미만'을 입력하여 범례를 만듭니다.

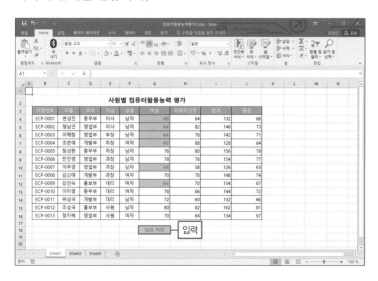

Sub 4 상위/하위 규칙 적용하기

[상위/하위 규칙] 조건부 서식은 선택한 범위 중 상위 값이나 하위 값을 찾아 셀 서식을 적용하는 기능으로, 선택한 범위의 셀 중에서 특정 범위에 있는 값만을 표시하고자 할 때 사용할 수 있습니다.

01 파워포인트 점수가 상위 20%인 셀만을 다른 셀 서식으로 표시되도록 하겠습니다. [H4] 셀에서 [H16]셀까지 선택하여 조건부 서식이 적용될 범위를 지정합니다. [홈] 탭-[스타일] 그룹-[조건부 서식]-[상위/하위 규칙]-[상위 10%]을 선택합니다.

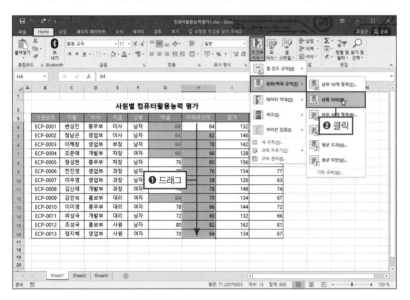

알아두면 좋아요

[상위/하위 규칙]의 조건

- 상위 10개 항목 : 선택한 범위 값 중 지정한 상위 개수에 해당하는 셀을 강조합니다.
- 상위 10% : 선택한 범위 값 중 지정한 상위 퍼센트에 해당하는 셀을 강조합니다.
- 하위 10개 항목 : 선택한 범위 값 중 지정한 하위 개수에 해당하는 셀을 강조합니다.
- 하위 10% : 선택한 범위 값 중 지정한 하위 퍼센트에 해당하는 셀을 강조합니다.
- 평균 초과 : 선택한 범위 값 중 선택한 범위 평균을 초과하는 셀을 강조합니다.
- 평균 미만 : 선택한 범위 값 중 선택한 범위 평균보다 미만인 셀을 강조합니다.

02 [상위 10%] 창이 열리면 조건 입력 상자에 '20'을 입력하고 [적용할 서식] 상자에서 '진한 빨강 텍스트가 있는 연한 빨강 채우기'를 선택한 다음 [확인] 버튼을 클릭합니다.

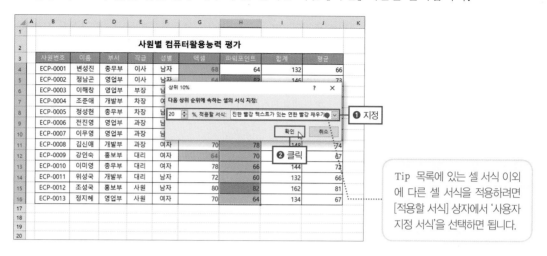

Tip 목록에 있는 셀 서식 이외에 다른 셀 서식을 적용하려면 [적용할 서식] 상자에서 '사용자 지정 서식'을 선택하면 됩니다.

03 선택한 범위에서 상위 20%에 해당하는 값이 포함된 셀만 설정한 셀 서식으로 표시됩니다. 이처럼 [상위/하위 규칙] 조건부 서식을 이용하면 선택한 범위에서 일부 범위에 있는 셀만 다른 셀 서식으로 표시하여 강조할 수 있습니다. [H18]셀의 셀 서식을 조건부 서식에서 설정한 셀 서식으로 설정한 다음 '상위 20%'를 입력하여 범례를 작성합니다.

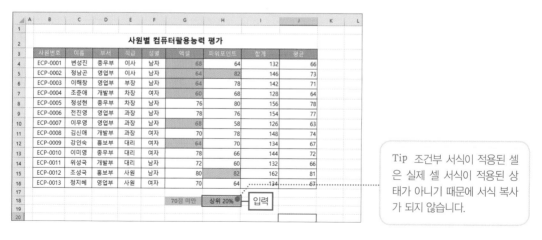

Tip 조건부 서식이 적용된 셀은 실제 셀 서식이 적용된 상태가 아니기 때문에 서식 복사가 되지 않습니다.

2중 조건부 서식은 선택된 범위에 두 가지 이상의 조건부 서식을 적용하여 해당하는 셀을 강조하는 방법입니다. 즉 선택된 범위에서 상위 20%인 셀과 상위 30%인 셀을 각각 강조하는 조건부 서식을 만들려면 2중 조건부 서식을 적용해야 합니다. 2중 조건부 서식은 [셀 강조 규칙]과 [상위/하위 규칙]을 이용하여 만들어야 효과적으로 표현할 수 있습니다.

01 [상위 하위 규칙] 조건부 서식이 적용된 상태에서 다시 다른 조건을 설정해 보겠습니다. [H4]셀에서 [H16]셀까지 선택하고 [홈] 탭-[스타일] 그룹-[조건부 서식]-[새 규칙]을 선택합니다.

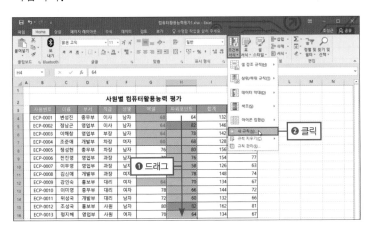

02 [새 서식 규칙] 창이 열리면 [규칙 유형 선택] 상자에서 [상위 또는 하위 값만 서식 지정]을 선택한 다음 [상위] 입력 상자에 '30'을 입력하고 옵션 상자에 체크 표시합니다. 이어서 [서식] 버튼을 클릭하여 [채우기] 색을 '파랑'으로 선택하고 글꼴 색을 '흰색'으로 설정한 다음 [확인] 버튼을 클릭합니다.

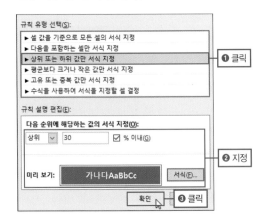

03 선택 범위 중 상위 30%인 값이 포함된 셀이 강조됩니다. 그런데 앞서 설정한 조건부 서식에서 상위 20%를 설정하였으므로 이에 해당하는 셀 강조 표시가 사라졌습니다. 2중 조건부 서식에서 적용되는 셀이 서로 다르면 모두 한꺼번에 표시되지만 이처럼 일부가 중복되는 경우에는 조건의 우선순위를 변경해야 합니다. 조건부 서식의 우선순위를 변경하기 위해 [홈] 탭-[스타일] 그룹-[조건부 서식]-[규칙 관리]를 선택합니다.

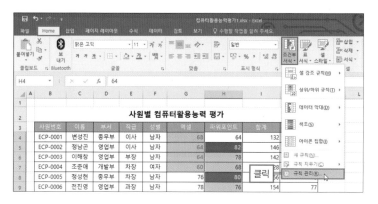

04 [조건부 서식 규칙 관리자] 창이 열립니다. [조건부 서식 규칙 관리자] 창에서는 선택한 범위의 조건부 서식을 편집하거나 삭제할 수 있고 새로운 조건부 서식을 만들 수도 있습니다. [상위 30%]인 조건부 서식을 선택한 상태에서 [아래로 이동] 버튼(▼)을 클릭합니다.

05 [상위 30%] 조건부 서식이 아래쪽으로 이동하면 [확인] 버튼을 클릭합니다.

06 상위 20%인 셀과 상위 30%인 셀이 각각 다른 셀 서식으로 강조되는 것을 확인할 수 있습니다. 이처럼 조건 범위가 중복되는 경우에는 우선순위 변경을 통해 모두 표시할 수 있습니다.

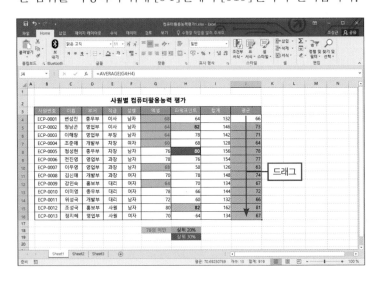

Sub 6 데이터 막대 적용하기

[데이터 막대] 조건부 서식은 선택한 범위에 있는 값 중 가장 큰 값을 기준으로 가로 막대그래프를 작성합니다. 가장 큰 값을 기준으로 하기 때문에 입력 조건은 없으며 사용자는 막대그래프의 색상만 선택하면 됩니다.

01 과목의 평균을 가로 막대그래프로 셀에 표시되도록 하겠습니다. 먼저 조건부 서식이 적용된 범위를 지정하기 위해 [J4]셀에서 [J16]셀까지 선택합니다.

02 [홈] 탭-[스타일] 그룹-[조건부 서식]-[데이터 막대]-[녹색 데이터 막대]를 선택합니다.

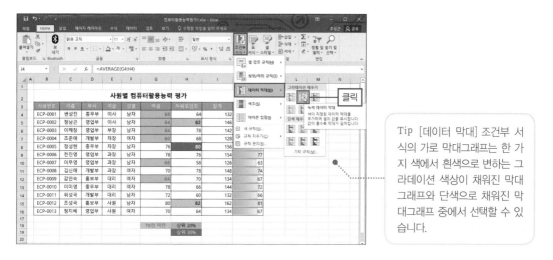

클릭

Tip [데이터 막대] 조건부 서식의 가로 막대그래프는 한 가지 색에서 흰색으로 변하는 그라데이션 색상이 채워진 막대그래프와 단색으로 채워진 막대그래프 중에서 선택할 수 있습니다.

03 선택한 범위의 셀 안에 가로 막대그래프가 표시됩니다. 가로 막대그래프의 길이는 가장 큰 값이 포함된 [J15]셀에 가장 긴 막대그래프가 표시되고, 나머지 셀에는 [J15]셀의 값을 기준으로 값에 따라 막대그래프 길이가 결정되어 표시됩니다.

확인

음수 값이 입력된 셀에 막대 데이터를 적용하면

[막대 데이터]를 이용한 조건부 서식을 적용할 때 선택 범위에 음수(–)를 입력하면 자동으로 빨간색 그라데이션 막대 그래프가 표시됩니다. 즉 입력 값이 양수(+)이면 '0'을 기준으로 오른쪽에 선택한 색의 그라데이션이 표시되고 음수 (–)를 입력하면 '0'을 기준으로 왼쪽으로 빨간색 그라데이션이 표시됩니다.

엑셀	파워포인트	합계	증감
68	64	132	-20
64	82	146	16
64	78	142	30
60	68	128	-4
76	80	156	10
78	76	154	20
68	58	126	-30
70	78	148	24
64	70	134	20
78	66	144	6
72	60	132	-14
80	82	162	-10
70	64	134	67

70점 이하	상위 20%	증감 그래프

막대그래프의 색상과 테두리 선은 [규칙 관리]를 통해서 변경할 수 있으며 음수로 표현되는 그라데이션 또한 [음수 값 및 축] 버튼을 클릭하여 채우기 색 및 테두리 선을 설정할 수 있습니다.

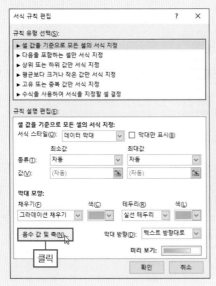

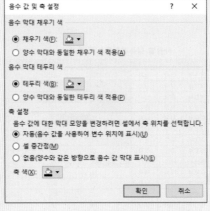

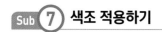

Sub 7 색조 적용하기

• 예제 파일 : Part 04\보험상품판매현황.xlsx
• 완성 파일 : Part 04\보험상품판매현황_완성.xlsx

[색조] 조건부 서식은 선택한 범위의 값들 중에서 가장 큰 값과 가장 작은 값을 각각 임의의 색으로 설정하고 그 중간에 포함된 값에 따라 색의 채도가 결정되는 서식입니다. [색조] 조건부 서식을 적용할 때는 한 가지 색에서 흰색 사이의 색조를 사용하는 방법과 두 가지 색 사이의 색조를 사용하는 방법이 있습니다.

01 [색조] 조건부 서식은 두 가지 색상보다 한 가지 색을 사용하는 것이 데이터 분포를 판단하기에 수월합니다. 먼저 색조를 적용하기 위한 범위로 [D4]셀에서 [F19]셀까지 선택합니다.

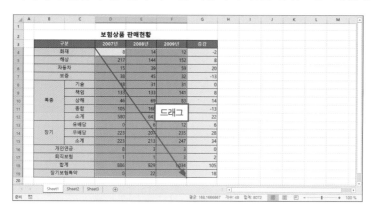

02 [홈] 탭-[스타일] 그룹-[조건부 서식]-[색조]-[빨강-흰색 색조]를 선택합니다. 선택한 범위의 값 중 가장 높은 값의 셀 배경은 빨간색으로 표시되고 가장 적은 값의 셀 배경은 흰색으로 표시됩니다. 그리고 중간 값은 값에 따라 빨간색의 채도가 결정되어 표시됩니다. 이처럼 색조를 이용하면 데이터의 분포를 한눈에 쉽게 알 수 있습니다.

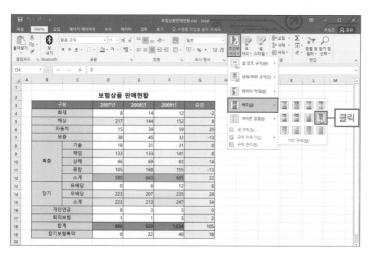

[색조] 조건부 서식의 색상 설정하기

[색조] 조건부 서식에서 선택할 수 있는 열두 가지 색조 규칙 외에 도 사용자가 임의로 색상을 설정하여 [색조] 규칙을 만들 수 있습니다. 새로운 [색조] 규칙을 만들려면 [홈] 탭-[스타일] 그룹-[조건부 서식]-[색조]-[기타 규칙]을 선택합니다. 이어서 [새 서식 규칙] 창이 열리면 [최소값]과 [최대값]의 [색] 상자를 열어 색상을 선택한 다음 [확인] 버튼을 클릭하면 새로운 [색조] 규칙이 만들어집니다.

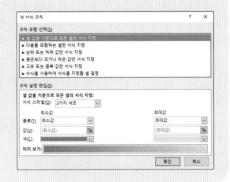

Sub ⑧ 아이콘 집합 적용하기

값의 등락이나 범위에 따라 알맞은 아이콘을 표시하면 데이터 분포를 한눈에 알 수 있습니다. [아이콘 집합] 조건부 서식은 값의 등락을 화살표로 표시하거나 값의 분포를 아이콘 색으로 표시합니다.

01 선택한 범위의 값에 따라 화살표의 방향이 달라지도록 [아이콘 집합] 조건부 서식을 적용해 보겠습니다. 먼저 [G4]셀에서 [G19]셀까지 선택합니다.

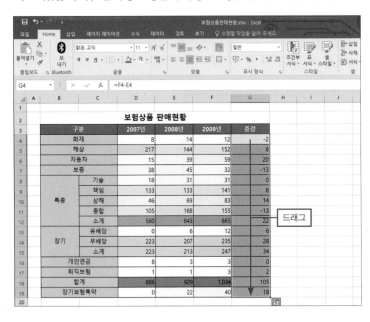

02 [홈] 탭-[스타일] 그룹-[조건부 서식]-[아이콘 집합]-[3방향 화살표(컬러)]를 선택합니다. 선택한 셀의 왼쪽에 백분율에 따른 화살표 아이콘이 표시됩니다.

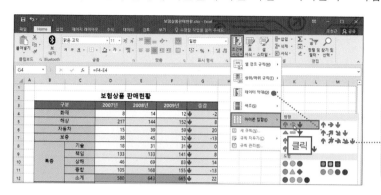

Tip 값의 증감 폭까지 확인하고자 할 때는 [데이터 막대] 조건부 서식을 사용하는 것이 더 효과적일 수 있습니다.

03 값이 양수이면 녹색 위쪽 화살표를 표시하고, 음수인 경우에는 빨간색 아래쪽 화살표를 표시하고, '0'인 경우에는 노란색 오른쪽 화살표를 표시하고자 합니다. 이런 경우 각 화살표의 범위를 다시 지정하면 됩니다. 화살표의 범위를 변경하기 위해 [홈] 탭-[스타일] 그룹-[조건부 서식]-[규칙 관리]를 선택합니다.

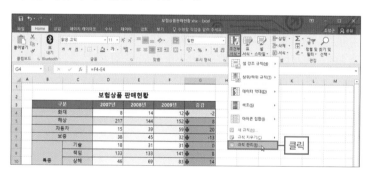

04 [조건부 서식 규칙 관리자] 창이 열리면 [아이콘 집합] 조건부 서식을 선택한 상태에서 [규칙 편집] 버튼을 클릭합니다.

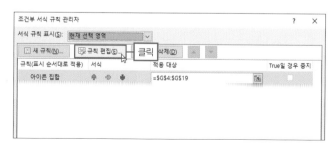

05 [서식 규칙 편집] 창이 열리면 [종류] 상자를 열어 '숫자'로 변경하고 그림처럼 [값] 입력 상자에 '1'과 '0'을 입력한 다음 [확인] 버튼을 클릭합니다. [조건부 서식 규칙 관리자] 창이 표시되면 [확인] 버튼을 클릭합니다.

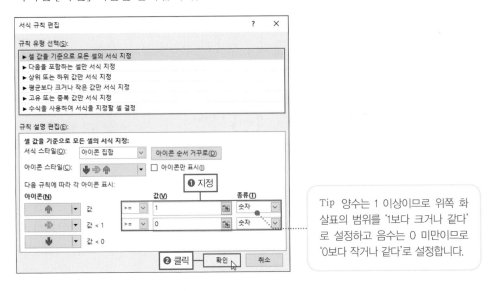

Tip 양수는 1 이상이므로 위쪽 화살표의 범위를 '1보다 크거나 같다'로 설정하고 음수는 0 미만이므로 '0보다 작거나 같다'로 설정합니다.

06 선택된 범위의 셀에 포함된 값에 따라 양수인 경우에는 녹색 화살표로 표시되고 '0'인 경우에는 노란색, 그리고 음수인 경우에는 빨간색 화살표로 표시되어 값의 증감 유무를 쉽게 파악할 수 있습니다.

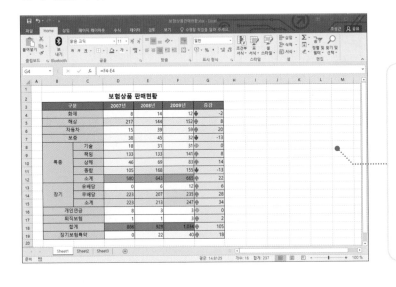

Tip 표시된 조건부 서식을 화면에서 지우려면 조건부 서식을 지울 범위를 지정하고 [홈] 탭-[스타일] 그룹-[조건부 서식]-[규칙 지우기]-[선택한 셀의 규칙 지우기]를 선택하면 됩니다.

만일 현재 워크시트의 모든 조건부 서식을 지우려면 [규칙 지우기]-[시트 전체에서 규칙 지우기]를 선택하면 됩니다.

• 예제 파일 : Part 04\컴퓨터활용능력평가.xlsx
• 완성 파일 : Part 04\컴퓨터활용능력평가2_완성.xlsx

선택한 범위의 값에서 함수를 이용하여 값을 추출해야 하거나 조건을 설정해야 하는 경우에는 수식을 이용해서 조건부 서식을 설정할 수 있습니다. 실제로 조건부 서식을 설정할 때 자신이 찾고자 하는 값을 빠르게 찾아 강조하기 위해서는 수식을 이용한 조건부 서식을 사용하게 됩니다.

01 이전에 사용했던 예제 파일을 다시 한 번 이용해 보겠습니다. 아무 배경색이 없는 표를 이용하여 두 번째 행마다 배경색이 표시되도록 조건부 서식을 만들겠습니다. 입력된 값을 기준으로 설정하는 것이 아니기 때문에 함수를 이용해야 합니다. 먼저 [B4]셀에서 [J16]셀까지 선택합니다. [홈] 탭-[스타일] 그룹-[조건부 서식]-[새 규칙]을 선택합니다.

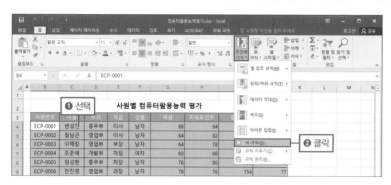

02 [새 규칙 서식] 창이 열리면 [규칙 유형 선택] 상자에서 [수식을 사용하여 서식을 지정할 셀 결정]을 선택합니다. 수식 입력 상자가 표시되면 입력 상자에 수식 '=mod(row( ),2)=1'을 입력하고 서식을 설정하기 위해 [서식] 버튼을 클릭합니다.

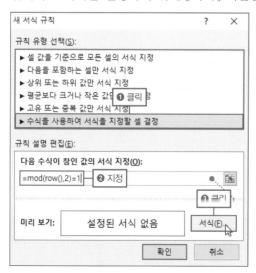

Tip MOD( ) 함수는 나머지 값을 구하는 함수이고 ROW( ) 함수는 현재의 행 번호를 구하는 함수입니다. 그러므로 수식 '=mod(row( ),2)=1'은 현재의 행 번호에서 '2'로 나눈 나머지가 '1'인 경우에 서식을 적용하라는 의미입니다. 즉 5행마다 배경색이 표시되도록 하려면 수식을 '=mod(row( ),5)=1'로 설정하면 됩니다.

03 [셀 서식] 창이 열리면 [채우기] 탭에서 '바다색, 강조 5, 80% 더 밝게'를 선택한 다음 [확인] 버튼을 클릭합니다. 다시 [새 규칙 서식] 창이 표시되면 [확인] 버튼을 클릭합니다.

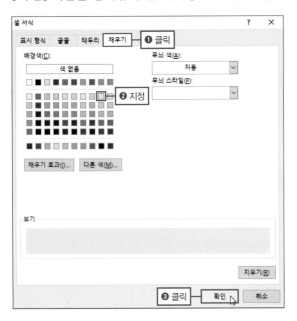

04 워크시트가 표시되면 선택한 범위에서 두 번째 행마다 조건부 서식에서 설정한 배경색이 표시되는 것을 확인할 수 있습니다.

거래명세표 만들기

거래명세표는 상거래할 때 사용되는 대표적인 양식입니다. 거래명세표를 만들 때는 먼저 테두리를 이용하여 구분선을 만든 다음 각 셀의 표시 형식을 정하는 것이 순서입니다. 이번 섹션에서는 거래명세표를 만들면서 그동안 학습했던 내용을 복습하기 바랍니다.

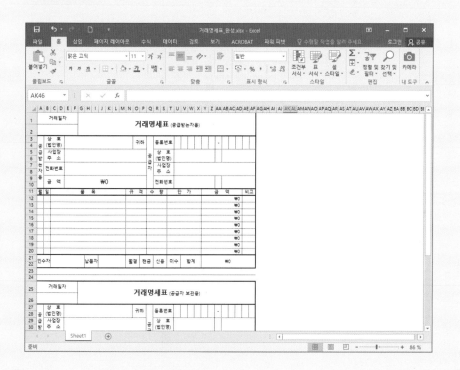

섹션별
주요 내용

① 양식 테두리 선 만들기 ② 셀 병합을 이용하여 구획하기 ③ 표시 형식 설정하기 ④ 수식 설정하기

거래명세표에는 테두리를 이용하여 양식을 만들어야 하기 때문에 셀 구분선이 보이지 않게 하여 테두리가 명확히
보이도록 설정합니다. 또한 셀 병합 범위를 쉽게 파악하기 위해 테두리 선을 먼저 그린 다음 셀 병합을 하는 것이 좋
습니다.

01 먼저 셀 구분선을 없애보겠습니다. [파일] 탭을 선택한 다음 탐색 창에서 [옵션]을 선택합
니다.

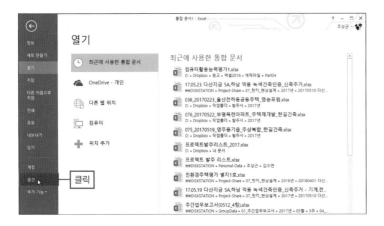

02 [Excel 옵션] 창이 열리면 탐색 창에서 [고급]을 선택한 다음 [이 워크시트의 표시 옵션]
영역에서 [눈금선 표시] 옵션 상자의 체크 표시를 해제합니다. [확인] 버튼을 클릭합니다.

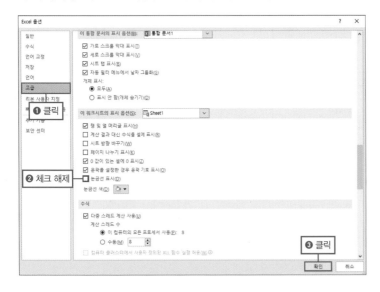

03 워크시트가 표시되면 셀 구분선이 표시되지 않는 것을 확인할 수 있습니다. 다음은 열 너비와 행 높이를 조절하기 위해 [전체 선택] 버튼을 클릭하고 셀 전체가 선택되면 열 머리글을 마우스 오른쪽 버튼으로 클릭한 다음 바로 가기 메뉴에서 [열 너비]를 선택합니다.

04 [열 너비] 대화상자가 열리면 입력 상자에 '1.9'를 입력한 다음 [확인] 버튼을 클릭합니다.

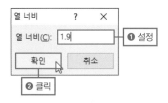

05 행 높이를 설정하기 위해 행 머리글을 마우스 오른쪽 버튼으로 클릭한 다음 바로 가기 메뉴가 표시되면 [행 높이]를 선택합니다.

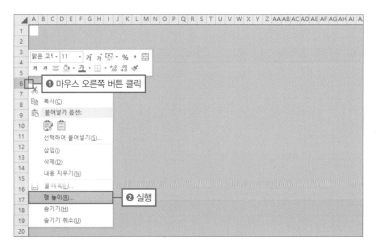

06 [행 높이] 대화상자가 열리면 입력 상자에 '14.5'를 입력한 다음 [확인] 버튼을 클릭합니다.

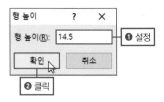

07 워크시트가 표시되면 열 너비와 행 높이가 변경되어 표시됩니다. 1행과 2행에는 거래명세표의 제목이 들어가야 하므로 행 높이를 조금 더 크게 설정합니다. 행 머리글의 1행과 2행을 선택하고 선택한 행 머리글을 마우스 오른쪽 버튼으로 클릭한 다음 바로 가기 메뉴에서 [행 높이]를 선택합니다.

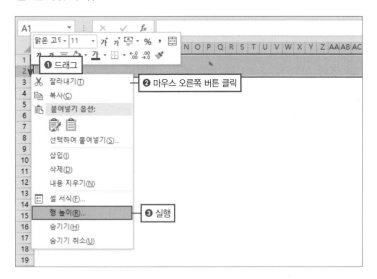

08 [행 높이] 대화상자가 열리면 입력 상자에 '25'를 입력한 다음 [확인] 버튼을 클릭합니다.

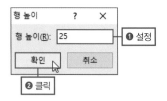

09 1행과 2행의 행 높이가 조절되면 이제 테두리 선을 만듭니다. [A1]셀에서 [AF22]셀까지 선택한 다음 [홈] 탭-[글꼴] 그룹-[테두리▼]-[다른 테두리]를 선택합니다.

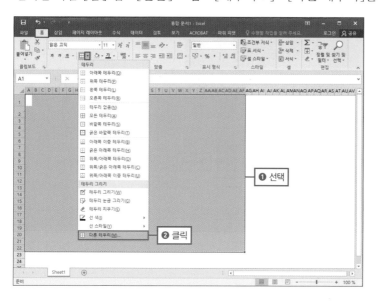

10 [셀 서식] 대화상자가 열리면 [스타일] 상자에서 점선을 선택하고 [가로 가운데] 아이콘과 [세로 가운데] 아이콘을 차례로 클릭하여 테두리 선을 설정한 다음 [확인] 버튼을 클릭합니다.

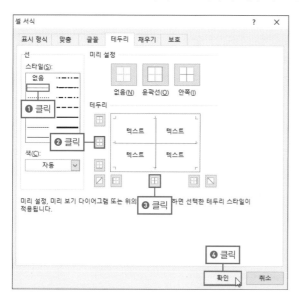

11 선택한 범위에 셀 테두리에 점선이 표시됩니다. 이제 외곽선을 만들 차례입니다. [A1]셀에서 [AF2]셀까지 선택한 다음 [홈] 탭－[글꼴] 탭－[테두리▼]－[굵은 상자 테두리] 또는 [굵은 바깥쪽 테두리]를 선택합니다.

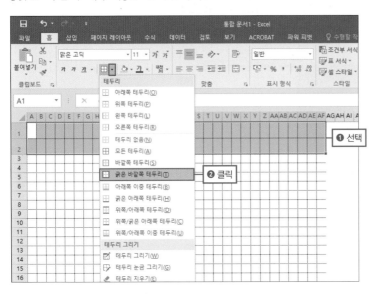

12 첫 번째 외곽선이 만들어지면 같은 방법을 사용하여 [A3:AF10], [A11:AF11], [A12:AF22] 범위에 [굵은 바깥쪽 테두리]를 만듭니다.

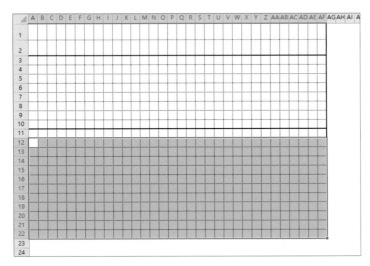

Sub **2** 셀 병합을 이용하여 구획하기

테두리를 만들고 나면 거래명세서의 표제와 입력란을 만들기 위해 셀 병합을 진행합니다. 셀 병합은 여러 개의 셀을 가로 방향 혹은 세로 방향으로 병합하게 되므로 미리 병합할 셀을 계산해 두는 것이 좋습니다.

01 [A1]셀에서 [F1]셀까지 선택한 다음 [홈] 탭–[맞춤] 그룹–[병합하고 가운데 맞춤]을 클릭합니다.

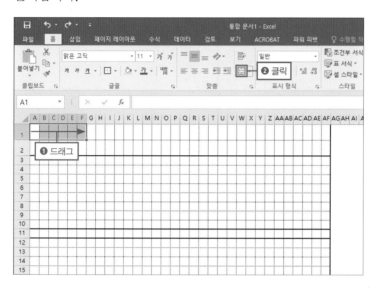

02 같은 방법으로 [A2]셀에서 [F2]셀, [G1]셀에서 [AF2]셀까지 병합합니다.

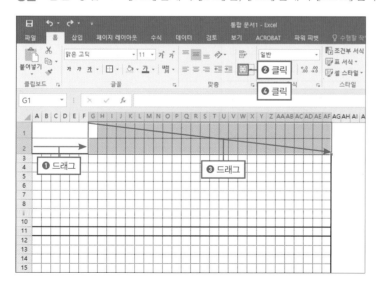

03 [A3]셀에서 [A10]셀까지 선택한 다음 [홈] 탭-[맞춤] 그룹-[병합하고 가운데 맞춤]을 클릭합니다.

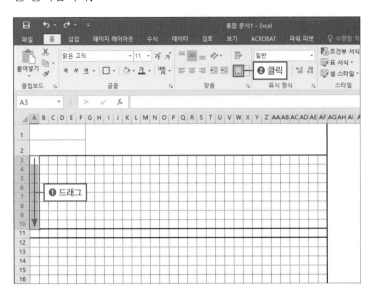

04 같은 방법을 사용하여 공급자와 공급받는 자의 내용이 삽입될 공간을 만들기 위해 그림처럼 셀을 병합합니다.

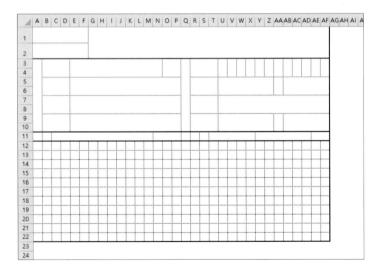

05 내역을 입력할 공간을 만들기 위해 [C12]셀부터 [M20]셀까지 선택한 다음 [홈] 탭 – [맞춤] 그룹 – [병합하고 가운데 맞춤▼] – [전체 병합]을 클릭합니다.

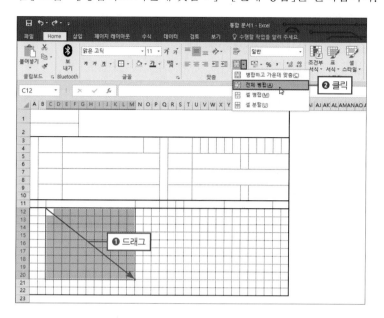

06 선택된 영역의 각 행에 병합되어 표시됩니다. 같은 방법을 사용하여 [N12:P20], [Q12:S20], [T12:X20], [Y12:AD20], [AE12:AF20]의 구간의 각 행을 [전체 병합]을 사용하여 병합합니다.

07 [A21:B22], [C21:G22], [H21:I22], [J21:M22], [N21:O22], [P21:Q22], [R21:S22], [T21:U22], [V21:X22], [Y21:AF22]의 각 구간을 [병합하고 가운데 맞춤]을 클릭하여 셀을 병합합니다.

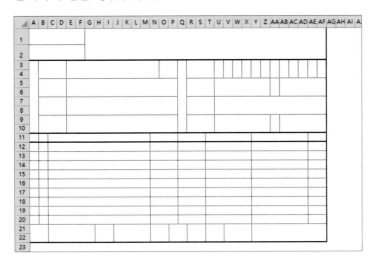

08 [A21:AF22] 구간을 선택한 다음 도구 모음의 테두리 상자를 연 후 [굵은 바깥쪽 테두리]를 클릭하여 선택한 영역에 굵은 테두리를 만듭니다.

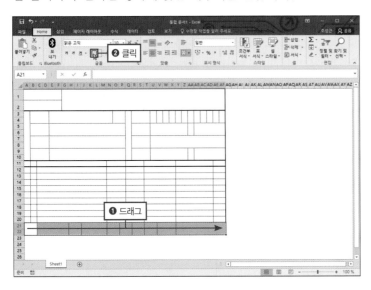

거래명세서에 기입되는 내용들은 일반적으로 날짜와 전화번호 그리고 텍스트와 금액입니다. 그러므로 이에 해당하는 셀의 표시 형식을 미리 설정하면 입력할 때 자동으로 설정된 표시 형식으로 셀에 입력된 내용이 표시됩니다.

01 글꼴 크기를 설정하기 위해 [A1]셀에서 [AF22]셀까지 선택한 다음 [홈] 탭-[글꼴] 그룹-[글꼴 크기] 상자에 '10'을 입력합니다.

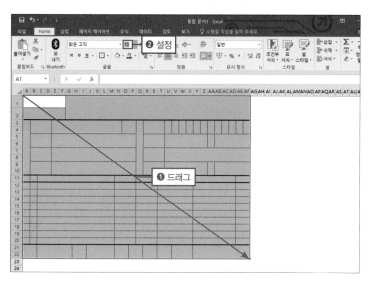

02 각 셀에 그림처럼 텍스트를 입력한 다음 [A3]셀에 '공급받는자'를 입력합니다. 그런데 입력 후 텍스트의 일부분만 표시된다면 자동으로 텍스트 줄 바꿈이 설정되지 않은 것입니다. 이런 경우에는 [A3]셀을 선택한 상태에서 [홈] 탭-[맞춤] 그룹-[맞춤 설정] 버튼을 클릭합니다.

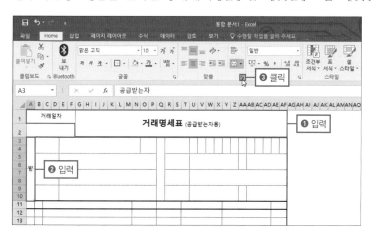

03 [셀 서식] 창의 [맞춤] 탭이 표시되면 [텍스트 줄 바꿈] 옵션 상자에 체크 표시한 다음 [확인] 버튼을 클릭합니다.

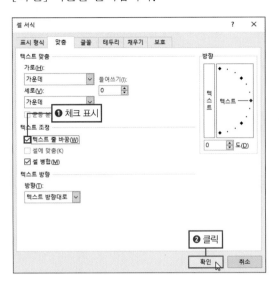

04 모든 텍스트가 표시되면 나머지 텍스트를 그림처럼 입력한 다음 [X3]셀에 '' – '을 입력합니다. ' – ' 기호만 입력하면 음수 부호로 인식하기 때문에 강제로 텍스트로 인식시키기 위해 앞에 작은 따옴표(')를 붙이는 것입니다.

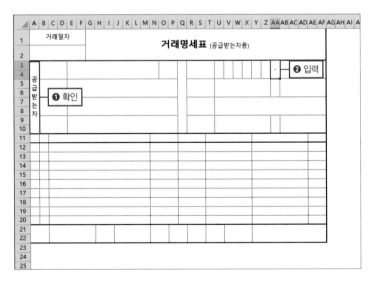

05 나머지 텍스트를 모두 기입하여 기본적인 거래명세서의 레이아웃을 완성합니다.

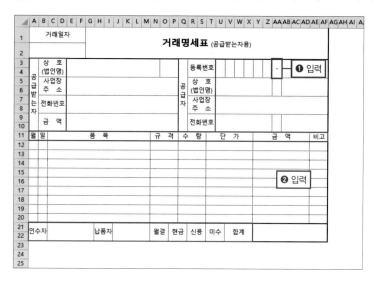

06 거래일자의 표시 형식을 설정하기 위해 [A2]셀을 선택하고 [홈] 탭 – [표시 형식] 그룹 – [표시 형식] 목록 상자를 연 다음 [간단한 날짜]를 선택합니다.

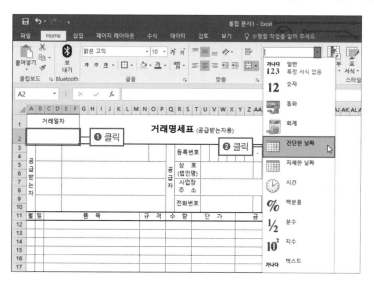

07 전화번호 형식을 설정하기 위해 [Ctrl] 키를 이용해 [E7]셀과 [U9] 그리고 [AB9]셀을 동시에 선택한 다음 [홈] 탭–[표시 형식] 그룹–[표시 형식] 목록 상자를 열고 [기타 표시 형식]을 선택합니다.

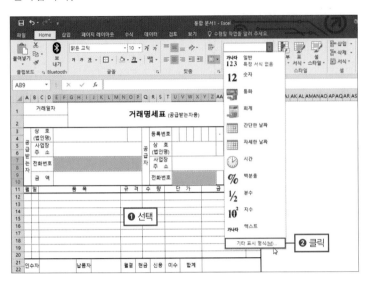

08 [셀 서식] 창이 열리면 [표시 형식] 탭에서 '기타' 범주를 선택하고 [형식] 목록에서 '전화번호 (국번 4 자리)' 항목을 선택한 다음 [확인] 버튼을 클릭합니다.

09 금액을 표시하기 위해 Ctrl 키를 이용해 [E9]셀과 [T12:Y20] 영역 그리고 [Y21]셀을 동시에 선택한 다음 [홈] 탭-[표시 형식] 그룹-[표시 형식] 목록 상자를 열고 [통화]를 선택합니다.

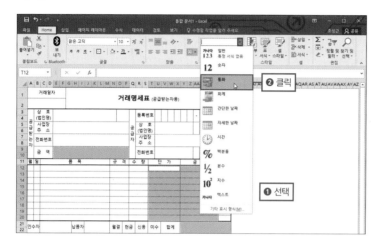

마지막으로 각 내역을 자동으로 계산하고 합계를 구하는 과정을 진행합니다. 간단한 수식이지만 입력하는 사용자 입장에서는 입력 내용이 자동으로 정확하게 계산되므로 반드시 필요한 기능입니다. 또한 최종 계산된 금액은 [공급받는자]의 합계란에도 자동으로 입력되게 합니다.

01 [Y12]셀을 클릭한 다음 수식 입력 줄에 수식 '=Q12*T12'를 입력합니다.

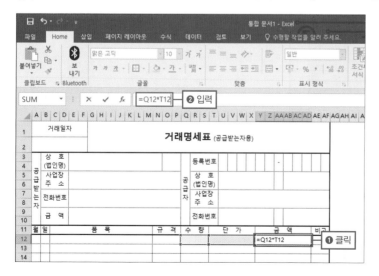

02 수식이 입력되면 [Y12]셀의 [자동 채우기 핸들]을 [Y20]셀까지 드래그하여 나머지 셀에도 같은 수식을 복사합니다.

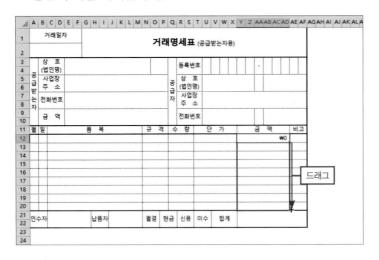

03 서식까지 복사가 되어 테두리가 표시되므로 [자동 채우기 옵션 상자]를 열고 [서식 없이 채우기]를 선택합니다.

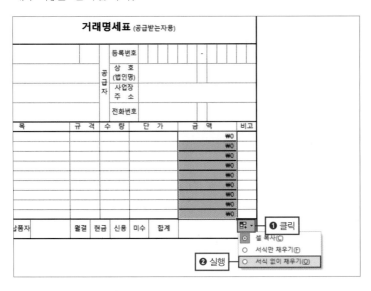

04 합계 금액을 구하기 위해 [Y21]셀을 클릭한 다음 수식 입력 줄에 '=SUM(Y12:AD20)'을 입력합니다.

05 [E9]셀을 선택한 다음 수식 입력 줄에 '=Y21'을 입력합니다. 즉 구해진 합계 금액을 [금액]란에 자동으로 입력하게 하는 것입니다. 금액의 글꼴 크기를 좀 더 크게 하기 위해 [E9]셀을 선택한 상태에서 [홈] 탭−[글꼴] 그룹−[글꼴 크기] 입력 상자에 '13'을 입력합니다.

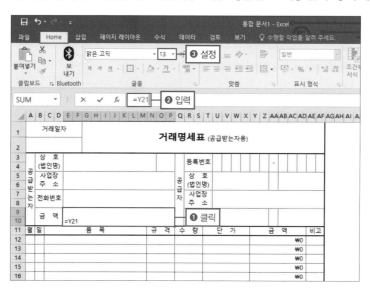

06 완성된 거래명세표를 복사하기 위해 [A1]셀에서 [AF22]셀까지 선택한 다음 [홈] 탭-[클립보드] 그룹-[복사]를 클릭합니다.

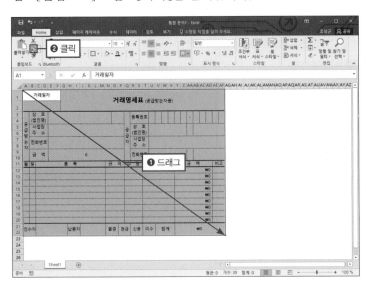

07 복사된 영역이 점선으로 표시되면 [A25]셀을 클릭한 다음 [홈] 탭-[클립보드] 영역-[붙여넣기] 버튼을 클릭합니다.

08 거래명세표가 복사되면 행 머리글의 25열과 26열을 선택한 다음 행 높이를 '25'로 설정합니다.

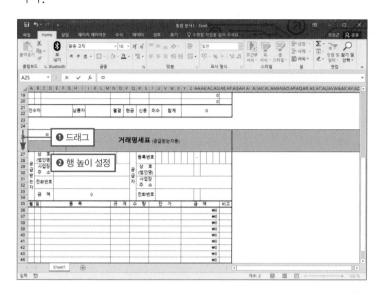

09 [G25]셀의 내용 중 '공급받는자용'을 '공급자 보관용'으로 수정하고, 두 개의 거래명세표를 구분하기 위해 점선을 [A23]셀에서 [AF23]셀의 아랫부분에 표시하여 거래명세표를 완성합니다.

Part 05

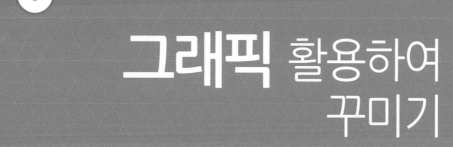

그래픽 활용하여 꾸미기

백 마디 말보다 한 장의 그림이 효과적일 때가 있습니다.
오피스 계열의 프로그램에서는 다양한 형태의 미디어를 쉽고 빠르게 삽입할 수 있으며,
특히 그림 파일이나 클립아트, 도형, 스마트아트와 같은 일러스트들은 문서의 완성도를 높이는 데 큰 기여를 합니다.
이번 파트에서는 엑셀 통합 문서에 다양한 형태의 일러스트를 삽입하고 편집하는 방법을 알아보겠습니다.

도형을 이용하여 문서 완성하기

엑셀 통합 문서에는 원 사각형, 삼각형, 블록 화살표 등 거의 모든 형태의 도형을 이용하여 수식에서 표현하지 못하는 부분을 대신할 수 있습니다. 이번 섹션에서는 강력한 도형 작성 기능과 편집 기능을 이용하여 문서를 완성하는 과정을 알아보겠습니다.

· Preview ·

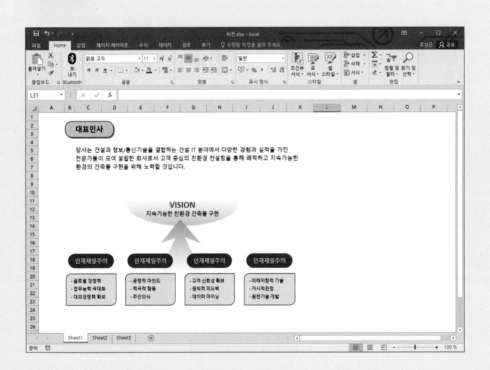

 섹션별 주요 내용

① 도형 삽입하기　　② 텍스트 상자 만들기　　③ 도형 복사하기
④ 도형 정렬하기　　⑤ 블록 화살표 그리기　　⑥ 도형 순서 설정하기

Sub 1 도형 삽입하기

엑셀 2016에서의 도형은 벡터 방식을 사용하기 때문에 삽입한 도형을 늘리거나 줄여도 형태가 일그러지거나 변형되지 않고 항상 깨끗한 형태를 유지할 수 있습니다. 이번에는 도형 중 타원을 이용하여 도형을 만들고 그라데이션을 이용하여 도형을 완성하는 과정을 알아보겠습니다.

01 [삽입] 탭−[일러스트레이션] 그룹−[도형▼]−[타원]을 선택합니다.

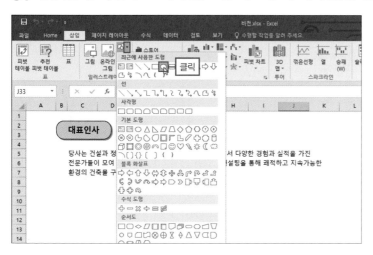

02 타원 크기는 다시 정확하게 설정할 것이므로 임의의 크기로 타원을 만듭니다.

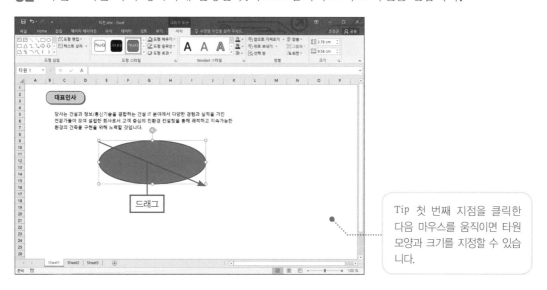

> Tip 첫 번째 지점을 클릭한 다음 마우스를 움직이면 타원 모양과 크기를 지정할 수 있습니다.

03 타원을 선택한 다음 [그리기 도구]–[서식] 정황 탭–[크기] 그룹–[높이] 입력 상자에 '2.5'를 입력하고 [너비] 입력 상자에 '8'을 입력하여 타원 크기를 설정합니다. 이어서 타원의 윤곽선을 제거하기 위해 [그리기 도구]–[서식] 정황 탭–[도형 스타일] 그룹–[도형 윤곽선 ▼]–[윤곽선 없음]을 선택합니다.

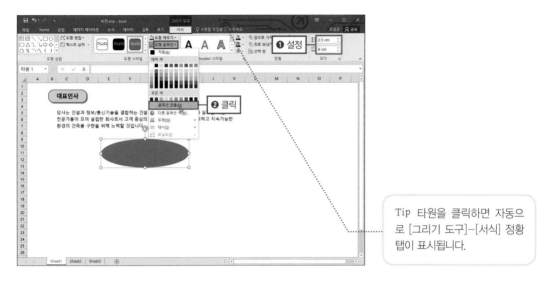

Tip 타원을 클릭하면 자동으로 [그리기 도구]–[서식] 정황 탭이 표시됩니다.

04 타원의 채우기 색으로 그라데이션을 이용하여 한쪽만 색이 표시되도록 설정할 것입니다. 그라데이션을 만들기 위해 타원이 선택된 상태에서 [그리기 도구]–[서식] 정황 탭–[도형 채우기▼]–[그라데이션]–[기타 그라데이션]을 선택합니다.

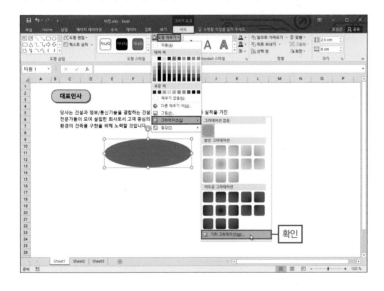

05 [도형 서식] 창이 열리면 [채우기] 영역에서 [그라데이션 채우기]를 선택하고 그라데이션 설정 화면이 표시되면 먼저 [그라데이션 중지점] 영역의 시작 지점 버튼을 클릭한 다음 [색] 상자를 열어 [바다색, 강조 5, 60% 더 밝게]를 선택합니다.

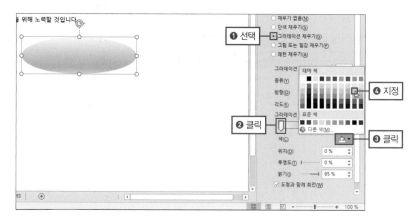

그라데이션 만들기

[그라데이션 중지점]에서는 기본적으로 시작 지점과 끝 지점의 두 가지 버튼이 표시되며 각각의 색을 지정하면 시작 지점에서 설정한 색에서 끝 지점에서 설정한 색으로 점차 변화하는 그라데이션이 만들어집니다.

[그라데이션 중지점] 슬라이더의 중간을 클릭하면 새로운 중간 지점이 만들어지며 중간 지점의 색상을 설정하여 다채로운 색상의 변화가 있는 그라데이션을 만들 수 있습니다.

또한 시작 지점 및 끝 지점 그리고 새로 만든 중간 지점의 버튼을 움직이면 색상이 변화하는 지점을 설정할 수 있습니다.

06 끝 지점 버튼을 선택한 다음 [색] 상자를 열고 [흰색]을 지정합니다.

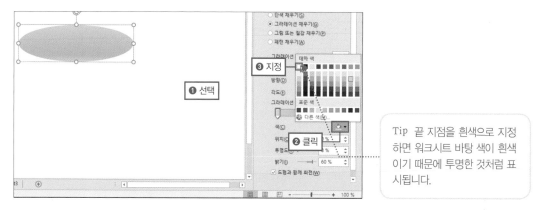

Tip 끝 지점을 흰색으로 지정하면 워크시트 바탕 색이 흰색이기 때문에 투명한 것처럼 표시됩니다.

07 [위치] 상자에 '70%'가 표시되도록 끝 지점 버튼을 왼쪽으로 드래그하여 끝 지점을 설정한 다음 [각도] 입력 상자에 '270°'를 입력하고 [닫기] 버튼을 클릭합니다. 타원에 그라데이션이 만들어집니다. 마지막 지점의 색을 흰색으로 설정했기 때문에 시작 지점의 색상이 점차 사라지는 형태의 그라데이션이 만들어집니다.

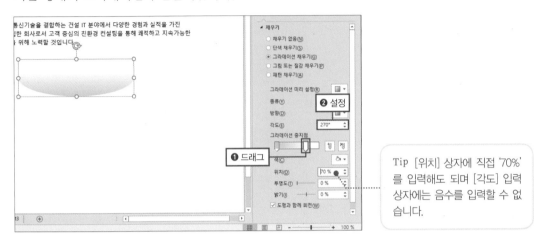

Tip [위치] 상자에 직접 '70%'를 입력해도 되며 [각도] 입력 상자에는 음수를 입력할 수 없습니다.

08 만들어진 도형에 텍스트를 입력하기 위해 타원 도형을 오른쪽 클릭한 다음 바로 가기 메뉴가 표시되면 [텍스트 편집]을 선택합니다.

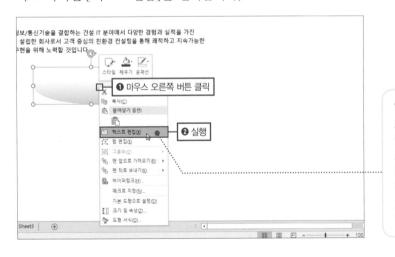

Tip 기본적인 도형에는 텍스트를 입력할 수 없으므로 도형 안에 텍스트를 입력하려면 반드시 [텍스트 편집] 기능을 통해 텍스트를 입력해야 합니다. 텍스트를 입력한 다음에는 언제든지 텍스트를 클릭하여 수정이 가능합니다.

09 텍스트 입력 상태가 되면 [홈] 탭-[글꼴] 그룹에서 '맑은 고딕, 18포인트, 진하게, 파랑'의 글꼴 속성을 설정한 다음 'VISION'이라는 텍스트를 입력합니다. 텍스트 입력 상자에서 [홈] 탭-[맞춤] 그룹-[수직 가운데 맞춤]과 [수평 가운데 맞춤]을 클릭하여 입력한 텍스트가 도형의 중앙에 위치하도록 설정합니다. 도형이 완성되면 [도형 서식] 창을 닫습니다.

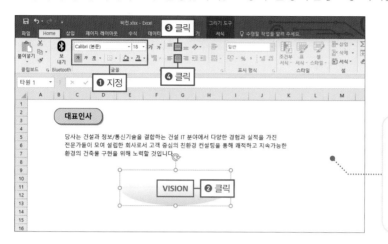

Tip 텍스트를 입력한 다음 글꼴 속성을 변경하려면 텍스트 편집 상태에서 텍스트를 선택한 후 글꼴 속성을 변경하거나 도형을 선택한 상태에서 글꼴 속성을 변경해야 합니다.

Sub 2 텍스트 상자 만들기

텍스트 상자는 도형 위에 텍스트를 표시하고자 할 때 사용합니다. 기존 도형에도 텍스트를 입력할 수 있지만 도형을 벗어나는 텍스트를 입력해야 하거나 도형에 입력한 텍스트의 위치에 간섭을 일으키지 않게 하기 위해 텍스트 상자를 이용하여 텍스트를 표시합니다.

01 텍스트 상자를 삽입하기 위해 [삽입] 탭-[텍스트] 그룹-[텍스트 상자▼]-[가로 텍스트 상자]를 선택합니다.

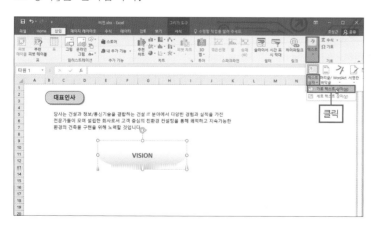

02 타원 도형의 텍스트 아래 쪽에 그림처럼 텍스트가 입력될 영역을 지정합니다. 텍스트 입력 상태에서 [홈] 탭-[글꼴] 그룹의 글꼴 속성 도구를 이용하여 '맑은 고딕, 11포인트, 검은색'을 설정한 다음 문구를 입력합니다. 입력 상태에서 도구 모음의 [가운데 맞춤]을 클릭하여 텍스트 가 중앙에 위치할 수 있도록 설정합니다.

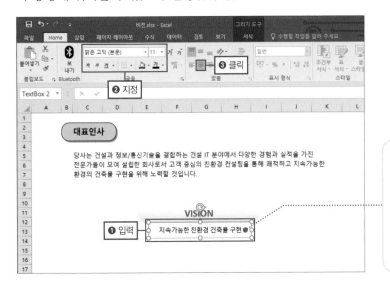

Tip 텍스트 상자의 영역을 지정할 때는 먼저 첫번째 지점을 클릭하고 대각선 두 번째 지점을 클릭하면 가상의 사각형이 만들어지며 만들어진 사각형이 텍스트 상자의 크기로 지정됩니다.

03 텍스트 상자를 선택한 다음 [그리기 도구]-[서식] 정황 탭-[도형 스타일] 그룹-[도형 채우기▼]-[채우기 없음]을 선택합니다.

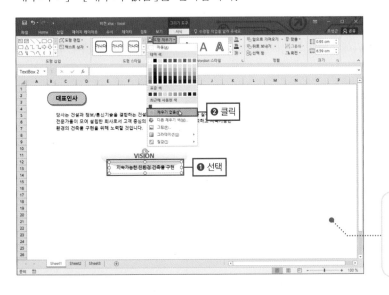

Tip 채우기 색상이나 윤곽선은 색상 위에 마우스 포인터를 가져가면 도형에 적용된 화면을 미리 확인할 수 있습니다.

04 다시 한 번 [그리기 도구]-[서식] 정황 탭-[도형 스타일] 그룹-[도형 윤곽선▼]-[윤곽선 없음]을 선택하여 채우기 색과 윤곽선을 제거합니다.

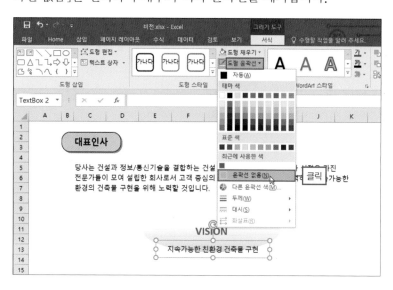

05 텍스트 상자를 도형 텍스트 아래쪽으로 이동시킨 다음 [타원] 도형을 선택합니다.

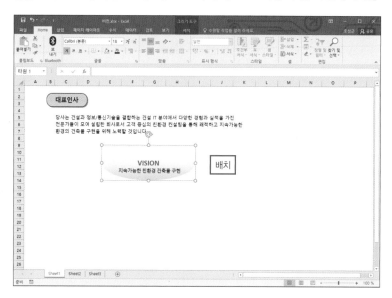

도형 크기 조절하기

도형을 클릭하면 도형의 각 모서리와 각 변의 중앙에 크기를 조절하기 위한 크기 조절 핸들이 표시됩니다. 이 크기 조절 핸들을 클릭한 다음 마우스를 움직이면 도형 크기를 변경할 수 있습니다. 도형 크기를 조절할 때는 Ctrl 키와 Alt 키를 함께 사용할 수 있는데 그 용도는 다음과 같습니다.

- **Ctrl 키를 누른 채로 도형 크기를 조절할 때**

Ctrl 키를 누른 상태에서 크기 조절 핸들을 움직이면 도형 중앙으로부터 사방으로 동일한 비율로 도형 크기가 변경됩니다. 원형 도형을 만들 때 Ctrl 키를 누른 상태에서 도형을 만들면 클릭한 지점이 원의 중앙 지점이 됩니다.

- **Alt 키를 누른 채로 도형 크기를 조절할 때**

Alt 키를 누른 상태에서 크기 조절 핸들을 움직이면 도형 크기가 셀 크기 단위로 조절됩니다.

- **Shift 키를 누른 채로 도형 크기를 조절할 때**

Shift 키를 누른 채로 각 모서리의 크기 조절 핸들을 움직이면 [높이]와 [너비]가 같은 비율로 커지거나 줄어듭니다. 즉 도형을 처음 만들 때도 Shift 키를 누른 채로 도형을 만들면 정사각형이나 정원 등 정방형 도형을 만들 수 있습니다. 또한 Ctrl 키와 Shift 키를 동시에 누른 채로 도형을 만들면 도형 중심으로부터 정방형 도형을 만들 수 있습니다. 즉 Ctrl 키와 Shift 키를 동시에 누른 채로 원형 도형을 만들면 클릭한 지점이 중심이 되는 정원 형태의 도형이 만들어집니다.

06 [타원] 도형 크기를 늘린 다음 [그리기 도구]-[서식] 정황 탭-[크기] 그룹-[높이]를 '2.96'으로 하여 도형의 정확한 크기를 설정합니다.

도형을 복사할 때는 단축키나 [홈] 탭–[클립보드] 도구를 사용해도 되지만 Ctrl 키를 누른 채로 도형을 이동하면 복사가 이루어집니다. 도형을 복사한 후 일정한 간격으로 정렬시키는 방법에 대해 알아보겠습니다.

01 도형을 만들고 복사하는 방법에 대해 알아보겠습니다. 먼저 [삽입] 탭–[일러스트레이션] 그룹–[도형]–[모서리가 둥근 직사각형]을 선택합니다.

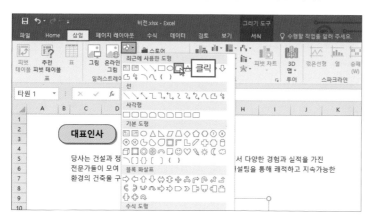

02 [C18]셀 위치에 임의의 크기로 [모서리가 둥근 직사각형] 도형을 만듭니다. 만든 도형을 선택한 상태에서 [그리기 도구]–[서식] 정황 탭–[크기] 그룹–[높이] 입력 상자에 '1'을 입력하고 [너비] 입력 상자에 '3.3'을 입력하여 도형 크기를 설정합니다. 그런 다음 [그리기 도구]–[서식] 정황 탭의 [도형 스타일] 그룹–[도형 윤곽선▼]–[윤곽선 없음]을 선택하여 도형의 윤곽선을 제거합니다.

Tip Shift 키를 누른 채로 도형을 만들면 [모서리가 둥근 정사각형] 도형을 만들 수 있습니다.

03 [그리기 도구]-[서식] 정황 탭-[도형 스타일] 그룹-[도형 채우기▼]-[자주, 강조 4, 25% 더 어둡게]를 선택합니다.

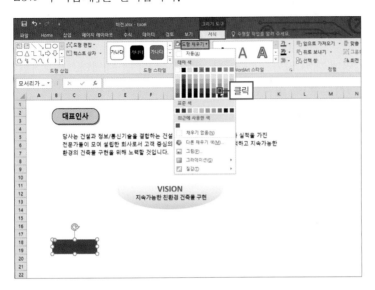

04 도형 곡률을 변경하겠습니다. 곡선이나 화살표 등 형태 수정이 가능한 도형에는 [모양 조절 핸들]이 노란색으로 표시됩니다. [모서리가 둥근 직사각형] 도형의 [모양 조절 핸들]을 오른쪽으로 드래그하여 모서리의 곡률을 최대로 설정합니다.

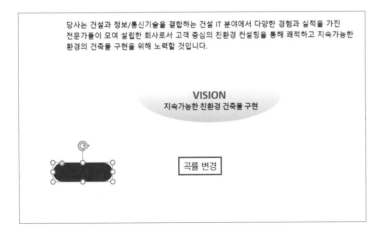

도형의 선택 및 수정

기본적인 도형이 만들어지면 사용자 의도에 맞는 도형을 만들기 위해 도형을 변형하는 작업을 수행해야 합니다. 여러 개의 도형을 한꺼번에 선택하는 방법과 도형을 회전하고 모양을 변경하는 방법에 대해 알아보겠습니다.

• **도형 선택하기**

도형에 채우기 색이 있을 때는 도형 안쪽을 클릭하면 도형을 선택할 수 있고 도형의 채우기 색이 없는 경우에는 도형 윤곽선을 클릭하면 도형을 선택할 수 있습니다. 또한 두 개 이상의 도형을 한꺼번에 선택하고자 할 때는 Shift 키를 누른 채로 도형을 차례로 클릭하여 선택합니다.

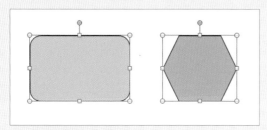

• **도형 회전하기**

도형을 선택하면 도형의 윗부분 중앙에 [도형 회전 핸들(♈)]이 표시됩니다. 이 [도형 회전 핸들]을 누르고 마우스를 움직이면 도형을 회전할 수 있습니다. 도형을 회전할 때 Shift 키를 누른 상태에서 회전시키면 15° 단위로 도형을 회전할 수 있습니다.

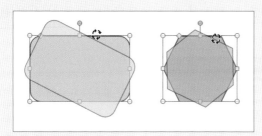

• **도형 모양 변경하기**

도형 모양을 변경할 수 있는 도형에는 도형을 선택했을 때 도형의 각 모서리 및 곡률을 조절하기 위한 [모양 조절 핸들(◎)]이 표시됩니다. 이 [모양 조절 핸들]을 잡고 움직이면 도형의 모양을 변경할 수 있습니다.

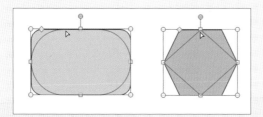

05 도형을 텍스트 편집 상태로 전환한 다음 [홈] 탭−[글꼴] 그룹에서 '맑은 고딕, 11포인트, 흰색'의 글꼴 속성을 설정한 후 '인재제일주의' 텍스트를 입력합니다. 도형을 선택한 상태에서 [홈] 탭−[맞춤] 그룹−[수직 가운데 맞춤]과 [수평 가운데 맞춤]을 각각 클릭하여 도형 가운데 텍스트가 위치하게 합니다.

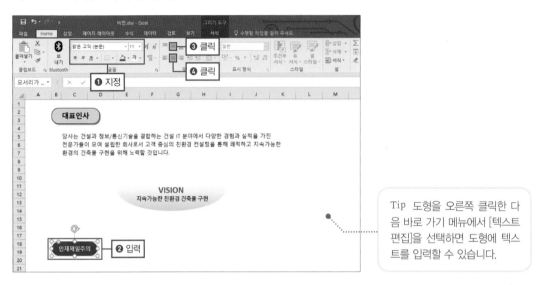

Tip 도형을 오른쪽 클릭한 다음 바로 가기 메뉴에서 [텍스트 편집]을 선택하면 도형에 텍스트를 입력할 수 있습니다.

06 [삽입] 탭−[일러스트레이션] 그룹−[도형]−[대각선 방향의 모서리가 둥근 사각형]을 선택합니다.

07 [모서리가 둥근 직사각형] 도형 아래쪽에 그림처럼 도형을 만듭니다.

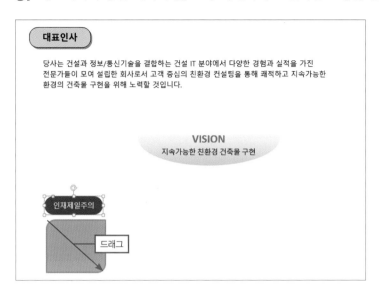

08 도형을 선택한 상태에서 [그리기 도구]–[서식] 정황 탭–[크기] 그룹–[높이] 입력 상자에 '2.2'을 입력하고 [너비] 입력 상자에 '3.6'을 입력하여 도형 크기를 설정합니다. 도형의 채우기 색으로 '주황, 강조 6, 80% 더 밝게'를 지정한 다음 윤곽선을 '검정, 1/2PT'으로 설정합니다.

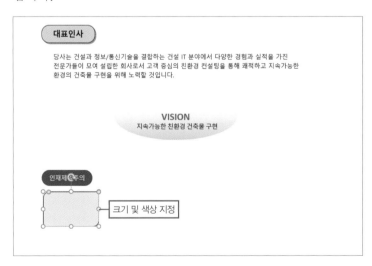

09 도형을 텍스트 편집 상태로 전환하고 [홈] 탭–[글꼴] 그룹에서 '맑은 고딕, 9포인트, 검은색'으로 설정한 다음 그림처럼 텍스트를 입력합니다.

10 방금 만든 [대각선 방향의 모서리가 둥근 사각형] 도형을 클릭하여 선택하고 Shift 키를 누른 상태에서 [모서리가 둥근 직사각형]을 클릭하여 도형 두 개를 모두 선택합니다. 그런 다음 두 개의 도형을 정렬하기 위해 [그리기 도구]–[서식] 정황 탭–[정렬] 그룹–[맞춤]–[가운데 맞춤]을 선택합니다.

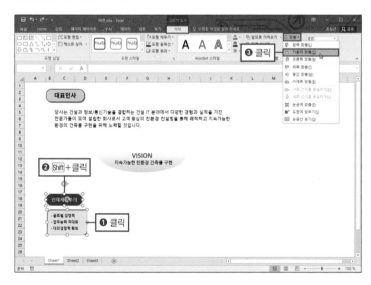

11 도형이 가운데를 중심으로 정렬되면 두 개의 도형을 그룹으로 묶기 위해 [그리기 도구]-[서식] 정황 탭-[정렬] 그룹-[그룹] 또는 [그룹화]-[그룹]을 선택합니다.

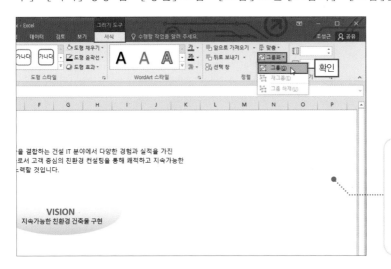

Tip 두 개 이상의 개체를 그룹으로 묶게 되면 그룹을 풀기 전까지는 하나의 개체로 인식합니다. 또한 그룹으로 묶인 개체를 더블클릭하면 그룹 속의 각각의 도형을 편집할 수 있습니다.

12 두 개의 도형이 하나의 그룹으로 만들어집니다. 이제 도형 그룹을 복사하기 위해 도형 그룹을 선택하고 Ctrl 키와 Shift 키를 누른 상태에서 도형 그룹을 오른쪽으로 드래그하면 도형 그룹이 수평으로 복사됩니다. 도형 그룹이 복사되면 복사된 도형 그룹과 원본 도형 그룹을 모두 선택한 다음 같은 방법으로 도형 그룹을 복사하여 모두 네 개의 도형 그룹을 만듭니다.

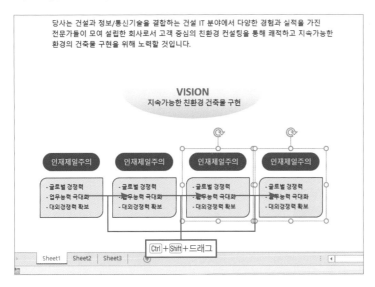

도형 복사 및 이동

오피스 계열의 프로그램에서는 모든 개체를 복사할 때 Ctrl 키를 사용합니다. 즉 그림이나 도형, 텍스트 상자, 셀. 표 등 오피스 계열이 프로그램에서 작성하는 모든 개체는 Ctrl 키를 누른 상태에서 개체를 드래그하면 개체를 복사가 되고 Ctrl 키를 누르지 않으면 이동됩니다.

또한 Ctrl 키를 이용하여 개체를 복사할 때 Shift 키를 함께 누른 채로 복사하면 개체를 수평이나 수직으로 복사할 수 있습니다.

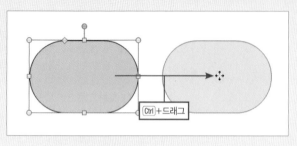

Sub 4 도형 정렬하기

도형 정렬 기능을 사용하면 선택한 도형들을 왼쪽이나 오른쪽 혹은 위쪽이나 아래쪽으로 기준으로 정렬할 수 있습니다. 또한 여러 개의 도형을 정렬시킬 경우 일정한 간격으로 배치되도록 도형을 정렬할 수 있습니다.

01 가장 오른쪽에 있는 도형의 끝을 위쪽 텍스트 오른쪽에 맞추어 이동합니다. 그런 다음 Shift 키를 누른 상태에서 네 개의 도형 그룹을 차례로 클릭하여 모두 선택합니다.

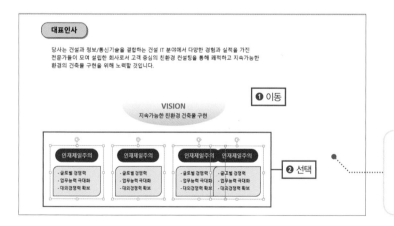

Tip 도형은 셀에 속한 개체가 아니기 때문에 파워포인트처럼 임의의 사각형을 드래그하여 도형을 선택할 수 없습니다.

02 도형 그룹들이 선택된 상태에서 [그리기 도구]-[서식] 정황 탭-[정렬] 그룹-[맞춤]-[가로 간격을 동일하게]를 선택합니다.

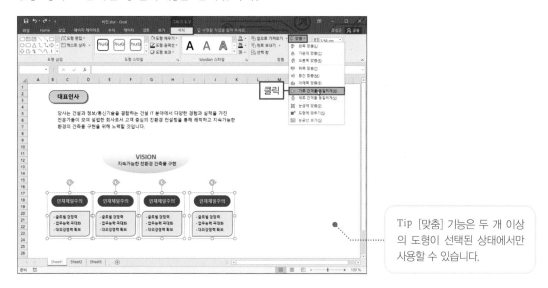

Tip [맞춤] 기능은 두 개 이상의 도형이 선택된 상태에서만 사용할 수 있습니다.

03 도형 그룹 사이 간격이 동일하게 설정되면 도형 그룹 전체를 텍스트 위치에 맞게 이동한 다음 [타원] 도형과 텍스트 상자를 기존 텍스트 중앙에 오도록 위치시킵니다. 각 도형 그룹 안에 있는 [대각선 방향의 모서리가 둥근 사각형]의 텍스트를 수정합니다.

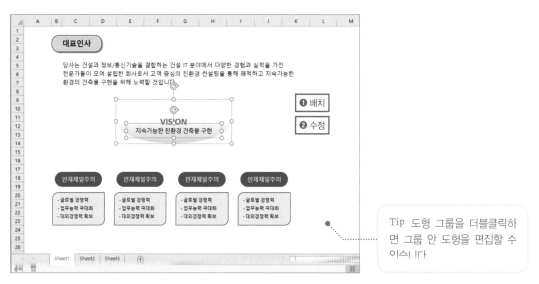

Tip 도형 그룹을 더블클릭하면 그룹 안 도형을 편집할 수 있습니다.

블록 화살표는 다양한 형태의 화살표를 쉽게 그릴 수 있는 도형으로서 도형을 만들 후에는 [모양 조절 핸들]을 이용하여 보다 세부적인 화살표 형태를 만들 수 있습니다. [블록 화살표]를 만든 후에 화살표 모양을 다듬겠습니다.

01 [삽입] 탭-[일러스트레이션] 그룹-[도형]-[위쪽 화살표]를 선택합니다.

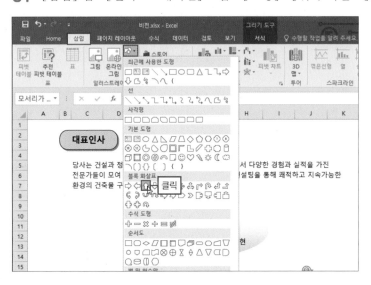

02 [타원] 도형과 [모서리가 둥근 직사각형]에 걸치는 [위쪽 화살표] 도형을 만듭니다. [위쪽 화살표] 도형이 만들어지면 도형 아래쪽과 화살표 모서리에 있는 [모양 조절 핸들]을 드래그하여 화살표 모양을 변경합니다.

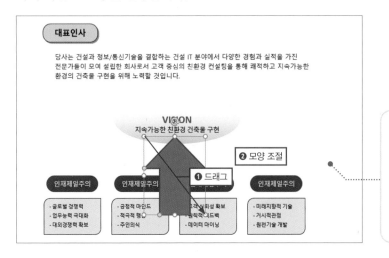

Tip 도형 크기에 따라 화살표 머리의 크기와 폭이 동일한 비율로 설정됩니다. 그러므로 화살표 머리의 크기나 폭만을 따로 조절하려면 일단 도형을 만든 후 [모양 조절 핸들]을 이용하여 도형을 변형해야 합니다.

03 개별 점 편집을 통해 화살표의 아래쪽 폭을 변경하겠습니다. 블록 화살표를 선택한 상태에서 [그리기 도구]-[서식] 정황 탭-[도형 삽입] 그룹-[도형 편집]-[점 편집]을 선택합니다.

Tip 도형을 점 편집하면 도형의 기본적인 형태는 물론 도형의 각 꼭짓점을 임의의 위치로 이동하여 자유로운 형태로 변형할 수 있습니다.

04 블록 화살표가 점 편집 상태로 전환되면 각 꼭짓점을 움직여 그림의 도형처럼 만든 다음 임의의 셀을 클릭하면 도형 편집 상태가 해제됩니다.

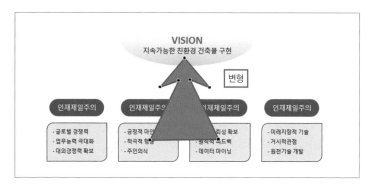

알아두면 좋아요

도형의 점 편집

도형의 [모양 조절 핸들]을 이용하면 도형의 기본적인 모양은 변경할 수 있지만 [모양 조절 핸들]을 이용한 변형에는 한계가 있습니다. 이에 반해 [점 편집] 기능을 이용하여 도형의 기본적인 꼭짓점은 물론 새로운 점을 추가하여 도형의 형태를 자유롭게 변경할 수 있습니다.

도형에 새로운 점을 추가하려면 도형의 점 편집 상태에서 윤곽선을 오른쪽 클릭한 다음 바로 가기 메뉴에서 [점 추가]를 실행합니다.

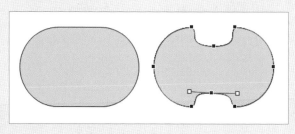

05 블록 화살표의 채우기 색을 설정합니다. 블록 화살표를 마우스 오른쪽 버튼으로 클릭한 다음 바로 가기 메뉴가 표시되면 [도형 서식]을 실행합니다.

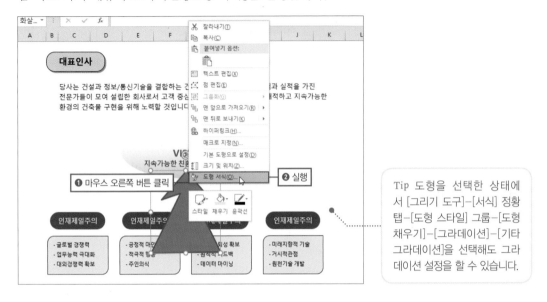

Tip 도형을 선택한 상태에서 [그리기 도구]-[서식] 정황 탭-[도형 스타일] 그룹-[도형 채우기]-[그라데이션]-[기타 그라데이션]을 선택해도 그라데이션 설정을 할 수 있습니다.

06 [도형 서식] 창이 열리면 탐색 창에서 [채우기]를 선택한 다음 설정 화면에서 [그라데이션 채우기]를 선택합니다. [그라데이션 채우기] 설정 화면이 표시되면 시작 지점의 색을 [진한 파랑, 텍스트2, 60% 더 밝게]로 지정합니다.

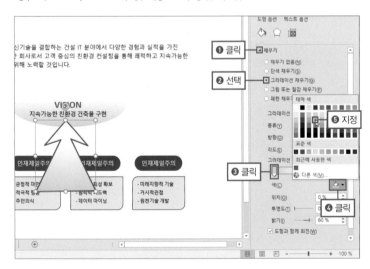

07 그라데이션의 끝 지점 색상을 '흰색'으로 설정한 다음 [위치]를 '70%'로 설정합니다. 이어서 [각도] 입력 상자에 '90°'를 입력한 다음 도형 서식 창의 [닫기] 버튼을 클릭합니다.

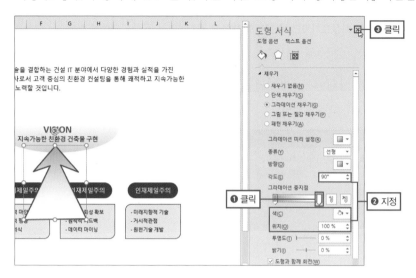

08 블록 화살표의 안에 설정한 그라데이션이 채워집니다. 그라데이션에서는 투명한 색을 만들 수 없기 때문에 바탕색을 흰색으로 도형을 처리하여 투명한 것처럼 보이게 합니다. 도구 모음의 [도형 윤곽선] 버튼을 이용하여 윤곽선을 보이지 않게 설정합니다.

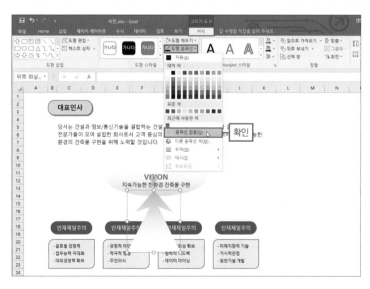

[도형 순서]는 도형이 겹쳐져 있는 경우 위쪽에 표시할 도형을 설정하는 작업으로, 기본적으로 도형이 만들어진 순서에 의해 도형 순서가 결정됩니다. 블록 화살표가 아래쪽 도형의 위쪽에 위치하면서 동시에 위쪽 도형에서는 아래쪽에 위치하도록 설정하겠습니다.

01 블록 화살표 도형을 선택한 상태에서 [그리기 도구]-[서식] 정황 탭-[정렬] 그룹-[뒤로 보내기▼]-[맨 뒤로 보내기]를 선택합니다.

02 블록 화살표 도형이 기존 도형들 아래쪽으로 표시됩니다. [타원] 도형과 텍스트를 함께 선택한 다음 [그리기 도구]-[서식] 정황 탭-[정렬] 그룹-[뒤로 보내기▼]-[맨 뒤로 보내기]를 선택합니다. [타원] 도형이 블록 화살표 도형의 아래쪽에 표시됩니다. 이처럼 도형 순서를 이용하면 도형이 겹쳐져 있는 경우 선택한 도형의 표시 방법을 설정할 수 있습니다.

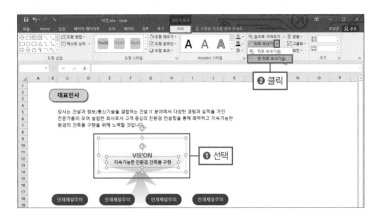

그림 파일 및 스크린샷 삽입하기

그림 파일은 텍스트와 함께 문서에서 가장 많이 사용되는 개체입니다. 엑셀 통합 문서에 삽입된 그림 파일은 자르기와 크기 설정 등 기본적인 편집 작업 이외에도 명도, 채도, 그림 스타일 등 다양한 효과를 부여할 수 있습니다. 또한 엑셀 2016에서 새로 도입된 기능으로 스크린샷을 사용할 수 있습니다.

• Preview •

 섹션별 주요 내용 ① 그림 삽입하기 ② 스크린샷 삽입하기

그림 파일은 가장 많이 사용되는 미디어 파일이지만 해상도가 고정되어 있으므로 기준 이상으로 이미지를 크게 확대하면 이미지가 선명하지 않게 되므로 적절한 크기로 설정하는 것이 중요합니다. 또한 그림에서 불필요한 부분은 [자르기] 기능을 사용하여 화면에서 보이지 않게 할 수 있습니다.

01 그림 파일을 삽입하기 위해 [삽입] 탭－[일러스트레이션] 그룹－[그림]을 클릭합니다.

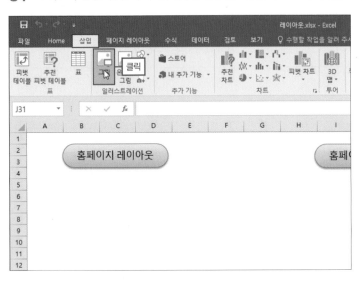

02 [그림 삽입] 창이 열리면 예제 폴더에서 '레이아웃.png' 파일을 선택한 다음 [삽입] 버튼을 클릭합니다.

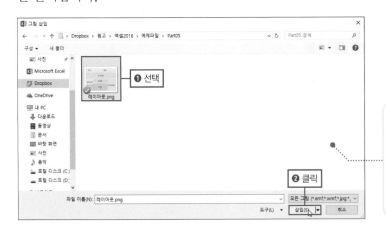

Tip 엑셀 통합 문서에는 대부분의 그림 파일 형식을 삽입할 수 있습니다. 다만 포토샵이나 일러스트레이터와 같은 전문 그래픽 툴에서 만든 PSD, AI 파일은 불러올 수 없습니다.

03 선택한 그림 파일이 엑셀 통합 문서에 삽입됩니다. 그림 파일은 원본 크기대로 삽입됩니다. 그림 파일이 큰 경우에는 [크기 조절 핸들]을 이용하여 그림 크기를 조절할 수 있습니다. 삽입된 그림 파일을 문서의 제목 도형 아래쪽으로 위치시킵니다. 그림의 밝기를 조정해 보겠습니다. 그림을 선택한 상태에서 [그림 도구]-[서식] 정황 탭-[조정] 그룹-[수정] 버튼-[밝기: 0%(표준) 대비: -40%]를 선택합니다.

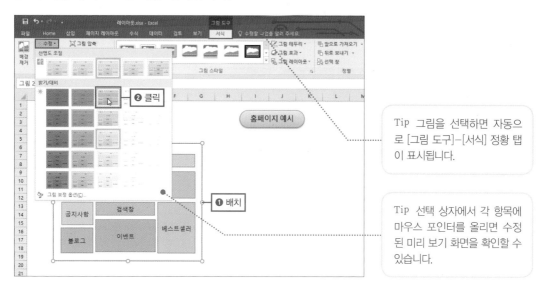

Tip 그림을 선택하면 자동으로 [그림 도구]-[서식] 정황 탭이 표시됩니다.

Tip 선택 상자에서 각 항목에 마우스 포인터를 올리면 수정된 미리 보기 화면을 확인할 수 있습니다.

04 그림의 대비가 높아져 그림 색상이 전체적으로 진해집니다. 그림 스타일을 적용하겠습니다. 그림을 선택한 상태에서 [그림 도구]-[서식] 정황 탭-[그림 스타일] 그룹-[사각형 가운데 그림자]를 선택합니다. 그림 주변으로 그림자가 만들어져 그림에 공간감이 부여됩니다. 이처럼 삽입한 그림에는 명도와 채도는 물론 다양한 효과를 부여할 수 있습니다.

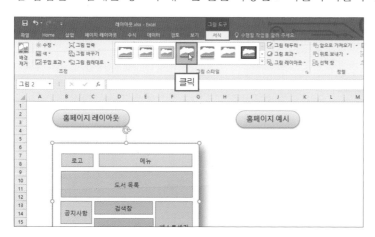

Sub 2 스크린샷 삽입하기

스크린샷은 현재 열린 웹 문서나 응용 프로그램의 화면을 캡처하여 현재 열린 엑셀 통합 문서에 삽입하는 기능입니다. 삽입된 스크린샷은 그림 파일과 동일하게 편집할 수 있으며 효과를 부여할 수 있습니다.

01 인터넷 창을 연 다음 스크린샷을 캡처할 사이트로 이동합니다. 인터넷 창 전체가 삽입되므로 미리 인터넷 창의 크기와 비율을 예상하여 적정한 크기로 조절합니다.

02 스크린샷을 삽입하기 위해 [삽입] 탭-[일러스트레이션] 그룹-[스크린샷]을 클릭합니다. 현재 열려있는 웹 문서와 응용 프로그램의 화면 목록이 표시되면 미리 열어 두었던 웹 문서를 선택합니다. 하이퍼링크를 스크린샷에 지정할지 묻는 대화상자가 표시되면 [아니요]를 클릭합니다.

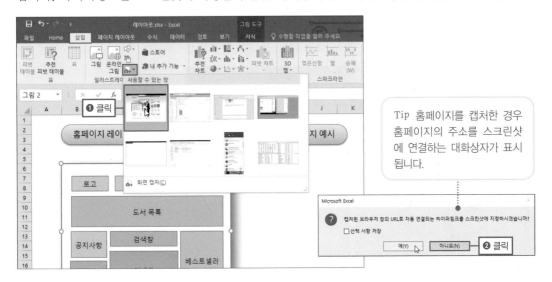

> Tip 홈페이지를 캡처한 경우 홈페이지의 주소를 스크린샷에 연결하는 대화상자가 표시됩니다.

03 엑셀 통합 문서에 웹 문서의 캡처 화면이 삽입되면 [크기 조절 핸들]을 이용하여 기존 이미지와 비슷한 크기로 줄입니다. 스크린샷에서 인터넷 창의 테두리를 제거하기 위해 스크린샷을 선택한 다음 [서식] 정황 탭-[크기] 그룹-[자르기]를 클릭합니다. 스크린샷 주위로 자르기 표식이 표시되면 자르기 표식을 드래그하여 자를 영역을 차례로 지정합니다. 자를 영역을 모두 지정한 다음에는 스크린샷을 제외한 나머지 부분을 클릭하여 자르기를 적용합니다.

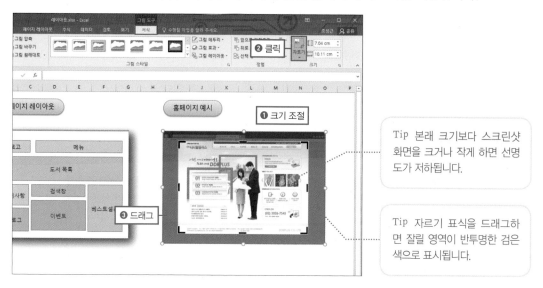

Tip 본래 크기보다 스크린샷 화면을 크거나 작게 하면 선명도가 저하됩니다.

Tip 자르기 표식을 드래그하면 잘릴 영역이 반투명한 검은색으로 표시됩니다.

04 스크린샷이 잘려지면 다시 기존 이미지의 너비에 맞추어 스크린샷 크기를 조절합니다. 스크린샷에 앞서 레이아웃에 적용하였던 효과와 스타일을 동일하게 적용하여 문서를 완성합니다.

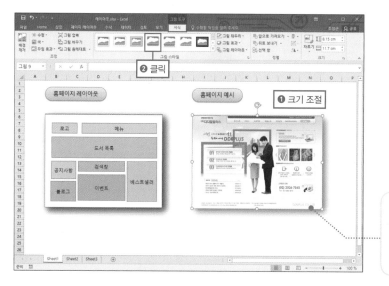

Tip 하이퍼링크가 연결된 개체의 경우 그냥 클릭하면 홈페이지가 열리므로 Ctrl 키를 누른 채로 개체를 선택해야 합니다.

클립아트 삽입하기

클립아트는 벡터 방식 이미지로, 개체를 늘리거나 줄여도 계단 현상이 발생하지 않습니다. 클립아트는 엑셀 2016에서 기본적으로 제공되는 이미지 외에 오피스 사이트를 통해서도 다운로드하여 엑셀 통합 문서에 사용할 수 있습니다. 이번 섹션에서는 클립아트를 삽입하고 편집하는 방법에 대해 알아보겠습니다.

· Preview ·

섹션별
주요 내용

① 클립아트 삽입하기

Sub 1 클립아트 삽입하기

클립아트는 그림이나 사진에 비해 단순한 색상으로 구성되지만 수학적 계산에 의한 벡터 방식으로 표현되기 때문에 정해진 크기가 없습니다. 그러므로 삽입한 클립아트 크기에 관계없이 항상 선명한 이미지를 유지하는 것이 장점입니다.

01 엑셀 2016에서는 기본적으로 클립아트를 제공하지 않으므로 인터넷을 통해 원하는 클립아트를 다운로드하여 삽입해야 합니다. 클립아트를 찾기 위해 [삽입] 탭-[일러스트레이션] 그룹-[온라인 그림]을 클릭합니다.

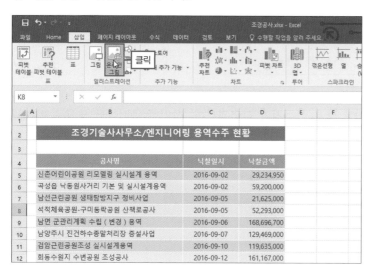

02 [그림 삽입] 창이 열리면 [Bing] 검색 창에 'tree clipart wmf'를 입력한 다음 Enter 키를 누릅니다. 검색어의 유형 및 언어에 따라 검색 결과가 차이가 있을 수 있으므로 자신이 원하는 유형과 언어 그리고 단어를 정확히 입력하는 것이 좋습니다.

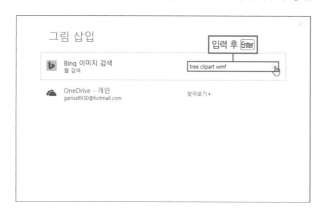

03 검색된 결과 중에서 삽입하고자 하는 클립아트를 선택한 다음 [삽입] 버튼을 클릭합니다.

04 엑셀 문서에 선택한 클립아트 혹은 이미지가 삽입됩니다. 삽입한 클립아트 색상을 변경해 보겠습니다. 클립아트를 선택한 상태에서 [서식] 정황 탭-[조정] 그룹-[색]-[주황, 어두운 강조색 6]을 선택합니다.

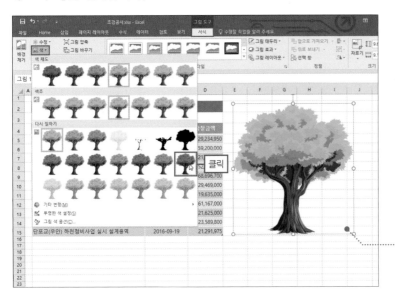

Tip 클립아트는 크기를 늘려도 이미지가 깨끗한 벡터 객체를 사용하는 것 이 좋습니다.

05 이미지 대비를 강조하기 위해 [서식] 정황 탭-[조정] 그룹-[수정]-[대비: +40%]를
선택합니다.

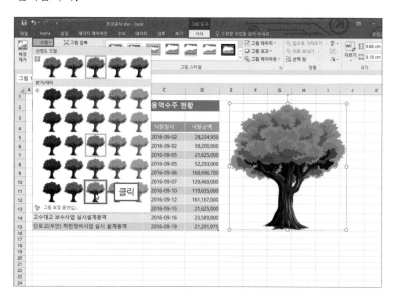

06 클립아트를 적당한 크기로 조정하여 문서를 완성합니다.

워드아트 만들기

워드아트는 다양한 효과를 표현하여 텍스트 내용을 돋보이게 하는 기능입니다. 워드아트를 이용하면 텍스트 내용을 그대로 유지하면서 도형처럼 다양한 효과를 부여할 수 있을 뿐만 아니라 텍스트를 다양한 형태로 변형할 수 있어 문서의 제목이나 표어와 같이 텍스트를 부각시키고자 할 때 유용하게 사용할 수 있습니다.

• Preview •

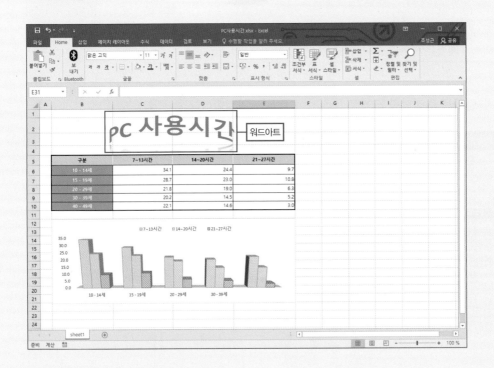

섹션별 주요 내용

① 워드아트 만들기   ② 워드아트 효과 부여하기

워드아트는 도형처럼 시각적으로 뛰어난 효과를 부여할 수 있는 반면 텍스트 내용이 그대로 유지되기 때문에 워드아트를 만든 후에도 언제든지 텍스트 내용을 변경할 수 있는 장점이 있습니다. 워드아트를 이용하여 엑셀 통합 문서의 제목을 만들겠습니다.

01 워드아트를 삽입하기 위해 [삽입] 탭−[텍스트] 그룹−[WordArt]−[그라데이션 채우기 − 바다색, 강조 1, 반사]를 선택합니다.

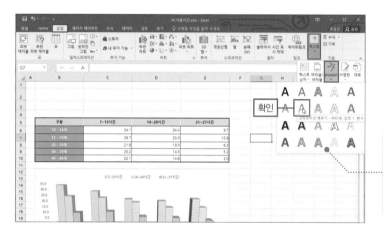

Tip 워드아트를 만든 후에 [그리기 도구]−[서식] 정황 탭−[WordArt 스타일] 그룹에서 워드아트 스타일을 변경할 수 있습니다.

02 선택한 워드아트 스타일이 적용된 텍스트 상자가 삽입됩니다. 텍스트 상자를 클릭한 다음 'PC 사용시간'을 입력합니다. 텍스트에 선택한 워드아트 스타일이 적용되어 표시됩니다.

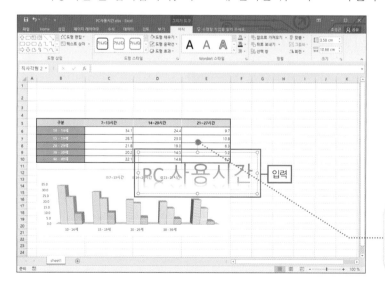

Tip 워드아트는 도형과 같이 [도형 회전 핸들]을 이용하여 회전할 수 있습니다.

03 워드아트를 선택하고 [홈] 탭-[글꼴] 그룹에서 크기를 '30'으로 설정한 다음 그림처럼 엑셀 통합 문서 윗부분에 배치합니다.

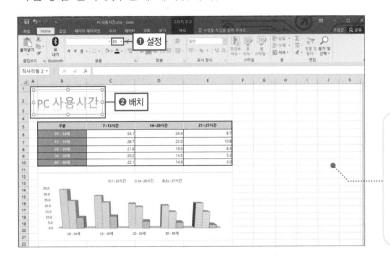

> Tip 워드아트는 텍스트 속성을 가지고 있기 때문에 도형처럼 [크기 조절 핸들]을 이용하여 워드아트 크기를 조절할 수 없고 [홈] 탭-[글꼴] 그룹에 있는 글꼴 속성을 이용해서만 크기를 조절할 수 있습니다.

기본적으로 만들어진 워드아트만으로도 훌륭한 표제로 사용할 수 있지만 워드아트 스타일 중에 자신이 원하는 스타일이 없다면 비슷한 스타일을 적용한 다음 서식을 수정하여 워드아트를 완성할 수 있습니다. 워드아트에 다양한 효과를 부여하여 좀 더 부각되는 워드아트를 만들겠습니다.

01 워드아트 색상을 변경해 보겠습니다. 워드아트를 선택한 상태에서 [그리기 도구]-[서식] 정황 탭-[WordArt] 그룹-[텍스트 채우기▼]-[진한 파랑, 텍스트 2, 40% 더 밝게]를 선택합니다. 텍스트 색상이 변경되면 [굵게]를 클릭하여 텍스트를 진하게 만듭니다.

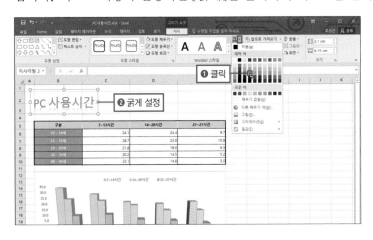

02 워드아트의 색상이 선택한 색상으로 변경됩니다. 워드아트에 효과를 부여하겠습니다. 워드아트를 선택한 상태에서 [그리기 도구]-[서식] 정황 탭-[WordArt 스타일] 그룹-[텍스트 효과]-[변환]-[원통 위]를 선택합니다.

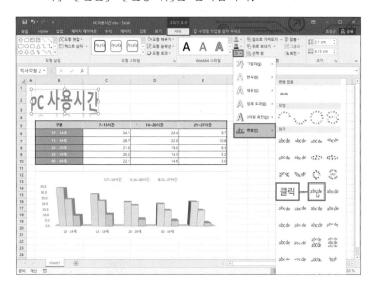

03 워드아트에 선택한 효과가 부여되어 위로 구부러진 형태로 표현됩니다. 이처럼 워드아트는 텍스트 속성을 그대로 유지하면서 다양한 형태로 만들 수 있습니다. 워드아트를 더욱 구부러지게 하기 위해 워드아트의 [모양 조절 핸들]을 위쪽으로 드래그합니다. 워드아트가 더욱 구부러져 곡선 형태의 텍스트가 완성됩니다.

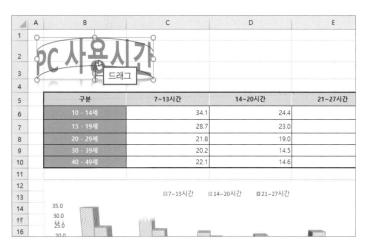

04 워드아트의 [크기 조절 핸들]을 이용하여 가로 방향으로 크기를 늘립니다. 워드아트를 문서의 가운데 위치하도록 이동시키면 문서가 완성됩니다.

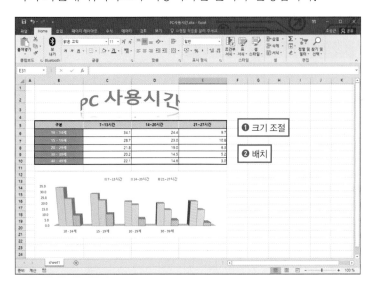

⚠️ **알아두면 좋아요**

워드아트 효과

워드아트는 텍스트를 돋보이게 하는 도구인 만큼 시각적으로 텍스트를 부각시킬 수 있는 다양한 효과를 사용할 수 있습니다. 도형에서 사용하는 그림자에서부터 3차원 회전에 이르기까지 다양한 효과를 사용할 수 있으며 '변환' 효과를 사용하면 텍스트를 여러 가지 형태로 변형할 수 있습니다.

1. 그림자

워드아트 뒤쪽에 그림자를 표시하여 입체감을 표현합니다.

2. 반사

워드아트 아래쪽에 워드아트가 반사된 효과를 만들어 입체감을 표현합니다.

3. 네온

워드아트 주위로 조명이 번지는 듯한 효과를 표현하여 텍스트를 부각합니다.

4. 입체 효과

워드아트에 오목하거나 볼록한 입체면을 형성하여 입체감을 표현합니다.

5. 3차원 회전

워드아트를 3차원으로 회전시켜 공간감을 표현합니다.

6. 변환

워드아트를 다양한 형태로 왜곡시켜 텍스트를 미려하게 표현합니다.

스마트아트 이용하기

　스마트아트를 이용하면 다양한 개체를 만들 수 있지만 그 중에서도 가장 돋보이는 기능이 계층 구조의 도형과 관계형 도형을 만드는 기능입니다. 이러한 도형을 직접 만들려면 상당한 과정과 노력이 필요하기 때문입니다.

· Preview ·

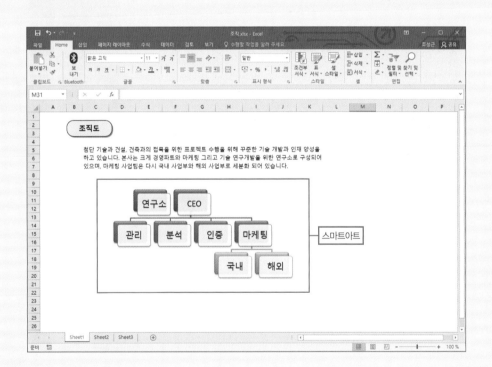

섹션별 주요내용

① 스마트아트 형태 알아보기　　　② 계층형 스마트아트 만들기

③ 스마트아트 색상 변경 및 스타일 적용하기　　④ 관계형 스마트아트 만들기

Sub ① 스마트아트 형태 알아보기

스마트아트는 복잡한 도형 작업을 간단하고 빠르게 할 수 있도록 한 마법사 형태의 도구로, 도형의 구조와 관계 방식에 따라 여덟 가지 형태로 구분할 수 있습니다.

1 목록형 스마트아트

단순히 도형을 나열하는 형태의 스마트아트로, 동일한 형태의 도형을 같은 간격으로 가로나 세로 방향으로 나열한 형태입니다.

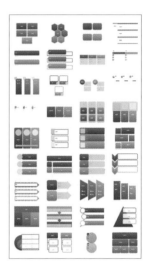

2 프로세스형 스마트아트

작업이 진행되는 순서를 표시하는 스마트아트로, 방향을 표시하는 화살표나 도형의 방향을 이용하여 작업 진행 방향을 표현합니다.

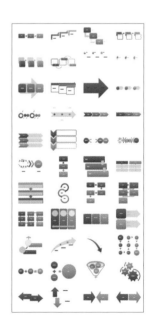

③ 주기형 스마트아트

순환되는 형태의 도형을 이용하여 작업 흐름을 표현하며 도형 각각이 모두 동일한 형태를 가지고 있습니다.

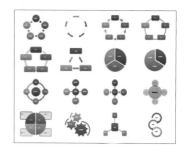

④ 계층 구조형 스마트아트

여러 단계의 수준을 통해 계층 사이 구조를 표현하기 위한 스마트아트로, 동일한 형태의 도형을 다양한 수준으로 만들어 계층 구조를 표시합니다.

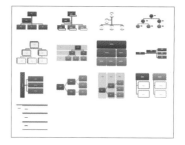

⑤ 관계형 스마트아트

도형 사이 관계를 표현하고자 할 때 사용하는 스마트아트로, 다양한 형태의 도형과 블록 화살표를 이용하여 도형 사이 관계를 표현합니다.

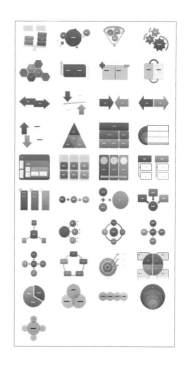

6 행렬형 스마트아트

같은 종류의 도형을 네 방향으로 배치하여 전체에 대한
도형의 구성 요소 관계를 표현합니다.

7 피라미드형 스마트아트

비례 관계, 상호 연결 관계 등 점차 수가 증가, 감소하는
계층 관계를 표현하고자 할 때 사용합니다.

8 그림 스마트아트

규칙이 없이 자유로운 형태의 스마트아트로, 단순히 도
형을 이용하여 내용을 표현하고자 할 때 적합한 스마트아
트를 선택하여 사용할 수 있습니다.

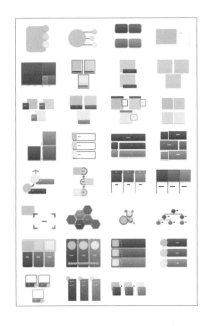

계층형 스마트아트는 하부 조직의 구조를 표현하고자 할 때 유용하게 사용할 수 있습니다. 계층형 스마트아트를 사용하면 새로운 하부 조직이나 같은 수준의 조직을 쉽게 추가하거나 제거할 수 있어 원하는 형태의 조직도를 쉽게 만들 수 있습니다. 계층형 스마트아트를 이용하여 회사 조직도를 만드는 방법에 대해 알아보겠습니다.

01 스마트아트를 삽입하기 위해 [삽입] 탭-[일러스트레이션] 그룹-[SmartArt]를 클릭합니다.

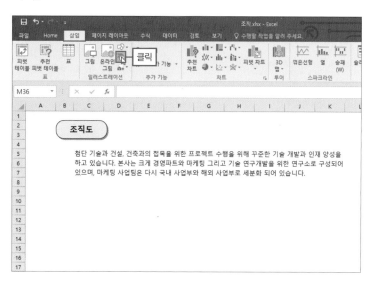

02 [SmartArt 그래픽 선택] 창이 열리면 탐색 창에서 [계층 구조형]을 선택한 다음 도형 선택 화면에서 [계층 구조형] 스마트아트를 선택한 후 [확인] 버튼을 클릭합니다.

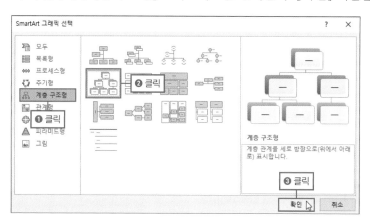

03 [계층 구조형] 스마트아트가 삽입됩니다. 기본적인 [계층 구조형] 스마트아트는 3단의 계층형 구조로 만들어집니다. 이번에 만들 조직도는 2단형 구조에 연구소를 따로 배치할 것입니다. 먼저 두 번째 단의 수준을 내려 보겠습니다. 두 번째 단의 오른쪽 도형을 클릭한 다음 [SmartArt]-[디자인] 정황 탭-[그래픽 만들기] 그룹-[수준 내리기]를 클릭합니다.

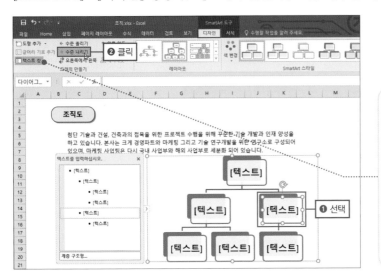

> **Tip** 스마트아트의 텍스트 창은 마지막으로 작업한 스마트아트의 작업 환경에 따라 표시되거나 표시되지 않을 수 있습니다.
> [SmartArt 도구]-[디자인] 정황 탭-[그래픽 만들기] 그룹-[텍스트 창] 버튼을 클릭하면 스마트아트의 텍스트 창을 표시하거나 제거할 수 있습니다.

04 선택한 도형이 하위 수준으로 내려갑니다. 이처럼 기본적인 계층형 스마트아트에서 도형의 수준을 설정하여 내가 원하는 계층형 구조로 만드는 것입니다. 두 번째 단의 남은 도형을 선택한 다음 [SmartArt]-[디자인] 정황 탭-[그래픽 만들기] 그룹-[수준 올리기]를 클릭합니다.

> **Tip** 도형을 마우스로 드래그하면 도형의 위치만 바뀔 뿐 도형의 수준은 변경되지 않으므로, 도형 수준을 변경할 때는 반드시 [그래픽 만들기] 그룹의 수준 변경 버튼을 이용하여 작업을 해야 합니다.

05 선택한 도형이 첫 번째 수준으로 올라갑니다. 두 번째 단에 새로운 하위 수준의 도형을 만들 겠습니다. 두 번째 단의 가장 오른쪽에 위치한 도형을 선택한 상태에서 [SmartArt 도구]-[디자 인] 정황 탭-[그래픽 만들기] 그룹-[도형 추가]-[아래에 도형 추가]를 선택합니다.

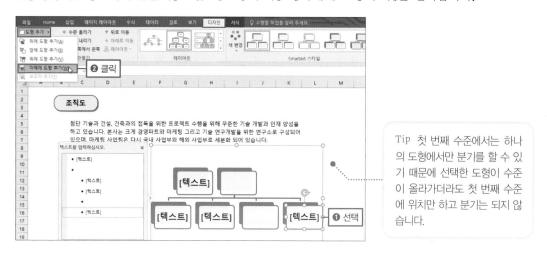

Tip 첫 번째 수준에서는 하나의 도형에서만 분기를 할 수 있기 때문에 선택한 도형이 수준이 올라가더라도 첫 번째 수준에 위치만 하고 분기는 되지 않습니다.

06 선택한 도형의 하위 수준에 새로운 도형이 만들어집니다. 같은 수준의 도형을 하나 더 만들겠습니다. 방금 만든 도형을 선택한 상태에서 [SmartArt 도구]-[디자인] 정황 탭-[그래픽 만들기] 그룹-[도형 추가]-[앞에 도형 추가]를 선택합니다. 선택한 도형 옆에 같은 수준의 새로운 도형이 만들어집니다. 이처럼 선택한 도형을 기준으로 수준을 결정하면 해당 수준에 계층형 도형이 삽입됩니다.

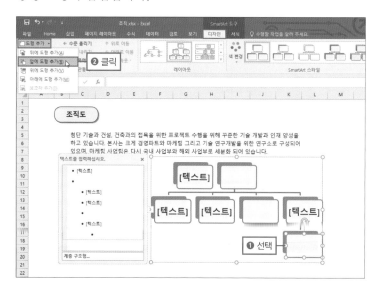

기본적인 스마트아트는 한 가지 색상으로만 이루어져 있습니다. 좀 더 다채로운 스마트아트로 만들기 위해서는 스마트아트의 색상을 변경하거나 [SmartArt 스타일]을 적용할 수 있습니다. 스마트아트 색상을 변경하고 [SmartArt 스타일]을 적용하여 좀 더 세련된 디자인의 스마트아트로 만들겠습니다.

01 스마트아트를 선택한 상태에서 [SmartArt 도구]−[디자인] 정황 탭−[SmartArt 스타일] 그룹−[색 변경]−[색상형 범위 − 강조색 3 또는 4]를 선택합니다.

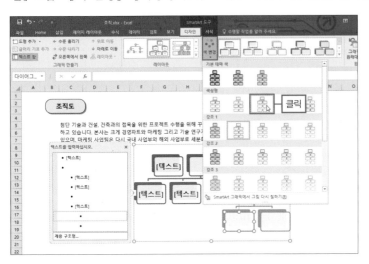

02 스마트아트에 스타일을 적용해 보겠습니다. 스마트아트를 선택한 상태에서 [SmartArt 도구]−[디자인] 정황 탭−[SmartArt 스타일] 그룹−[강한 효과]를 선택합니다.

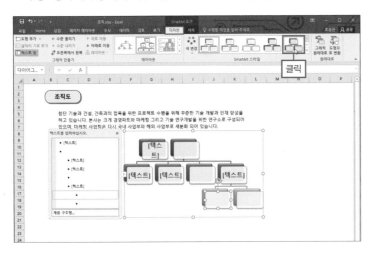

03 텍스트 창의 첫 번째 항목에 '연구소'를 입력합니다. 텍스트를 입력함과 동시에 스마트아트의 첫 번째 도형에 텍스트가 표시됩니다. 이처럼 스마트아트는 직접 도형에 텍스트를 입력하지 않아도 텍스트만을 따로 편집할 수 있어 편리합니다.

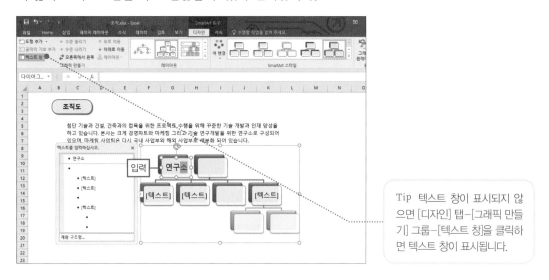

Tip 텍스트 창이 표시되지 않으면 [디자인] 탭-[그래픽 만들기] 그룹-[텍스트 창]을 클릭하면 텍스트 창이 표시됩니다.

04 텍스트 상자에 각 항목의 텍스트를 입력하여 계층형 스마트아트를 완성합니다.

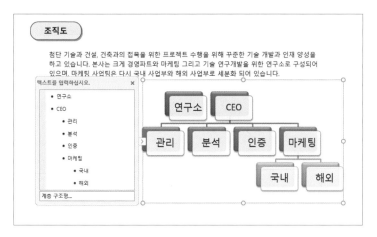

05 스마트아트를 텍스트 위치와 일치하도록 이동하여 문서를 완성합니다.

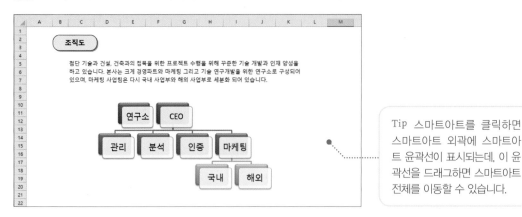

> Tip 스마트아트를 클릭하면
> 스마트아트 외곽에 스마트아
> 트 윤곽선이 표시되는데, 이 윤
> 곽선을 드래그하면 스마트아트
> 전체를 이동할 수 있습니다.

Sub ④ 관계형 스마트아트 만들기

스마트아트를 이용하면 복잡한 도형을 간단한 과정만으로도 쉽게 만들 수 있습니다. 특히 스마트아트에는 스타일을 적용할 수 있어, 일반 도형에서의 도형 서식 과정을 버튼 한번 클릭하는 것으로 해결할 수 있습니다. 스마트아트 중 관계형 스마트아트는 개체 사이 관계를 도형을 이용하여 표현하고자 할 때 사용합니다. 스마트아트를 이용하여 [톱니바퀴형] 스마트아트를 만드는 과정에 대해 알아보겠습니다.

01 [Sheet2] 워크시트를 클릭한 다음 [삽입] 탭 – [일러스트레이션] 그룹 – [SmartArt]를 클릭합니다.

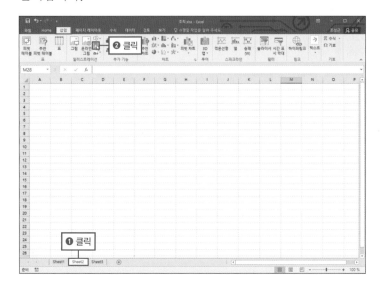

02 [SmartArt 그래픽 선택] 창이 열리면 탐색 창에서 [관계형]을 선택한 다음 [관계형] 스마트아트 개체들이 표시되면 [톱니 바퀴형] 스마트아트를 선택하고 [확인] 버튼을 클릭합니다.

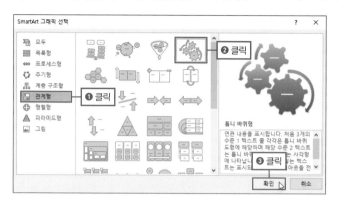

03 선택한 [톱니 바퀴형] 스마트아트가 삽입됩니다. 이와 같은 복잡한 형태의 도형을 직접 만들려면 원과 사각형 도형을 이용하여 복잡한 단계를 거쳐야 하지만 스마트아트는 버튼 클릭 한 번으로 간단하게 만들 수 있습니다.

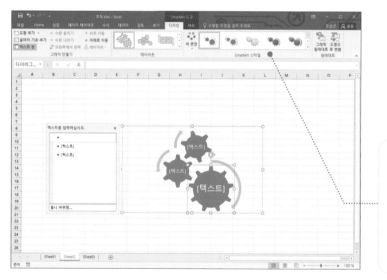

Tip 스마트아트를 이용하여 만든 도형은 각각 별도의 편집 과정을 통해 서로 다른 형태의 도형으로 만들 수 있습니다. [SmartArt 스타일]이나 [색 변경]을 통해 스타일이나 색을 변경하면 도형에 모두 적용됩니다.

04 기본적인 스마트아트는 단색의 단조로운 외형을 지니고 있으므로 다양한 색상을 부여하여 다채로운 스마트아트를 만들겠습니다. 스마트아트를 선택한 다음 [SmartArt 도구]–[디자인] 정황 탭–[SmartArt 스타일] 그룹–[색 변경]–[색상형–강조색]을 선택합니다.

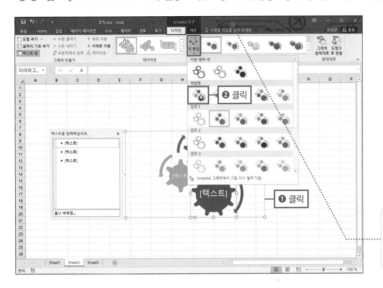

Tip 스마트아트 개체를 클릭하면 자동으로 [SmartArt 도구] 정황 탭이 표시됩니다.

05 색상 변경에 이어 스마트아트에 스타일을 적용합니다. 역시 스마트아트를 선택한 다음 [SmartArt 도구]–[디자인] 정황 탭–[SmartArt 스타일] 그룹에서 '경사' 항목을 선택합니다.

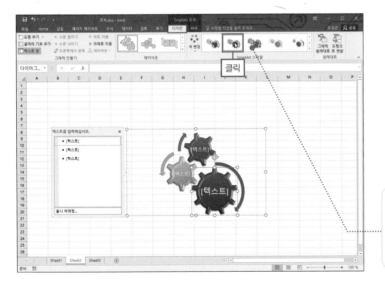

Tip 스마트아트 스타일 항목 위에 마우스 커서를 가져가면 스타일이 적용된 미리 보기 화면을 확인할 수 있습니다.

06 텍스트 창에 각 항목의 텍스트를 입력하면 입력과 동시에 스마트아트의 도형에 텍스트가 입력됩니다. 이처럼 스마트아트는 텍스트 창의 내용을 수정하면 실시간으로 스마트아트의 텍스트에도 반영됩니다.

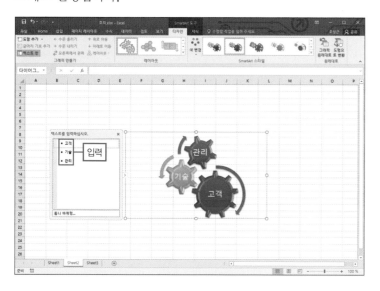

07 스마트아트 도형의 텍스트를 선택한 다음 [홈] 탭-[글꼴] 그룹의 글꼴 속성을 이용하여 '맑은 고딕, 15포인트, 굵게'로 설정합니다.

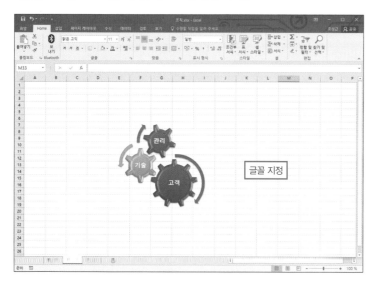

Part 06

함수로 정확한 값 산출하기

함수는 복잡하고 긴 계산식을 빠르고 정확하게 산출하기 위한 식입니다.
이런 이유에서 엑셀 프로그램의 꽃은 함수라고 할 수 있습니다.
함수는 복잡하고 여러 단계에 걸쳐 계산해야 하는 작업을 하나의 함수로 정의하여 계산할 수 있습니다.
이번 파트에서는 이러한 함수를 적용하는 방법과 자주 사용하는 함수, 그에 따른 사용 방법을 알아보겠습니다.

함수의 적용

　일반적으로 계산하는 과정을 수식이라고 하고, 하나의 수식은 그 과정이 복합하고 긴 과정일 수 있습니다. 함수는 길고 복잡한 수식 과정을 하나의 함수로 함축한 것으로 함수도 일종의 수식이라고 할 수 있습니다. 그래서 일반적으로 짧고 간단한 수식은 직접 수식을 입력하고 복잡하고 계산 과정이 긴 수식은 함수를 사용하게 됩니다.

• Preview •

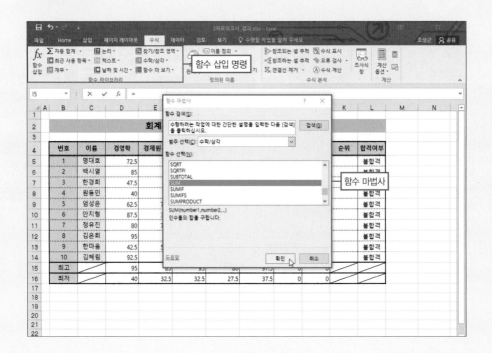

섹션별 주요 내용　① 함수의 이해　② 함수의 입력 형식　③ 함수 입력 방법

Sub 1 함수의 이해

함수를 사용하는 대표적인 이유에 대해 다음의 예를 보면서 이해하겠습니다. 다음 그림에서 '엑셀', '파워포인트', '워드', '액세스' 네 과목에 대한 평균을 구해야 한다면 일반적인 수식으로는 네 과목의 점수를 모두 더한 다음 과목의 수로 다시 나누어야 하는 과정을 거쳐야 합니다. 예제에서는 비교적 계산 과정이 간단하지만 수식 입력 중간에 셀 주소를 잘못 입력하거나 빠뜨리기라도 하면 수식에는 오류가 없더라도 전혀 다른 결과가 표시될 것입니다.

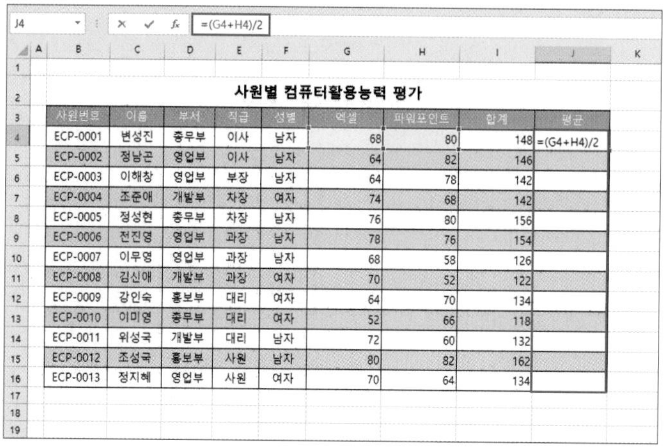

J4 =(G4+H4)/2

사원별 컴퓨터활용능력 평가

사원번호	이름	부서	직급	성별	엑셀	파워포인트	합계	평균
ECP-0001	변성진	총무부	이사	남자	68	80	148	=(G4+H4)/2
ECP-0002	정남곤	영업부	이사	남자	64	82	146	
ECP-0003	이해창	영업부	부장	남자	64	78	142	
ECP-0004	조준애	개발부	차장	여자	74	68	142	
ECP-0005	정성현	총무부	차장	남자	76	80	156	
ECP-0006	전진영	영업부	과장	남자	78	76	154	
ECP-0007	이무영	영업부	과장	남자	68	58	126	
ECP-0008	김신애	개발부	과장	여자	70	52	122	
ECP-0009	강인숙	홍보부	대리	여자	64	70	134	
ECP-0010	이미영	총무부	대리	여자	52	66	118	
ECP-0011	위성국	개발부	대리	남자	72	60	132	
ECP-0012	조성국	홍보부	사원	남자	80	82	162	
ECP-0013	정지혜	영업부	사원	여자	70	64	134	

이번에는 같은 과정을 함수를 사용해서 계산하겠습니다. 평균을 구하는 'AVERAGE()'라는 함수를 이용하여 계산 범위를 지정하면 쉽게 평균을 구할 수 있습니다. 길고 복잡한 계산 과정이 'AVERAGE()'라는 함수 하나로 해결된 것입니다. 이처럼 복잡하고 긴 계산 과정을 하나의 수식으로 정의한 것이 함수입니다.

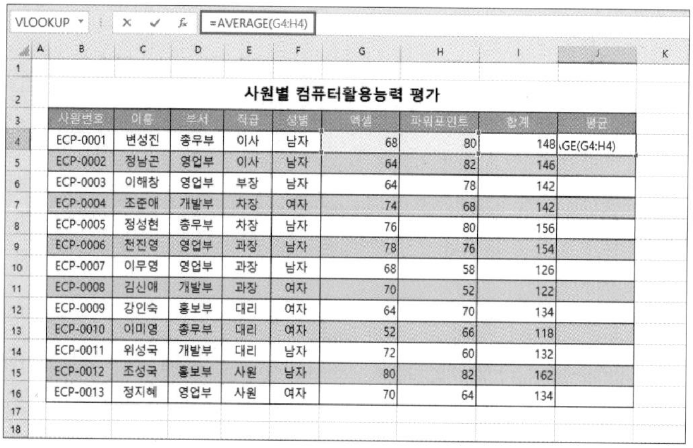

VLOOKUP =AVERAGE(G4:H4)

사원별 컴퓨터활용능력 평가

사원번호	이름	부서	직급	성별	엑셀	파워포인트	합계	평균
ECP-0001	변성진	총무부	이사	남자	68	80	148	GE(G4:H4)
ECP-0002	정남곤	영업부	이사	남자	64	82	146	
ECP-0003	이해창	영업부	부장	남자	64	78	142	
ECP-0004	조준애	개발부	차장	여자	74	68	142	
ECP-0005	정성현	총무부	차장	남자	76	80	156	
ECP-0006	전진영	영업부	과장	남자	78	76	154	
ECP-0007	이무영	영업부	과장	남자	68	58	126	
ECP-0008	김신애	개발부	과장	여자	70	52	122	
ECP-0009	강인숙	홍보부	대리	여자	64	70	134	
ECP-0010	이미영	총무부	대리	여자	52	66	118	
ECP-0011	위성국	개발부	대리	남자	72	60	132	
ECP-0012	조성국	홍보부	사원	남자	80	82	162	
ECP-0013	정지혜	영업부	사원	여자	70	64	134	

모든 수식이 '='로 시작하는 것처럼 함수 또한 '='라는 수식 기호를 시작으로 함수 이름과 인수를 입력합니다. 함수는 함수 이름과 인수로 구성되어 있으며 함수에 따라 입력하는 인수의 종류와 형식은 모두 다릅니다.

함수를 입력하는 형식은 다음과 같습니다.

= 함수 이름(인수1, 인수2, 인수3 ······.)

앞서 언급한 것처럼 함수를 입력할 때는 수식 기호인 '='를 앞에 입력해야 합니다. 함수 이름은 소문자나 대문자와 관계없이 입력하면 되며 함수 이름 중간에 공백을 입력하면 함수 이름을 인식할 수 없습니다.

함수에는 인수가 필요한데 앞서 예로 든 것처럼 'AVERAGE()'라는 함수에서는 평균을 구하기 위한 범위를 인수로 사용하게 됩니다. TODAY()와 같은 일부 함수에서는 인수를 사용하지 않기도 하지만 대부분의 함수는 인수를 입력해야 하며 인수의 개수와 형태는 함수에 따라 달라집니다. 인수가 여러 개인 경우에는 인수를 콤마(,)로 구분하여 입력하게 되며 인수를 입력할 때는 괄호 '()' 안에 입력해야 합니다. 인수가 없을 경우에도 괄호 '()'는 반드시 입력해야 합니다.

함수에 따라 사용하게 되는 인수에는 숫자나 문자 수식 등이 사용되지만 가장 많이 사용하게 되는 인수의 형식은 셀 주소입니다. 각각의 셀 주소를 입력할 때는 상대참조나 절대참조 형식으로 입력하고 셀 범위를 입력할 때는 범위의 시작 셀 주소와 마지막 셀 주소 사이에 콜론(:)을 입력하여 범위를 지정합니다.

Sub 3 **함수 입력 방법**

수식 입력 줄에 함수를 입력하는 방법에는 직접 입력하는 방법과 리본 메뉴를 이용하는 방법, 그리고 함수 마법사를 이용하는 방법이 있습니다. 각각의 장단점이 있지만 일반적으로 짧고 간단한 함수는 직접 입력하고 함수 이름이 긴 경우에는 리본 메뉴나 함수 마법사를 사용하게 됩니다.

1 직접 함수를 입력하는 방법

짧고 간단한 함수의 경우에는 수식 입력 줄에 함수를 직접 입력하는 것이 빠릅니다. 엑셀 2016에서는 입력하는 문구가 함수 이름에 해당하는 경우에는 입력한 문구가 포함된 함수 목록이 표시되어 함수 이름을 쉽게 입력할 수 있도록 돕습니다. 또한 함수 이름을 입력하면 입력한 함수에 필요한 인수 형식이 표시됩니다.

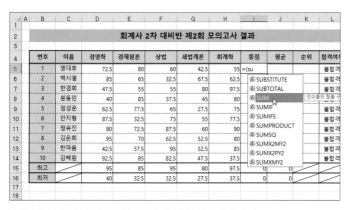

▲ 함수 이름을 입력했을 때 필요한 인수의 종류와 형식이 표시되는 모습

▲ 함수 이름 일부를 입력했을 때 관련된 함수 목록이 표시되는 모습

2 리본 메뉴를 이용하여 함수를 입력하는 방법

[수식] 탭 – [함수 라이브러리] 그룹에서 입력하려는 함수를 선택하면 수식 입력 줄에 함수가 입력됩니다. 최근에 사용한 함수는 [최근에 사용 항목]을 클릭하여 좀 더 빠르게 입력할 수 있습니다. 입력하려는 함수의 범주를 모를 경우에는 함수 마법사를 이용하면 함수를 쉽게 입력할 수 있습니다.

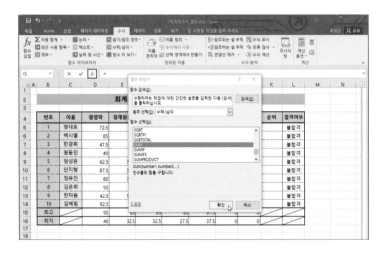

번호	이름	경영학	경제원론	상법	세법개론	회계학	총점
1	명대호	72.5	80	60	42.5	55	
2	백시열	85	65	32.5	67.5	62.5	
3	한경희	47.5	55	55	80	97.5	
4	원동민	40	85	37.5	45	80	
5	엄성은	62.5	77.5	65	27.5	75	
6	안지형	87.5	32.5	75	55	77.5	
7	정유진	80	72.5	87.5	60	90	
8	김은희	95	70	62.5	52.5	80	

회계사 2차 대비반 제2회 모의고사 결과

❸ [함수 삽입] 버튼을 이용해서 함수를 입력하는 방법

수식 입력 줄 왼쪽에 위치한 [함수 삽입] 아이콘을 클릭하면 [함수 마법사] 창이 열리고 이 창에서 입력할 함수를 선택하여 함수를 사용할 수 있습니다. 입력 상자에 찾고자 하는 함수에 대한 검색어를 입력하고 [검색] 버튼을 클릭하면 관련된 함수 목록이 표시되며 [함수 선택] 상자에서 함수를 선택하면 창 아랫부분에 함수에 대한 간단한 설명이 표시됩니다. 함수의 인수는 함수가 수식 입력 줄에 입력된 다음 입력합니다.

가장 자주 사용되는 함수

엑셀 2016에서 사용하는 함수는 수백 개에 이르지만 이러한 함수 중에서 사용자가 자주 사용하는 함수는 정해져 있으며, 함수의 사용 방법만 정확히 알고 있어도 작업 효율을 크게 올릴 수 있습니다. 가장 자주 사용하는 SUM(), AVERAGE(), RANK(), IF(), AND(), MAX(), MIN() 등 일곱 가지 함수의 사용 방법에 대해 알아보겠습니다.

· Preview ·

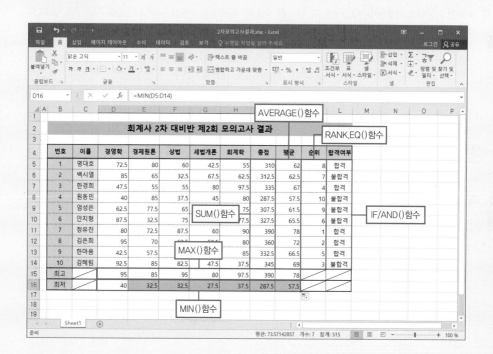

섹션별
주요 내용

① SUM() 함수　　②AVERAGE() 함수　　③ RANK.EQ() 함수
④ IF()/AND() 함수　　⑤ MAX()/MIN() 함수

Sub 1 SUM( ) 함수

SUM( ) 함수는 자동 합계 기능에서 제공되는 만큼 가장 자주 사용되는 함수로, 지정한 범위 셀의 합계를 구하는 함수이며, 인수로는 합계를 구할 셀 범위나 셀 주소가 필요합니다.

▶ **SUM( ) 함수 입력 형식**

SUM( ) 함수는 주어진 인수의 합계를 구하는 함수입니다.

❶ 입력 형식

=SUM(number1, [number2], …….)

❷ 인수의 의미

• number : 직접 합계를 구할 숫자를 입력할 수도 있고 합계를 구할 데이터가 입력된 셀 주소를 입력할 수도 있습니다. 지정한 범위의 합계를 구할 때는 범위의 시작 셀 주소와 마지막 셀 주소를 'A1:E4'와 같이 구간으로 입력합니다.

---

01 각 행의 과목에 대한 총점을 구하기 위해 [D5]셀에서 [H5]셀까지 선택하고 총점이 삽입될 [홈] 탭-[편집] 그룹-[자동 합계▼]-[합계]를 선택합니다. 계산할 범위를 지정하지 않으면 선택한 셀의 왼쪽에 위치한 셀 중 숫자 데이터가 포함된 셀의 값을 이용하여 계산됩니다.

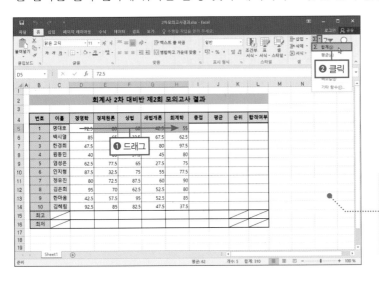

Tip 계산 형태가 '합계'인 경우에는 확장 버튼(▼)을 클릭하여 계산 형태를 지정하지 않아도 [자동 합계]를 클릭하면 합계가 구해집니다.

02 선택된 영역의 점수가 계산되어 자동으로 합계가 구해져 입력됩니다. 함수에 의해 합계가 표시되면 나머지 셀에도 동일한 함수를 적용하기 위해 [I5]셀의 자동 채우기 핸들을 이용하여 [I14]셀까지 드래그합니다.

I5			× ✓ *fx*	=SUM(D5:H5)						

	A	B	C	D	E	F	G	H	I	J	K
1											
2				회계사 2차 대비반 제2회 모의고사 결과							
3											
4		번호	이름	경영학	경제원론	상법	세법개론	회계학	총점	평균	순위
5		1	명대호	72.5	80	60	42.5	55	310		
6		2	백시열	85	65	32.5	67.5	62.5			
7		3	한경희	47.5	55	55	80	97.5			
8		4	원동민	40	85	37.5	45	80			
9		5	엄성은	62.5	77.5	65	27.5	75			
10		6	안지형	87.5	32.5	75	55	77.5		드래그	
11		7	정유진	80	72.5	87.5	60	90			
12		8	김은희	95	70	62.5	52.5	80			
13		9	한마음	42.5	57.5	95	52.5	85			
14		10	김혜림	92.5	85	82.5	47.5	37.5			
15		최고									
16		최저									
17											

03 자동 채우기가 완료되면 자동 채우기 옵션 상자를 클릭한 다음 [서식 없이 채우기]를 선택하여 수식만 복사하도록 합니다.

회계사 2차 대비반 제2회 모의고사 결과							
경제원론	상법	세법개론	회계학	총점	평균	순위	합격여부
80	60	42.5	55	310			
65	32.5	67.5	62.5	312.5			
55	55	80	97.5	335			
85	37.5	45	80	287.5			
77.5	65	27.5	75	307.5			
32.5	75	55	77.5	327.5			
72.5	87.5	60	90	390			
70	62.5	52.5	80	360			
57.5	95	52.5	85	332	❶ 클릭		
85	82.5	47.5	37.5	345			

○ 셀 복사(C)
○ 서식만 채우기(F)
○ 서식 없이 채우기(O) ❷ 실행
○ 빠른 채우기(F)

AVERAGE( ) 함수는 선택한 범위의 값들의 평균을 구하는 함수입니다.

> ▶ **AVERAGE( ) 함수의 입력 형식**
>
> AVERAGE( ) 함수는 주어진 인수들의 평균을 구하는 함수입니다.
>
> ❶ **입력 형식**
>
> =AVERAGE(number1, number2, ……)
>
> ❷ **인수**
>
> • number : 직접 평균을 구할 숫자를 입력할 수도 있고 평균을 구하기 위한 데이터가 입력된 셀 주소를 입력할 수도 있습니다. 지정한 범위의 평균을 구할 때는 구간으로 입력하며, 범위의 이름이나 배열을 사용할 수 있습니다.

01 [D5]셀에서 [H5]셀까지 드래그하여 선택한 다음 [홈] 탭-[편집] 그룹-[자동 합계 ▼]-[평균]을 선택합니다.

> Tip 평균을 구할 범위를 지정하지 않으면 선택한 셀의 왼쪽에 있는 수치 데이터를 대상으로 평균을 구하므로 앞서 계산한 [합계]까지 평균에 포함됩니다.

02 [J5]셀에 선택된 영역의 평균 점수가 계산되어 입력됩니다. 나머지 셀에도 같은 수식을 적용하기 위해 [J5]셀의 자동 채우기 핸들을 이용하여 [J14]셀까지 드래그합니다. 자동 채우기 옵션 상자를 클릭한 다음 [서식 없이 채우기]를 선택하여 수식만 복사합니다.

번호	이름	경영학	경제원론	상법	세법개론	회계학	총점	평균	순위	합격여부
1	명대호	72.5	80	60	42.5	55	310	62		
2	백시열	85	65	32.5	67.5	62.5	312.5	62.5		
3	한경희	47.5	55	55	80	97.5	335	67		
4	원동민	40	85	37.5	45	80	287.5	57.5		
5	엄성은	62.5	77.5	65	27.5	75	307.5	61.5		
6	안지형	87.5	32.5	75	55	77.5	327.5	65.5		
7	정유진	80	72.5	87.5	60	90	390	78		
8	김은희	95	70	62.5	52.5	80	360	72		
9	한마음	42.5	57.5	95	52.5	85	332.5	66.5		
10	김혜림	92.5	85	82.5	47.5	37.5	345	69		
최고										
최저										

❶ 드래그
❷ 클릭
❸ 클릭

○ 셀 복사(C)
○ 서식만 채우기(F)
○ 서식 없이 채우기(O)
○ 빠른 채우기(F)

> Tip 자동 채우기를 이용하면 기본적으로 양식까지 복사되므로 수식만 복사하기 위해 [서식 없이 채우기] 옵션을 적용해야 하는 것입니다.

Sub ③ RANK.EQ( ) 함수

RANK.EQ( ) 함수는 선택한 범위에서 해당 데이터의 크기 순위를 구하는 함수입니다. 엑셀 2007까지는 RANK( )라는 하나의 함수로 사용되었지만 엑셀 2010부터 RANK.EQ( ) 함수와 RANK.AVG( ) 함수로 구분되었습니다.

▶ **RANK.EQ( ) 함수의 입력 형식**

RANK.EQ( ) 함수는 지정한 범위에서의 순위를 분석하는 함수입니다. 엑셀 2007까지는 RANK( )라는 하나의 함수로 사용되었지만 엑셀 2016에서는 RANK.EQ( ) 함수와 RANK.AVG 함수로 구분되었습니다. RANK.EQ( ) 함수는 선택한 범위에서 동일한 크기의 값이 있을 경우 동일한 순위가 반환되지만 RANK.AVG( ) 함수는 선택한 범위에서 동일한 크기의 값이 있을 경우 순위의 평균이 반환됩니다. 예들 들어 RANK.EQ( ) 함수를 사용하면 선택한 범위에서 '85'라는 값이 두 번째 순위이고 '85'가 입력된 셀이 두 개라면, '85'가 입력된 셀은 모두 '2'가 반환됩니다. 그러나 RANK.AVG 함수를 사용하면 두 번째 순위의 값이 두 개이므로 2위와 3위의 평균인 '2.5'가 반환됩니다.

❶ **입력 형식**

=RANK.EQ(number, ref, [order])

❷ **인수의 의미**

• number : 순위를 구할 대상이 되는 셀 주소를 입력합니다.

• ref : [number] 인수를 포함하여 순위를 구할 범위를 입력합니다. 특정 셀의 순위를 구하는 것이 아닌 범위 안의 모든 셀에 대한 순위를 구할 때는 반드시 절대참조 형식으로 셀 주소를 입력해야 합니다.

• order : 순위를 분석하는 방법으로 '0'을 입력하면 가장 큰 수치가 1위로 표시되며 '1'을 입력하면 가장 작은 수치가 1위로 표시됩니다. [order]를 입력하지 않으면 기본적으로 가장 큰 수치가 1위로 표시됩니다.

---

01 평균 점수를 기준으로 순위를 매기겠습니다. 순위를 입력할 [K5]셀을 선택한 다음 수식 입력 줄에 '=ra'를 입력합니다. 함수 이름 중 'ra'가 포함된 함수 목록이 표시되면 [RANK. EQ] 함수를 더블클릭합니다.

02 [RANK.EQ] 함수가 입력되면 순위가 시작될 [J5]셀을 클릭하여 첫 번째 인수를 입력합니다. 이어서 콤마(,)를 입력한 다음 [J5]셀에서 [J14]셀까지 드래그하여 순위를 매길 범위를 선택합니다. 선택한 구간의 셀 주소가 자동으로 수식 입력 줄에 입력됩니다.

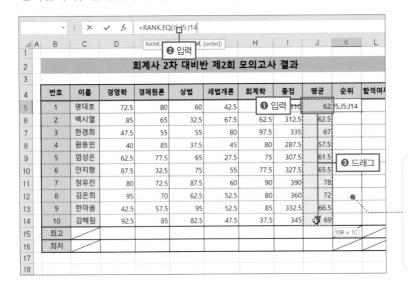

Tip 셀 주소를 입력하는 것이 빠를 수 있으나 보다 정확한 셀 주소를 입력하기 위해서 셀을 클릭하거나 드래그하여 셀 주소를 입력하는 것입니다.

03 범위 전체의 순위를 계산할 때는 반드시 셀 주소를 절대참조 형식으로 입력해야 합니다. 현재 상대참조 형식으로 셀 주소가 입력되어 있으므로 F4 키를 눌러 절대참조 형식으로 변경한 다음 괄호 ')'를 닫습니다. 세 번째 인수는 가장 큰 수치를 1위로 표시할 것이므로 생략합니다.

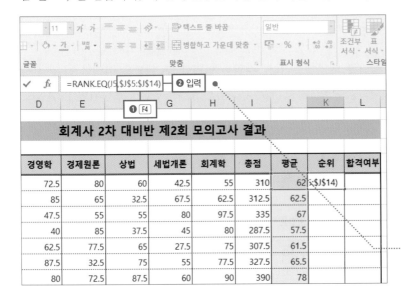

Tip 상대참조 형식의 셀 주소는 F4 키를 누를 때마다 셀 주소 형식이 변경됩니다.

04 [Enter] 키를 눌러 수식을 적용하면 [J5]셀에 순위가 입력됩니다. 나머지 셀에도 같은 수식을 적용하기 위해 [K5]셀이 자동 채우기 핸들을 이용하여 [K14]셀까지 드래그합니다. 자동 채우기가 완료되면 자동 채우기 핸들 옵션 상자를 클릭한 다음 바로 가기 메뉴에서 [서식 없이 채우기]를 선택합니다. 자동 채우기가 완료되면 자동 채우기 옵션 상자를 클릭한 다음 [서식 없이 채우기]를 선택하여 수식만 복사합니다.

2차 대비반 제2회 모의고사 결과							
론	상법	세법개론	회계학	총점	평균	순위	합격여부
80	60	42.5	55	310	62	8	
65	32.5	67.5	62.5	312.5	62.5	7	
55	55	80	97.5	335	67	4	
85	37.5	45	80	287.5	57.5	10	
77.5	65	27.5	75	307.5	61.5	9	
82.5	75	55	77.5	327.5	65.5	6	
72.5	87.5	60	90	390	78	1	
70	62.5	52.5	80	360	72	2	
57.5	95	52.5	85	332.5	66.5	5	
85	82.5	47.5	37.5	345	69	3	

❶ Enter

❷ 드래그

❸ 클릭   ❹ 클릭
- 셀
- 서식만 채우기(F)
- 서식 없이 채우기(O)
- 빠른 채우기(F)

Sub ④ IF()/AND() 함수

IF( ) 함수는 입력된 인수의 논리적 결과를 이용하여 참(True)과 거짓(False)일 때 표시 방법 각각을 설정하는 함수입니다. AND( ) 함수는 입력된 인수가 모두 만족할 때만 참(True)의 결과를 반환합니다. 이번에는 IF( ) 함수와 AND( ) 함수를 이용하여 평균 60점 이상인 경우 합격으로 처리하되 한 과목의 점수라도 40점 미만인 경우에는 불합격이 표시되도록 하겠습니다.

▶ **IF( ) 함수의 입력 형식**

IF( ) 함수는 논리 검사를 수행하여 참(True)과 거짓(False) 값을 반환하는 함수입니다.

❶ **입력 형식**

=IF(logical_test, [value_if_true], [value_if_false])

01 합격 여부를 판단하기 위해 [L5]셀을 선택한 다음 수식 입력 줄에 '=IF(AND('를 입력합니다. 이처럼 함수 안에 또 다른 함수를 사용하는 방법을 중첩 함수라고 부릅니다.

02 [J5]셀의 값이 60점을 넘어야 하고 각 과목의 점수가 40점을 넘어야 하므로 수식 입력 줄에 '=IF(AND(J5>=60, D5>=40, E5>=40, F5>=40, G5>=40, H5>=40),'을 입력하여 AND( ) 함수의 인수를 완성합니다.

Tip AND( ) 함수는 평균이 60점 이상이고 각 과목의 점수가 40점 이상인 경우에만 참(True)의 값을 반환하게 됩니다.

03 마지막 인수로 AND( ) 함수의 결과가 참인 경우에는 '합격'을 표시하고 거짓인 경우에는 '불합격'을 표시해야 하므로 수식 입력 줄에 '=IF(AND(J5>=60, D5>=40, E5>=40, F5>=40, G5>=40, H5>=40), "합격", "불합격")'을 입력한 다음 Enter 키를 누릅니다.

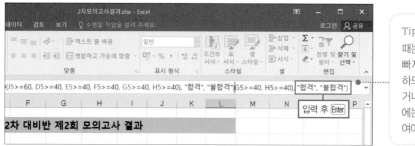

Tip 함수 인수를 입력할 때는 쉼표나 괄호 한 개만 빠져도 입력 오류가 발생하므로 인수의 길이가 길거나 복잡한 수식일 경우에는 입력에 주의를 기울여야 합니다.

04 [L5]셀의 순위가 입력되면 나머지 셀에도 같은 수식을 적용하기 위해 [L5]셀의 자동 채우기 핸들을 이용하여 [L14]셀까지 드래그합니다. 자동 채우기가 완료되면 자동 채우기 옵션 상자를 클릭한 다음 바로 가기 메뉴에서 [서식 없이 채우기]를 선택합니다.

2차 대비반 제2회 모의고사 결과							
론	상법	세법개론	회계학	총점	평균	순위	합격여부
80	60	42.5	55	310	62	8	합격
65	32.5	67.5	62.5	312.5	62.5	7	불합격
55	55	80	97.5	335	67	4	합격
85	37.5	45	80	287.5	57.5	10	불합격
7.5	65	27.5	75	307.5	61.5	9	불합격
2.5	75	55	77.5	327.5	65.5	6	불합격
2.5	87.5	60	90	390	78	1	합격
70	62.5	52.5	80	360	72	2	합격
7.5	95	52.5	85	332.5	66.5	5	합격
85	82.5	47.5	37.5	345	69	3	불합격

❶ 드래그
❷ 클릭
❸ 클릭
○ 셀
○ 서식만 채우기(F)
○ 서식 없이 채우기(O)
○ 빠른 채우기(F)

Sub ⑤ **MAX()/MIN() 함수**

MAX( ) 함수와 MIN( ) 함수는 지정한 범위 안에서 최대값과 최소값을 추출하는 함수입니다. 여러 데이터를 비교하여 결과를 산출하는 함수이므로 반드시 두 개 이상의 셀 주소 또는 셀 범위 구간을 인수로 입력해야 합니다.

▶ MAX( ) 함수의 입력 형식

MAX( ) 함수는 주어진 인수 중에서 최대값을 산출하는 함수입니다.

❶ 입력 형식

=MAX(number1, number2 …….)

❷ 인수의 의미

• number : 직접 수식을 입력하거나 셀 주소 또는 셀 구간을 입력할 수 있습니다. 인수는 255개까지 사용할 수 있습니다.

▶ MIN( ) 함수의 입력 형식

MIN( ) 함수는 MAX( ) 함수의 반대로 주어진 인수 중에서 최소값을 산출하는 함수입니다.

❶ 입력 형식

=MIN(number1, number2 …….)

❷ 인수의 의미

• number : 직접 수식을 입력하거나 셀 주소 또는 셀 구간을 입력할 수 있습니다. 인수는 255개까지 사용할 수 있습니다.

01 최대값을 입력할 [D15]셀을 선택한 다음 수식 입력 줄에 '=MAX('를 입력합니다. 다음으로 최대값을 구할 구간으로 [D5]셀에서 [D14]셀까지 드래그하여 셀 구간을 입력합니다.

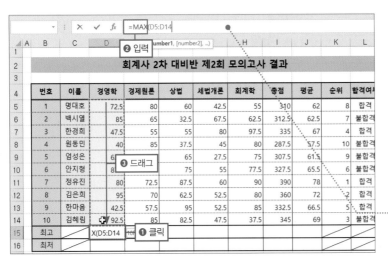

Tip 직접 셀 구간을 입력할 때는 '시작 셀의 주소 : 마지막 셀의 주소'의 형식으로 입력합니다.

02 괄호 ')'를 닫고 [Enter] 키를 눌러 함수를 적용합니다. 선택한 구간에서의 최대값이 [D15] 셀에 입력됩니다. 나머지 셀에도 같은 수식을 적용하기 위해 [D15]셀의 자동 채우기 핸들을 [J15]셀까지 드래그합니다.

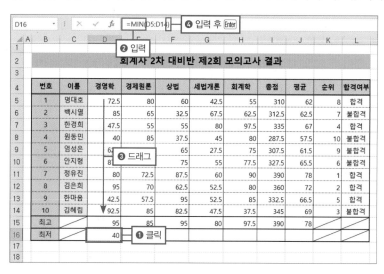

Tip 자동 채우기에 의해 양식이 복사되더라도 기존 양식과 동일하므로 자동 채우기 핸들 옵션을 설정할 필요가 없습니다.

03 최소값을 구하겠습니다. 최소값을 입력할 [D16]셀을 선택한 다음 수식 입력 줄에 '=MIN('을 입력하고 [D5]셀에서 [D14]셀까지 드래그하여 셀 구간을 입력합니다. 괄호 ')'를 닫고 [Enter] 키를 눌러 함수를 적용합니다. 선택한 구간에서의 최소값이 입력됩니다.

번호	이름	경영학	경제원론	상법	세법개론	회계학	총점	평균	순위	합격여부
1	명대호	72.5	80	60	42.5	55	310	62	8	합격
2	백시열	85	65	32.5	67.5	62.5	312.5	62.5	7	불합격
3	한경희	47.5	55	55	80	97.5	335	67	4	합격
4	원동민	40	85	37.5	45	80	287.5	57.5	10	불합격
5	엄성은	62		65	27.5	75	307.5	61.5	9	불합격
6	안지형	8		75	55	77.5	327.5	65.5	6	불합격
7	정유진	80	72.5	87.5	60	90	390	78	1	합격
8	김은희	95	70	62.5	52.5	80	360	72	2	합격
9	한마음	42.5	57.5	95	52.5	85	332.5	66.5	5	합격
10	김혜림	92.5	85	82.5	47.5	37.5	345	69	3	불합격
최고		95	85	95	80	97.5	390	78		
최저		40								

04 [D16]셀의 자동 채우기 핸들을 이용하여 [J16]셀까지 드래그합니다.

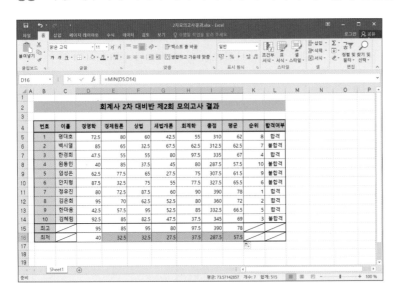

05 자동 채우기에 의해 수식이 복사되어 각 과목의 최소값이 산출됩니다.

날짜 및 시간 함수

날짜와 시간과 관련된 함수는 현재 날짜와 현재 시간을 이용하여 계산을 해야 할 경우 유용하게 사용될 수 있습니다. 입력할 때마다 변경되는 날짜와 시간은 함수를 사용하면 매번 변경하지 않아도 실제 반환되는 값이 현재를 기준으로 설정되기 때문입니다. 이번에는 날짜와 시간과 관련된 함수들에 관해 알아보겠습니다.

· Preview ·

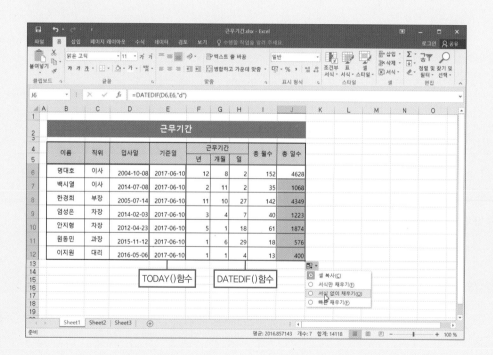

섹션별 주요 내용
① TODAY( )/NOW( ) 함수　　② YEAR( ) 함수　　③ MONTH( ) 함수
④ DAY( ) 함수　　⑤ DATE( ) 함수　　⑥ WEEKDAY( ) 함수
⑦ DATEDIF( ) 함수　　⑧ DAYS360( ) 함수

• 예제 파일 : Part 06\날짜시간활용.xlsx
• 완성 파일 : Part 06\날짜시간활용_완성.xlsx

TODAY() 함수는 입력 당시의 날짜를 입력하는 함수이며, NOW() 함수는 날짜와 함께 시간까지 입력하는 함수입니다. 입력 당시의 날짜와 시간은 컴퓨터 시스템 상의 날짜와 시간을 가져오게 되므로 시스템 설정에 따라 입력 당시의 날짜와 다를 수 있습니다. 또한 당일 날짜와 시간을 입력하는 함수이므로 인수가 없는 것이 특징입니다.

▶ **TODAY( ) 함수의 입력 형식**

TODAY( ) 함수는 컴퓨터 시스템 상의 당일 날짜를 '연도-월-일' 형식으로 반환하는 함수입니다. 즉 입력 당일 날짜가 '2016-06-10'이라 할지라도 컴퓨터 시스템의 날짜가 '2017-06-10'으로 되어 있다면 '2017-06-10'이 반환됩니다.

❶ **입력 형식**

=TODAY( )

❷ **인수**

• 인수 없음

▶ **NOW( ) 함수의 입력 형식**

TODAY( ) 함수는 컴퓨터 시스템 상의 당일 날짜와 시간까지 '연도-월-일 분:초' 형식으로 반환하는 함수입니다. 컴퓨터 시스템 상의 날짜와 시간을 가져오게 되므로 시스템 설정에 따라 실제 날짜와 시간은 차이가 있을 수 있습니다.

❶ **입력 형식**

=NOW( )

❷ **인수**

• 인수 없음

---

01 오늘의 날짜를 입력하기 위해 [C5]셀을 선택한 다음 [수식] 탭-[함수 라이브러리] 그룹-[날짜 및 시간]-[TODAY]를 선택합니다.

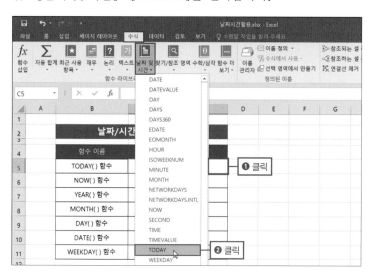

02 [함수 인수] 메시지 창이 열리고 함수에 대한 설명과 함께 인수가 필요하지 않는다는 내용이 표시됩니다. [확인] 버튼을 클릭하여 창을 닫습니다.

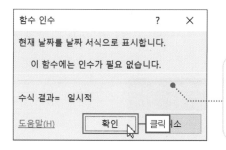

Tip [함수 인수] 메시지 창은 리본 메뉴를 이용하여 인수가 없는 함수를 선택한 경우에만 표시되며, 인수가 없는 함수라도 수식 입력 줄에 직접 입력한 경우에는 [함수 인수] 메시지 창이 표시되지 않습니다.

03 선택한 셀에 현재의 날짜가 표시됩니다. 날짜의 표시 형식은 [셀 서식] 창의 [표시 형식] 탭에서 설정할 수 있습니다.

	A	B	C	D	E
1					
2		날짜/시간 함수의 활용			
3					
4		함수 이름	적용 결과		
5		TODAY( ) 함수	2017-06-10	확인	
6		NOW( ) 함수			

날짜 및 시간 형식 변경하기

TODAY( ), NOW( ), DATE( ) 등의 날짜 및 시간과 관련된 함수에 의해 표시되는 형식은 [홈] 탭-[표시 형식] 그룹-[표시 형식] 버튼을 클릭한 다음 표시되는 창에서 설정할 수 있습니다.

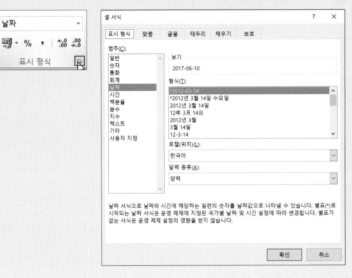

04 현재의 날짜와 시간을 입력하겠습니다. [C6]셀을 선택한 다음 [수식] 탭-[함수 라이브러리] 그룹-[날짜 및 시간]-[NOW]를 선택합니다.

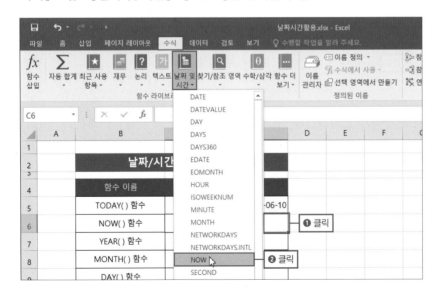

05 [함수 인수] 메시지 창이 열리면 [확인] 버튼을 클릭하여 창을 닫습니다.

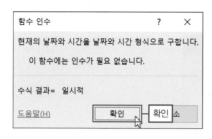

06 [C6]셀에 현재의 날짜와 시간이 입력됩니다. 마찬가지로 날짜와 시간의 표시 형식은 [셀 서식] 창의 [표시 형식] 탭에서 설정할 수 있습니다.

	A	B	C	D	E	F
1						
2		날짜/시간 함수의 활용				
3						
4		함수 이름	적용 결과			
5		TODAY( ) 함수	2017-06-10			
6		NOW( ) 함수	2017-06-10 17:50	확인		
7		YEAR( ) 함수				
8		MONTH( ) 함수				
9		DAY( ) 함수				
10		DATE( ) 함수				

Sub ② YEAR( ) 함수

YEAR( ) 함수는 선택한 셀에 입력되어 있는 날짜에서 '연도'를 추출하여 반환하는 함수입니다. 날짜의 표시 형식에 관계없이 '연도'를 추출하여 표시합니다.

> ▶ **YEAR( ) 함수의 입력 형식**
>
> YEAR( ) 함수는 선택한 셀에 입력되어 있는 날짜에서 '연도'를 추출합니다.
>
> ❶ **입력 형식**
>
> =YEAR(serial_number)
>
> ❷ **인수**
> • serial_number : 날짜가 입력되어 있는 셀 주소를 입력합니다.

01 먼저 '연도' 데이터가 입력될 [C7]셀을 선택합니다. [수식] 탭-[함수 라이브러리] 그룹-[날짜 및 시간]-[YEAR]을 선택합니다.

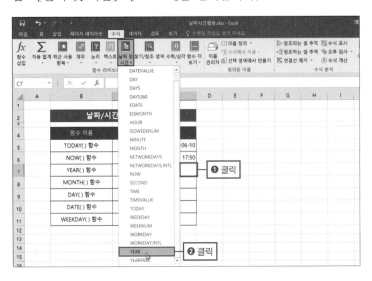

02 [함수 인수] 창이 열리면 [Serial_number] 입력 상자를 클릭하고 날짜가 입력되어 있는 [C5]셀을 클릭하여 셀 주소를 입력한 다음 [확인] 버튼을 클릭합니다.

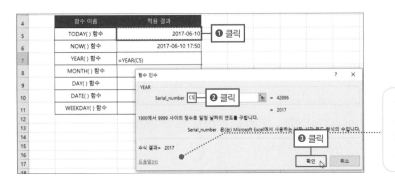

Tip 날짜가 입력되어 있는 셀 주소를 입력하면 창 아랫부분에 수식 결과가 미리 표시됩니다.

03 [C5]셀의 날짜에서 '연도'가 추출되어 오늘의 연도가 표시됩니다.

날짜/시간 함수의 활용		
함수 이름	적용 결과	
TODAY( ) 함수	2017-06-10	
NOW( ) 함수	2017-06-10 17:51	
YEAR( ) 함수	2017	확인
MONTH( ) 함수		

MONTH( ) 함수는 선택한 셀에 입력되어 있는 날짜에서 '월'을 추출하여 반환하는 함수입니다. 날짜의 표시 형식에 관계없이 '월'을 추출하여 표시합니다.

▶ **MONTH( ) 함수의 입력 형식**

MONTH( ) 함수는 선택한 셀에 입력되어 있는 날짜에서 '월'을 추출합니다.

❶ **입력 형식**

=MONTH(serial_number)

❷ **인수**

• serial_number : 날짜가 입력되어 있는 셀 주소를 입력합니다.

---

01 '월'을 입력하기 위해 [C8]셀을 선택하고 [수식] 탭−[함수 라이브러리] 그룹−[날짜 및 시간]−[MONTH]를 선택합니다.

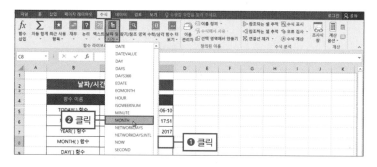

02 [함수 인수] 창이 열리면 [Serial_number] 입력 상자를 클릭하고 날짜가 입력되어 있는 [C5]셀을 클릭하여 셀 주소를 입력한 다음 [확인] 버튼을 클릭합니다.

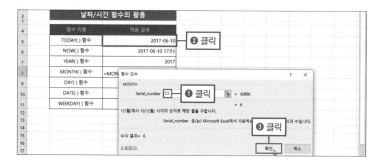

03 [C5]셀의 날짜에서 '월'이 추출되어 오늘의 '월'이 표시됩니다.

날짜/시간 함수의 활용		
함수 이름	적용 결과	
TODAY( ) 함수	2017-06-10	
NOW( ) 함수	2017-06-10 17:51	
YEAR( ) 함수	2017	
MONTH( ) 함수	6	─ 확인
DAY( ) 함수		
DATE( ) 함수		
WEEKDAY( ) 함수		

Sub ④ **DAY( ) 함수**

DAY( ) 함수는 선택한 셀에 입력되어 있는 날짜에서 '일'을 추출하여 반환하는 함수입니다. 날짜의 표시 형식에 관계없이 '일'을 추출하여 표시합니다.

> ▶ **DAY( ) 함수의 입력 형식**
>
> DAY( ) 함수는 선택한 셀에 입력되어 있는 날짜에서 '일'을 추출합니다.
>
> ❶ **입력 형식**
>
> =DAY(serial_number)
>
> ❷ **인수**
> • serial_number : 날짜가 입력되어 있는 셀 주소를 입력합니다.

01 '일'을 입력하기 위해 [C9]셀을 선택한 다음 [수식] 탭-[함수 라이브러리] 그룹-[날짜 및 시간]-[DAY]를 선택합니다.

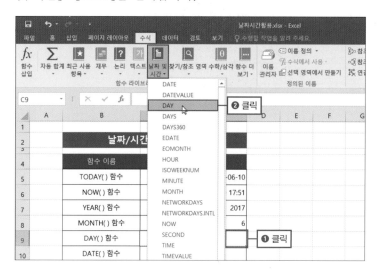

02 [함수 인수] 창이 열리면 [Serial_number] 입력 상자를 클릭한 다음 날짜가 입력되어 있는 [C5]셀을 클릭하여 셀 주소를 입력한 후 [확인] 버튼을 클릭합니다.

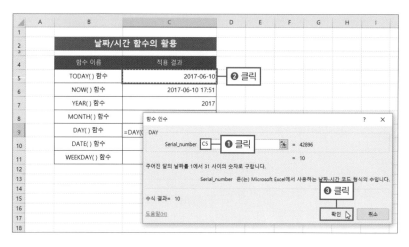

03 [C5]셀의 날짜에서 '일'이 추출되어 오늘의 '일'이 표시됩니다. 이처럼 DAY( ) 함수는 날짜의 표시 형식에 관계없이 '일'을 추출하여 반환합니다.

함수 이름	적용 결과	
TODAY( ) 함수	2017-06-10	
NOW( ) 함수	2017-06-10 17:52	
YEAR( ) 함수	2017	
MONTH( ) 함수	6	
DAY( ) 함수	10	— 확인
DATE( ) 함수		
WEEKDAY( ) 함수		

Sub (5) **DATE( ) 함수**

DATE( ) 함수는 연도와 월 그리고 일을 직접 인수로 입력하여 날짜를 완성하는 함수입니다. DATE( ) 함수에 의해 날짜가 입력되면 해당 셀의 표시 형식은 자동으로 '날짜' 형식으로 변경됩니다.

> ▶ **DATE( ) 함수의 입력 형식**
>
> DATE( ) 함수는 직접 인수를 입력하여 날짜를 입력합니다.
>
> **❶ 입력 형식**
>
> =DATE(year, month, day)
>
> **❷ 인수**
> • year : '연도'를 입력합니다. 1∼9999 사이의 숫자를 입력해야 합니다.
> • month : '월'을 입력합니다. 1∼12 사이의 숫자를 입력합니다.
> • day : '일'을 입력합니다. 1∼31 사이의 숫자를 입력합니다.

01 수식 입력 줄에 '=DATE(2017, 06, 10)을 입력하고 [Enter] 키를 누릅니다. 즉 2017년 6월 10일의 데이터를 DATE( ) 함수의 인수로 입력합니다.

02 입력된 인수에 의해 날짜가 완성됩니다. [C10]셀을 선택하고 [홈] 탭-[표시 형식] 그룹을 확인하면 [날짜] 형식으로 표시되는 것을 확인할 수 있습니다.

A	B	C	D	E
		날짜/시간 함수의 활용		
	함수 이름	적용 결과		
	TODAY( ) 함수	2017-06-10		
	NOW( ) 함수	2017-06-10 17:54		
	YEAR( ) 함수	2017		
	MONTH( ) 함수	6		
	DAY( ) 함수	10		
	DATE( ) 함수	2017-06-10	확인	
	WEEKDAY( ) 함수			

C10   *fx*   =DATE(2017, 6, 10)

WEEKDAY( ) 함수는 요일을 숫자로 반환하는 함수입니다. WEEKDAY( ) 함수는 단독으로 사용하기보다는 다른 함수의 인수로 사용되는 경우가 대부분입니다.

▶ **WEEKDAY( ) 함수의 입력 형식**

WEEKDAY( ) 함수는 선택한 셀의 요일을 숫자 데이터로 반환하는 함수입니다.

❶ **입력 형식**

=WEEKDAY(serial_number, [return_type])

❷ **인수**

• serial_number : 날짜가 입력되어 있는 셀 주소를 입력합니다.

• return_type : 요일을 숫자로 표시하는 방법을 지정합니다. [return_type]을 지정하지 않으면 기본적으로 '1'이 지정됩니다.

– 1 : 일요일을 '1'로 시작하고 토요일을 '7'로 지정합니다.

– 2 : 월요일을 '1'로 시작하고 일요일을 '7'로 지정합니다.

– 3 : 월요일을 '0'으로 시작하고 일요일을 '6'으로 지정합니다.

---

01 요일을 입력할 [C11]셀을 선택하고 [수식] 탭–[함수 라이브러리] 그룹–[날짜 및 시간]–[WEEKDAY]를 선택합니다.

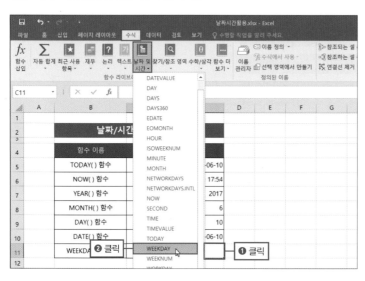

02 [함수 인수] 창이 열리면 [Serial_number] 입력 상자를 클릭한 다음 날짜가 입력되어 있는 [C5]셀을 클릭하여 셀 주소를 입력합니다.

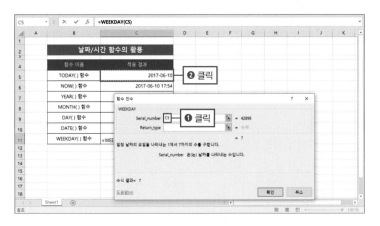

03 [Return_Type] 입력 상자에 '1'을 입력한 다음 [확인] 버튼을 클릭합니다.

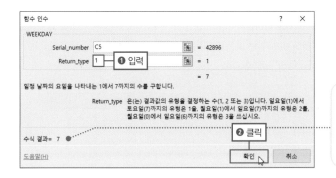

Tip 인수를 모두 입력하면 [함수 인수] 아랫부분에 반환 값이 표시되어 결과를 미리 알 수 있습니다.

04 [C11]셀에 오늘 날짜의 요일을 의미하는 수가 입력됩니다.

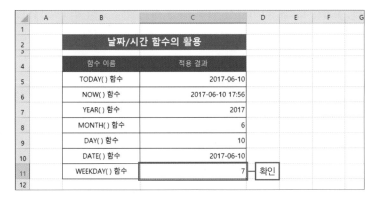

DATEDIF( ) 함수는 선택한 두 셀의 날짜 사이 '연도', '월', '일'의 차이를 분석하는 함수입니다. DATEDIF( ) 함수는 리본 메뉴나 함수 마법사에는 등록되지 않은 함수로 직접 입력해야 합니다.

▶ **DATEDIF( ) 함수의 입력 형식**

DATEDIF( ) 함수는 지정한 두 개의 날짜 사이 연도 수나 개월 수, 그리고 일 수를 분석하는 함수입니다. 두 날짜 사이 차이를 계산할 때 반드시 [start_date] 인수에 입력된 날짜가 [end_date]에 입력된 날짜보다 앞선 날짜여야 합니다.

❶ **입력 형식**

=DATEDIF(start_date, end_data, "option")

❷ **인수**

• start_date : 분석을 위한 시작 날짜가 입력된 셀 주소를 입력합니다.

• end_date : 분석을 위한 마지막 날짜가 입력된 셀 주소를 입력합니다.

• option : 두 날짜 사이 차이를 표시할 단위를 지정하며 반드시 큰 따옴표(" ") 안에 입력해야 합니다.

　－ y : 두 날짜 사이 연도 차이를 표시합니다.

　－ m : 두 날짜 사이 개월 수를 표시합니다.

　－ d : 두 날짜 사이 일 수를 표시합니다.

　－ ym : 경과된 연 수를 제외한 개월 수를 표시합니다.

　－ yd : 경과된 연 수를 제외한 일 수를 표시합니다.

　－ md : 경과된 연 수와 개월 수를 제외한 일 수를 표시합니다.

---

01 근무 시간을 산출하겠습니다. 근무 기간을 분석하기 위해 먼저 기준일을 입력해야 합니다. [E6]셀을 선택한 다음 수식 입력 줄에 '=TODAY()'를 입력하고 Enter 키를 누릅니다.

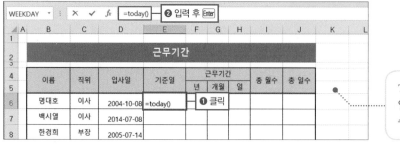

Tip TODAY( ) 함수는 당일의 날짜를 입력하는 함수입니다.

02 입력 당시의 날짜가 입력됩니다. 나머지 셀에도 같은 수식을 적용하기 위해 [E6]셀의 자동 채우기 핸들을 이용하여 [E12]셀까지 드래그합니다. 자동 채우기 작업이 완료되면 자동 채우기 옵션 상자를 클릭한 다음 바로 가기 메뉴에서 [서식 없이 채우기]를 선택합니다.

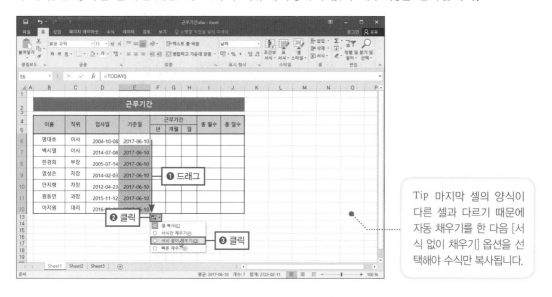

Tip 마지막 셀의 양식이 다른 셀과 다르기 때문에 자동 채우기를 한 다음 [서식 없이 채우기] 옵션을 선택해야 수식만 복사됩니다.

03 근무기간 중 '연 수'를 산출하겠습니다. '연 수'를 입력할 [F6]셀을 선택한 다음 수식 입력줄에 '=DATEDIF('를 입력하고 입사일이 입력된 [D6]셀을 클릭합니다.

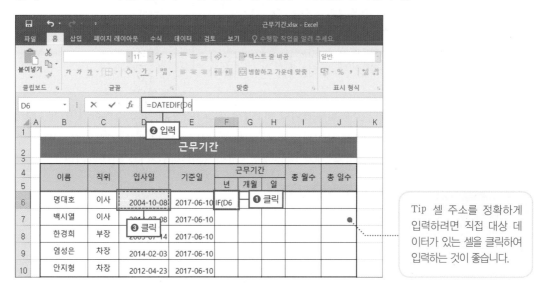

Tip 셀 주소를 정확하게 입력하려면 직접 대상 데이터가 있는 셀을 클릭하여 입력하는 것이 좋습니다.

04 이어서 콤마(,)를 입력한 다음 기준일이 입력되어 있는 [E6]셀을 클릭하여 셀 주소를 입력합니다. 예제와 같이 기준일이 행마다 있지 않고 하나의 셀을 계속 참조하는 경우에는 기준일의 셀 주소 형식을 절대참조 형식으로 입력해야 합니다.

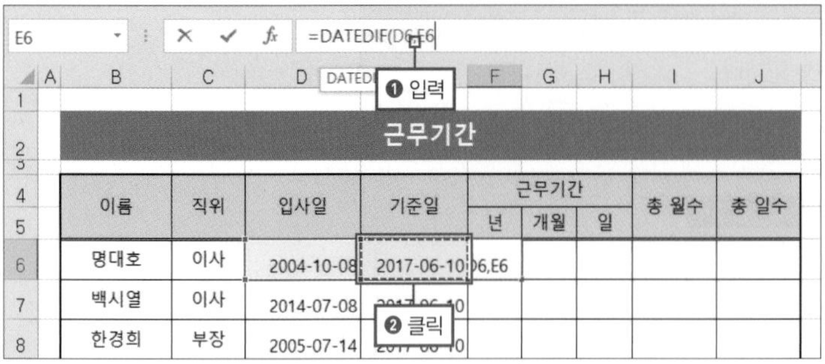

05 마지막으로 콤마(,)를 입력하고 '연 수'를 산출하기 위한 옵션으로 '"y"'를 입력한 다음 괄호 ')'를 닫고 Enter 키를 누릅니다. 수식 입력 줄에는 '=DATEDIF(D6,E6,"y")'의 함수 수식이 입력되어야 합니다.

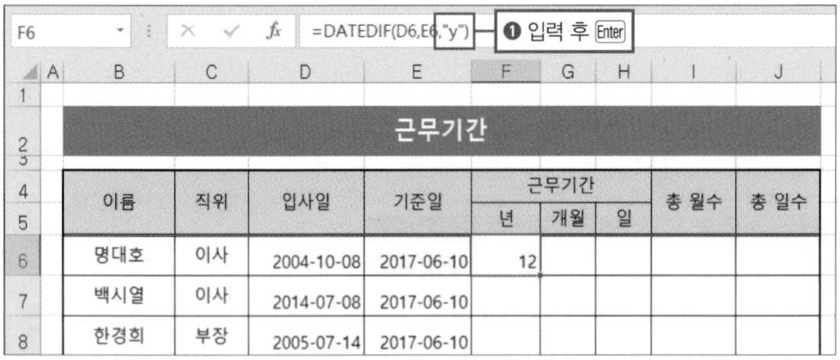

06 '연 수'가 산출되어 [F6]셀에 입력됩니다. 나머지 셀도 같은 수식을 입력하기 위해 [F6] 셀의 자동 채우기 핸들을 이용하여 [F12]셀까지 드래그합니다. 자동 채우기가 완료되면 자동 채우기 옵션 상자를 클릭한 다음 바로 가기 메뉴에서 [서식 없이 채우기]를 선택합니다.

07 '개월 수'를 산출하겠습니다. '개월 수'를 입력할 [G6]셀을 선택한 다음 '연 수'를 산출했던 방법과 동일한 과정으로 수식 입력 줄에 '=DATEDIF(D6,E6,"ym")'을 입력한 후 Enter 키를 누릅니다. 이번에는 옵션으로 '"ym"'을 입력하여 연 수를 제외한 '개월 수'를 산출합니다.

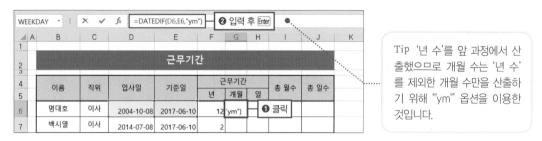

> Tip '년 수'를 앞 과정에서 산출했으므로 개월 수는 '년 수'를 제외한 개월 수만을 산출하기 위해 "ym" 옵션을 이용한 것입니다.

08 [G6]셀에 '개월 수'가 입력되면 나머지 셀도 동일한 수식을 적용하기 위해 [G6]셀의 자동 채우기 핸들을 이용하여 [G12]셀까지 드래그합니다. 자동 채우기가 완료되면 자동 채우기 옵션 상자를 클릭한 다음 바로 가기 메뉴에서 [서식 없이 채우기]를 선택합니다.

이름	직위	입사일	기준일	근무기간			총 월수	총 일수
				년	개월	일		
명대호	이사	2004-10-08	2017-06-10	12	8			
백시열	이사	2014-07-08	2017-06-10	2				
한경희	부장	2005-07-14	2017-06-10	11				
엄성은	차장	2014-02-03	2017-06-10	3				
안지형	차장	2012-04-23	2017-06-10	5				
원동민	과장	2015-11-12	2017-06-10	1				
이지원	대리	2016-05-06	2017-06-10	1				

드래그

09 이제 '일 수'를 산출하겠습니다. '일 수'가 입력된 [H6]셀을 선택한 다음 수식 입력 줄에 '=DATEDIF(D6,E6,"md")'를 입력하고 Enter 키를 누릅니다. '연 수'와 '개월 수'를 제외한 나머지 '일 수'를 산출하기 위해 옵션으로 '"md"'를 사용하였습니다.

WEEKDAY ▾ : × ✓ *fx* =DATEDIF(D6,E6,"md") 입력 후 Enter

이름	직위	입사일	기준일	근무기간			총 월수	총 일수
				년	개월	일		
명대호	이사	2004-10-08	2017-06-10	12	8	md")		
백시열	이사	2014-07-08	2017-06-10	2	11			
한경희	부장	2005-07-14	2017-06-10	11	10			

근무기간

10 '일 수'가 산출되어 표시되면 나머지 셀도 동일한 수식을 적용하기 위해 [H6]셀의 자동 채우기 핸들을 이용하여 [H12]셀까지 드래그합니다. 자동 채우기가 완료되면 자동 채우기 옵션 상자를 클릭한 다음 바로 가기 메뉴에서 [서식 없이 채우기]를 선택합니다.

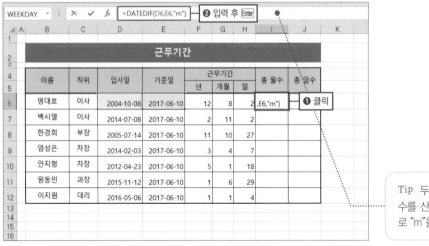

11 총 개월 수와 총 일 수를 산출하겠습니다. 총 개월 수가 입력될 [I6]셀을 선택하고 수식 입력 줄에 '=DATEDIF(D6,E6,"m")'을 입력한 다음 Enter 키를 누릅니다.

> Tip 두 날짜 사이의 개월 수를 산출하기 위해 옵션으로 "m"을 사용하였습니다.

12 [I6]셀에 총 개월 수가 입력되면 나머지 셀도 동일한 수식을 적용하기 위해 [I6]셀의 자동 채우기 핸들을 이용하여 [I12]셀까지 드래그합니다. 자동 채우기가 완료되면 자동 채우기 옵션 상자를 클릭한 다음 바로 가기 메뉴에서 [서식 없이 채우기]를 선택합니다.

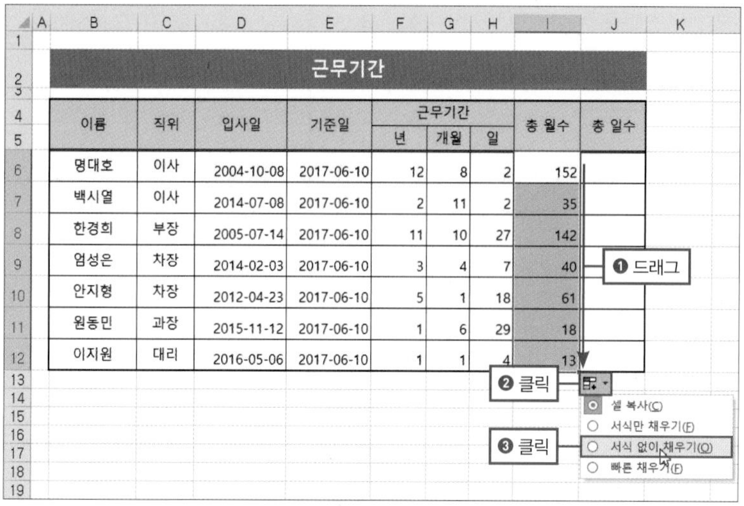

13 마지막으로 두 날짜 사이의 총 일 수를 산출하겠습니다. '일 수'가 입력될 [J6]셀을 선택하고 수식 입력 줄에 '=DATEDIF(D6,E6,"d")'를 입력한 다음 Enter 키를 누릅니다.

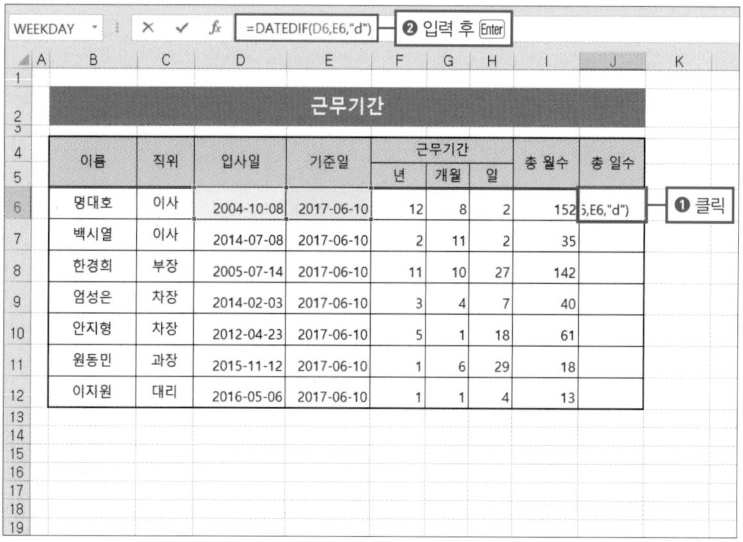

14 [J6]셀에 개월 수가 입력되면 나머지 셀도 동일한 수식을 적용하기 위해 [J6]셀의 자동 채우기 핸들을 이용하여 [J12]셀까지 드래그합니다. 자동 채우기가 완료되면 자동 채우기 옵션 상자를 클릭한 다음 바로 가기 메뉴에서 [서식 없이 채우기]를 선택합니다.

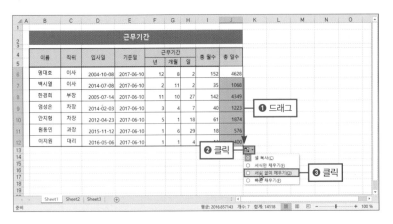

Sub **8** **DAYS360( ) 함수**

DAY360( ) 함수는 지정한 두 날짜 사이 기간을 산출하는 함수입니다. DAY360( ) 함수는 1년을 360일로 가정하여 기간을 산출하게 되므로 2개월 이상의 기간을 산출하게 되면 오차가 발생합니다. 이로 인해 일반적인 산술식에서는 사용되지 않고 회계 분야에서 일부 사용됩니다.

▸ **DAYS360( ) 함수의 입력 형식**

DAYS360 함수는 DATEDIF( ) 함수처럼 지정한 두 날짜 간의 기간을 산출하는 함수입니다. [method] 인수를 입력하지 않으면 기본적으로 'False'가 지정됩니다.

❶ **입력 형식**

=DAYS360(start_date, end_date, [method])

❷ **인수**

• start_date : 알고자 하는 기간의 시작 날짜가 입력된 셀 주소를 지정합니다.

• end_date : 알고자 하는 기간의 종료 날짜가 입력된 셀 주소를 지정합니다.

• method : 기간을 산출하기 위한 계산 방법을 지정합니다.

  – False : 미국식 계산 방법으로, 종료 날짜가 31일이면 다음 달 1일로 처리합니다.

  – True : 유럽식 계산 방법으로, 종료 날짜가 31일이면 그 달의 30일로 처리합니다.

01 예제 파일의 [Sheet2]를 클릭하고 [B3]셀에 'TODAY()'를 입력한 다음 [B4]셀에 다음 크리스마스 날짜를 입력합니다. '오늘 날짜'에서 '크리스마스'까지 얼마나 남았는지를 산출하겠습니다. 여기서 [B3]셀을 시작 날짜로 입력하고 [C3]셀을 종료 날짜로 인수에 삽입합니다. 기간이 입력될 [D3]셀을 선택한 다음 수식 입력 줄에 '=DAYS360(B3,C3)'을 입력하고 Enter 키를 누릅니다.

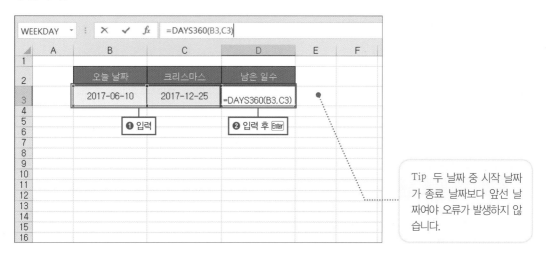

Tip 두 날짜 중 시작 날짜가 종료 날짜보다 앞선 날짜여야 오류가 발생하지 않습니다.

02 지정한 두 날짜의 기간인 '195'가 입력됩니다. 이처럼 DAYS360() 함수를 사용하면 두 날짜 사이 기간을 산출할 수 있지만 마지막 달이 31일인 경우는 제외되므로 실제로는 1일의 오차가 발생하게 됩니다.

수치 계산 및 수학/삼각 함수

복잡한 계산일수록 함수는 빛을 발합니다. 수치 계산 및 수학 · 삼각 함수는 일반적인 수식으로는 계산하기 힘든 작업 과정을 함수로 쉽게 해결합니다. 이번 섹션에서는 수치 계산 및 수학 · 삼각 함수에서 자주 사용되는 함수의 사용 방법을 알아보겠습니다.

· Preview ·

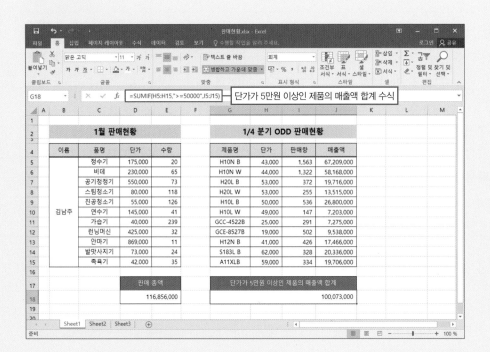

섹션별 주요 내용

① ABS( ) 함수   ② INT( ) 함수   ③ MOD( ) 함수
④ DPRODUCT( )/SUMPRODUCT( ) 함수   ⑤ SUMIF( ) 함수   ⑥ ROUND( ) 함수
⑦ ROUNDUP( ) 함수   ⑧ ROUNDDOWN( ) 함수   ⑨ TRUNC( ) 함수

Sub 1 ABS( ) 함수

ABS( ) 함수는 절대 값을 구하는 함수입니다. 인수로 지정된 값이 양수이거나 음수에 상관없이 절대 값을 표시하므로 부호가 붙지 않습니다.

> ▶ ABS( ) 함수의 입력 형식
>
> ABS( ) 함수는 선택한 셀의 수치를 절대 값으로 표시하는 함수입니다.
>
> ❶ 입력 형식
>
> =ABS(number)
>
> ❷ 인수
> • number : 절대 값을 구하기 위한 실수를 입력하거나 실수가 포함된 셀 주소 혹은 수식을 입력합니다.

01 먼저 아침과 낮의 일교차를 구한 후 절대 값을 표시하겠습니다. 일교차를 표시할 [C7]셀을 선택한 다음 수식 입력 줄에 '=C5-C6'을 입력합니다. 즉 '낮 기온'에서 '아침 기온'을 뺀 온도차를 일교차에 입력합니다.

WEEKDAY ▾ :	✕ ✓	f_x	=C5-C6	❷ 입력				
A	B	C	D	E	F	G	H	I
1								
2			1월 두 번째주 일교차 조사표					
4	날짜	1	2	3	4	5	6	7
5	낮기온	2	4	3	0	2	5	4
6	아침기온	4	3	-1	1	-3	0	-5
7	일교차	=C5-C6	❶ 클릭					
8								

02 [C7]에 '-2'가 입력됩니다. 아침 기온이 낮 기온보다 낮을 때는 이처럼 음수로 표시됩니다.

1								
2			1월 두 번째주 일교차 조사표					
4	날짜	1	2	3	4	5	6	7
5	낮기온	2	4	3	0	2	5	4
6	아침기온	4	3	-1	1	-3	0	-5
7	일교차	-2	확인					

03 일교차는 일반적으로 음수를 사용하지 않고 온도 차이만 언급하므로 일교차를 절대 값으로 표시하겠습니다. [C7]셀을 선택한 상태에서 수식 입력 줄을 '=ABS(C5−C6)'으로 수정한 다음 [Enter] 키를 누릅니다.

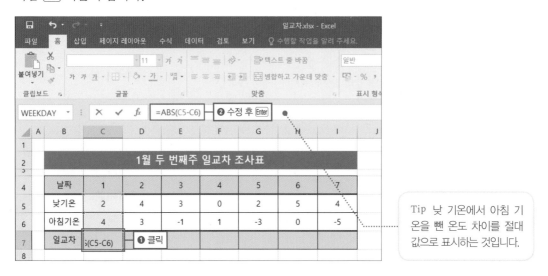

Tip 낮 기온에서 아침 기온을 뺀 온도 차이를 절대 값으로 표시하는 것입니다.

04 [C7]셀에 '2'가 표시됩니다. 이것은 절대 값에 의한 표시이므로 양수의 '2'가 아님을 알아두어야 합니다. 나머지 셀도 동일한 수식을 적용하기 위해 [C7]셀의 자동 채우기 핸들을 이용하여 [I7]셀까지 드래그합니다. 자동 채우기가 완료되면 자동 채우기 옵션 상자를 클릭한 다음 바로 가기 메뉴에서 [서식 없이 채우기]를 선택합니다.

Sub ② INT( ) 함수

INT( ) 함수는 소수점을 가진 실수에서 소수점 이하를 버리고 정수로 변환하는 함수입니다. 실수가 INT( ) 함수에 의해 정수로 변환될 때 소수점 이하는 반올림되지 않고 버려집니다.

▶ **INT( ) 함수의 입력 형식**

INT( ) 함수는 실수에서 소수점을 버리고 정수로 변환합니다. 실수가 양수인 경우에는 소수점 아래를 버리고, 실수가 음수인 경우에는 소수점 아래를 버리고 가까운 정수로 내립니다. 즉 '=INT(76.4)'의 결과는 '76'이지만 '=INT(−76.4)'의 결과는 '−77'입니다.

❶ **입력 형식**

=INT(number)

❷ **인수**

• number : 소수점이 있는 실수를 입력하거나 실수가 입력된 셀 주소 및 수식을 입력합니다.

---

01 INT( ) 함수를 이용하여 생산량 대비 포장 개수를 구하겠습니다. 포장 개수가 입력될 [E5]셀을 선택한 다음 수식 입력 줄에 '=C5/D5'를 입력합니다.

WEEKDAY	⋮	× ✓	fx	=C5/D5	❷ 입력		
A	B	C	D	E	F	G	H
1							
2		포장 수량					
4	품명	생산량	포장 단위	포장 개수	나머지		
5	모종삽	3152	50	=C5/D5	❶ 클릭		
6	부삽	5362	40				
7	야전삽	8326	30				
8	공병삽	12279	15				

02 생산량에 비해 포장 단위는 정해져 있어 결과가 '63.04'로 표시됩니다.

	A	B	C	D	E	F	G	H
1								
2			포장 수량					
4		품명	생산량	포장 단위	포장 개수	나머지		
5		모종삽	3152	50	63.04	확인		
6		부삽	5362	40				

03 포장 개수는 정수로 표시되어야 하므로 수식을 수정합니다. [E5]셀을 선택한 상태에서 수식 입력 줄의 수식을 '=INT(C5/D5)'로 수정한 다음 Enter 키를 누릅니다.

04 [E5]셀에 소수점을 버린 '63'이 입력됩니다. 이처럼 INT() 함수는 소수점이 있는 실수를 정수로 변환해 줍니다.

05 나머지 셀도 동일한 수식을 적용하기 위해 [E5]셀의 자동 채우기 핸들을 이용하여 [E8]셀까지 드래그합니다. 자동 채우기가 완료되면 자동 채우기 옵션 상자를 클릭한 다음 바로 가기 메뉴에서 [서식 없이 채우기]를 선택합니다.

MOD() 함수는 선택한 두 수를 나눈 다음 나머지를 구하는 함수입니다. 나눗셈을 통해 나머지를 구해야 하므로 인수는 반드시 두 개를 사용해야 합니다. MOD() 함수는 단독으로 사용되기보다는 다른 함수의 인수로 사용되는 경우가 많습니다.

▶ MOD( ) 함수의 입력 형식

MOD( ) 함수는 첫 번째 인수를 두 번째 인수로 나눈 후 나머지를 구하는 함수입니다.

❶ 입력 형식

=MOD(number, divisor)

❷ 인수

• number : 나머지를 구할 수입니다. 직접 입력하거나 수가 입력되어 있는 셀 주소 혹은 수식을 사용할 수 있습니다.
• divisor : [number]를 나눌 인수입니다. number 인수와 마찬가지로 직접 수를 입력하거나 수가 입력되어 있는 셀 주소 혹은 수식을 사용할 수 있습니다.

01 앞서 INT( ) 함수를 적용한 예제를 이용하여 나머지를 구하겠습니다. 나머지를 입력할 [F5]셀을 선택하고 수식 입력 줄에 '=MOD(C5,D5)'를 입력한 다음 Enter 키를 누릅니다.

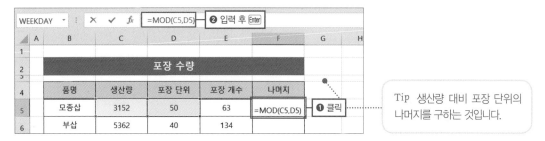

Tip 생산량 대비 포장 단위의 나머지를 구하는 것입니다.

02 [F5]셀에 [C5]셀의 값을 [D5]셀의 값으로 나눈 후 나머지 값인 '2'가 표시됩니다. 나머지를 이용하면 홀수를 찾아낼 수 있어 다양한 작업에 활용할 수 있습니다.

	포장 수량				
품명	생산량	포장 단위	포장 개수	나머지	
모종삽	3152	50	63	2	확인
부삽	5362	40	134		

03 나머지 셀도 동일한 수식을 적용하기 위해 [F5]셀의 자동 채우기 핸들을 이용하여 [F8]셀까지 드래그합니다. 자동 채우기가 완료되면 자동 채우기 옵션 상자를 클릭한 다음 바로 가기 메뉴에서 [서식 없이 채우기]를 선택합니다.

• 예제 파일 : Part 06\판매현황.xlsx
• 완성 파일 : Part 06\판매현황_완성.xlsx

Sub 4 PRODUCT( )/SUMPRODUCT( ) 함수

PRODUCT( ) 함수는 주어진 인수들을 곱한 결과를 표시하는 함수입니다. 곱할 인수가 많은 경우 PRODUCT( ) 함수를 이용하면 수식을 짧게 정리할 수 있습니다. 이에 반해 SUMPRODUCT( ) 함수는 배열이나 특정 범위의 대응하는 값끼리 곱한 다음 그 합계를 구하는 함수입니다. 즉 여러 개의 PRODUCT( ) 함수 결과를 더한 것이 SUMPRODUCT( ) 함수라고 할 수 있습니다.

▶ PRODUCT( ) 함수의 입력 형식

PRODUCT( ) 함수는 인수로 지정된 수를 모두 곱한 결과를 표시합니다.

❶ 입력 형식

    =PRODUCT(number1, [number2], ……)

❷ 인수

• number1 : 곱하기에 사용할 첫 번째 인수로서 반드시 입력해야 합니다. 숫자를 입력하거나 숫자가 입력될 셀 주소나 셀 범위 혹은 수식을 입력할 수 있습니다.

• number2 : 곱하기에 사용할 두 번째 인수로서 숫자를 입력하거나 숫자가 입력될 셀 주소나 셀 범위 혹은 수식을 입력할 수 있습니다.

▶ **SUMPRODUCT( ) 함수의 입력 형식**

SUMPRODUCT( ) 함수는 주어진 배열의 요소를 곱한 다음 합계를 구하는 함수입니다.

❶ **입력 형식**

=SUMPRODUCT(array1, [array2], …….)

❷ **인수**

• array1 : 첫 번째 인수로서 배열을 입력해야 하며 반드시 입력해야 합니다.

• number2 : 두 번째 인수를 입력하며 255개의 배열을 입력할 수 있습니다.

01 SUMPRODUCT( ) 함수를 이용하여 사원별 판매현황의 합계를 구하겠습니다. 판매 총액이 입력될 [D18]셀을 선택한 다음 수식 입력 줄에 '=sum'을 입력합니다. 이어서 'sum'이 포함된 함수 목록이 표시되면 [SUMPRODUCT] 함수를 더블클릭합니다.

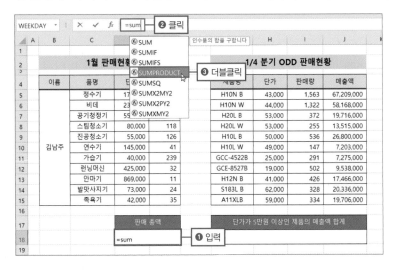

02 수식 입력 줄에 SUMPRODUCT( ) 함수가 입력되면 첫 번째 인수로 [D5]셀에서 [D15] 셀까지 드래그하여 셀 범위 주소를 입력합니다.

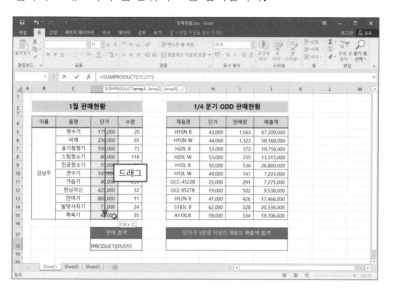

03 콤마(,)를 입력한 다음 두 번째 인수로 [E5]셀에서 [E15]셀까지 드래그하여 셀 범위 주소를 입력합니다.

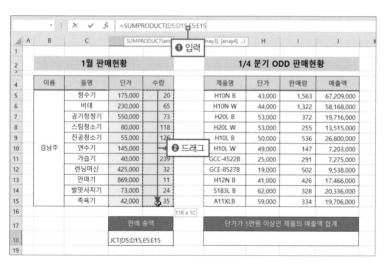

04 괄호 ')'를 닫고 Enter 키를 누릅니다. 즉 수식 입력 줄에 '=SUMPRODUCT(D5:D15, E5:E15)'가 입력되어야 합니다. [E18]셀에 판매 총액이 입력됩니다. 즉 각 판매사원의 [단가]와 [수량]을 곱한 결과를 모두 더한 결과가 [판매 총액]으로 표시되는 것입니다.

D18		× ✓ fx	=SUMPRODUCT(D5:D15,E5:E15)							
A	B	C	D	E	F	G	H	I	J	K
1										
2		1월 판매현황				1/4 분기 ODD 판매현황				
4	이름	품명	단가	수량		제품명	단가	판매량	매출액	
5		정수기	175,000	20		H10N B	43,000	1,563	67,209,000	
6		비데	230,000	65		H10N W	44,000	1,322	58,168,000	
7		공기청정기	550,000	73		H20L B	53,000	372	19,716,000	
8		스팀청소기	80,000	118		H20L W	53,000	255	13,515,000	
9		진공청소기	55,000	126		H10L B	50,000	536	26,800,000	
10	김남주	연수기	145,000	41		H10L W	49,000	147	7,203,000	
11		가습기	40,000	239		GCC-4522B	25,000	291	7,275,000	
12		런닝머신	425,000	32		GCE-8527B	19,000	502	9,538,000	
13		안마기	869,000	11		H12N B	41,000	426	17,466,000	
14		발맛사지기	73,000	24		S183L B	62,000	328	20,336,000	
15		족욕기	42,000	35		A11XLB	59,000	334	19,706,000	
16										
17			판매 총액			단가가 5만원 이상인 제품의 매출액 합계				
18			116,856,000	확인						
19										

Sub 5 SUMIF( ) 함수

SUMIF( ) 함수는 조건에 맞는 셀들의 합계를 구하는 함수입니다. 조건에 설정하기 위한 IF( ) 함수와 합계를 구하기 위한 SUM( ) 함수를 결합한 형태가 SUMIF( ) 함수라고 할 수 있습니다.

▶ **SUMIF( ) 함수의 입력 형식**
 SUMIF( ) 함수는 입력한 조건에 맞는 셀 범위의 합계를 구하는 함수입니다.

❶ 입력 형식

 =SUMIF(range, criteria, [sum_range])

❷ 인수
• range : 조건을 설정할 셀 범위 주소를 입력하며, 반드시 입력해야 합니다.
• criteria : 합계를 구할 셀들의 조건을 입력하며, 반드시 입력해야 합니다.
• sum_range : 합계를 구할 실제 셀들이며, 입력하지 않으면 [range] 인수에 지정된 셀(조건이 적용되는 셀)이 더해집니다.

01 SUMIF() 함수를 이용하여 단가가 5만원 이상인 제품의 매출액 합계를 구하겠습니다. 먼 저 매출액 합계가 입력될 [G18]셀을 선택한 다음 수식 입력 줄에 '=SUM'을 입력한 후 함수 목록이 표시되면 [SUMIF] 함수를 더블클릭합니다.

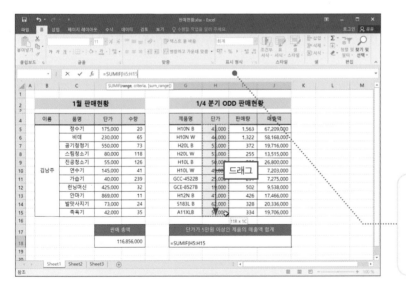

02 함수가 입력되면 조건 범위인 [H5]셀에서 [H15]셀까지 드래그하여 범위 주소를 입력합 니다.

Tip 함수의 각 인수는 콤 마(,)로 구분되므로 인수가 입력된 후에는 다음 인수를 입력하기 전에 반드시 콤마 (,)를 입력합니다.

03 콤마(,)를 입력하고 조건을 부여하기 위해 '">=50000",'을 입력한 다음 매출액 범위인 [J5]셀에서 [J15]셀까지 선택합니다. ')'를 입력하고 Enter 키를 누릅니다. 결국 수식 입력 줄에 '=SUMIF(H5:H15,">=50000",J5:J15)'가 입력되어야 합니다.

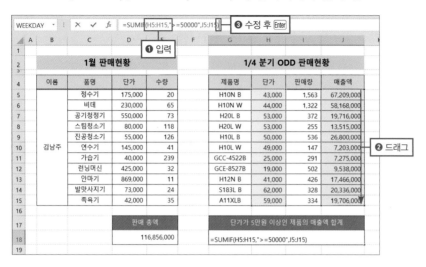

04 단가가 5만원이 넘은 제품의 매출액만 더해져 [J18]셀에 표시됩니다.

• 예제 파일 : Part 06\능력평가.xlsx
• 완성 파일 : Part 06\능력평가_완성.xlsx

Sub 6 ROUND( ) 함수

ROUND( ) 함수는 입력한 숫자의 소수점 자리를 지정한 자릿수로 반올림하는 함수입니다. 소수점 자리와 관련된 ROUND( ), ROUNDUP( ), ROUNDDOWN( ), TRUNC( ) 함수 등은 모두 여러 숫자의 자릿수를 맞추기 위한 함수라고 할 수 있습니다.

▶ **ROUND( ) 함수의 입력 형식**

ROUND( ) 함수는 숫자를 지정한 자릿수로 반올림하는 함수입니다.

❶ 입력 형식

=ROUND(number, num_digits)

❷ 인수

• number : 반올림하기 위한 실수 혹은 실수가 포함된 셀 주소나 수식을 입력합니다.

• num_digits : 표시하려는 소수점 아래의 자릿수를 입력합니다. [num_digits]가 0보다 크면 지정한 자릿수로 반올림 되지만 [num_digits]가 0보다 작으면 소수점 왼쪽에서 반올림됩니다.

01 각 과목의 평균 점수를 소수점 한 가지로 표시하겠습니다. 평균 점수가 입력될 [G5]셀을 선택하고 먼저 소수점 자릿수를 지정하기 위해 수식 입력 줄에 '=ro'를 입력한 다음 함수 목록 에 표시되면 [ROUND] 함수를 더블클릭합니다.

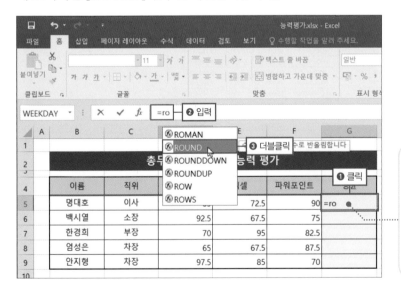

Tip 함수 사용법에 익숙해 지면 직접 수식 입력 줄에 함 수와 인수를 입력하는 것이 빠를 수 있으나 인수를 입력 할 때는 정확성을 위해 셀을 직접 클릭하거나 범위를 지 정하는 것이 안전합니다.

02 [ROUND] 함수가 입력되면 평균을 구하기 위해 수식 입력 줄에 'av'를 입력한 다음 함수 목록이 표시되면 [AVERAGE] 함수를 더블클릭합니다.

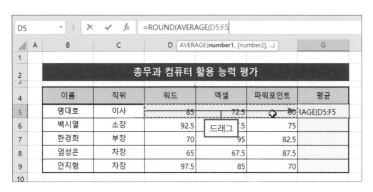

03 함수가 입력되면 평균을 구할 범위인 [D5]셀에서 [F5]셀을 드래그하여 셀 범위 주소를 입력합니다.

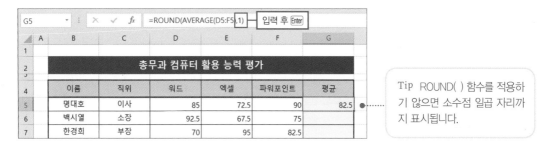

04 ')'를 입력하고 콤마(,)를 입력하여 인수를 구분한 다음 '1'과 ')'를 입력한 후 Enter 키를 누릅니다. 여기서 '1'은 소수점 자릿수를 의미합니다. 즉 수식 입력 줄에 '=ROUND(AVERAGE(D5:F5),1)'이 입력되어야 합니다.

G5		×	✓	fx	=ROUND(AVERAGE(D5:F5),1)	입력 후 Enter

	A	B	C	D	E	F	G
1							
2		총무과 컴퓨터 활용 능력 평가					
4		이름	직위	워드	엑셀	파워포인트	평균
5		명대호	이사	85	72.5	90	82.5
6		백시열	소장	92.5	67.5	75	
7		한경희	부장	70	95	82.5	

Tip ROUND( ) 함수를 적용하기 않으면 소수점 일곱 자리까지 표시됩니다.

05 각 과목에 대한 평균 점수가 소수점 한 자리로 표시되면 나머지 셀도 동일한 수식을 적용하기 위해 [G5]셀의 자동 채우기 핸들을 이용하여 [G9]셀까지 드래그합니다. 자동 채우기가 완료되면 자동 채우기 옵션 상자를 클릭한 다음 바로 가기 메뉴에서 [서식 없이 채우기]를 선택합니다.

Sub 7 ROUNDUP( ) 함수

ROUNDUP( ) 함수는 0에서 먼 방향으로 입력한 수를 올림하는 함수입니다. 소수점 자리와 관련된 ROUND( ), ROUNDUP( ), ROUNDDOWN( ), TRUNC( ) 함수 등은 모두 여러 숫자의 자릿수를 맞추기 위한 함수라고 할 수 있습니다.

▶ **ROUNDUP( ) 함수의 입력 형식**

ROUNDUP( ) 함수는 수치 데이터를 0에서 멀어지도록 올림하는 함수입니다.

❶ 입력 형식

=ROUND(number, num_digits)

❷ 인수

- number : 올림하기 위한 실수 혹은 실수가 포함된 셀 주소나 수식을 입력합니다.
- num_digits : 올림하려는 자릿수를 입력합니다. [num_digits]가 양수이면 숫자는 지정한 소수점 아래 자리로 올림되며, '0'이면 가장 가까운 정수로 올림됩니다. 그리고 [num_digits]가 음수이면 [number]가 소수점 왼쪽에서 올림됩니다.

---

01 10단위를 모두 버리고 100단위로 가격을 표시하되 100단위를 모두 올림하여 표시되도록 설정하겠습니다. [조정원가]가 표시될 [E14]셀을 선택한 다음 수식 입력 줄에 '=ro'를 입력한 후 함수 목록이 표시되면 [ROUNDUP] 함수를 더블클릭합니다.

02 함수가 입력되면 실제 가격이 입력된 [D14]셀을 클릭하여 셀 주소를 입력합니다. 콤마(,)를 입력하여 인수를 구분한 다음 올림할 자릿수인 '-2'와 괄호 ')'를 닫고 Enter 키를 누릅니다. 결국 수식 입력 줄에는 '=ROUNDUP(D14,-2)'가 입력되어야 합니다.

Tip 올림할 자릿수로 음수를 입력하였으므로 소수점을 기준으로 왼쪽으로 자릿수만큼 올림됩니다.

03 실제 원가인 '11,748'이 올림되어 '11,800'으로 표시됩니다. 이처럼 ROUNDUP( ) 함수를 이용하면 지정한 자리만큼 올림하여 표시할 수 있습니다. 나머지 셀도 동일한 수식을 적용하기 위해 [E14]셀의 자동 채우기 핸들을 이용하여 [E18]셀까지 드래그합니다.

코드	품명	실제원가	조정원가
K6BA7	키보드	11,738	11,800
M5B26	볼마우스	4,460	
M5L13	광마우스	7,193	
CA2M06	케이스	23,556	
C02USB	USB케이블	4,722	

총무과 컴퓨터 활용 능력 평가

이름	직위	워드	엑셀	파워포인트	평균
명대호	이사	85	72.5	90	82.5
백시열	소장	92.5	67.5	75	78.3
한경회	부장	70	95	82.5	82.5
엄성은	차장	65	67.5	87.5	73.3
안지형	차장	97.5	85	70	84.2

드래그

계열이나 셀을 채우려면 선택 영역의 밖으로 끌고, 지우려면 안쪽으로 끕니다.

04 자동 채우기가 완료되면 자동 채우기 옵션 상자를 클릭한 다음 바로 가기 메뉴에서 [서식 없이 채우기]를 선택합니다.

이름	직위	워드	엑셀	파워포인트	평균
한경회	부장	70	95	82.5	82.5
엄성은	차장	65	67.5	87.5	73.3
안지형	차장	97.5	85	70	84.2

가격 조정

코드	품명	실제원가	조정원가
K6BA7	키보드	11,738	11,800
M5B26	볼마우스	4,460	4,500
M5L13	광마우스	7,193	7,200
CA2M06	케이스	23,556	23,600
C02USB	USB케이블	4,722	4,800

❶ 클릭

- ○ 셀 복사(C)
- ○ 서식만 채우기(F)
- ○ 서식 없이 채우기(O) **❷ 클릭**
- ○ 빠른 채우기(F)

ROUNDDOWN( ) 함수는 0에서 가까운 방향으로 입력한 수를 내리는 함수입니다. 소수점 자리와 관련된 ROUND( ), ROUNDUP( ), ROUNDDOWN( ), TRUNC( ) 함수 등은 모두 여러 숫자의 자릿수를 맞추기 위한 함수라고 말할 수 있습니다.

▶ **ROUNDDOWN( ) 함수의 입력 형식**

ROUNDDOWN( ) 함수는 수치 데이터를 0에 가까워지도록 내림하는 함수입니다.

❶ 입력 형식

=ROUNDDOWN(number, num_digits)

❷ 인수

• number : 내림하기 위한 실수 혹은 실수가 포함된 셀 주소나 수식을 입력합니다.

• num_digits : 내림하려는 자릿수를 입력합니다. [num_digits]가 양수이면 숫자는 지정한 소수점 아래 자리로 내림 되며, '0'이면 가장 가까운 정수로 내림됩니다. 그리고 [num_digits]가 음수이면 [number]가 소수점 왼쪽에서 내림 됩니다.

---

01 10단위를 모두 버리고 100단위로 가격을 표시하되 10단위를 모두 내림하여 표시되도록 설정하겠습니다. [조정요금]이 표시될 [I5]셀을 선택하고 수식 입력 줄에 '=ro'를 입력한 다음 함수 목록이 표시되면 [ROUNDDOWN] 함수를 더블클릭합니다.

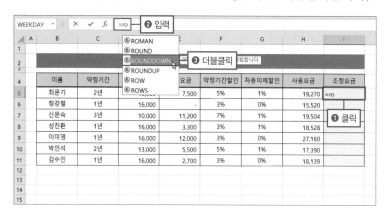

02 함수가 입력되면 실제 사용요금이 입력된 [H5]셀을 클릭하여 셀 주소를 입력합니다. 콤마(,)를 입력하여 인수를 구분하고 내림할 자릿수인 '–2'와 괄호 ')'를 닫은 다음 Enter 키를 누릅니다. 결국 수식 입력 줄에는 '=ROUNDDOWN(H5, –2)'가 입력되어야 합니다.

Tip 올림할 자릿수로 음수를 입력하였으므로 소수점을 기준으로 왼쪽으로 자릿수만큼 올림됩니다.

03 실제 요금인 '19,270'이 내림되어 '19,200'으로 표시됩니다. 이처럼 ROUNDDOWN() 함수를 이용하면 지정한 자리만큼 내림하여 표시할 수 있습니다. 나머지 셀도 동일한 수식을 적용하기 위해 [I5]셀의 자동 채우기 핸들을 이용하여 [I11]셀까지 드래그합니다. 자동 채우기가 완료되면 자동 채우기 옵션 상자를 클릭한 다음 바로 가기 메뉴에서 [서식 없이 채우기]를 선택합니다.

• 예제 파일 : Part 06\낙찰가.xlsx
• 완성 파일 : Part 06\낙찰가_완성.xlsx

Sub ⑨ TRUNC( ) 함수

TRUNC( ) 함수는 소수점 아래 지정한 자릿수만 남기고 나머지를 버리는 함수입니다. [num_digits] 인수를 입력하지 않을 경우 TRUNC( ) 함수와 INT( ) 함수는 모두 정수를 반환합니다. TRUNC(−8.4) 함수는 소수점을 버려서 '−8'이 되지만, INT(−8.4) 함수는 소수점을 기준으로 가장 가까운 정수로 내리므로 '−9'가 반환됩니다.

▶ **TRUNC( ) 함수의 입력 형식**

TRUNC( ) 함수는 지정한 자릿수만큼 소수점 이하를 잘라내는 함수입니다.

❶ **입력 형식**

TRUNC(number, [num_digits])

❷ **인수**

• number : 잘라내기 위한 실수 혹은 실수가 포함된 셀 주소나 수식을 입력합니다.

• num_digits : 잘라낼 소수점 이하의 자릿수를 입력합니다.

---

01 낙찰가률이 입력될 [F5]셀을 선택하고 수식 입력 줄에 '=tr'을 입력한 다음 함수 목록이 표시되면 [TRUNC] 함수를 더블클릭합니다.

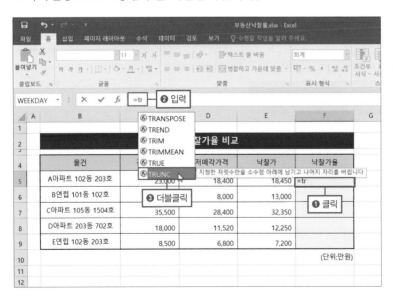

02 함수가 입력되면 실제 낙찰가가 입력된 [E5]셀을 클릭하여 셀 주소를 입력합니다.

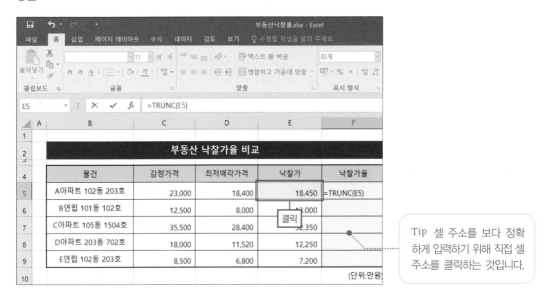

Tip 셀 주소를 보다 정확하게 입력하기 위해 직접 셀 주소를 클릭하는 것입니다.

03 낙찰가를 감정 가격으로 나눈 금액에 100을 곱해야 낙찰가율이 계산되므로 수식 입력 줄에 '=TRUNC(E5/C5*100,0)'을 입력하고 Enter 키를 누릅니다. 낙찰가율이 소수점이 버려진 채로 정수로만 표시됩니다. 나머지 셀도 동일한 수식을 적용하기 위해 [F5]셀의 자동 채우기 핸들을 이용하여 [F9]셀까지 드래그합니다. 자동 채우기가 완료되면 자동 채우기 옵션 상자를 클릭한 다음 바로 가기 메뉴에서 [서식 없이 채우기]를 선택합니다.

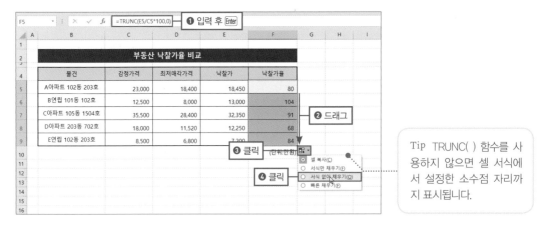

Tip TRUNC( ) 함수를 사용하지 않으면 셀 서식에서 설정한 소수점 자리까지 표시됩니다.

통계 처리를 위한 통계 함수

이번에 배울 함수는 각종 통계와 관련된 처리를 할 수 있는 함수입니다. 각종 평균을 구하거나 데이터 비교, 데이터 분포 등을 알 수 있는 여러 가지 통계 관련 함수의 사용 방법을 알아보겠습니다.

· Preview ·

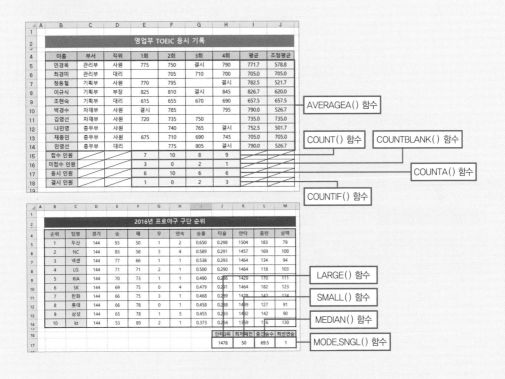

섹션별 주요 내용

① AVERAGEA( ) 함수　　② COUNT( ) 함수　　③ COUNTA( ) 함수
④ COUNTBLANK( ) 함수　⑤ COUNTIF( ) 함수　⑥ LARGE( ) 함수
⑦ SMALL( ) 함수　　　　⑧ MEDIAN( ) 함수　⑨ MODE.SNGL( ) 함수

Sub ① AVERAGEA( ) 함수

인수들의 평균을 내는 목적은 AVERAGE( ) 함수와 동일하지만 AVERAGEA( ) 함수는 논리값과 텍스트까지도 포함한다는 것이 다릅니다.

▶ **AVERAGEA( ) 함수의 입력 형식**

AVERAGEA( ) 함수는 인수로 주어진 숫자와 텍스트 그리고 논리 값의 평균을 구하는 함수입니다.

❶ 입력 형식

=AVERAGEA(value1, value2, …….)

❷ 인수

• value : 평균을 구할 인수를 입력합니다. 인수로는 숫자와 숫자가 포함된 셀 주소 혹은 수식을 사용할 수 있으며 텍스트는 '0'으로 처리되고 논리 값인 경우 참(TRUE)의 값은 '1', 그리고 거짓(FALSE)의 값은 '0'으로 처리합니다.

---

01 네 차례의 영어 TOEIC 시험에 대한 평균을 구하면서 AVERAGE( ) 함수를 사용했을 때와 AVERAGEA( ) 함수를 사용했을 때 어떻게 달라지는지 알아보겠습니다. 먼저 평균을 입력할 [I5]셀을 선택한 다음 수식 입력 줄에 '=av'를 입력하고 함수 목록이 표시되면 [AVERAGE] 함수를 더블클릭합니다.

02 함수가 입력되면 [E5]셀에서 [H5]셀까지 선택하여 평균을 구할 범위를 지정하여 셀 범위 주소를 입력합니다. 괄호 ')'를 닫고 Enter 키를 누르면 선택한 범위에 대한 평균이 입력됩니다. 이때는 [AVERAGE] 함수를 사용했기 때문에 텍스트가 입력된 셀을 무시하고 숫자만 입력된 셀만 가지고 평균을 구하게 됩니다.

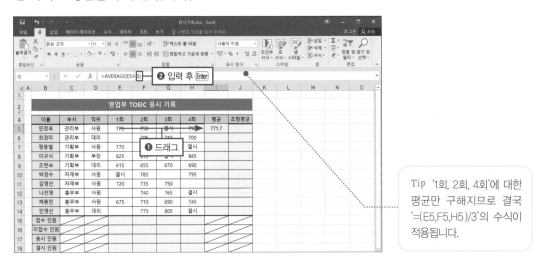

Tip '1회, 2회, 4회'에 대한 평균만 구해지므로 결국 '=(E5,F5,H5)/3'의 수식이 적용됩니다.

03 나머지 셀도 동일한 수식을 적용하기 위해 [I5]셀의 자동 채우기 핸들을 이용하여 [I14]셀까지 드래그합니다. 이번에는 동일한 방법을 사용하되 [AVERAGEA] 함수를 사용하여 평균을 구하겠습니다. 조정 평균을 입력할 [J5]셀을 선택한 다음 수식 입력 줄에 '=av'를 입력하고 함수 목록이 표시되면 [AVERAGEA] 함수를 더블클릭합니다.

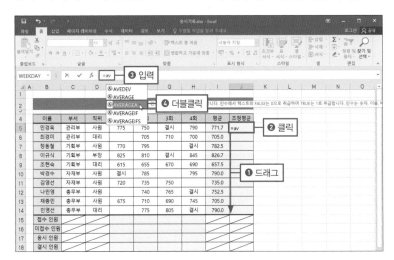

04 함수가 입력되면 [E5]셀에서 [H5]셀까지 선택하여 평균을 구할 범위를 지정하고 셀 범위 주소가 입력되면 괄호 ')'를 닫은 다음 Enter 키를 누릅니다. 앞서 평균을 구한 값과 다른 값이 입력됩니다. 이것은 텍스트를 하나의 인수로 포함하였으므로 합계를 나누는 항목이 '4'가 되었기 때문입니다. 나머지 셀도 동일한 수식을 적용하기 위해 [J5]셀의 자동 채우기 핸들을 이용하여 [J14]셀까지 드래그합니다.

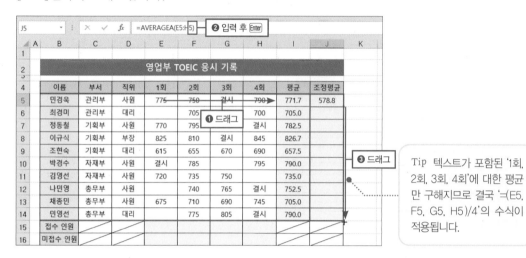

Sub ② COUNT( ) 함수

COUNT( ) 함수는 인수 목록 내에서 공백이나 텍스트가 입력된 셀은 무시하고 수치 데이터가 포함된 셀의 개수를 구하는 함수입니다. COUNT( ) 함수를 이용하면 지정한 셀 범위나 숫자 배열에서 숫자가 포함되어 있는 셀의 수를 구할 수 있습니다.

▶ **COUNT( ) 함수의 입력 형식**

COUNT( ) 함수는 지정한 셀 주소나 셀 범위에 숫자가 포함된 셀의 개수를 구하는 함수입니다.

❶ 입력 형식

COUNT(value1, [value2], ……)

❷ 인수

• value : 숫자의 개수를 세려는 셀 주소나 셀 범위 주소를 입력합니다.

---

01 [응시 인원]이 입력된 [E17]셀을 선택한 다음 수식 입력 줄에 '=co'를 입력하고 함수 목록이 표시되면 [COUNT] 함수를 더블클릭합니다.

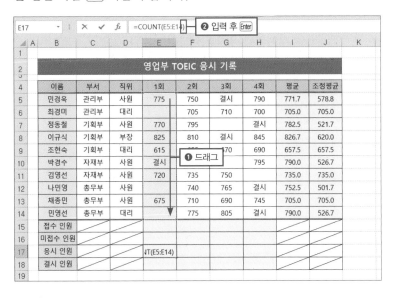

02 함수가 입력되면 [E5]셀에서 [E14]셀까지 드래그하여 셀 범위 주소를 입력하고 괄호 ')'를 닫은 다음 Enter 키를 누릅니다.

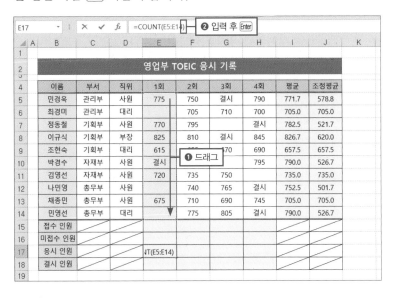

03 숫자가 입력된 셀의 개수인 '6'이 표시됩니다. 나머지 셀도 동일한 수식을 적용하기 위해 [E17]셀의 자동 채우기 핸들을 이용하여 [H17]셀까지 드래그합니다.

	영업부 TOEIC 응시 기록								
	이름	부서	직위	1회	2회	3회	4회	평균	조정평균
	민경욱	관리부	사원	775	750	결시	790	771.7	578.8
	최경미	관리부	대리		705	710	700	705.0	705.0
	정동철	기획부	사원	770	795		결시	782.5	521.7
	이규식	기획부	부장	825	810	결시	845	826.7	620.0
	조현숙	기획부	대리	615	655	670	690	657.5	657.5
	박경수	자재부	사원	결시	785		795	790.0	526.7
	김영선	자재부	사원	720	735	750		735.0	735.0
	나민영	총무부	사원		740	765	결시	752.5	501.7
	채종민	총무부	사원	675	710	690	745	705.0	705.0
	민영선	총무부	대리		775	805	결시	790.0	526.7
	접수 인원			❶ 확인					
	미접수 인원					❷ 드래그			
	응시 인원			6					
	결시 인원								

셀 참조: E17 = =COUNT(E5:E14)

COUNTA( ) 함수

COUNTA( ) 함수는 지정한 셀 범위에서 데이터가 입력되어 있는 셀의 개수를 구합니다. 즉 데이터가 입력되어 있지 않은 셀은 무시하고 데이터가 입력된 셀의 개수만 구합니다.

> ▶ COUNT( ) 함수의 입력 형식
>
> COUNTA( ) 함수는 데이터가 입력되어 있는 인수의 개수를 구하는 함수입니다.
>
> ❶ 입력 형식
>
> COUNTA(value1, value2, …….)
>
> ❷ 인수
> • value : 인수의 개수를 세려는 셀 주소나 셀 범위 주소를 입력합니다.

01 [접수 인원]을 입력할 [E15]셀을 선택한 다음 수식 입력 줄에 '=co'를 입력한 후 함수 목록에서 [COUNTA] 함수를 더블클릭합니다.

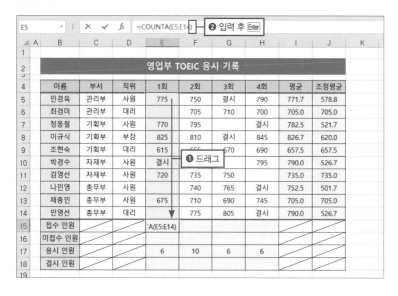

02 함수가 입력되면 [E5]셀에서 [E14]셀까지 드래그하여 셀 범위 주소를 입력한 다음 괄호 ')'를 입력하고 Enter 키를 누릅니다. 결국 수식 입력 줄에 '=COUNTA(E5:E14)'가 입력되어야 합니다.

	A	B	C	D	E	F	G	H	I	J	K
1											
2			영업부 TOEIC 응시 기록								
4		이름	부서	직위	1회	2회	3회	4회	평균	조정평균	
5		민경욱	관리부	사원	775	750	결시	790	771.7	578.8	
6		최경미	관리부	대리		705	710	700	705.0	705.0	
7		정동철	기획부	사원	770	795		결시	782.5	521.7	
8		이규식	기획부	부장	825	810	결시	845	826.7	620.0	
9		조현숙	기획부	대리	615	655	670	690	657.5	657.5	
10		박경수	자재부	사원	결시			795	790.0	526.7	
11		김영선	자재부	사원	720	735	750		735.0	735.0	
12		나민영	총무부	사원		740	765	결시	752.5	501.7	
13		채종민	총무부	사원	675	710	690	745	705.0	705.0	
14		민영선	총무부	대리		775	805	결시	790.0	526.7	
15		접수 인원			=A(E5:E14)						
16		미접수 인원									
17		응시 인원			6	10	6	6			
18		결시 인원									
19											

03 데이터가 입력된 셀의 개수인 '7'이 입력됩니다. 나머지 셀도 동일한 수식을 적용하기 위해 [E15]셀의 자동 채우기 핸들을 이용하여 [H15]셀까지 드래그합니다.

	A	B	C	D	E	F	G	H	I	J
1										
2					영업부 TOEIC 응시 기록					
4		이름	부서	직위	1회	2회	3회	4회	평균	조정평균
5		민경욱	관리부	사원	775	750	결시	790	771.7	578.8
6		최경미	관리부	대리		705	710	700	705.0	705.0
7		정동철	기획부	사원	770	795		결시	782.5	521.7
8		이규식	기획부	부장	825	810	결시	845	826.7	620.0
9		조현숙	기획부	대리	615	655	670	690	657.5	657.5
10		박경수	자재부	사원	결시	785		795	790.0	526.7
11		김영선	자재부	사원	720	735	750	●	735.0	735.0
12		나민영	총무부	사원		740	765	결시	752.5	501.7
13		채종민	총무부	사원	❶ 확인	710	690	745	705.0	705.0
14		민영선	총무부	대리		775	805	결시	790.0	526.7
15		접수 인원			7					
16		미접수 인원				❷ 드래그				
17		응시 인원			6	10		6		
18		결시 인원								

> **Tip** 데이터가 입력되지 않은 빈 셀은 개수에 포함되지 않습니다.

Sub ④ COUNTBLANK( ) 함수

COUNTBLANK( ) 함수는 COUNTA( ) 함수와 반대로 지정한 범위 안에서 데이터가 입력되어 있지 않는 공백 셀의 개수를 구하는 함수입니다.

> ▶ **COUNTBLANK( ) 함수의 입력 형식**
> COUNTBLANK( ) 함수는 지정한 셀 범위 내에서 공백인 셀의 개수를 구하는 함수입니다.
>
> ❶ **입력 형식**
>
> COUNTBLANK(range)
>
> ❷ **인수**
> • range : 공백인 셀의 개수를 구할 셀 범위 주소를 입력합니다.

01 [미접수 인원]을 입력할 [E16]셀을 선택하고 수식 입력 줄에 '=co'를 입력한 다음 함수 목록이 표시되면 [COUNTBLANK] 함수를 더블클릭합니다.

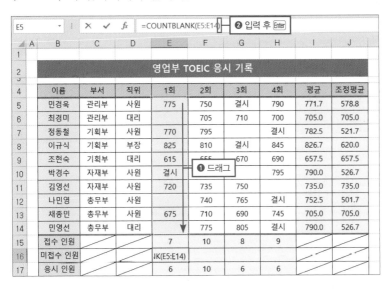

02 함수가 입력되면 공백을 찾을 범위로 [E5]셀에서 [E14]셀까지 드래그하여 셀 범위 주소를 입력하고 괄호 ')'를 닫은 다음 Enter 키를 누릅니다. 결국 수식 입력 줄에 '=COUNTBLANK (E5:E14)'가 입력되어야 합니다.

	A	B	C	D	E	F	G	H	I	J
2		\multicolumn{9}{영업부 TOEIC 응시 기록}							
4		이름	부서	직위	1회	2회	3회	4회	평균	조정평균
5		민경욱	관리부	사원	775	750	결시	790	771.7	578.8
6		최경미	관리부	대리		705	710	700	705.0	705.0
7		정동철	기획부	사원	770	795		결시	782.5	521.7
8		이규식	기획부	부장	825	810	결시	845	826.7	620.0
9		조현숙	기획부	대리	615	655	670	690	657.5	657.5
10		박경수	자재부	사원	결시			795	790.0	526.7
11		김영선	자재부	사원	720	735	750		735.0	735.0
12		나민영	총무부	사원		740	765	결시	752.5	501.7
13		채종민	총무부	사원	675	710	690	745	705.0	705.0
14		민영선	총무부	대리		775	805	결시	790.0	526.7
15		접수 인원			7	10	8	9		
16		미접수 인원			K(E5:E14)					
17		응시 인원			6	10	6	6		

03 선택한 범위에서 공백인 셀의 개수인 '3'이 입력됩니다. 나머지 셀도 동일한 수식을 적용하기 위해 [E16]셀의 자동 채우기 핸들을 이용하여 [H16]셀까지 드래그합니다.

	A	B	C	D	E	F	G	H	I	J
1										
2		영업부 TOEIC 응시 기록								
4		이름	부서	직위	1회	2회	3회	4회	평균	조정평균
5		민경욱	관리부	사원	775	750	결시	790	771.7	578.8
6		최경미	관리부	대리		705	710	700	705.0	705.0
7		정동철	기획부	사원	770	795		결시	782.5	521.7
8		이규식	기획부	부장	825	810	결시	845	826.7	620.0
9		조현숙	기획부	대리	615	655	670	690	657.5	657.5
10		박경수	자재부	사원	결시	785		795	790.0	526.7
11		김영선	자재부	사원	720	735	750		735.0	735.0
12		나민영	총무부	사원		740	765	결시	752.5	501.7
13		채종민	총무부	사원	675	710	690	745	705.0	705.0
14		민영선	총무부	대리		775	805	결시	790.0	526.7
15		접수 인원			7	10	드래그	9		
16		미접수 인원			3					
17		응시 인원			6	10	6	6		

_{Sub} ⑤ **COUNTIF( ) 함수**

COUNT( ) 함수는 지정한 셀 범위 안에서 조건에 맞는 셀의 개수를 구하는 함수입니다. 셀의 개수를 구하는 COUNT( ) 함수와 조건을 설정하는 IF( ) 함수가 결합된 형태라고 할 수 있습니다.

> ▶ **COUNTIF( ) 함수의 입력 형식**
>
> COUNTIF( ) 함수는 첫 번째 인수를 두 번째 인수로 나눈 다음 나머지를 구하는 함수입니다.
>
> ❶ **입력 형식**
>
> COUNTIF(range, criteria)
>
> ❷ **인수**
> • range : 셀의 개수를 구할 셀 범위 주소를 입력합니다.
> • criteria : 조건을 설정할 수식 또는 수식이 포함된 셀 주소를 입력합니다.

01 시험에 접수는 하였으나 결시를 한 인원을 찾아보겠습니다. 결시한 인원은 '결시'라고 입력되어 있으므로 이를 이용하여 결시한 인원을 찾으면 됩니다. 우선 결시한 인원이 입력될 [E18]셀을 선택하고 수식 입력 줄에 '=co'를 입력한 다음 함수 목록이 표시되면 [COUNTIF] 함수를 더블클릭합니다.

02 함수가 입력되면 결시 인원을 찾을 [E5]셀에서 [E14]셀까지 드래그하여 셀 범위 주소를 입력합니다. 콤마(,)를 입력하여 인수를 구분하고 '"결시"'라는 조건을 입력한 다음 괄호 ')'를 닫습니다. Enter 키를 누릅니다. 결국 수식 입력 줄에 '=COUNTIF(E5:E14,"결시")'가 입력되어야 합니다.

03 선택한 범위에서 '결시'라는 데이터가 입력된 셀의 개수인 '1'이 표시됩니다. 나머지 셀도 동일한 수식을 적용하기 위해 [E18]셀의 자동 채우기 핸들을 이용하여 [H18]셀까지 드래그합니다.

	이름	부서	직위	1회	2회	3회	4회	평균	조정평균
				영업부 TOEIC 응시 기록					
	민경욱	관리부	사원	775	750	결시	790	771.7	578.8
	최경미	관리부	대리		705	710	700	705.0	705.0
	정동철	기획부	사원	770	795		결시	782.5	521.7
	이규식	기획부	부장	825	810	결시	845	826.7	620.0
	조현숙	기획부	대리	615	655	670	690	657.5	657.5
	박경수	자재부	사원	결시	785		795	790.0	526.7
	김영선	자재부	사원	720	735	750		735.0	735.0
	나민영	총무부	사원		740	765	결시	752.5	501.7
	채중민	총무부	사원	675	710	690	745	705.0	705.0
	민영선	총무부	대리		775	805	결시	790.0	526.7
	접수 인원			7	10	8	9		
	미접수 인원			3	0	2	1		
	응시 인원			6	10	6	6		
	결시 인원			1					

드래그

Sheet1 Sheet2 Sheet3 ⊕

계열이나 셀을 채우려면 선택 영역의 밖으로 끌고, 지우려면 안쪽으로 끕니다.

• 예제 파일 : Part 06\2016프로야구.xlsx
• 완성 파일 : Part 06\2016프로야구_완성.xlsx

Sub 6 LARGE( ) 함수

LARGE( ) 함수는 선택한 범위에서 지정한 인수만큼 상대순위를 구하는 함수입니다. 즉 LARGE( ) 함수를 이용하면 반 석차나 점수 석차 등을 구할 수 있습니다.

> **▸ LARGE( ) 함수의 입력 형식**
> LARGE( ) 함수는 지정한 범위에서 상대 순위를 구하는 함수입니다.
>
> **❶ 입력 형식**
>
> =LARGE(array, k)
>
> **❷ 인수**
> • array : 상대순위를 구하기 위한 배열 혹은 셀 범위 주소를 입력합니다.
> • k : 구하려는 상대 순위를 입력합니다.

01 안타 3위의 값이 입력될 [J17]셀을 선택하고 수식 입력 줄에 '=la'를 입력한 다음 함수 목록에 표시되면 [LARGE] 함수를 더블클릭합니다.

02 함수가 입력되면 상대 순위를 구할 범위로 [K5]셀에서 [K14]셀까지 선택하여 셀 범위 주소를 입력하고 콤마(,)를 입력하여 인수를 구분한 다음 '3'을 입력합니다. 괄호 ')'를 닫은 다음 Enter 키를 누릅니다. 결국 수식 입력 줄에는 '=LARGE(K5:K14,3)'이 입력되어야 합니다.

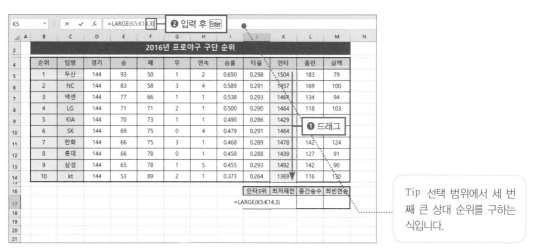

Tip 선택 범위에서 세 번째 큰 상대 순위를 구하는 식입니다.

03 선택 범위에서 세 번째로 큰 '1478'이 표시됩니다.

144	83	58	3	4	0.589	0.291	1457	169	
144	77	66	1	1	0.538	0.293	1464	134	
144	71	71	2	1	0.500	0.290	1464	118	
144	70	73	1	1	0.490	0.286	1429	170	
144	69	75	0	4	0.479	0.291	1464	182	
144	66	75	3	1	0.468	0.289	1478	142	
144	66	78	0	1	0.458	0.288	1439	127	
144	65	78	1	5	0.455	0.293	1492	142	
144	53	89	2	1	0.373	0.264	1369	116	
					안타3위	**최저패전**	**중간승수**	최능	
					1478	─ 확인			

SMALL( ) 함수는 LARGE( ) 함수와는 반대로 선택한 범위에서 지정한 인수만큼 작은 상대 순위를 구하는 함수입니다. SMALL( ) 함수를 사용하면 지정한 범위에서 특정한 상대 순위의 값을 찾을 수 있습니다.

▶ SMALL( ) 함수의 입력 형식

SMALL( ) 함수는 지정한 범위에서 상대 순위를 구하는 함수입니다.

❶ 입력 형식

```
=SMALL(array, k)
```

❷ 인수
• array : 특정 상대순위를 구하기 위한 배열 혹은 셀 범위 주소를 입력합니다.
• k : 구하려는 특정 상대 순위를 입력합니다.

01 특정 상대 순위가 입력될 [K17]셀을 선택하고 수식 입력 줄에 '=sm'을 입력한 다음 함수 목록에 표시되면 [SMALL] 함수를 더블클릭합니다.

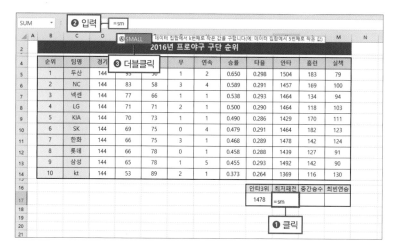

02 함수가 입력되면 특정 상대 순위를 구할 범위로 [F5]셀에서 [F12]셀까지 선택하여 셀 범위 주소를 입력합니다.

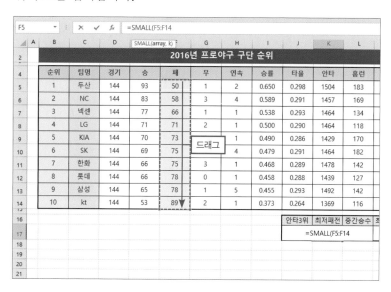

03 콤마(,)를 입력하여 인수를 구분하고 '1'을 입력합니다. 괄호 ')'를 닫고 Enter 키를 누릅니다. 결국 수식 입력 줄에는 '=SMALL(F5:F14,1)'이 입력되어야 합니다.

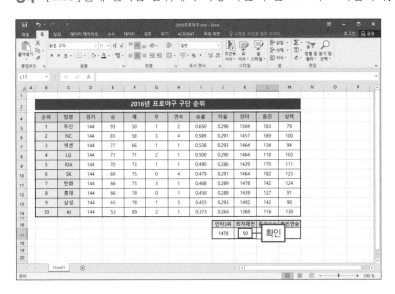

Tip k 인수를 '1'로 지정했으므로, 선택한 범위에서 가장 작은 순위를 찾는 식이 됩니다.

04 [K15]셀에 선택한 범위에서 가장 작은 수인 '50'이 표시됩니다.

MEDIAN( ) 함수는 지정한 범위의 수치 데이터 중에서 중간 값을 구하는 함수입니다. 중간 값이란 선택한 범위의 중간에 위치한 값을 말합니다. 지정한 범위의 셀 개수가 홀수인 경우에는 중간 값이 표시되지만 짝수인 경우에는 가운데 있는 두 개의 셀 값에 대한 평균을 구하여 표시합니다.

▶ **MEDIAN( ) 함수의 입력 형식**

MEDIAN( ) 함수는 선택한 범위에서 중간 값을 찾는 함수입니다.

❶ **입력 형식**

=MEDIAN(number1, number2 ······.)

❷ **인수**

• number : 중간 값을 구하기 위한 셀 주소 혹은 셀 범위 주소를 입력합니다.

---

01 [중간승수]가 표시될 [L17]셀을 선택하고 수식 입력 줄에 '=me'를 입력한 다음 함수 목록이 표시되면 [MEDIAN]을 더블클릭합니다.

02 함수가 입력되면 중간 값을 구할 대상으로 [E5]셀에서 [E14]셀까지 선택하여 셀 범위 주소를 입력한 다음 괄호 ')'를 닫고 [Enter] 키를 누릅니다. 결국 수식 입력 줄에는 '=MEDIAN (E5:E14)'가 입력되어야 합니다.

03 선택한 범위의 중간 값인 '69.5'가 표시됩니다.

2016년 프로야구 구단 순위

경기	승	패	무	연속	승률	타율	안타	홈런	실책
144	93	50	1	2	0.650	0.298	1504	183	79
144	83	58	3	4	0.589	0.291	1457	169	100
144	77	66	1	1	0.538	0.293	1464	134	94
144	71	71	2	1	0.500	0.290	1464	118	103
144	70	73	1	1	0.490	0.286	1429	170	111
144	69	75	0	4	0.479	0.291	1464	182	123
144	66	75	3	1	0.468	0.289	1478	142	124
144	66	78	0	1	0.458	0.288	1439	127	91
144	65	78	1	5	0.455	0.293	1492	142	90
144	53	89	2	1	0.373	0.264	1369	116	130

							안타3위	최저패전	중간승수	최빈연승
							1478	50	69.5	확인

MODE( ) 함수는 엑셀 2010에서 MODE.SNGL( ) 함수와 MODE.MULT( ) 함수로 구분되었습니다. MODE.SNGL( ) 함수는 지정한 범위에서 가장 자주 입력된 데이터를 찾는 함수이고 MODE.MULT( ) 함수는 가장 자주 입력된 데이터의 세로 배열을 구하는 함수입니다. 엑셀 2007에서의 MODE( ) 함수는 엑셀 2016에서의 MODE.SNGL( ) 함수와 동일합니다.

▶ **MODE.SNGL( ) 함수의 입력 형식**

MODE.SNGL( ) 함수는 선택한 범위나 배열에서 자주 사용되는 값을 구하기 위한 함수입니다.

❶ **입력 형식**

=MODE.SNGL(number1, [number2], …….)

❷ **인수**

• number : 자주 사용되는 값을 구하기 위한 셀 주소 혹은 셀 범위 주소나 배열을 입력합니다.

---

01 [최빈연승]이 표시될 [M15]셀을 선택하고 수식 입력 줄에 '=mo'를 입력한 다음 함수 목록이 표시되면 [MODE.SNGL] 함수를 더블클릭합니다.

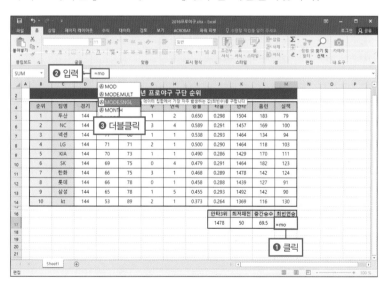

02 함수가 입력되면 가장 빈번한 값을 구하기 위한 범위로 [H5]셀에서 [H14]셀까지 선택하고 괄호 ‘)’를 닫은 다음 Enter 키를 누릅니다. 결국 수식 입력 줄에는 ‘=MODE.SNGL(H5:H14)’가 입력되어야 합니다.

| SUM | ▾ | : | × | ✓ | fx | =MODE.SNGL(H5:H14) | **❷ 입력 후** Enter |

	A	B	C	D	E	F	G	H	I	J	K	L	M	N
2					**2016년 프로야구 구단 순위**									
4		순위	팀명	경기	승	패	무	연속	승률	타율	안타	홈런	실책	
5		1	두산	144	93	50	1	2	0.650	0.298	1504	183	79	
6		2	NC	144	83	58	3	4	0.589	0.291	1457	169	100	
7		3	넥센	144	77	66	1	1	0.538	0.293	1464	134	94	
8		4	LG	144	71	71	2	1	0.500	0.290	1464	118	103	
9		5	KIA	144	70	73	1	1			1429	170	111	
10		6	SK	144	69	75	0	4		**❶ 드래그**	1464	182	123	
11		7	한화	144	66	75	3	1	0.468	0.289	1478	142	124	
12		8	롯데	144	66	78	0	1	0.458	0.288	1439	127	91	
13		9	삼성	144	65	78	1	5	0.455	0.293	1492	142	90	
14		10	kt	144	53	89	2	1	0.373	0.264	1369	116	130	
16									안타3위	최저패전	중간승수	최빈연승		
17									1478	50	69.5	H5:H14)		
18														
19														
20														
21														

03 선택한 범위에서 가장 빈번한 값으로 ‘1’이 표시됩니다.

3	4	0.589	0.291	1457	169	100		
1	1	0.538	0.293	1464	134	94		
2	1	0.500	0.290	1464	118	103		
1	1	0.490	0.286	1429	170	111		
0	4	0.479	0.291	1464	182	123		
3	1	0.468	0.289	1478	142	124		
0	1	0.458	0.288	1439	127	91		
1	5	0.455	0.293	1492	142	90		
2	1	0.373	0.264	1369	116	130		
		안타3위	최저패전	중간승수	최빈연승			
		1478	50	69.5	1	확인		

Part 6 > Section 6

데이터 검색을 위한 찾기/참조 함수

[수식] 탭의 [함수 라이브러리] 그룹에 있는 [찾기/참조 영역] 함수들은 지정한 범위 안에서 데이터를 찾거나 참조하기 위한 함수들로, 이번 섹션에서는 지정한 범위나 배열에서 특정한 값을 찾거나 셀 정보를 가져오기 위해 자주 사용되는 몇 가지 함수에 대해 알아보겠습니다.

· Preview ·

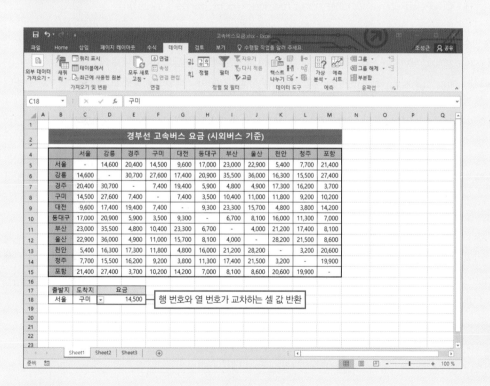

섹션별 주요 내용

① HLOOKUP( ) 함수 ② VLOOKUP( ) 함수 ③ MATCH( )/INDEX( ) 함수

HLOOKUP( ) 함수는 테이블이나 배열의 첫 행에서 값을 검색한 다음 테이블 또는 배열에 지정한 행으로부터 같은 열에 있는 값을 반환합니다. HLOOKUP( ) 함수의 'H'는 'Horizontal', 즉 가로의 의미이며, 값을 검색할 테이블이나 배열이 가로 방향으로 작성되어 있을 경우에 사용할 수 있습니다.

▶ **HLOOKUP( ) 함수의 입력 형식**

HLOOKUP( ) 함수는 테이블이나 배열의 첫 행에 있는 값을 이용하여 지정한 테이블이나 배열에서 같은 열에 있는 값을 반환합니다.

❶ 입력 형식

=HLOOKUP(lookup_value, table_array, row_index_num, [range_lookup])

❷ 인수

• lookup_value : 테이블이나 배열의 첫 행에서 찾기 위한 값으로 직접 값을 입력하거나 셀 주소를 입력할 수 있습니다.

• table_array : [lookup_value] 인수에서 입력한 값을 찾을 테이블이나 배열의 범위를 지정합니다. 셀 범위 주소나 셀 범위 이름을 사용할 수 있습니다.

• row_index_num : [table_array]의 지정한 범위에서 값을 찾기 위한 행을 지정합니다. 테이블의 첫 행은 '1'의 값을 가집니다.

• range_lookup : 값의 정확도를 설정하는 인수로 'True'를 입력하면 비슷한 값들을 찾게 되고 'False'를 입력하면 정확하게 일치하는 값만 찾게 됩니다. 인수 입력하지 않으면 'True'로 인식하며, 'True'를 이용하여 유사 값을 찾고자 할 때는 미리 찾고자 하는 참조하는 테이블의 값이 오름차순 정렬되어 있어야 올바른 값을 찾을 수 있습니다.

01 LOOKUP( ) 함수를 이용해서 가전제품의 제품코드에 따라 자동으로 제품이름과 제품 단가가 입력되도록 설정하겠습니다. 먼저 [제품명]이 입력될 [D5]셀을 선택한 다음 [수식] 탭-[함수 라이브러리] 그룹-[찾기/참조 영역]-[HLOOKUP] 함수를 선택합니다.

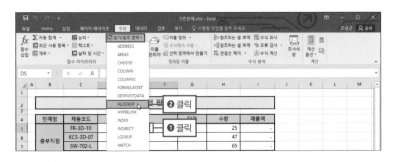

02 [함수 인수] 창이 열리면 [Lookup_value] 입력 상자에 제품 코드가 입력된 'C5'를 입력한 다음 [Table_array] 입력 상자에는 제품코드와 제품명, 그리고 제품 단가가 입력되어 있는 영역인 '$B$18:$I$20'을 입력합니다.

[Row_index_num] 입력 상자에는 [$B$18:$I$20] 영역에서 제품명이 입력되어 있는 행이 두 번째 행이므로 '2'를 입력합니다. 마지막으로 [Range_lookup] 입력 상자에는 정확하게 일치하는 값만 찾기 위해 'False'를 입력한 다음 [확인] 버튼을 클릭합니다.

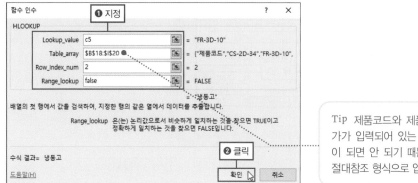

Tip 제품코드와 제품명 그리고 제품 단가가 입력되어 있는 영역은 위치가 변경이 되면 안 되기 때문에 셀 범위 주소를 절대참조 형식으로 입력해야 합니다.

03 [D5]셀에 제품코드에 해당하는 제품명이 입력됩니다. 즉 [C5]셀의 제품명을 아래의 테이블에서 찾은 다음 제품코드에 해당하는 열에서 제품명을 가지고 온 것입니다. 나머지 셀에도 같은 수식을 적용하기 위해 [D5]셀의 자동 채우기 핸들을 [D16]셀까지 드래그합니다.

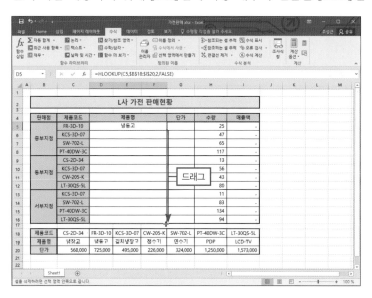

04 자동 채우기 핸들에 의해 수식이 복사되면 자동 채우기 옵션 상자를 클릭한 다음 [서식 없이 채우기]를 선택합니다.

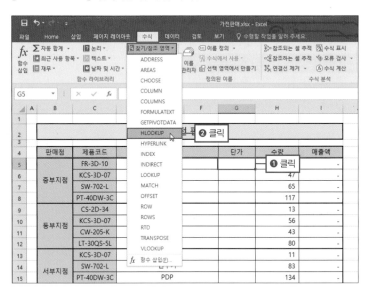

05 HLOOKUP( ) 함수를 이용하여 제품 단가를 입력하겠습니다. 제품 단가가 입력될 [G5]셀을 선택한 다음 다시 한 번 [수식] 탭-[함수 라이브러리] 그룹-[찾기/참조 영역]-[HLOOKUP] 함수를 선택합니다.

06 [함수 인수] 창이 열리면 [Lookup_value] 입력 상자에 제품 코드가 입력된 'C5'를 입력한 다음 [Table_array] 입력 상자에는 제품코드와 제품명 그리고 제품 단가가 입력되어 있는 영역인 '$B$18:$I$20'을 입력합니다.

[$B$18:$I$20] 영역에서 제품 단가가 입력되어 있는 행이 세 번째 행이므로 [Row_index_num] 입력 상자에는 '3'을 입력합니다. 마지막으로 [Range_lookup] 입력 상자에는 정확하게 일치하는 값만 찾기 위해 'False'를 입력한 다음 [확인] 버튼을 클릭합니다.

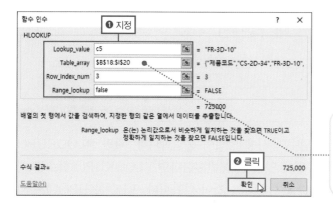

Tip 제품코드와 제품명 그리고 제품 단가가 입력되어 있는 영역은 위치가 변경이 되면 안 되기 때문에 셀 범위 주소를 절대참조 형식으로 입력해야 합니다.

07 [G5]셀에 [C5]셀의 제품코드에 따른 제품 단가가 입력됩니다. 즉 [C5]의 제품명을 아래의 테이블에서 찾은 다음 제품코드에 해당하는 열에서 제품 단가를 가지고 온 것입니다. 나머지 셀에도 같은 수식을 적용하기 위해 [G5]셀의 자동 채우기 핸들을 [G16]셀까지 드래그합니다.

	A	B	C	D	E	F	G	H	I
1									
2					L사 가전 판매현황				
3									
4		판매점	제품코드		제품명		단가	수량	매출액
5			FR-3D-10		냉동고		725,000	25	18,125,000
6		중부지점	KCS-3D-07		김치냉장고			47	-
7			SW-702-L		연수기			65	-
8			PT-40DW-3C		PDP			117	-
9			CS-2D-34		냉장고			13	-
10		동부지점	KCS-3D-07		김치냉장고				-
11			CW-205-K		정수기		드래그		-
12			LT-30QS-5L		LCD-TV			80	-
13			KCS-3D-07		김치냉장고			11	-
14		서부지점	SW-702-L		연수기			83	-
15			PT-40DW-3C		PDP			134	-
16			LT-30QS-5L		LCD-TV			94	-
17									
18		제품코드	CS-2D-34	FR-3D-10	KCS-3D-07	CW-205-K	SW-702-L	PT-40DW-3C	LT-30QS-5L
19		제품명	냉장고	냉동고	김치냉장고	정수기	연수기	PDP	LCD-TV
20		단가	568,000	725,000	495,000	226,000	324,000	1,250,000	1,573,000
21									

08 자동 채우기 핸들에 의해 수식이 복사되면 자동 채우기 옵션 상자를 클릭한 다음 [서식 없이 채우기]를 선택합니다.

	김치냉장고	495,000	11	5,445,000
	연수기	324,000	83	26,892,000
	PDP	1,250,000	134	167,500,000
	LCD-TV	1,573,000	94	147,862,000

❶ 클릭

FR-3D-10	KCS-3D-07	CW-205-K	SW-702-L		
냉동고	김치냉장고	정수기	연수기		
725,000	495,000	226,000	324,000		

- ⦿ 셀 복사(C)
- ○ 서식만 채우기(F)
- ○ 서식 없이 채우기(O) ❷ 클릭
- ○ 빠른 채우기(F)

Sub 2 **VLOOKUP( ) 함수**

- 예제 파일 : Part 06\매출추이.xlsx
- 완성 파일 : Part 06\매출추이_완성.xlsx

VLOOKUP( ) 함수는 HLOOKUP( ) 함수와 사용 방법이 동일합니다. 다만 HLOOKUP( ) 함수가 테이블의 지정한 행으로부터 같은 열에 있는 값을 반환한다면 VLOOKUP( ) 함수는 테이블의 지정한 열로부터 같은 행에 있는 값을 반환하는 것이 다릅니다. VLOOKUP( ) 함수의 'V'는 'Vertical', 즉 세로의 의미를 가지고 있으며, 값을 검색할 테이블이나 배열이 세로 방향으로 작성되어 있을 경우에 사용할 수 있습니다.

> ▶ VLOOKUP( ) 함수의 입력 형식
>
> VLOOKUP( ) 함수는 테이블이나 배열의 첫 행에 있는 값을 이용하여 지정한 테이블이나 배열에서 같은 행에 있는 값을 반환합니다.
>
> ❶ 입력 형식
>
> =VLOOKUP(lookup_value, table_array, col_index_num, [range_lookup])
>
> ❷ 인수
> - lookup_value : 테이블이나 배열의 첫 행에서 찾기 위한 값으로 직접 값을 입력하거나 셀 주소를 입력할 수 있습니다.
> - table_array : [lookup_value] 인수에서 입력한 값을 찾을 테이블이나 배열의 범위를 지정합니다. 셀 범위 주소나 셀 범위 이름을 사용할 수 있습니다.
> - col_index_num : [table_array]의 지정한 범위에서 값을 찾기 위한 열을 지정합니다. 테이블의 첫 열은 '1'의 값을 가집니다.
> - range_lookup : 값의 정확도를 설정하는 인수로 'True'를 입력하면 비슷한 값들을 찾게 되고 'False'를 입력하면 정확하게 일치하는 값만 찾게 됩니다. 인수 입력하지 않으면 'True'로 인식하며, 'True'를 이용하여 유사 값을 찾고자 할 때는 미리 참조하는 테이블의 값이 오름차순 정렬되어 있어야 올바른 값을 찾을 수 있습니다.

01 VLOOKUP( ) 함수를 이용해서 사원별 매출액에 따른 성과 등급을 자동으로 입력하는 과
정을 알아보겠습니다. 먼저 '백시열' 사원의 성과 등급을 알아보기 위해 [E5]셀을 선택한 다음
[수식] 탭-[함수 라이브러리] 그룹-[찾기/참조 영역]-[VLOOKUP]을 선택합니다.

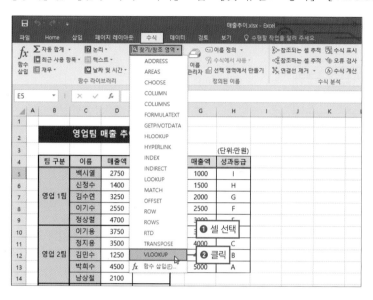

02 [함수 인수] 창이 열리면 [Lookup_value] 입력 상자에 매출액이 입력된 'D5'를 입력한 다
음 [Table_array] 입력 상자에는 매출액과 성과 등급이 입력되어 있는 영역인 '$G$4:$H$13'을
입력합니다. [$G$4:$H$13] 영역에서 성과 등급이 입력되어 있는 열이 두 번째 열이므로 [Row_
index_num] 입력 상자에는 '2'를 입력합니다. 마지막으로 [Range_lookup] 입력 상자에는 유
사한 값을 찾기 위해 값을 비워 두거나 'True'를 입력한 다음 [확인] 버튼을 클릭합니다.

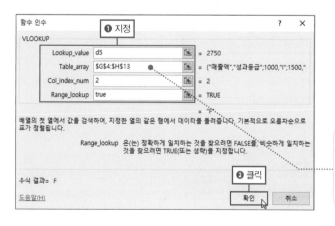

Tip 매출액과 성과 등급이 입력되어 있는
영역은 항상 동일한 위치에 있어야 하기
때문에 셀 범위 주소를 절대참조 형식으로
입력해야 합니다.

03 [E5]셀에 매출액에 따른 성과 등급이 입력됩니다. 즉 [D5]의 매출액을 오른쪽 테이블에서 찾은 다음 매출액에 해당하는 행에서 성과 등급을 가지고 온 것입니다. 나머지 셀에도 같은 수식을 적용하기 위해 [E5]셀의 자동 채우기 핸들을 [E19]셀까지 드래그합니다.

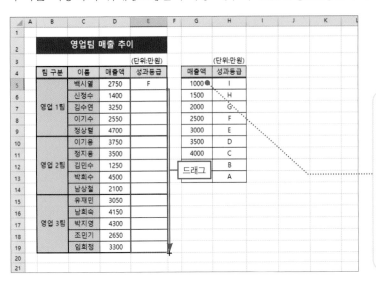

Tip 오른쪽의 표를 보면 [매출액]의 금액이 작은 금액에서 큰 금액으로 입력되어 있는 것을 알 수 있습니다. 이처럼 'True' 인수를 이용하여 유사 값을 찾을 때는 반드시 참조하는 테이블의 값이 오름차순 정렬되어 있어야 합니다. 수식에서 'True' 인수를 입력하지 않으면 자동으로 'True' 인수를 적용합니다.

04 자동 채우기 핸들에 의해 수식이 복사되면 자동 채우기 옵션 상자를 클릭한 다음 [서식 없이 채우기]를 선택합니다.

	팀 구분	이름	매출액	성과등급		매출액	성과등급
6	영업 1팀	신정수	1400	I		1500	H
7		김수연	3250	E		2000	G
8		이기수	2550	F		2500	F
9		정상렬	4700	B		3000	E
10	영업 2팀	이기용	3750	D		3500	D
11		정지용	3500	D		4000	C
12		김민수	1250	I		4500	B
13		박희수	4500	B		5000	A
14		남상철	2100	G			
15	영업 3팀	유재민	3050	E			
16		남희숙	4150	C			
17		박지영	4300	C			
18		조민기	2650	F			
19		임희정	3300	E			

❶ 클릭

○ 셀 복사(C)
○ 서식만 채우기(F)
○ 서식 없이 채우기(O) ❷ 클릭

Sheet1 Sheet2 Sheet3 ⊕

준비 🔒

• 예제 파일 : Part 06\고속버스요금.xlsx
• 완성 파일 : Part 06\고속버스요금_완성.xlsx

MATCH( ) 함수는 지정한 값이 선택한 범위에서 몇 번째 위치하고 있는지 알기 위한 함수입니다. 또한 INDEX( ) 함수는 선택한 배열이나 셀 범위에서 지정한 행과 지정한 열에 위치한 값을 반환합니다. INDEX( ) 함수는 독립적으로 사용되는 경우는 거의 없고 MATCH( ) 함수나 OFFSET( ) 함수와 같이 다른 참조 함수들과 함께 사용하며, 값이 다양한 테이블에서 특정 값을 추출하고자 할 때 사용됩니다.

▶ **MATCH( ) 함수의 입력 형식**

MATCH( ) 함수는 셀 범위에서 지정한 항목이 위치하고 있는 상대 위치 값을 반환합니다.

❶ 입력 형식

=MATCH(lookup_value, lookup_array, [match_type])

❷ 인수

• lookup_value : 찾고자 하는 값을 직접 입력하거나 값이 입력된 셀 주소를 입력합니다.

• lookup_array : 검색할 셀 범위를 입력합니다.

• match_type : 검색 방법을 지정합니다. 입력하지 않으면 '1'이 지정됩니다.

  1 : [lookup_value] 인수에 입력한 값보다 작거나 같은 값 중에서 최대값을 찾게 됩니다. 이 인수를 지정하기 위해서는 [lookup_array] 인수의 범위를 미리 오름차순으로 정렬해 놓아야 합니다.

  0 : [lookup_value] 인수에 입력한 값과 같은 값만을 찾습니다.

 −1 : [lookup_value] 인수에 입력한 값보다 크거나 같은 값 중에서 최소값을 찾게 됩니다. 이 인수를 지정하기 위해서는 [lookup_array] 인수의 범위를 미리 내림차순으로 정렬해 놓아야 합니다.

▶ **INDEX( ) 함수의 입력 형식**

INDEX( ) 함수는 테이블이나 배열에서 지정한 행과 지정한 열에 위치하고 있는 값을 반환합니다.

❶ 입력 형식

=INDEX(array, row_num, [column_num])

❷ 인수

• array : 값이 위치하고 있는 배열이나 셀 범위를 지정합니다. 셀 범위를 지정할 때는 행 머리글이나 열 머리글은 포함되지 않도록 해야 합니다.

• row_num : 값이 위치하고 있는 행의 번호를 입력합니다.

• column_num : 값이 위치하고 있는 열의 번호를 입력합니다.

01 고속버스 운임표를 이용해서 출발지와 도착지에 따라 자동으로 운임이 표시되도록 함수를 입력하겠습니다. 먼저 [B5]셀에서 [B15]셀까지 선택한 다음 이름 상자에 '출발지'를 입력합니다.

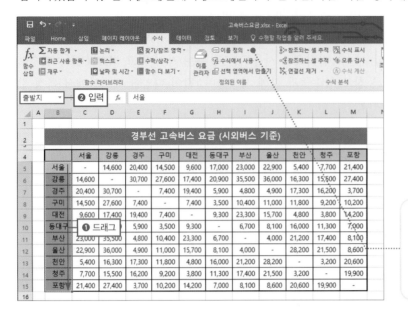

Tip [수식] 탭의 [정의된 이름] 그룹에서 [이름 정의] 버튼을 클릭해도 선택 영역에 이름을 부여할 수 있습니다.

02 이어서 [C4]셀에서 [M4]셀까지 선택한 다음 이름 상자에 '도착지'를 입력합니다.

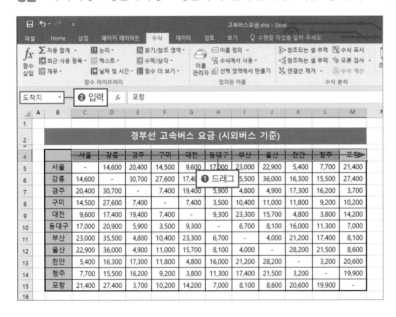

03 이제 출발지를 입력할 [B18]셀을 선택한 다음 [데이터] 탭-[데이터 도구] 그룹-[데이터 유효성 검사▼]-[데이터 유효성 검사]를 선택합니다.

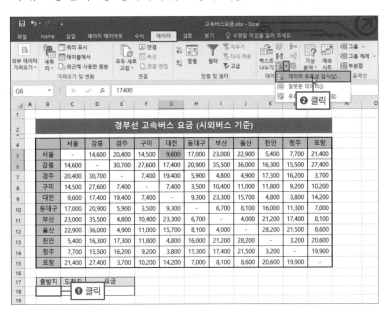

04 [데이터 유효성] 창이 열리면 [제한 대상]을 '목록'으로 지정한 다음 [원본] 입력 상자에 '=출발지'를 입력한 후 [확인] 버튼을 클릭합니다.

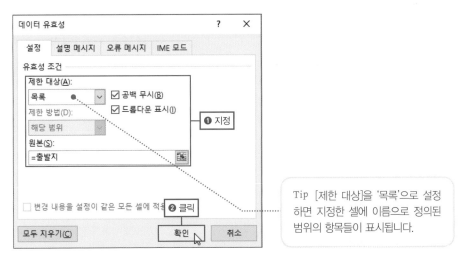

Tip [제한 대상]을 '목록'으로 설정
하면 지정한 셀에 이름으로 정의된
범위의 항목들이 표시됩니다.

05 이번에는 도착지를 입력할 [C18]셀을 선택한 다음 [데이터] 탭-[데이터 도구] 그룹-[데이터 유효성 검사▼]-[데이터 유효성 검사]를 선택합니다.

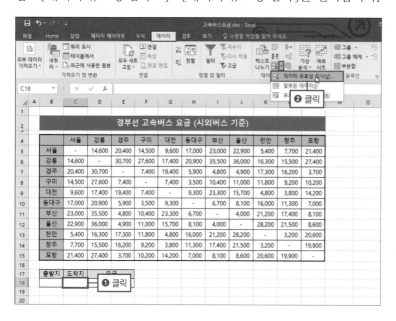

06 [데이터 유효성] 창이 열리면 [제한 대상]을 '목록'으로 지정한 다음 [원본] 입력 상자에 '=도착지'를 입력한 후 [확인] 버튼을 클릭합니다.

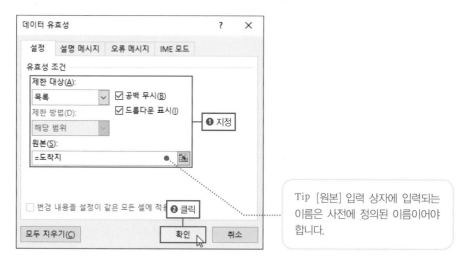

Tip [원본] 입력 상자에 입력되는 이름은 사전에 정의된 이름이어야 합니다.

07 출발지와 도착지에 따라 운임을 표시해야 합니다. 운임이 표시될 [D18]셀을 선택한 다음 수식 입력 줄에 '=INDEX(C5:M15,'를 입력합니다. 즉 INDEX() 함수의 첫 번째 인수로 값을 찾을 범위인 [C5]셀에서 [M15]셀까지 지정합니다.

Tip INDEX() 함수의 검색 범위에는 열 머리글과 행 머리글이 범위에 포함되지 않는다는 점에 주의합니다.

08 찾고자 하는 운임이 위치하고 있는 행 번호를 알기 위해 'MATCH(B18,출발지,0),'을 입력합니다. 즉 [B18]셀에 입력된 값이 '출발지' 이름 범위 중 몇 번째 위치하고 있는지 MATCH() 함수를 통해 알아냅니다.

	A	B	C	D	E	F	G	H	I	J	K
				=INDEX(C5:M15,MATCH(B18,출발지,0),							입력
					INDEX(array, **row_num**, [column_num])						
					INDEX(reference, **row_num**, [column_num], [area_num])						
1											
2					경부선 고속버스 요금 (시외버스 기준)						
4			서울	강릉	경주	구미	대전	동대구	부산	울산	천안	청
5		서울	-	14,600	20,400	14,500	9,600	17,000	23,000	22,900	5,400	7,
6		강릉	14,600	-	30,700	27,600	17,400	20,900	35,500	36,000	16,300	15,
7		경주	20,400	30,700	-	7,400	19,400	5,900	4,800	4,900	17,300	16,
8		구미	14,500	27,600	7,400	-	7,400	3,500	10,400	11,000	11,800	9,
9		대전	9,600	17,400	19,400	7,400		9,300	23,300	15,700	4,800	3,
10		동대구	17,000	20,900	5,900	3,500	9,300	-	6,700	8,100	16,000	11,
11		부산	23,000	35,500	4,800	10,400	23,300	6,700	-	4,000	21,200	17,
12		울산	22,900	36,000	4,900	11,000	15,700	8,100	4,000	-	28,200	21,
13		천안	5,400	16,300	17,300	11,800	4,800	16,000	21,200	28,200	-	3,
14		청주	7,700	15,500	16,200	9,200	3,800	11,300	17,400	21,500	3,200	
15		포항	21,400	27,400	3,700	10,200	14,200	7,000	8,100	8,600	20,600	19,
16											
17		출발지	도착지		요금						
18				=INDEX(C5:M15,MATCH(B18,출발지,0),							

Tip '출발지' 이름 대신 검색 범위인 'B5:B15'를 입력해도 됩니다.

09 마지막으로 찾고자 하는 운임이 위치하고 있는 열 번호를 알아내기 위해 'MATCH(C18, 도착지,0))'을 입력한 다음 Enter 키를 누릅니다. 즉 [C18]셀에 입력된 값이 '도착지' 이름 범위 중 몇 번째 위치하고 있는지 MATCH( ) 함수를 통해 알아냅니다. 결국 수식 입력 줄에는 '=INDEX(C5:M15,MATCH(B18,출발지,0),MATCH(C18,도착지,0))'이 입력되어야 합니다. 아직 출발지와 도착지가 입력되지 않았으므로 결과는 '#N/A'로 표시됩니다.

Tip '도착지' 이름 대신 검색 범위인 'C4:M4'를 입력해도 됩니다.

10 이제 출발지와 도착지를 입력해 봅니다. [B18]셀의 펼침 버튼을 클릭하여 '서울'을 선택한 다음 [C18]셀의 펼침 버튼을 클릭하여 '구미'를 선택합니다. 강릉에서 구미까지의 고속버스 운임이 입력됩니다. 즉 [B5:B15] 범위에서 '서울'을 검색하여 행 번호를 추출하고 [C4:M4] 범위에서 '구미'를 검색하여 열 번호를 알아낸 다음 행 번호와 열 번호가 교차하는 셀의 값이 반환된 것입니다.

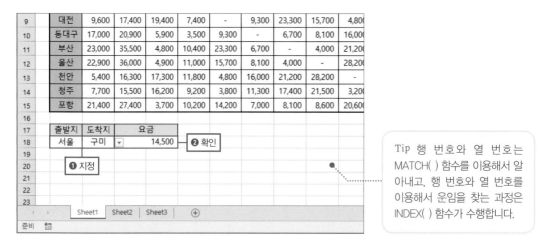

Tip 행 번호와 열 번호는 MATCH( ) 함수를 이용해서 알아내고, 행 번호와 열 번호를 이용해서 운임을 찾는 과정은 INDEX( ) 함수가 수행합니다.

문자 관련 작업을 위한 텍스트 함수

[수식] 탭-[함수 라이브러리] 그룹-[텍스트] 범주에는 문자열이 입력되어 있는 셀에서 필요한 문자를 추출하거나 여러 개의 텍스트를 결합하고 숫자를 텍스트로 변환하는 등 텍스트와 관련된 함수가 포함되어 있습니다. 이번 섹션에서는 이러한 텍스트 함수 중 자주 사용하는 함수를 알아보겠습니다.

· Preview ·

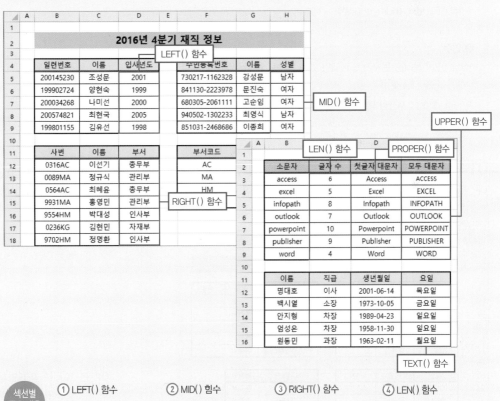

 섹션별 주요 내용

① LEFT( ) 함수   ② MID( ) 함수   ③ RIGHT( ) 함수   ④ LEN( ) 함수

⑤ PROPER( ) 함수   ⑥ UPPER( ) 함수   ⑦ TEXT( ) 함수

LEFT( ) 함수는 지정한 텍스트의 첫 번째 문자부터 인수로 지정한 수만큼 문자를 반환하는 함수입니다. LEFT( ) 함수와 비슷한 함수로 LEFTB( ) 함수가 있는데, LEFTB( ) 함수는 인수로 수를 사용하지 않고 바이트를 사용합니다. 바이트와 수가 다른 점은, 영문일 경우 한 문자가 1바이트이지만 한글은 한 문자가 2바이트이므로 반환되는 문자가 다르게 됩니다. 즉 LEFTB( ) 함수를 이용해서 한글을 추출하고자 할 때는 한글 문자 수의 두 배를 입력해야 합니다.

▶ **LEFT( ) 함수의 입력 형식**

LEFT( ) 함수는 텍스트의 첫 번째로부터 지정한 수만큼의 문자를 반환하는 함수입니다. 예를 들어 '=LEFT("일등사원",2)'라고 입력하면 '일등'이 반환됩니다.

❶ **입력 형식**

=LEFT(text, [num_chars])

❷ **인수**

• text : 반환하려는 문자가 포함되어 있는 텍스트 문자열입니다. 직접 텍스트를 입력하거나 텍스트가 포함되어 있는 셀 주소를 입력합니다.
• num_chars : 지정한 텍스트의 첫 번째부터 추출할 문자의 수를 입력합니다.

---

01 회원번호 중 앞 네 자리를 추출, 가입년도가 자동으로 입력되도록 함수를 만들어 보겠습니다. 먼저 가입년도가 입력될 [D5]셀을 선택한 다음 수식 입력 줄에 '=LEFT('를 입력합니다.

Tip 본 예제는 회원번호 중 앞자리 네 자리가 가입년도를 이용하여 작성되는 규칙을 이용하였습니다.

02 회원번호가 입력되어 있는 [B5]셀을 선택하여 셀 주소를 입력하고 ',4)'를 입력한 다음 Enter 키를 누릅니다. 즉 수식 입력 줄에 '=LEFT(B5,4)'를 입력합니다.

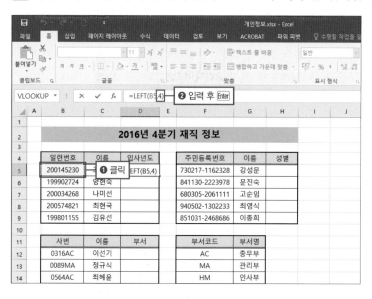

03 회원번호에서 추출한 가입년도가 [D5]셀에 입력되면 [D5]셀의 자동 채우기 핸들을 이용하여 [D9]셀까지 드래그합니다. 나머지 셀에 가입년도가 모두 채워지면 자동 채우기 옵션 상자를 클릭한 다음 [서식 없이 채우기]를 선택합니다.

MID( ) 함수는 텍스트에서 지정한 위치로부터 지정한 수만큼 문자를 반환하는 함수입니다. MID( ) 함수와 비슷한 함수로 MIDB( ) 함수가 있는데, MIDB( ) 함수는 텍스트에서 지정한 위치로부터 지정한 바이트만큼 문자를 반환하는 함수입니다. 영문은 1바이트가 한 문자이지만 한글은 2바이트가 한 문자이므로 한글을 추출하고자 할 때는 이 점에 주의를 해야 합니다. 2바이트를 사용하는 언어로는 한국어, 일본어, 중국어 등이 있습니다.

▶ MID( ) 함수의 입력 형식

MID( ) 함수는 텍스트의 지정한 위치로부터 지정한 수만큼의 문자를 반환하는 함수입니다. 예를 들어 '=MID("일등사원",3,2)'라고 입력하면 '사원'이 반환됩니다.

❶ 입력 형식

```
=MID(text, start_num, num_chars)
```

❷ 인수

- text : 반환하려는 문자가 포함되어 있는 텍스트 문자열입니다. 직접 텍스트를 입력하거나 텍스트가 포함되어 있는 셀 주소를 입력합니다.
- start_num : 반환하려는 문자의 위치를 숫자로 입력합니다.
- num_chars : 지정한 텍스트에서 추출할 문자의 수를 입력합니다.

---

01 주민등록번호를 이용해서 성별이 자동으로 입력되도록 설정하겠습니다. 먼저 성별이 입력될 [H5]셀을 선택한 다음 수식 입력 줄에 '=IF(MID('를 입력합니다.

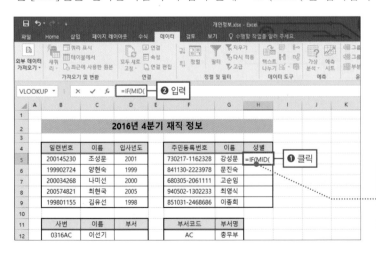

Tip 추출한 문자에 따라 '남자'와 '여자'를 구분하기 위해 IF( ) 함수를 먼저 사용한 것입니다.

02 주민등록번호가 입력되어 있는 [F5]셀을 클릭하여 셀 주소를 입력한 다음 계속해서 '，8,1)="1"，"남자"，"여자")'를 입력하고 Enter 키를 누릅니다. 즉 수식 입력 줄에 '=IF(MID(F5,8,1) ="1"，"남자"，"여자")'가 입력되어야 합니다.

Tip 주민등록번호의 여덟 번째 문자로부터 문자 한 개를 추출한 다음 추출한 문자가 '1' 이면 '남자'로 입력하고 그렇지 않으면 '여자'로 입력하는 수식입니다.

03 주민등록번호에서 추출한 성별이 [H5]셀에 입력되면 [H5]셀의 자동 채우기 핸들을 이용하여 [H9]셀까지 드래그합니다. 나머지 셀에 성별이 모두 채워지면 자동 채우기 옵션 상자를 클릭한 다음 [서식 없이 채우기]를 선택합니다.

RIGHT( ) 함수는 텍스트의 마지막으로부터 지정한 문자의 수만큼 문자를 반환하는 함수입니다. RIGHT( ) 함수와 비슷한 함수로 RIGHTB( ) 함수가 있는데, RIGHTB( ) 함수는 텍스트의 마지막으로부터 지정한 바이트만큼 문자를 반환하는 함수입니다. 영문은 1바이트가 한 문자이지만 한글은 2바이트가 한 문자이므로 한글을 추출하고자 할 때는 한글 문자 수의 두 배를 입력해야 합니다.

▶ RIGHT( ) 함수의 입력 형식

RIGHT( ) 함수는 텍스트의 첫 번째로부터 지정한 수만큼의 문자를 반환하는 함수입니다. 예를 들어 '=RIGHT("일등사원",2)'라고 입력하면 '사원'이 반환됩니다.

❶ 입력 형식

=RIGHT(text, [num_chars])

❷ 인수

• text : 반환하려는 문자가 포함되어 있는 텍스트 문자열입니다. 직접 텍스트를 입력하거나 텍스트가 포함되어 있는 셀 주소를 입력합니다.

• num_chars : 지정한 텍스트의 마지막으로부터 추출할 문자의 수를 입력합니다.

---

01 사번으로부터 부서코드를 추출하여 부서명이 자동으로 입력되도록 수식을 입력하겠습니다. 먼저 부서명이 입력될 [D12]셀을 선택한 다음 수식 입력 줄에 '=VLOOKUP(RIGHT('를 입력합니다.

Tip 추출된 문자를 별도의 부서코드와 부서명이 입력된 표와 대조하여 부서명을 알아내기 위해 VLOOKUP( ) 함수를 사용한 것입니다.

02 사번이 입력된 [B12]셀을 선택한 다음 ',2),'를 입력합니다. 즉 사번 마지막에서 두 개의 문자를 추출하는 것입니다.

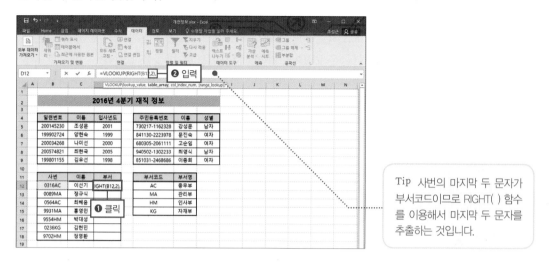

Tip 사번의 마지막 두 문자가 부서코드이므로 RIGHT( ) 함수를 이용해서 마지막 두 문자를 추출하는 것입니다.

03 계속해서 '$F$11:$G$15,2,FALSE)'를 입력한 다음 Enter 키를 누릅니다. 즉 수식 입력 줄에 '=VLOOKUP(RIGHT(B12,2),$F$11:$G$15,2,FALSE)'가 입력되어야 합니다. 사번에서 추출한 부서가 [D12]셀에 입력되면 [D12]셀의 자동 채우기 핸들을 이용하여 [D18]셀까지 드래그합니다. 나머지 셀에 성별이 모두 채워지면 자동 채우기 옵션 상자를 클릭한 다음 [서식 없이 채우기]를 선택합니다.

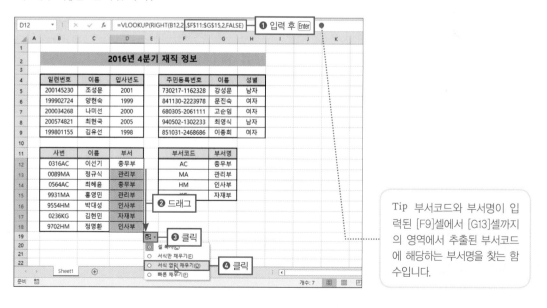

Tip 부서코드와 부서명이 입력된 [F9]셀에서 [G13]셀까지의 영역에서 추출된 부서코드에 해당하는 부서명을 찾는 함수입니다.

Sub ④ LEN( ) 함수

LEN( ) 함수는 지정한 텍스트의 문자 수를 반환하는 함수입니다. LEN( ) 함수와 비슷한 함수로 LENB( ) 함수가 있는데, LENB( ) 함수는 텍스트의 바이트 수를 반환하는 함수입니다. 영문은 1바이트가 한 문자이지만 한글은 2바이트가 한 문자이므로 한글을 LENB( ) 함수로 추출하면 한글 문자 수 두 배의 수가 반환됩니다. 2바이트 문자를 사용하는 언어로는 한국어를 비롯하여 일본어, 중국어 등이 있습니다.

> **▶ LEN( ) 함수의 입력 형식**
>
> LEN( ) 함수는 텍스트의 길이를 반환하는 함수입니다. 예를 들어 '=LEN("일등사원")'이라고 입력하면 '4'가 반환됩니다. 텍스트가 비어 있는 경우는 '0'이 반환되지만 공백이 있는 경우는 문자 한 개로 인식합니다. 즉 '=LEN("   일등사원")'과 같이 앞에 공백 네 개가 있는 경우라면 수식의 결과로 '8'이 반환됩니다.
>
> **❶ 입력 형식**
>
> =RIGHT(text, [num_chars])
>
> **❷ 인수**
>
> • text : 반환하려는 문자가 포함되어 있는 텍스트 문자열입니다. 직접 텍스트를 입력하거나 텍스트가 포함되어 있는 셀 주소를 입력합니다.
> • num_chars : 지정한 텍스트의 마지막으로부터 추출할 문자의 수를 입력합니다.

01 텍스트가 입력된 셀을 지정한 후 텍스트의 길이를 입력하겠습니다. 먼저 텍스트의 길이가 입력될 [C3]셀을 선택한 다음 수식 입력 줄에 '=LEN('을 입력합니다.

02 이어서 텍스트가 입력되어 있는 [B3]셀을 클릭하여 셀 주소를 입력한 다음 괄호 ')'를 닫고 Enter 키를 누릅니다. 즉 수식 입력 줄에는 '=LEN(B3)'이 입력되어야 합니다.

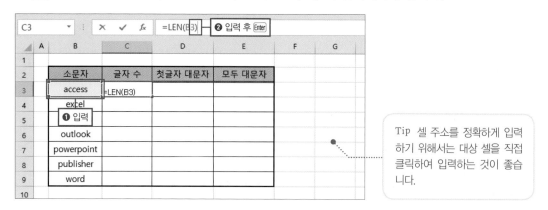

Tip 셀 주소를 정확하게 입력하기 위해서는 대상 셀을 직접 클릭하여 입력하는 것이 좋습니다.

03 [C3]셀에 [B3]셀의 텍스트 길이가 입력되면 나머지 셀에도 같은 수식을 적용하기 위해 [C3]셀의 자동 채우기 핸들을 이용하여 [C9]셀까지 드래그합니다. 선택한 모든 셀에 텍스트 길이가 입력되면 자동 채우기 옵션 상자를 클릭한 다음 [서식 없이 채우기]를 선택합니다.

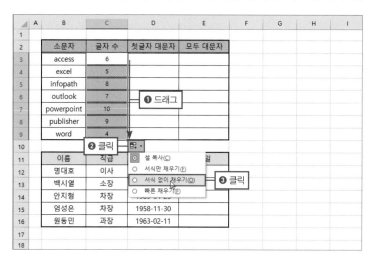

PROPER( ) 함수는 영문 텍스트의 첫 글자를 대문자로 변경하며 나머지 글자는 모두 소문자로 변경합니다. 텍스트의 첫 글자가 영문자가 아닌 경우에는 첫 번째로 표시되는 영문자를 대문자로 변경하며, 문장인 경우에는 각 단어의 첫 글자를 대문자로 변경합니다. 예를 들어 수식 '=PROPER("What time is it NOW")'을 입력하면 'What Time Is It Now'가 반환되며, 수식 '=PROPER("7grams")'을 입력하면 '7Grams'가 반환됩니다.

▶ **PROPER( ) 함수의 입력 형식**

PROPER( ) 함수는 지정한 영문 텍스트의 첫 글자를 대문자로 반환합니다.

❶ **입력 형식**

=PROPER(text)

❷ **인수**

• text : 변환하려는 텍스트를 직접 입력하거나 텍스트가 입력된 셀 주소를 입력합니다.

---

01 지정한 텍스트의 첫 글자를 대문자로 변환하고 나머지 글자를 모두 소문자로 변환하여 표시되도록 수식을 입력하겠습니다. 먼저 변환된 텍스트가 입력된 [D3]셀을 선택한 다음 수식 입력 줄에 '=PROPER('를 입력합니다.

02 변환할 텍스트가 입력되어 있는 [B3]셀을 클릭하여 셀 주소를 입력한 다음 괄호 ')'를 닫고 Enter 키를 누릅니다. 즉 수식 입력 줄에 '=PROPER(B3)'이 입력되어야 합니다.

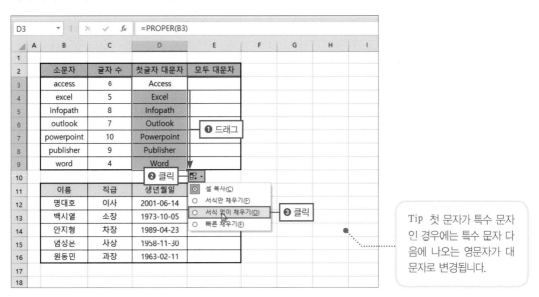

03 [D3]셀에 변환된 텍스트가 입력되면 나머지 셀에도 같은 수식을 적용하기 위해 [D3]셀의 자동 채우기 핸들을 [D9]셀까지 드래그합니다. 선택한 모든 셀에 텍스트 길이가 입력되면 자동 채우기 옵션 상자를 클릭한 다음 [서식 없이 채우기]를 선택합니다.

> Tip 첫 문자가 특수 문자인 경우에는 특수 문자 다음에 나오는 영문자가 대문자로 변경됩니다.

UPPER( ) 함수는 지정한 텍스트를 모두 대문자로 변환하는 함수입니다. UPPER( ) 함수는 영문자만 변환할 수 있고 특수 문자나 한글에는 적용되지 않습니다.

▶ **UPPER( ) 함수의 입력 형식**

UPPER( ) 함수는 영문 텍스트를 대문자로 반환합니다.

❶ **입력 형식**

=UPPER(text)

❷ **인수**

• text : 변환하려는 텍스트를 직접 입력하거나 텍스트가 입력된 셀 주소를 입력합니다.

---

01 지정한 텍스트를 모두 대문자로 변환하여 표시하겠습니다. 먼저 대문자가 표시될 [E3]셀을 선택한 다음 수식 입력 줄에 '=UPPER('을 입력합니다.

02 변환할 텍스트가 입력되어 있는 [B3]셀을 클릭하여 셀 주소를 입력한 다음 괄호 ')'를 닫고 Enter 키를 누릅니다. 즉 수식 입력 줄에 '=UPPER(B3)'이 입력되어야 합니다.

03 텍스트가 대문자로 변환되어 입력되면 나머지 셀에도 같은 수식을 적용하기 위해 [E3]셀의 자동 채우기 핸들을 이용하여 [E9]셀까지 드래그합니다. 선택한 모든 셀에 대문자로 변환된 텍스트가 입력되면 자동 채우기 옵션 상자를 클릭한 다음 [서식 없이 채우기]를 선택합니다.

> Tip 영문자 가운데 특수 문자가 섞인 경우에도 특수 문자의 위치나 형태는 변경되지 않습니다.

TEXT( ) 함수는 지정한 숫자나 날짜를 특수 서식 문자열을 이용해 텍스트로 변환하여 표시 형식을 설정하는 함수입니다. 예를 들어 '=TEXT(12700,"₩0.00")'을 입력하면 '₩12,700'이 반환되고 '=TEXT(12700.56, "####.#")'을 입력하면 '12700.5'가 반환됩니다. 셀 서식의 표시 형식은 숫자 속성을 그대로 유지하지만 이 함수를 적용하면 숫자나 날짜가 텍스트로 변환됩니다.

▶ **TEXT( ) 함수의 입력 형식**

TEXT( ) 함수는 숫자나 날짜를 텍스트로 변환한 다음 특수 서식 문자열을 이용하여 텍스트의 표시 형식을 설정합니다.

❶ **입력 형식**

=TEXT(value, format_text)

❷ **인수**

• value : 텍스트로 변환하려는 숫자(날짜)를 입력하거나 숫자(날짜)가 포함된 셀 주소 혹은 수식을 입력할 수 있습니다.

• format_text : 변환된 텍스트의 특수 서식을 입력합니다. 특수 서식과 관련된 내용은 셀 서식의 표시 형식을 참고하기 바랍니다.

---

01 입력된 날짜를 이용하여 자동으로 요일을 구하여 표시하도록 하겠습니다. 요일이 표시될 [E12]셀을 선택한 다음 수식 입력 줄에 '=TEXT('를 입력합니다.

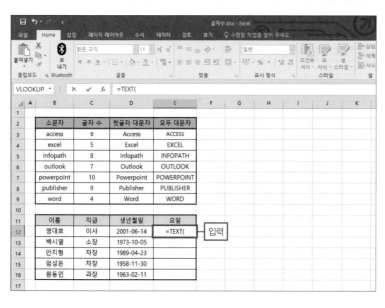

02 [D12]셀을 클릭하여 셀 주소를 입력한 다음 콤마(,)를 입력합니다.

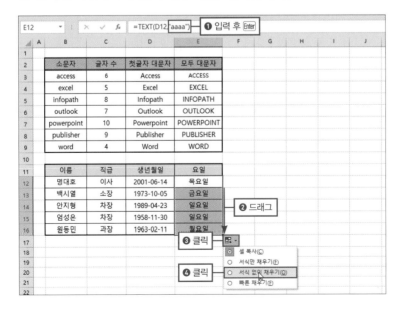

03 이어서 요일의 표시 형식인 "aaaa"를 입력하고 괄호 ‘)’를 닫은 다음 Enter 키를 누릅니다. 즉 수식 입력 줄에 ‘=TEXT(D12,"aaaa")’가 입력되어야 합니다. [E12]셀에 요일이 입력되면 나머지 셀에도 같은 수식을 적용하기 위해 [E12]셀의 자동 채우기 핸들을 이용하여 [E16]셀까지 드래그합니다. 선택한 모든 셀에 대문자로 변환된 텍스트가 입력되면 자동 채우기 옵션 상자를 클릭한 다음 [서식 없이 채우기]를 선택합니다.

자동으로 입력되는 세금계산서 만들기

물건을 사고파는 모든 곳에서는 세금계산서를 사용하게 됩니다. 그동안 손으로 써야 하는 번거로움이 있었다면 지금 엑셀 함수를 간단히 이용하여 자동으로 입력되는 세금계산서를 만들어 사용하기 바랍니다. 텍스트와 관련된 몇 가지 함수만 있으면 간단하게 자동 세금계산서를 만들 수 있습니다.

· Preview ·

세 금 계 산 서											공 급 받 는 자 (보 관 용)					책 번 호			권		호	
																일 련 번 호						

공 급 자	등 록 번 호	1	1	1	-	2	2	-	3	3	3	3	3	공 급 받 는 자	등록번호	2	2	2	-	3	3	-	4	4	4	4	4
	상 호 (법 인 명)	세경주류					성 명	허상만				인		상 호 (법 인 명)	태백산 얼음막걸리						성 명	서경수			인	
	사 업 장 주 소	서울시 서초구 방배4동												사 업 장 주 소	서울시 서초구 방배동										
	업 태	도매				종 목	주류							업 태	소매					종 목	휴게음식점				

작 성			공 급 가 액											세 액								비 고	
년	월	일	공란수	백	십	억	천	백	십	만	천	백	십	일	십	억	천	백	십	만	천	백	십	일
2017	4	10						2	6	4	0	0	0	0					2	6	4	0	0	0

월	일	품 목	규격	수량	단 가		공 급 가 액		세 액		비고
4	10	소주	box	20	₩	27,000	₩	540,000	₩	54,000	
4	10	맥주	box	50	₩	30,000	₩	1,500,000	₩	150,000	
4	10	정종	box	15	₩	40,000	₩	600,000	₩	60,000	

합계금액		현 금		수 표		어 음		외상미수금		이 금액을	함
₩	2,904,000										

섹션별
주요 내용   ① 기초 양식에 이름 설정하기   ② 세금계산서 양식에 함수 적용하기   ③ 세금계산서 작성하기

Sub 1 기초 양식에 이름 설정하기

양식에 입력되는 데이터는 실제 세금계산서 양식에서 그대로 사용됩니다. 이때 셀 주소를 사용하는 것보다는 입력 양식에 이름을 부여해 두면 셀 주소를 입력할 때의 오류를 예방할 수도 있고 대강의 위치를 파악할 수 있어 유용하게 사용할 수 있습니다.

01 먼저 [공급자]와 관련된 이름을 부여합니다. [입력내용] 워크시트를 선택하고 공급자의 상호가 입력될 [C4]셀을 선택합니다. 이름 상자에 '상호1'을 입력하고 Enter 키를 누릅니다.

02 같은 방법으로 [C5]셀에는 '대표자1', [C6]셀에는 '등록번호1', [C7]셀에는 '주소1', [C8]셀에는 '업태1', [C9]셀에는 '종목1'이라는 이름을 각각 부여합니다.

03 [공급자]에서와 같은 방법으로 [공급받는자]의 영역인 [H4]셀에는 '상호2', [H5]셀에는 '대표자2', [H6]셀에는 '등록번호2', [H7]셀에는 '주소2', [H8]셀에는 '업태2', [H9]셀에는 '종목2'라는 이름을 각각 부여합니다.

04 [공급가액]이 표시될 [G13]셀을 선택하고 수식 입력 줄에 [수량]과 [단가]를 곱하기 위한 수식으로 '=E13*F13'을 입력한 다음 Enter 키를 누릅니다.

05 [세액]은 [공급가액]의 10%이므로 [H13]셀을 선택한 다음 수식 입력 줄에 '=G13*10%'를 입력한 다음 Enter 키를 누릅니다.

06 [공급가액]의 나머지 셀에도 같은 방법을 적용하기 위해 [G13]셀의 자동 채우기 핸들을 [G17]셀까지 드래그한 다음 자동 채우기 옵션 상자를 클릭하여 [서식 없이 채우기]를 선택합니다.

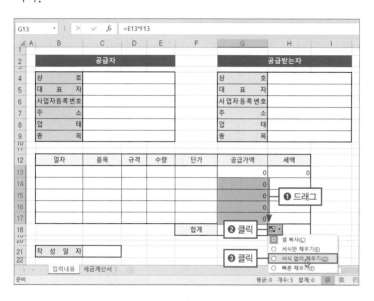

07 [세액]의 나머지 셀에도 같은 방법을 적용하기 위해 [H13]셀의 자동 채우기 핸들을 [H17]셀까지 드래그하고 자동 채우기 옵션 상자를 클릭한 다음 [서식 없이 채우기]를 선택합니다.

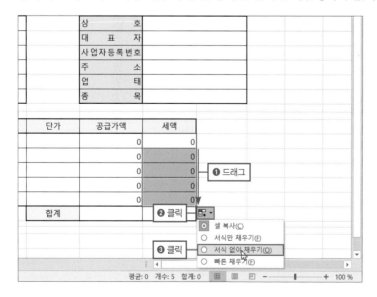

08 [공급가액]의 합계를 구하기 위해 [G18]셀을 선택한 다음 [홈] 탭-[편집] 그룹-[자동 합계 ▼]-[합계]를 클릭합니다. 자동 합계 수식이 입력되면 자동으로 입력된 셀 범위가 맞는지 확인한 다음 Enter 키를 누릅니다.

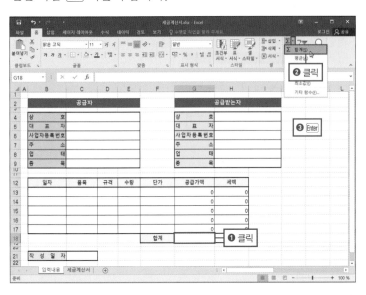

09 [세액]의 합계도 같은 방법으로 [H18]셀을 선택한 다음 [합계]를 클릭하여 합계를 구합니다.

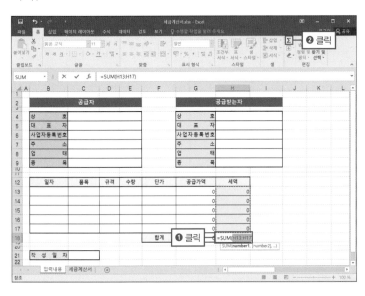

10 [작성일자]가 입력될 [C21]셀을 선택하고 이름 상자에 '작성일자'를 입력한 다음 Enter 키를 누릅니다.

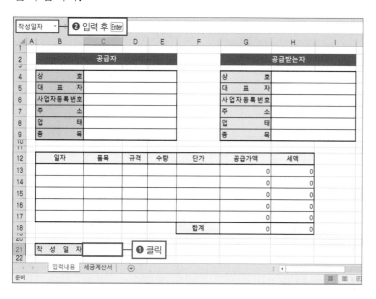

11 [B12]셀에서 [H17]셀까지 선택한 다음 [수식] 탭-[정의된 이름] 그룹-[선택 영역에서 만들기]를 클릭합니다. [선택 영역에서 이름 만들기] 창이 열리면 [첫 행]에만 체크 표시한 다음 [확인] 버튼을 클릭합니다. 이렇게 하면 선택 영역에서 첫 행이 각 열의 이름으로 설정됩니다.

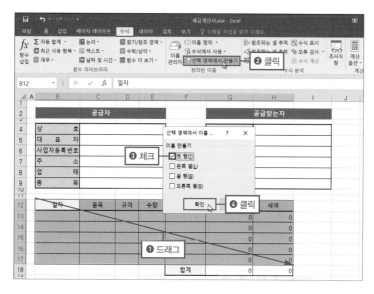

12 [공급가액]의 합계가 입력될 [G18]셀을 선택한 다음 이름 상자에 '합계1'을 입력합니다. 같은 방법으로 [세액]의 합계가 입력될 [H18]셀에 '합계2'라는 이름을 설정합니다.

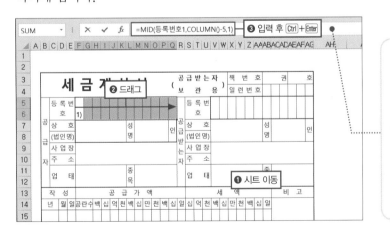

Sub ② 세금계산서 양식에 함수 적용하기

앞서 기초 양식에 이름을 부여하고 수식을 설정하였습니다. 세금계산서 양식에서는 기초 양식에서 설정한 이름과 함수를 이용하여 [입력내용] 워크시트에서 입력한 내용을 그대로 [세금계산서] 워크시트에서 표시하겠습니다. 이번 세금계산서 양식에는 텍스트 관련 함수가 큰 역할을 하게 됩니다.

01 [세금계산서] 워크시트를 클릭한 다음 먼저 [공급받는자] 영역의 [등록번호]가 자동으로 입력되게 하겠습니다. 등록번호가 입력될 [F5]셀에서 [Q5]셀까지 선택한 다음 수식 입력 줄에 '=MID(등록번호1,COLUMN()-5,1)'을 입력하고 Ctrl+Enter 키를 눌러 선택한 범위에 모두 입력되게 합니다.

> Tip MID( ) 함수는 지정한 위치에서 주어진 개수만큼 문자를 가져오는 함수입니다. 또한 COLUMN( ) 함수에 인수를 입력하지 않으면 현재 열 번호를 반환합니다. '등록번호1'이 입력된 위치는 여섯 번째 열이므로 'COLUMN( )-5'를 사용하여 세금계산서 양식의 등록번호 첫 번째 칸에 입력되는 것입니다.

02 [공급받는자] 영역에도 같은 방법을 적용합니다. [V5]셀에서 [AG5]셀까지 선택한 다음 수식 입력 줄에 '=MID(등록번호2,COLUMN( )−21,1)'을 입력하고 Ctrl+Enter 키를 눌러 선택한 범위에 모두 입력되게 합니다.

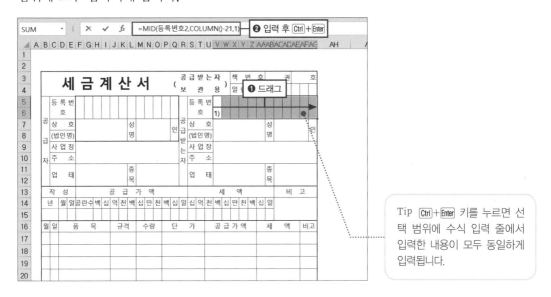

> Tip Ctrl+Enter 키를 누르면 선택 범위에 수식 입력 줄에서 입력한 내용이 모두 동일하게 입력됩니다.

03 [공급자]의 상호가 표시될 [F7]셀을 선택하고 수식 입력 줄에 '=상호1'을 입력한 다음 Enter 키를 누릅니다.

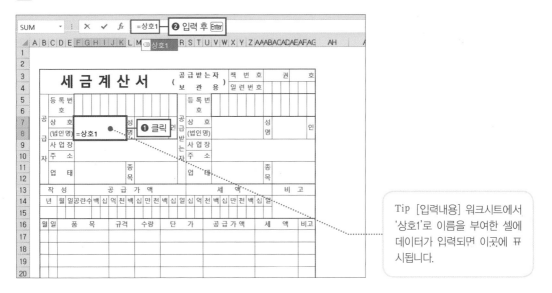

> Tip [입력내용] 워크시트에서 '상호1'로 이름을 부여한 셀에 데이터가 입력되면 이곳에 표시됩니다.

04 같은 방법으로 [M7]셀에는 '=대표자1', [F9]셀에는 '=주소1', [F11]셀에는 '=업태1', [M11]셀에는 '=종목1'의 수식을 각각 입력한 다음 Enter 키를 누릅니다.

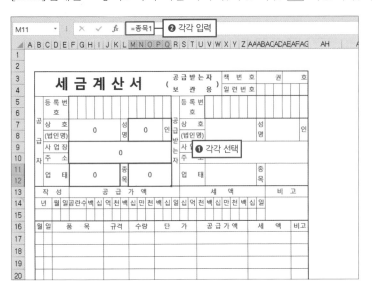

05 [공급받는자] 영역에도 동일한 방법으로 [V7]셀에는 '=상호2', [AC7]셀에는 '=대표자 2', [V9]셀에는 '=주소2', [V11]셀에는 '=업태2', [AC11]셀에는 '=종목2'의 수식을 각각 입력한 다음 Enter 키를 누릅니다.

06 이번에는 [작성일자]가 입력되게 하겠습니다. [B15]셀에서 [E15]셀까지 선택하고 수식 입력 줄에 '=작성일자'를 입력한 다음 Ctrl+Enter 키를 눌러 선택 범위에 모두 입력되도록 합니다.

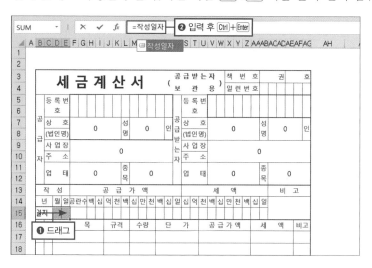

07 [작성일자]를 그대로 사용하면 모든 일자가 표시되므로 각각의 셀에 맞는 표시 형식을 설정해야 합니다. [B15]셀을 선택한 다음 [홈] 탭-[표시 형식] 그룹-[표시 형식] 확장 버튼(🖅)을 클릭합니다. [셀 서식] 창이 열리면 [표시 형식] 탭의 [범주] 상자에서 [사용자 지정] 항목을 선택한 다음 [형식] 입력 상자에 'yyyy'를 입력하고 [확인] 버튼을 클릭합니다.

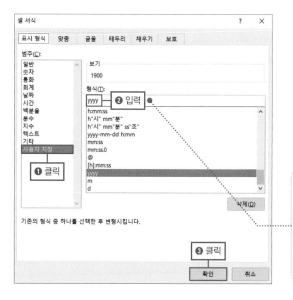

Tip 'yyyy'는 날짜 중 연도만을 표시하는 표시 형식이며 'm'과 'd'는 각각 월과 일만 표시하도록 표시 형식을 설정하는 것입니다. 연도가 '###'로 표시된다면 열 너비가 좁은 것이므로 [B15]셀과 [C15]셀 사이 그리고 [C15]셀과 [D15]셀 시이의 얼 경계신을 너블클릭하면 자동으로 열 너비가 맞춰집니다.

08 같은 방법으로 [D15]셀의 표시 형식을 'm'으로 설정하고 [E15]셀의 표시 형식을 'd'로 설정합니다.

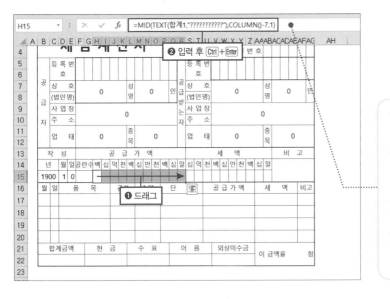

09 [공급가액]을 표시하기 위해 [H15]셀에서 [R15]셀까지 선택하고 수식 입력 줄에 '=MID(TEXT(합계1,"??????????"),COLUMN( )-7,1)'을 입력한 다음 [Ctrl]+[Enter] 키를 눌러 선택 범위에 내용이 모두 입력되게 합니다.

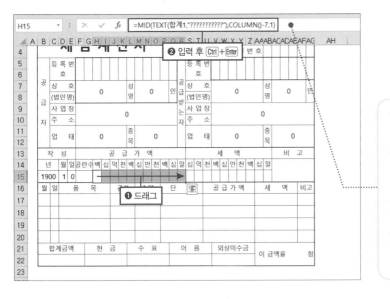

Tip TEXT( ) 함수는 숫자에 지정한 서식을 적용한 후 텍스트로 변환하는 함수입니다. 그러므로 여기서는 '합계1'에 입력된 숫자를 열한 자리의 텍스트로 변환한 다음 MID( ) 함수를 이용하여 한 자리씩 표시하도록 한 것입니다. 와일드카드 문자인 '?'는 한 개의 텍스트를 의미합니다.

10 [세액]도 마찬가지 방법으로 [S15]셀에서 [AB15]셀까지 선택한 다음 수식 입력 줄에 '=MID(TEXT(합계2,"??????????"),COLUMN()–18,1)'을 입력한 다음 Ctrl+Enter 키를 눌러 선택 범위에 내용이 모두 입력되게 합니다.

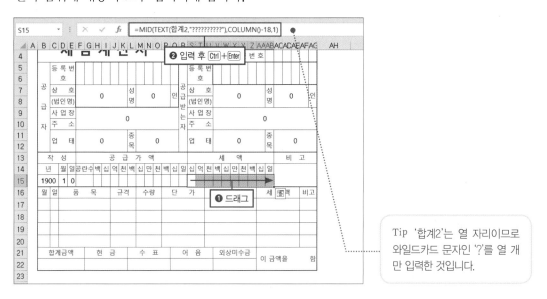

Tip '합계2'는 열 자리이므로 와일드카드 문자인 '?'를 열 개만 입력한 것입니다.

11 물품 목록의 작성일자가 표시될 [B17]셀에서 [C20]셀까지 선택하고 수식 입력 줄에 '=INDEX(일자,ROW()–16,1)'을 입력한 다음 Ctrl+Enter 키를 눌러 선택 범위에 내용이 모두 입력되게 합니다.

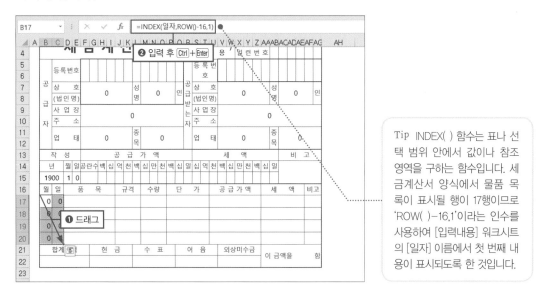

Tip INDEX( ) 함수는 표나 선택 범위 안에서 값이나 참조 영역을 구하는 함수입니다. 세금계산서 양식에서 물품 목록이 표시될 행이 17행이므로 'ROW( )–16,1'이라는 인수를 사용하여 [입력내용] 워크시트의 [일자] 이름에서 첫 번째 내용이 표시되도록 한 것입니다.

12 이대로 사용하면 날짜가 모두 표시되므로 각각의 셀에 맞는 표시 형식을 설정해야 합니다. [B17]셀에서 [B20]셀까지 선택한 다음 [홈] 탭-[표시 형식] 그룹-[표시 형식] 확장 버튼(⬔)을 클릭합니다. [셀 서식] 창이 열리면 [표시 형식] 탭의 [범주] 상자에서 [사용자 지정] 항목을 선택한 다음 [형식] 입력 상자에 'm'를 입력하고 [확인] 버튼을 클릭합니다. 같은 방법으로 [C17]셀에서 [C20]셀까지의 범위에는 'd'를 표시 형식으로 설정합니다.

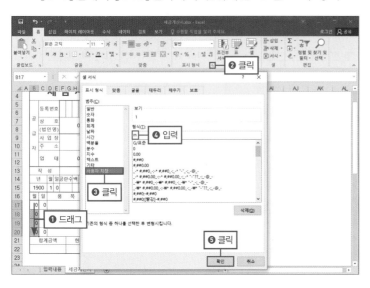

13 이번에는 세금계산서에 물품 목록이 표시되도록 합니다. 물품 목록이 표시될 [D17]셀에서 [D20]셀까지 선택하고 수식 입력 줄에 '=INDEX(품목,ROW( )−16)'을 입력한 다음 [Ctrl]+[Enter] 키를 눌러 선택 범위에 내용이 모두 입력되게 합니다.

14 같은 방법으로 [J17]셀에서 [J20]셀까지 선택하고 수식 입력 줄에 '=INDEX(규격,ROW()-16)'을 입력한 다음 Ctrl+Enter 키를 눌러 선택 범위에 내용이 모두 입력되게 합니다.

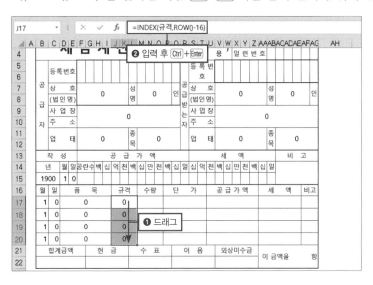

15 [수량] 영역을 표시하기 위해 [M17]셀에서 [M20]셀까지 선택하고 '=INDEX(수량,ROW()-16)'을 입력한 다음 Ctrl+Enter 키를 눌러 선택 범위에 내용이 모두 입력되게 합니다.

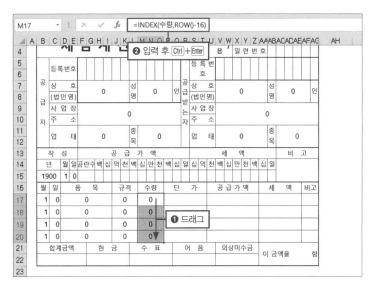

16 [단가]를 표시하기 위해 [P17]셀에서 [P20]셀까지 선택하고 수식 입력 줄에 '=INDEX(단가,ROW( )−16)'을 입력한 다음 Ctrl+Enter 키를 눌러 선택 범위에 내용이 모두 입력되게 합니다.

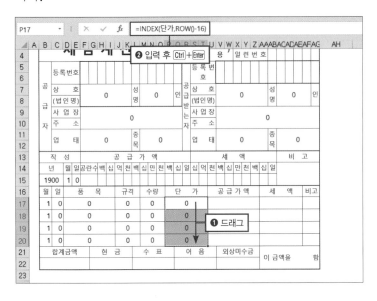

17 [공급가액]을 표시하기 위해 [U17]셀에서 [U20]셀까지 선택하고 수식 입력 줄에 '=INDEX(공급가액,ROW( )−16)'을 입력한 다음 Ctrl+Enter 키를 눌러 선택 범위에 내용이 모두 입력되게 합니다.

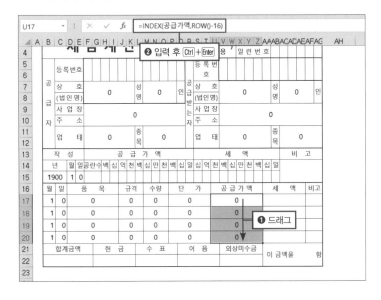

18 마지막으로 [세액]을 표시하기 위해 [AA17]셀에서 [AA20]셀까지 선택하고 수식 입력 줄에 '=INDEX(세액,ROW( )-16)'을 입력한 다음 Ctrl+Enter 키를 눌러 선택 범위에 내용이 모두 입력되게 합니다.

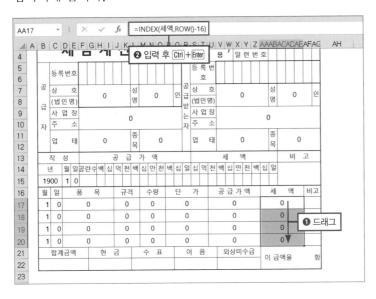

19 합계 금액이 표시될 [B22]셀을 선택하고 수식 입력 줄에 '=합계1+합계2'를 입력한 다음 Enter 키를 누릅니다.

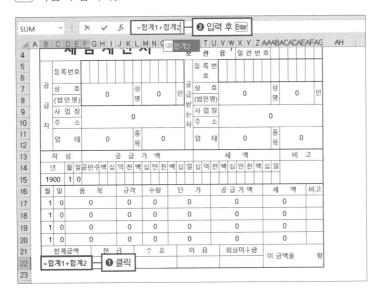

20 지금까지 설정한 내용과 동일한 방법으로 [공급자 보관용] 양식에도 함수를 적용합니다. [B42]셀에서 [AE45]셀까지 입력되는 INDEX() 함수의 인수가 'ROW() − 41'로 변경된다는 점 이외에는 모두 동일하게 설정하면 됩니다.

Sub ③ 세금계산서 작성하기

지금까지의 작업으로 자동으로 입력되기 위한 세금계산서의 설정은 모두 마쳤습니다. 이제 실제 세금계산서의 발행을 위한 데이터를 입력하여 세금계산서가 올바로 동작하는지 확인한 다음 마무리 작업을 하여 세금계산서를 완성해 보겠습니다.

01 [입력내용] 워크시트를 클릭한 다음 각 양식에 다음과 같이 데이터를 입력합니다. 시험을 위한 입력이므로 다른 내용을 입력해도 무방합니다.

02 [입력내용] 워크시트에서 모든 내용을 입력한 다음 [세금계산서] 워크시트를 클릭하면 자동으로 세금계산서의 모든 항목이 채워져 표시되는 것을 확인할 수 있습니다. 물품 목록이 세개만 입력되면 네 번째 행은 빈 계산 결과가 표시되므로 [B20]셀에서 [AG20]셀까지 선택하고 선택 범위를 마우스 오른쪽 버튼으로 클릭한 다음 [내용 지우기]를 선택합니다.

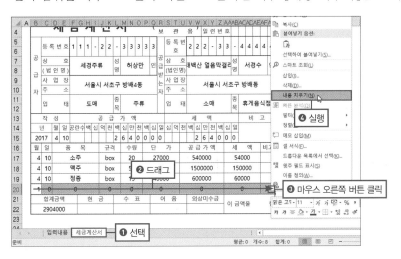

03 각 금액의 표기 형식을 [회계]로 변경하여 세 자리마다 콤마(,)가 표시되게 설정하여 세금계산서를 완성합니다.

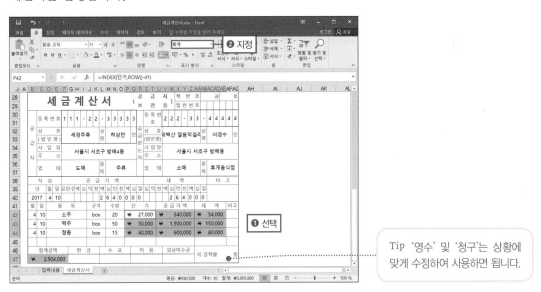

Tip '영수' 및 '청구'는 상황에 맞게 수정하여 사용하면 됩니다.

Part 07

차트로 데이터 흐름 표현 및 분석하기

차트는 선택한 영역의 수치들을 일목요연하게 그래프를 이용하여 데이터의 흐름이나
상태를 쉽게 이해할 수 있도록 표현하는 도구로서 데이터의 추이 및 분석을 위해 자주 사용합니다.
데이터 종류에 따라 사용할 수 있는 차트를 선정할 수 있으며 차트에 표현되는 항목도 사용자가 설정할 수 있습니다.
다양한 차트 작성 방법을 통해 데이터를 분석하고 차트를 꾸미는 방법에 대해 알아보겠습니다.

차트 빠르게 만들기

　차트(Chart)는 데이터의 추이를 분석하기 위해 자주 사용하는 도구로서, 엑셀 2016에서는 다양한 차트를 쉽고 빠르게 작성할 수 있으며, 작성한 차트의 레이아웃과 스타일을 다양하게 적용시켜 직관적이고 시각적인 차트를 완성할 수 있습니다.

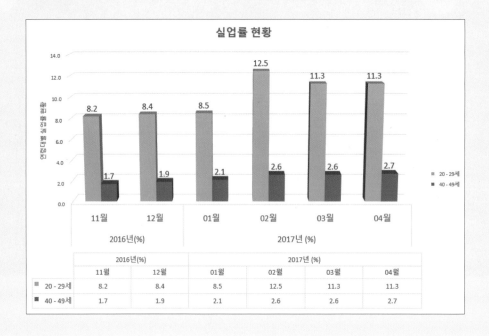

	2016년(%)		2017년 (%)			
	11월	12월	01월	02월	03월	04월
20 - 29세	8.2	8.4	8.5	12.5	11.3	11.3
40 - 49세	1.7	1.9	2.1	2.6	2.6	2.7

 섹션별 주요 내용　① 차트의 용도 및 종류　② 차트 도구를 이용하여 빠르게 차트 만들기

데이터를 표시할 때 가장 자주 사용하는 방법은 표를 이용하는 것입니다. 표를 이용하면 데이터 사이의 정량적인 수치를 이용하여 데이터 추이를 미루어 짐작할 수 있습니다. 그러나 이러한 정량적인 수치만으로는 데이터의 흐름을 정확하게 파악하기 힘들기 때문에 차트를 이용하게 됩니다. 차트는 데이터 흐름을 다양한 형태의 그래프로 만들어 시각적인 데이터 흐름을 한눈에 파악할 수 있습니다.

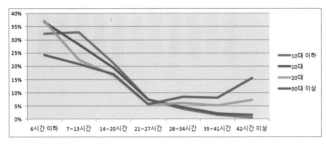

▲ 데이터 추이를 쉽게 파악할 수 있는 선형 차트

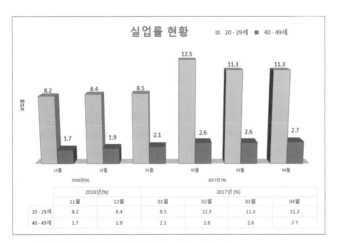

▲ 두 데이터의 차이를 쉽게 파악할 수 있는 막대그래프 차트

차트는 분석하려는 데이터 유형에 따라 다양한 형태로 만들 수 있으며 기본적으로 만들어진 차트에 레이아웃과 스타일을 적용하여 보다 직관적이고 시각적인 차트를 완성할 수 있습니다. 즉 차트를 만들 때는 예쁘고 멋있는 차트를 만들기보다는 분석하려는 데이터 종류를 먼저 파악하고 데이터 표현에 가장 적합한 차트를 선택하여 데이터 흐름을 쉽게 분석 및 비교할 수 있도록 만드는 것이 중요합니다.

엑셀 2016에서 작성할 수 있는 차트의 종류에는 다음과 같은 것들이 있습니다.

• 세로 막대형 차트

사원별 실적 현황이나 부서별 판매 실적 등과 같이 간단한 두 가지 이상의 데이터를 비교하거나 여러 개의 데이터 추이를 파악하고자 할 때 사용합니다. 세로 막대형 차트에서는 2차원 및 3차원 세로 막대형 · 원통형 · 원뿔형 그리고 피라미드형 차트를 만들 수 있습니다.

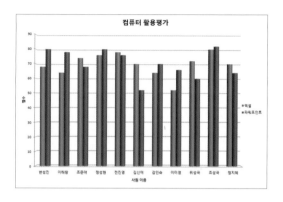

• 꺾은선형 차트

주식의 변동이나 시간대별 접속률과 같이 많은 데이터의 변화 추이를 파악하고자 할 때 사용합니다. 꺾은선형 차트는 각 데이터를 선으로 연결하여 표시하기 때문에 다른 차트보다 데이터의 추이를 파악하기에 가장 적당한 차트라고 할 수 있습니다.

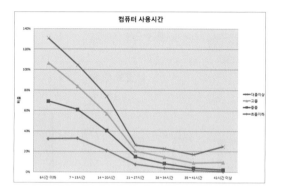

• 원형 차트

거주지 분포나 서울 지역의 시장 점유율과 같이 하나의 분야에서 데이터 분포를 나타내고자 할 때 사용합니다. 원형 차트는 2차원 및 3차원으로 만들 수 있습니다.

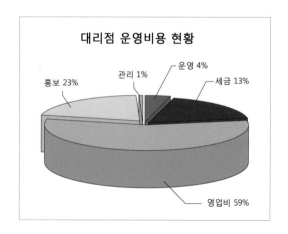

• 가로 막대형 차트

가로 막대형 차트는 세로 막대형 차트와 방향만 다르지만 두 가지 데이터를 비교하는 방법에 있어서는 가로 막대형 차트가 시각적으로 뛰어난 장점을 가지고 있습니다. 가로 막대형 차트는 일정한 기간의 두 가지 데이터를 비교하거나 두 그룹 사이 데이터를 비교할 때 유용하게 사용할 수 있습니다. 가로 막대형 차트도 세로 막대형 차트와 마찬가지로 2차원 및 3차원 가로 막대형 · 원통형 · 원뿔형 그리고 피라미드형 차트를 만들 수 있습니다.

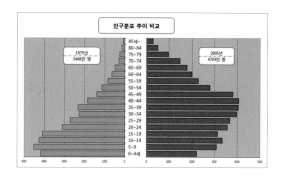

• 영역형 차트

월별 수익률이나 시간대별 접속률과 같이 시간에 따른 데이터의 추이를 표시할 때 사용할 수 있습니다. 꺾은선형과 비슷한 형태로, 데이터 추이가 채워진 도형 형태로 표시되며, 두 가지 이상의 데이터 추이를 함께 표시할 수 있습니다. 영역형 차트는 2차원 및 3차원으로 만들 수 있습니다.

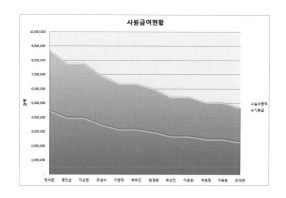

• 분산형 차트

연령대별 실업률이나 부서별 거주지 분포와 같이 특정한 그룹의 데이터 분포를 표시하고자 할 때 사용합니다. 분산형 차트는 데이터 분포를 점으로 표시하는 차트와 데이터 분포를 점과 선으로 표시하는 차트로 구분하여 만들 수 있습니다.

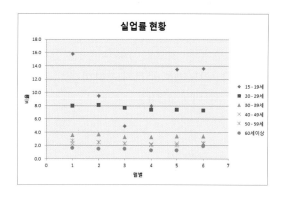

• 주식형 차트

주식 분포와 같이 일정한 기간 동안 값의 변화 추이를 확인할 수 있는 차트로, 이러한 차트를 캔들 차트라고 부릅니다. 당일의 값의 변화를 동시에 표시하기 때문에 주가의 동향을 표현하고자 할 때 대표적으로 사용됩니다.

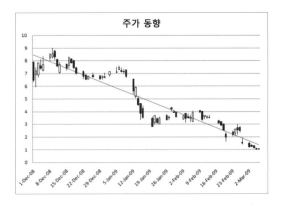

• 표면형 차트

표면형 차트는 두 개의 데이터 집합 사이 최적의 조합을 찾고자 할 때 유용하게 사용됩니다. 표면형 차트를 이용하면 색과 무늬를 이용하여 유사 범위에 있는 값의 범위를 표시할 수 있으며, 값의 범위를 표시해야 하므로 항목과 데이터 계열이 모두 숫자 데이터인 경우에만 사용할 수 있습니다.

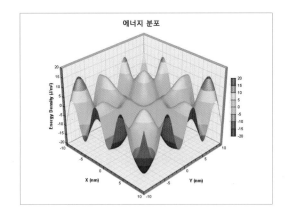

• 방사형 차트

중심점을 기준으로 여러 항목의 길이나 위치 등을 상대적으로 표시하여 데이터 분포를 확인할 수 있는 차트로, 레이더를 닮았다 하여 레이더 차트라고 부르기도 하며 거미줄 차트라고 부르기도 합니다.

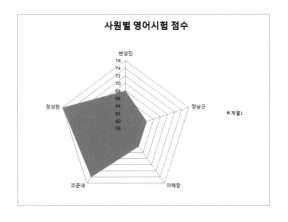

• 트리맵 차트

선택한 영역의 데이터를 계층적 구조로 표시하는 차트입니다. 개별 항목 값의 추이보다는 항목의 분포와 비율을 판단할 때 유용하게 사용될 수 있습니다. 트리맵 차트에서 가장 상위 계층은 개별적인 색상으로 구분하고 같은 계층 안에서 각 항목의 비율에 따라 작은 사각형이 표시됩니다.

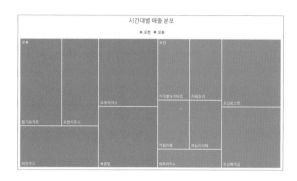

• 선버스트 차트

트리맵과 같이 선택한 영역의 데이터를 계층적 구조로 표시하는 차트입니다. 트리맵이 작은 사각형의 크기로 데이터의 비율을 표시한다면, 선버스트 차트는 원형의 작은 고리를 이용하여 계층 구조 및 각 항목의 비율을 표시합니다. 또한 계층이 여러 개인 경우에는 고리의 계층에 따라 계층 구조를 표시할 수 있습니다.

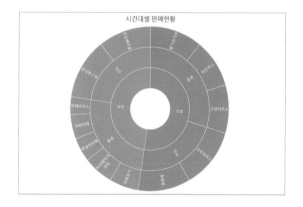

• 폭포 차트

월별 금액의 변동 추이를 파악하고자 할 때 유용하게 사용할 수 있는 차트가 폭포 차트입니다. 막대 색상에 따라 증가하고 감소한 항목을 판단할 수 있으며, 막대 크기가 변동 폭을 표시합니다.

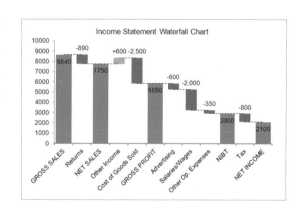

엑셀 2016에서는 차트로 표현할 데이터 영역을 지정한 다음 차트 종류만 선택하면 기본적인 차트 외형이 완성됩니다. 이번에는 20·40대의 실업률 현황을 세로 막대형 차트로 만드는 방법을 통해 차트 작성 방법을 알아보겠습니다.

01 예제의 표에서는 10대에서 60대까지의 실업률 현황이 표시되어 있습니다. 이 데이터 중 20대와 40대의 실업률 현황을 차트로 만들어 보겠습니다. 먼저 차트에 표시할 영역을 지정해야 하므로 [B4]셀에서 [H5]셀까지 선택하여 X축 항목을 지정합니다.

Tip 데이터 표의 열 머리글과 행 머리글을 선택하지 않으면 X축과 Y축에 항목이 표시되지 않으므로 차트를 작성할 때는 값과 함께 열 머리글과 행 머리글을 선택해야 합니다.

02 Ctrl 키를 누른 상태에서 [B7]셀에서 [H7]셀까지 선택하고 [B9]셀에서 [H9]셀까지 선택하여 Y축과 값을 지정한 다음 차트를 별도의 워크시트에 만들기 위해 F11 키를 누릅니다.

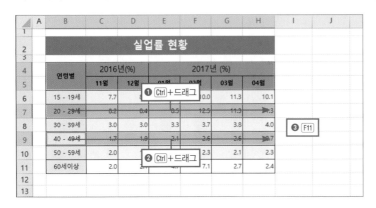

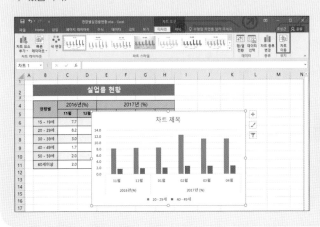

알아두면 좋아요

차트의 삽입 위치

워크시트에 차트를 삽입하는 방법에는 두 가지가 있습니다. 첫 번째 방법으로 [삽입] 탭–[차트] 그룹에서 차트 종류를 선택하는 방법이 있습니다. 이 방법을 사용하면 현재 작업 중인 워크시트에 선택한 차트가 삽입됩니다. 이에 반해 데이터 영역을 지정하고 F11 키를 누르면 새로운 워크시트에 차트가 만들어집니다. 현재 워크시트에 삽입된 차트를 새로운 워크시트로 옮기려면 [차트 도구]–[디자인] 정황 탭–[위치] 그룹–[차트 이동]을 클릭하면 차트 위치를 이동할 수 있습니다.

03 'Chart1'이라는 새로운 워크시트가 만들어지고 선택한 데이터 영역에 의해 차트가 만들어집니다. F11 키에 의해 기본적으로 차트가 만들어질 때는 '세로 막대형 차트'가 만들어집니다.

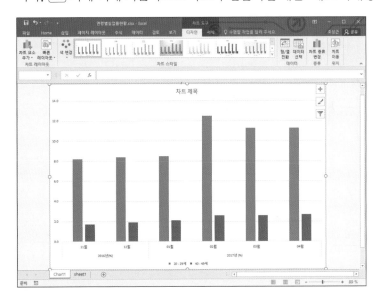

04 작성된 차트의 종류를 변경하겠습니다. 차트의 안쪽을 클릭하여 차트를 선택한 상태에서 [차트 도구]-[디자인] 정황 탭-[종류] 그룹-[차트 종류 변경]을 클릭합니다.

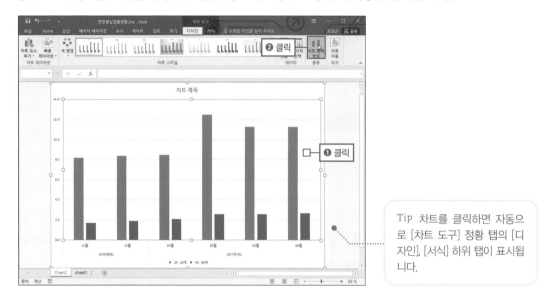

Tip 차트를 클릭하면 자동으로 [차트 도구] 정황 탭의 [디자인], [서식] 하위 탭이 표시됩니다.

05 [차트 종류 변경] 창이 열리면 탐색 창에서 [세로 막대형] 항목을 선택한 다음 화면 오른쪽의 세부 차트 선택 영역에서 [3차원 묶은 세로 막대형] 차트를 선택하고 [확인] 버튼을 클릭합니다.

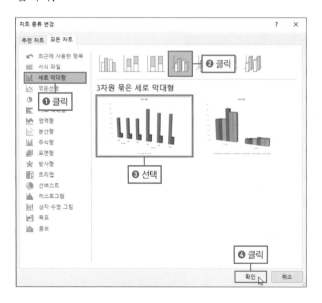

06 차트 종류가 선택한 [3차원 묶은 세로 막대형] 차트로 변경됩니다. 이번에는 차트의 레이아웃을 변경하겠습니다. 차트를 선택한 상태에서 [차트 도구]-[디자인] 정황 탭-[차트 레이아웃] 그룹-[빠른 레이아웃]-[레이아웃 9]를 선택합니다.

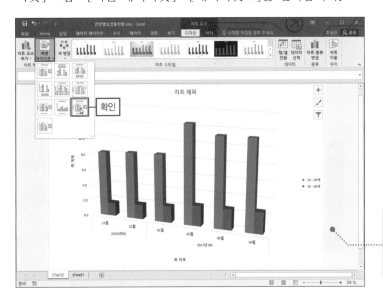

> **Tip** 차트 레이아웃이란 기본적인 차트 이외에 차트 제목이나 범례, X축, Y축의 제목 표시 등을 설정하는 작업입니다.

07 기본적인 차트 이외에 차트 제목, 범례, Y축의 제목이 표시됩니다.

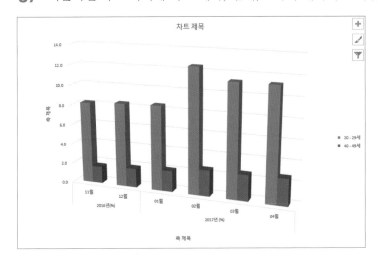

08 X축의 제목을 삭제한 다음 차트의 제목과 Y축의 제목에 각각 '실업률 현황'과 '연령대별 실업률 현황'을 입력합니다. 제목을 변경할 때는 제목을 한 번 클릭하여 선택한 다음 다시 한 번 클릭하면 입력 상태로 전환됩니다.

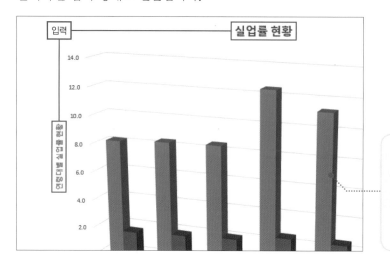

Tip 차트 제목이나 축 제목을 빠르게 더블클릭하면 입력 상태로 전환되지 않고 속성 창이 열리게 되므로 한 번 클릭한 다음 잠시 후 다시 한 번 클릭해야 입력 상태로 전환됩니다.

09 차트 색상을 변경하겠습니다. 차트 중 변경하고자 하는 그래프를 마우스 오른쪽 버튼으로 클릭한 다음 [데이터 계열 서식]을 선택합니다.

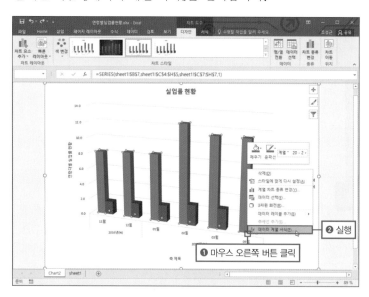

10 [데이터 계열 서식] 창이 표시되면 [채우기 및 선]을 선택하고 [채우기] 항목을 펼칩니다. [색] 버튼을 클릭한 다음 [연한 파랑] 색상을 선택합니다. 선택 즉시 그래프의 색상이 변경됩니다.

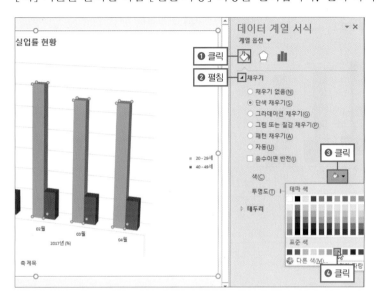

11 차트에 데이터 표를 삽입하겠습니다. 차트를 선택하고 [차트 요소] 버튼을 클릭한 다음 항목 선택 상자가 표시되면 [데이터 표]에 체크 표시합니다.

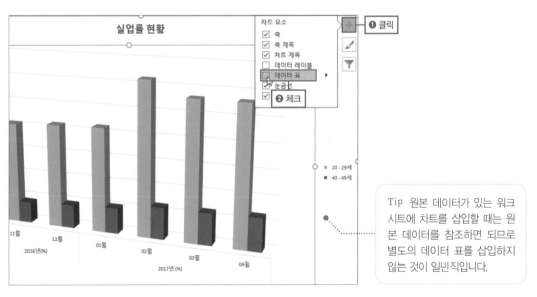

Tip 원본 데이터가 있는 워크시트에 차트를 삽입할 때는 원본 데이터를 참조하면 되므로 별도의 데이터 표를 삽입하지 않는 것이 일반적입니다.

12 차트 아랫부분에 데이터 표가 만들어집니다. 데이터 표는 원본 데이터에서 선택한 데이터 만을 별도의 표로 작성한 것입니다.

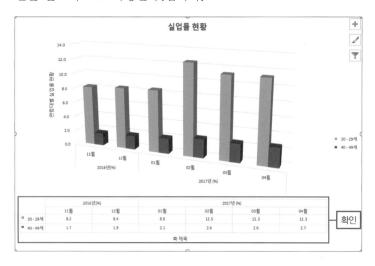

13 데이터 표에 비해 차트가 너무 회전되어 있으므로 이를 수정해 보겠습니다. 차트를 마우스 오른쪽 버튼으로 클릭하고 바로 가기 메뉴가 표시되면 [3차원 회전]을 선택합니다.

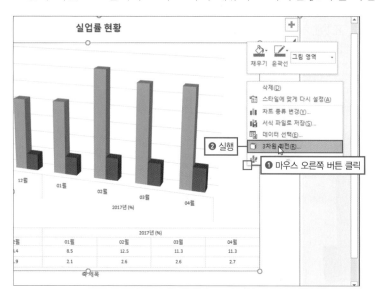

14 [차트 영역 서식] 창이 열리면 설정 화면에서 [X 회전]을 '0°', [Y 회전]과 [원근감]을 각각 '10°'로 설정한 다음 [닫기] 버튼을 클릭합니다.

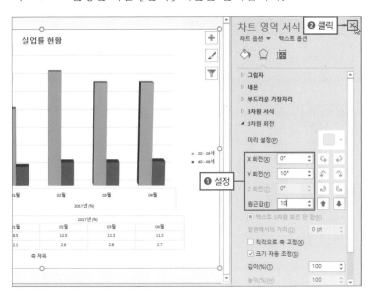

15 차트가 데이터 표와 수평을 이루며 3차원 형태로 표시됩니다. 이처럼 3차원 회전 기능을 이용하면 차트의 방향과 원근감을 자유롭게 설정할 수 있습니다.

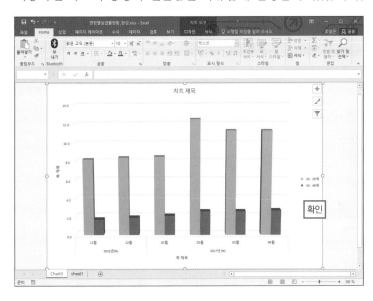

16 마지막으로 차트에 데이터 레이블을 표시하겠습니다. 차트를 선택한 다음 항목 추가 버튼을 클릭한 후 항목 선택 상자가 표시되면 [데이터 레이블]에 체크 표시합니다.

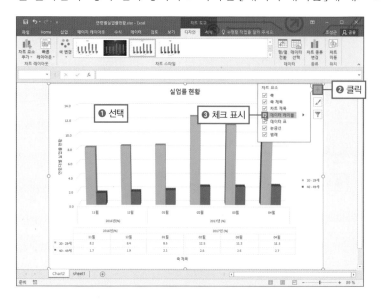

17 차트에 데이터 레이블이 표시됩니다. 데이터 레이블은 주로 데이터에 표가 없는 경우 정확한 데이터의 수치를 표시하고자 할 때 사용합니다. 데이터 레이블 및 차트 각 항목의 글꼴 크기를 적절하게 조절하여 차트를 완성합니다.

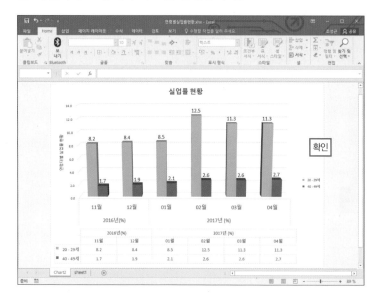

차트의 구성 요소

차트는 기본적으로 만들어지는 데이터 계열 이외에 차트의 제목과 축 제목 그리고 범례와 데이터 표 등으로 구성됩니다. 기본적인 차트 영역 이외의 구성 요소들은 언제든지 [차트 도구]-[레이아웃] 정황 탭-[레이블] 그룹의 항목들을 이용해서 추가하거나 삭제할 수 있습니다.

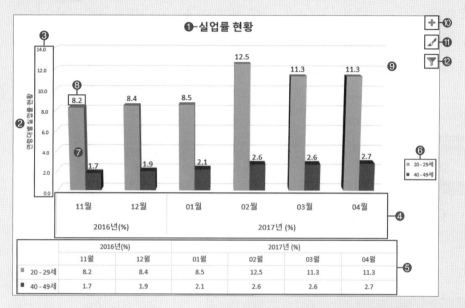

❶ 차트 제목 : 차트 제목을 표시합니다.

❷ 축 제목 : X축과 Y축의 항목들에 대한 제목을 표시합니다.

❸ Y축 항목 : Y축 항목이 표시됩니다.

❹ X축 항목 : X축 항목이 표시됩니다.

❺ 데이터 표 : 데이터 원본에서 선택한 데이터를 표로 표시합니다.

❻ 범례 : 데이터 계열의 색상이나 형태에 따른 항목을 표시합니다.

❼ 데이터 계열 : 데이터 분포를 그래프 형태로 표시합니다.

❽ 데이터 레이블 : 데이터 계열 수치를 표시합니다.

❾ 눈금선 : 값을 알아보기 쉽도록 눈금을 표시합니다.

❿ 차트 요소 : 선택한 차트에 차트 요소를 추가합니다.

⓫ 차트 스타일 : 차트 스타일을 변경합니다.

⓬ 차트 필터 : 차트에 표시할 데이터 요소 및 이름을 편집합니다.

차트 서식 변경하기

기본적인 차트가 만들어진 다음에는 차트 서식을 통해 차트의 각 구성 요소를 추가하거나 변경할 수 있습니다. 이번 섹션에서는 차트 서식을 변경하여 기본적인 차트를 완성도 있는 새로운 차트로 만드는 과정을 알아보겠습니다.

• Preview •

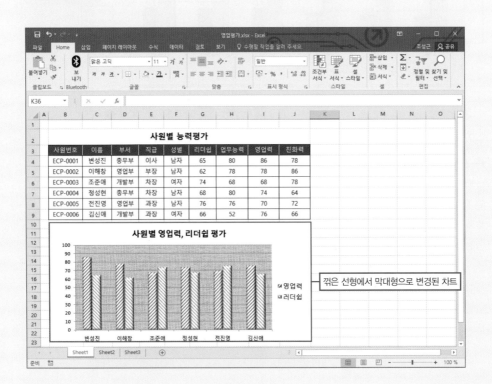

꺾은 선형에서 막대형으로 변경된 차트

섹션별 주요 내용

① 데이터 계열 추가하기　② 데이터 계열 서식 설정하기
③ 그림 영역 서식 설정하기　④ 차트 제목 및 범례 삽입하기

차트를 완성하고 데이터 원본이 변경되었다면 차트에도 변경된 데이터 원본을 추가해야 합니다. 먼저 기본적인 차트를 다른 형태의 차트로 변경한 다음 데이터 계열을 추가하는 방법에 대해 알아보겠습니다.

01 차트 종류를 변경하기 위해 차트를 선택한 상태에서 [차트 도구]-[디자인] 정황 탭-[종류] 그룹-[차트 종류 변경]을 클릭합니다.

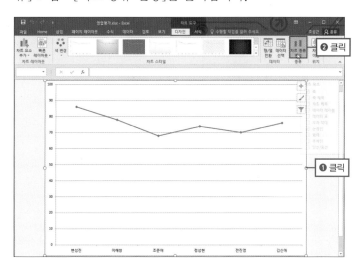

02 [차트 종류 변경] 창이 열리면 탐색 창에서 [가로 막대형] 항목을 선택하고 화면 오른쪽 차트 선택 화면에서 [묶은 가로 막대형] 차트를 선택한 다음 [확인] 버튼을 클릭합니다.

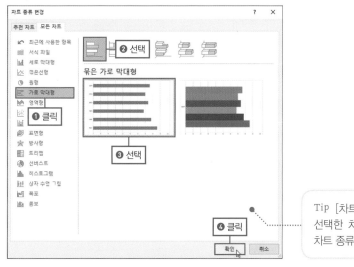

> Tip [차트 종류 변경] 창에서 선택한 차트를 더블클릭해도 차트 종류가 변경됩니다.

03 [꺾은선형] 차트가 [가로 막대형] 차트로 변경됩니다. 이제 차트에 새로운 데이터 계열을 추가하겠습니다. 차트를 선택한 상태에서 [차트 도구]-[디자인] 정황 탭-[데이터] 그룹-[데이터 선택]을 클릭합니다.

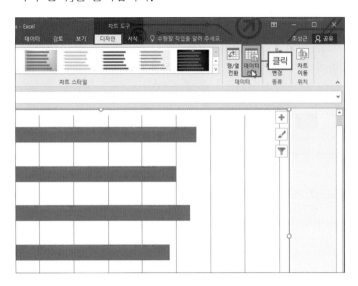

04 [데이터 원본 선택] 창이 열리면 새로운 데이터 계열을 추가하기 위해 [범례 항목] 상자의 [추가] 버튼을 클릭합니다.

05 [계열 편집] 창이 열리면 [계열 이름] 입력 상자에 '리더쉽'을 입력합니다. 다음 과정으로 [계열 값] 입력 상자를 클릭하고 [Sheet1] 워크시트에서 [G4]셀에서 [G9]셀까지 선택하여 셀 범위 주소를 입력한 다음 [확인] 버튼을 클릭합니다.

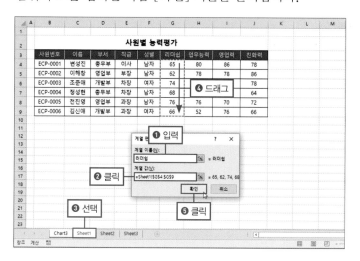

06 [데이터 원본 선택] 창이 표시되면 [범례 항목] 상자에 새로운 항목이 추가된 것을 확인할 수 있습니다. [확인] 버튼을 클릭하여 창을 닫습니다.

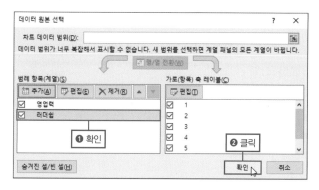

07 차트가 표시되면 새로운 데이터 계열이 차트에 표시되는 것을 알 수 있습니다. 이처럼 차트를 완성하고 데이터 편집을 통해 데이터 계열을 추가하거나 삭제할 수 있습니다.

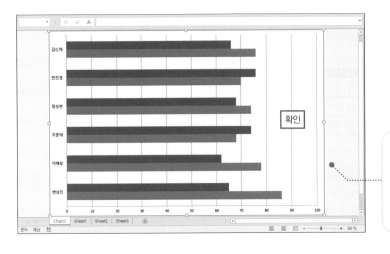

Tip 데이터 계열의 개수가 늘어나면 차트 크기에 맞도록 데이터 계열 너비나 높이가 자동으로 알맞은 크기로 조절됩니다.

Sub **2** **데이터 계열 서식 설정하기**

데이터 계열은 차트에서 데이터 분포를 표시하는 핵심적인 구성 요소입니다. 데이터 계열 서식을 설정하면 데이터 계열의 색상이나 효과를 설정하여 좀 더 시각적으로 미려한 차트를 만들 수 있습니다. 데이터 계열 서식에는 단색이나 질감, 패턴, 그림 등 다양한 효과를 사용할 수 있습니다.

01 데이터 계열 서식을 설정하기 위해 붉은 색의 [영업력] 데이터 계열을 마우스 오른쪽 버튼으로 클릭한 다음 [데이터 계열 서식]을 선택합니다.

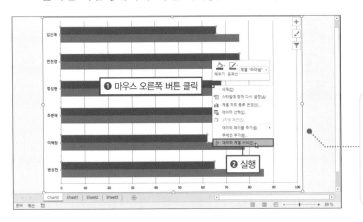

❶ 마우스 오른쪽 버튼 클릭

❷ 실행

Tip 데이터 계열을 더블클릭하게 되면 선택한 하나의 데이터 계열 서식만 설정하게 되므로 반드시 변경하려는 데이터 계열이 모두 선택된 상태에서 데이터 계열 서식을 설정해야 합니다.

02 [데이터 계열 서식] 창이 열리면 [데이터 계열 서식] 창에서 [채우기 및 선]을 클릭하고 [채우기] 항목을 펼친 다음 설정 화면에서 [단색 채우기]를 선택합니다. 이어서 [채우기 색] 상자를 클릭한 다음 [자주, 강조 4, 40% 더 밝게]를 선택합니다.

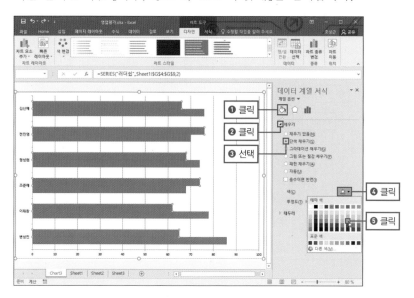

03 다음으로 [채우기] 화면에서 [패턴 채우기] 항목을 선택한 다음 패턴 선택 상자에서 [넓은 하향 대각선] 항목을 선택합니다. 데이터 계열의 서식이 설정되면 실시간으로 차트의 데이터 계열에 적용되어 표시됩니다.

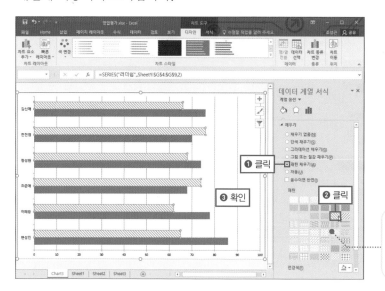

Tip [패턴 채우기]의 색은 [단색 채우기]에서 선택한 색상이 적용됩니다.

04 탐색 창에서 [효과]를 클릭하고 [3차원 서식] 항목을 펼칩니다. 설정 화면의 [입체 효과] 영역에서 [위쪽 입체] 버튼을 클릭하고 [둥글게]를 클릭합니다.

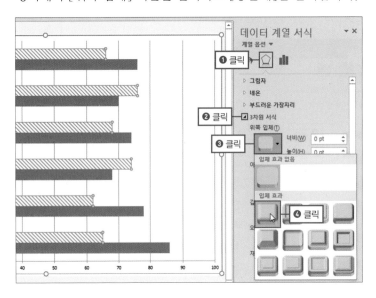

05 첫 번째 데이터 계열의 서식이 변경되어 표시되면 이제 두 번째 데이터 계열의 서식을 설정하기 위해 [리더쉽] 데이터 계열을 클릭하여 선택합니다.

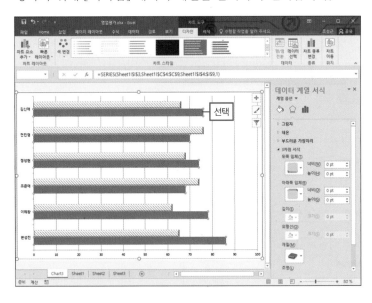

06 [데이터 계열 서식] 창이 열리면 탐색 창에서 [채우기 및 선]을 클릭하고 [채우기] 항목을 펼친 다음 설정 화면에서 [단색 채우기]를 선택합니다. 이어서 [색] 상자를 클릭한 다음 [바다 색, 강조 5, 25% 더 어둡게]를 선택합니다.

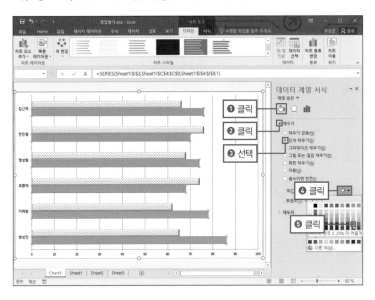

07 다음으로 [채우기] 화면에서 [패턴 채우기] 항목을 선택한 다음 패턴 선택 상자에서 [넓은 상향 대각선] 항목을 선택합니다.

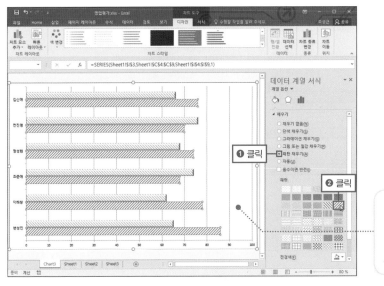

Tip 데이터 계열의 서식이 설정되면 실시간으로 차트의 데이터 계열에 적용되어 표시됩니다.

08 첫 번째 데이터 계열 서식과 마찬가지로 탐색 창에서 [효과]를 클릭하고 [입체 효과] 영역에서 [둥글게] 버튼을 클릭한 다음 [닫기] 버튼을 클릭합니다.

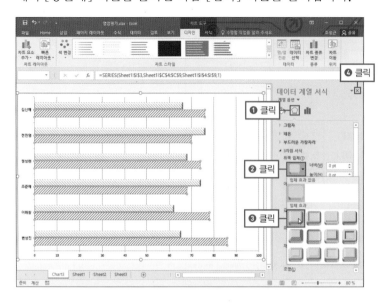

09 차트의 모든 데이터 계열 서식이 변경되어 새로운 느낌의 데이터 계열로 변경됩니다.

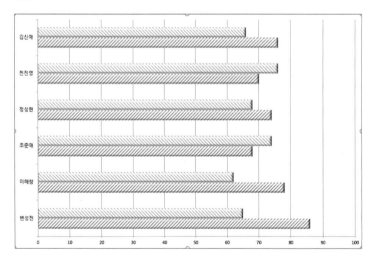

차트에서 그림 영역은 데이터 계열의 배경이 되는 부분입니다. 데이터 계열의 채도가 낮은 경우에는 데이터 계열의 그래프가 잘 보일 수 있도록 그림 영역의 색이나 질감을 부여하여 시인성을 높이는 것이 좋습니다. 이번에는 그림 영역의 서식을 변경하여 질감을 표현하겠습니다.

01 차트의 그림 영역을 마우스 오른쪽 버튼으로 클릭한 다음 [그림 영역 서식]을 실행합니다.

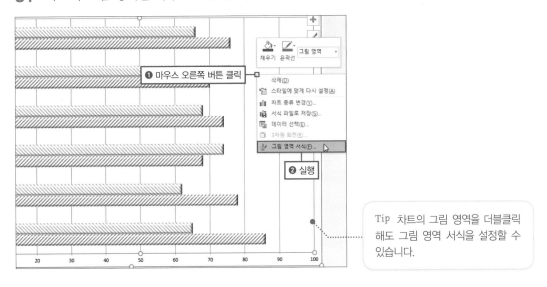

Tip 차트의 그림 영역을 더블클릭해도 그림 영역 서식을 설정할 수 있습니다.

02 [그림 영역 서식] 창이 열리면 탐색 창에서 [채우기] 항목을 선택한 다음 설정 화면에서 [그림 또는 질감 채우기]를 선택합니다.

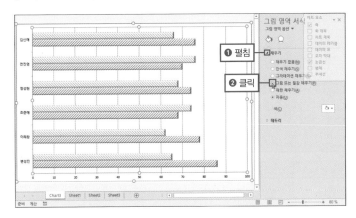

03 질감을 선택하기 위해 [질감] 버튼을 클릭하고 다음 질감의 항목들이 표시되면 두 번째 [캔버스] 항목을 선택한 다음 설정 창을 닫습니다.

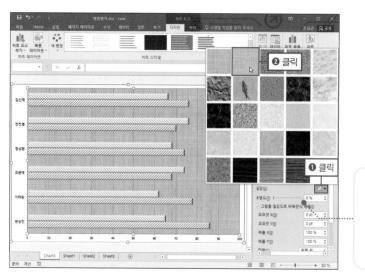

Tip 사진이나 그림 파일을 그림 영역의 배경으로 사용하려면 [파일] 버튼을 클릭한 다음 배경으로 사용할 그림이나 사진 파일을 선택하면 됩니다.

04 그림 영역의 배경으로 설정한 질감이 표시됩니다. 이처럼 그림 영역은 차트의 전체적인 분위기를 만들 뿐 아니라 데이터 계열의 시인성을 높이는 효과를 가져올 수 있습니다.

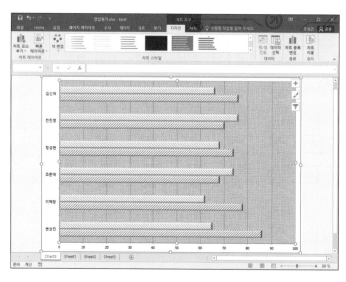

차트 제목과 범례, 축 제목 등은 [차트 레이아웃]을 통해서도 설정할 수 있지만 [차트 레이아웃]에 없는 구성일 경우에는 직접 구성 요소를 하나씩 삽입하여 차트를 완성할 수 있습니다. 차트의 구성 요소는 [차트 도구]-[레이아웃] 정황 탭-[레이블] 그룹에서 삽입하거나 제거할 수 있습니다.

01 차트 영역 내부의 차트 객체를 선택한 다음 위쪽 경계선을 아래쪽으로 드래그하여 차트 크기를 줄입니다.

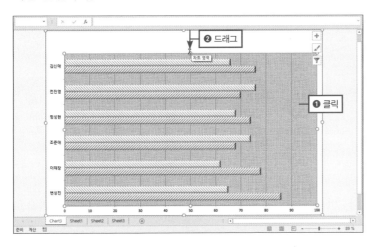

02 차트 제목을 삽입하기 위해 차트를 선택한 상태에서 [차트 도구]-[디자인] 정황 탭-[차트 레이아웃] 그룹-[차트 요소 추가]-[차트 제목]-[차트 위]를 선택합니다.

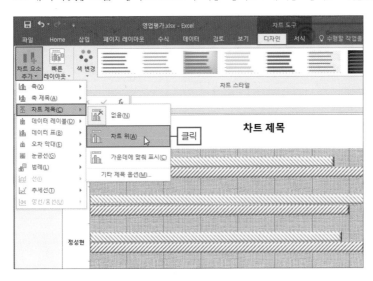

03 차트 제목이 삽입되면 차트의 제목을 '사원별 영업력, 리더십 평가'로 수정합니다.

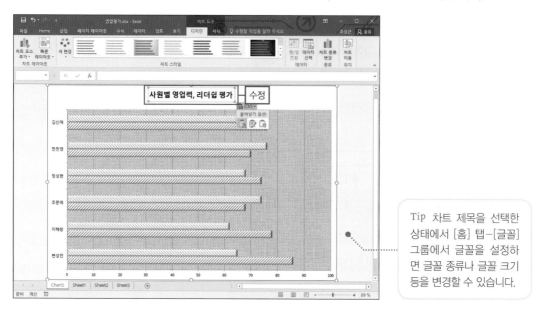

Tip 차트 제목을 선택한 상태에서 [홈] 탭-[글꼴] 그룹에서 글꼴을 설정하면 글꼴 종류나 글꼴 크기 등을 변경할 수 있습니다.

04 차트 범례를 삽입하겠습니다. 범례가 삽입될 공간을 확보하기 위해 차트 영역을 왼쪽으로 드래그하여 크기를 조절합니다.

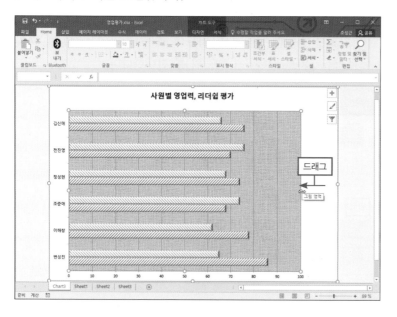

05 차트를 선택한 상태에서 [차트 요소] 버튼을 클릭한 다음 [범례]-[오른쪽]을 선택합니다.

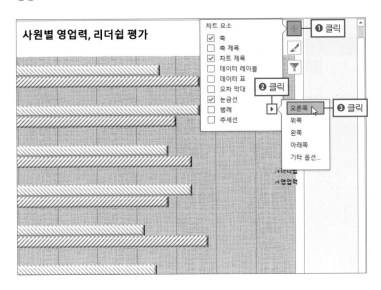

06 범례가 삽입되면 범례를 선택한 다음 [홈] 탭-[글꼴] 그룹-[글꼴 크기]를 '12'로 설정합니다.

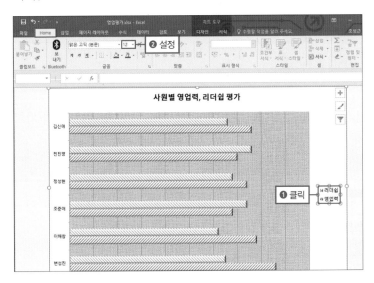

07 차트를 원본 데이터가 있는 워크시트로 이동하기 위해 차트를 선택한 상태에서 [차트 도구]-[디자인] 정황 탭-[차트 이동]을 클릭합니다.

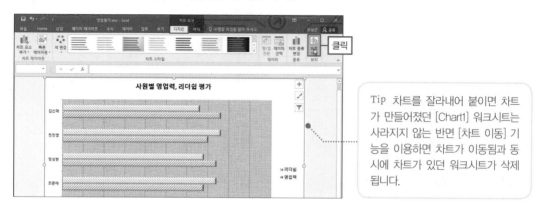

Tip 차트를 잘라내어 붙이면 차트가 만들어졌던 [Chart1] 워크시트는 사라지지 않는 반면 [차트 이동] 기능을 이용하면 차트가 이동됨과 동시에 차트가 있던 워크시트가 삭제됩니다.

08 [차트 이동] 창이 열리면 [워크시트에 삽입] 항목을 선택한 다음 상자를 열어 'Sheet1'을 선택하고 [확인] 버튼을 클릭합니다.

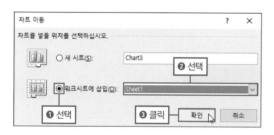

09 [Chart1] 워크시트에 있던 차트가 원본 데이터가 있는 워크시트로 이동됩니다. 또한 차트가 있던 [Chart1] 워크시트는 자동으로 삭제됩니다.

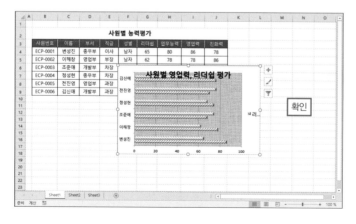

10 차트 크기를 원본 데이터 표와 어울리도록 조절한 다음 차트 제목 크기를 '15'로 설정하고 범례 크기도 조절하여 차트를 완성합니다.

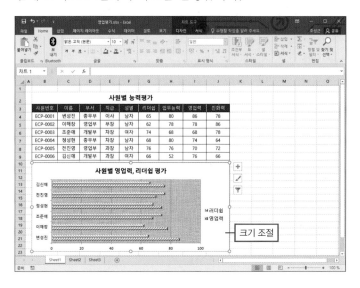

11 차트가 작아짐에 따라 데이터 계열 서식의 효과가 반감됩니다. 이런 경우에는 데이터 계열의 방향을 바꾸어 주면 데이터 계열 서식을 다시 확실하게 표현할 수 있습니다. 데이터 계열의 방향을 바꾸기 위해 차트를 선택한 상태에서 [차트 도구]-[디자인] 정황 탭-[종류] 그룹-[차트 종류 변경]을 클릭합니다.

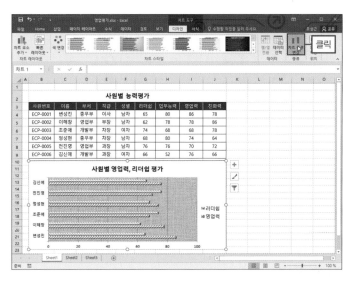

12 [차트 종류 변경] 창이 열리면 탐색 창에서 [세로 막대형]을 선택한 다음 차트 선택 화면에서 [묶음 가로 막대형] 차트를 선택하고 [확인] 버튼을 클릭합니다.

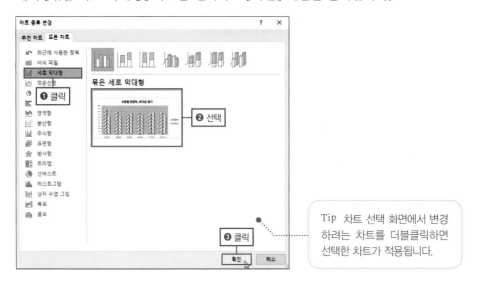

Tip 차트 선택 화면에서 변경하려는 차트를 더블클릭하면 선택한 차트가 적용됩니다.

13 차트의 데이터 계열 방향이 세로로 표시됨에 따라 데이터 계열 서식의 효과가 뚜렷하게 나타납니다. 이처럼 차트 서식을 꾸미는 목적은 차트 내용을 더욱 쉽고 빠르게 파악하게 하는 것 외에 차트 자체의 미려함을 위해 꾸미는 데도 있습니다.

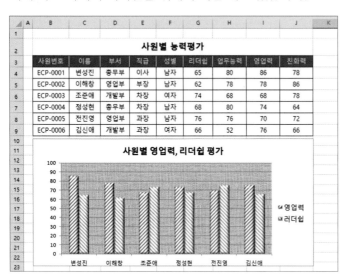

동적인 차트 만들기

차트를 완성한 다음 데이터를 추가해야 할 경우가 생긴다면 차트를 다시 만들어야 하는 번거로움이 생길 수 있습니다. 이런 경우에는 동적인 차트를 이용하면 차트가 완성된 후에도 데이터와 연동이 되어 데이터를 추가하면 자동으로 차트에 새로운 데이터 계열이 만들어집니다. 이번에는 OFFSET 함수를 이용한 동적인 차트를 만들겠습니다.

· Preview ·

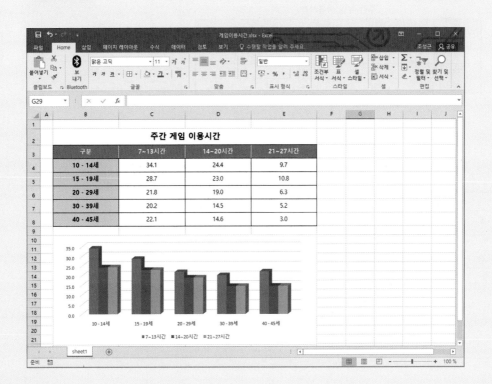

섹션별 주요 내용

① 이름 정의하기　　② 동적 차트 만들기

• 예제 파일 : Part 07\게임이용시간.xls
• 완성 파일 : Part 07\게임이용시간_완성.xlsx

동적인 차트의 핵심은 [OFFSET 함수]와 [이름 정의]에 있습니다. 데이터 계열에 사용할 구간을 이름으로 정의하고 OFFSET 함수를 이용하여 이름과 데이터 계열을 연동하면 데이터 계열의 추가 및 삭제에 따라 실시간으로 반영되는 차트를 만들 수 있습니다.

01 새로운 이름을 정의하기 위해 [수식] 탭 – [정의된 이름] 그룹 – [이름 정의]를 클릭합니다.

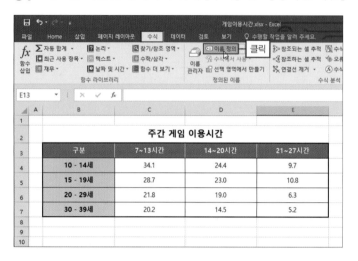

02 [새 이름] 창이 열리면 [이름] 입력 상자에 '_713시간'을 입력하고 [범위] 상자를 연 다음 'Sheet1'을 선택합니다.

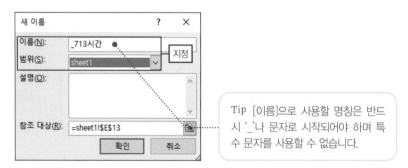

Tip [이름]으로 사용할 명칭은 반드시 '_'나 문자로 시작되어야 하며 특수 문자를 사용할 수 없습니다.

03 이번에는 참조 대상을 입력해야 합니다. [참조 대상] 입력 상자에 '=OFFSET($C$4,0,0, COUNTA($C$4:$C$300))'을 입력한 다음 [확인] 버튼을 클릭합니다.

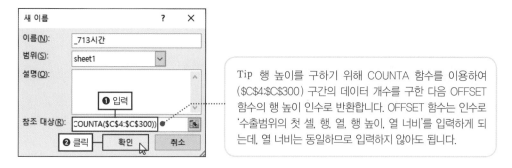

Tip 행 높이를 구하기 위해 COUNTA 함수를 이용하여 ($C$4:$C$300) 구간의 데이터 개수를 구한 다음 OFFSET 함수의 행 높이 인수로 반환합니다. OFFSET 함수는 인수로 '수출범위의 첫 셀, 행, 열, 행 높이, 열 너비'를 입력하게 되는데, 열 너비는 동일하므로 입력하지 않아도 됩니다.

04 두 번째 이름을 정의하기 위해 [수식] 탭-[정의된 이름] 그룹-[이름 정의]를 클릭합니다.

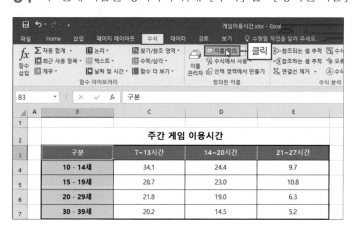

05 [새 이름] 창이 열리면 [이름] 입력 상자에 '_1420시간'을 입력하고 [범위] 상자를 연 다음 'Sheet1'을 선택합니다. [참조 대상] 입력 상자에 '=OFFSET($D$4,0,0,COUNTA($D$4: $D$300))'을 입력하고 [확인] 버튼을 클릭합니다.

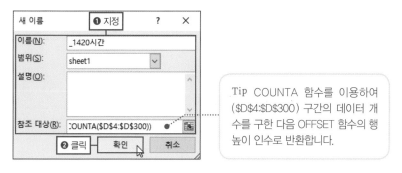

Tip COUNTA 함수를 이용하여 ($D$4:$D$300) 구간의 데이터 개수를 구한 다음 OFFSET 함수의 행 높이 인수로 반환합니다.

06 같은 방법으로 다시 [수식] 탭-[정의된 이름] 그룹-[이름 정의]를 클릭합니다. [새 이름] 창이 열리면 [이름] 입력 상자에 '_2127시간'을 입력하고 [범위] 상자를 연 다음 'Sheet1'을 선택합니다. [참조 대상] 입력 상자에 '=OFFSET($D$4,0,0,COUNTA($E$4:$E$300))'을 입력하고 [확인] 버튼을 클릭합니다.

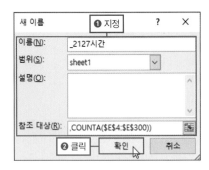

Sub **2** **동적 차트 만들기**

앞서 정의한 이름을 이용하여 동적인 차트를 만듭니다. 차트를 만드는 과정은 일반적인 과정과 동일하지만 데이터 계열의 원본을 앞서 정의한 이름으로 대치하여 데이터 원본과 차트가 실시간으로 연동되도록 설정합니다.

01 차트로 만들 범위를 지정하기 위해 [B3]셀에서 [E7]셀까지 선택합니다.

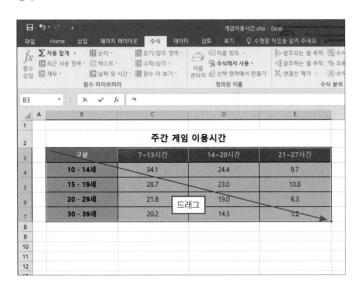

02 [삽입] 탭-[차트] 그룹-[세로 또는 가로 막대형 차트 삽입]-[3차원 묶은 세로 막대형]을 선택합니다. [3차원 묶은 세로 막대형] 차트가 만들어집니다. 연동될 차트는 어떤 차트를 사용해도 관계없습니다.

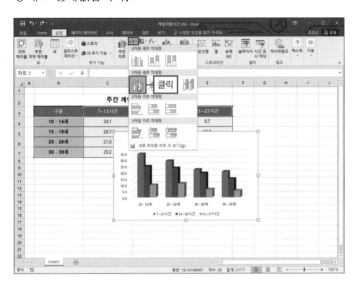

03 데이터 원본과 어울리도록 차트의 크기를 조정합니다. 이제 차트를 데이터 원본과 연동해 보겠습니다. 차트를 선택한 상태로 [차트 도구]-[디자인] 정황 탭-[데이터] 그룹-[데이터 선택]을 클릭합니다.

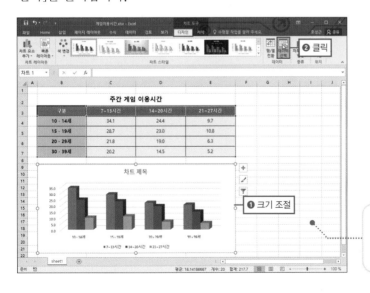

Tip 차트의 테두리 중앙이나 모서리에 있는 크기 조절 핸들을 이용하면 차트 크기를 조절할 수 있습니다.

04 [데이터 원본 선택] 창이 열리면 [범례 항목] 상자의 [7~13시간] 항목을 선택한 다음 [편집] 버튼을 클릭합니다.

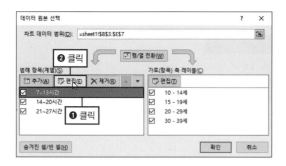

05 [계열 편집] 창이 열리면 [계열 값] 입력 상자의 값을 '=sheet1!_713시간'으로 수정한 다음 [확인] 버튼을 클릭합니다.

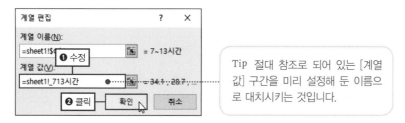

Tip 절대 참조로 되어 있는 [계열 값] 구간을 미리 설정해 둔 이름으로 대치시키는 것입니다.

06 다시 [데이터 원본 선택] 창이 표시되면 이번에는 [14~20시간] 항목을 선택한 다음 [편집] 버튼을 클릭합니다.

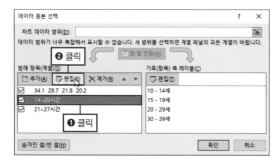

07 [계열 편집] 창이 열리면 [계열 값] 입력 상자의 값을 '=sheet1!_1420시간'으로 수정한 다음 [확인] 버튼을 클릭합니다.

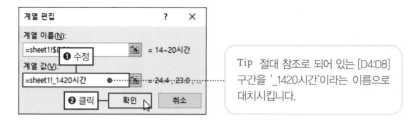

Tip 절대 참조로 되어 있는 [D4:D8] 구간을 '_1420시간'이라는 이름으로 대치시킵니다.

08 다시 [데이터 원본 선택] 창이 표시되면 [21~27시간] 항목을 선택한 다음 [편집] 버튼을 클릭합니다.

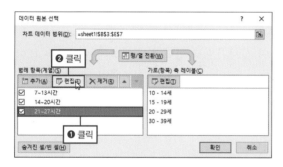

09 [계열 편집] 창이 열리면 [계열 값] 입력 상자의 값을 '=sheet1!_2127시간'으로 수정한 다음 [확인] 버튼을 클릭합니다. [데이터 원본 선택] 창이 표시되면 [확인] 버튼을 클릭합니다.

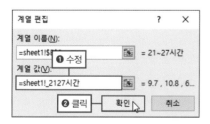

10 [B8]셀에 새로운 범례를 입력한 다음 [C8]셀에 새로운 데이터를 입력합니다. 데이터를 입력함과 동시에 차트에 새로운 데이터 계열이 만들어지는 것을 확인할 수 있습니다.

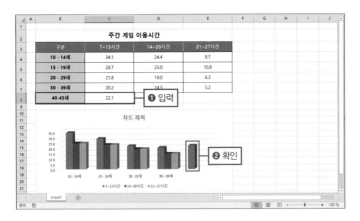

11 [D8]셀과 [E8]셀에 각각 데이터를 입력하면 실시간으로 입력한 데이터에 해당하는 데이터 계열이 차트에 만들어집니다. 이처럼 동적 차트를 이용하여 데이터 원본에서 데이터를 삭제하거나 추가하면 실시간으로 차트에 반영되어 표시됩니다.

마지막으로 차트 내에 범례를 수정하기 위해 차트를 선택한 상태에서 [차트 도구]-[디자인] 정황 탭-[데이터] 그룹-[데이터 선택]을 클릭합니다.

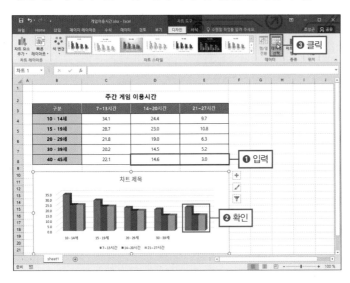

12 [데이터 원본 선택] 상자가 표시되면 [가로 축 레이블] 영역의 [편집] 버튼을 클릭합니다.

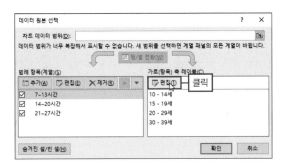

13 [축 레이블] 상자가 표시되면 범위의 값을 '=sheet1!$B$4:$B$8'로 변경한 다음 [확인] 버튼을 클릭합니다. 즉 새로 추가한 40~45세의 범위를 추가한 것입니다. 다시 [데이터 원본 선택] 상자가 표시되면 [확인] 버튼을 클릭합니다.

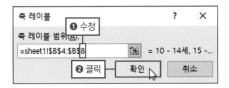

14 차트에 범례가 추가된 것을 확인할 수 있습니다. 차트의 제목은 불필요하므로 삭제하여 차트를 완성합니다.

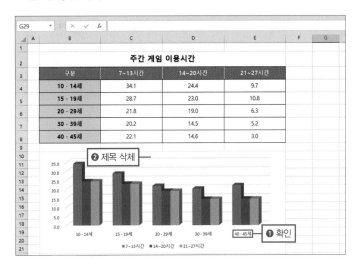

Part 08

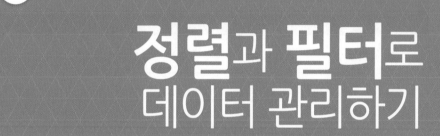

정렬과 필터로
데이터 관리하기

많은 데이터가 입력된 엑셀 통합 문서의 경우 필요한 데이터만을 추출하거나
조건에 맞도록 정렬을 해야 하는 경우가 많습니다.
엑셀 2016에서는 이러한 데이터 관리를 위해 정렬과 필터 기능을 제공합니다.
엑셀에서 제공하는 정렬과 필터 기능을 이용해 필요한 데이터를 추출하고 정렬하는지 알아보겠습니다.

엑셀에서의 데이터 관리하기

　엑셀 데이터를 표 안에 삽입하면 데이터베이스를 관리하는 것과 동일한 결과를 얻을 수 있습니다. 표 안의 데이터를 이용해서 내가 원하는 데이터만 표시하거나 조건에 맞도록 정렬이 가능하기 때문입니다. 이번 섹션에서는 표 안의 데이터를 이용하여 내가 원하는 데이터만 표시하거나 추출하는 방법을 알아보겠습니다.

• Preview •

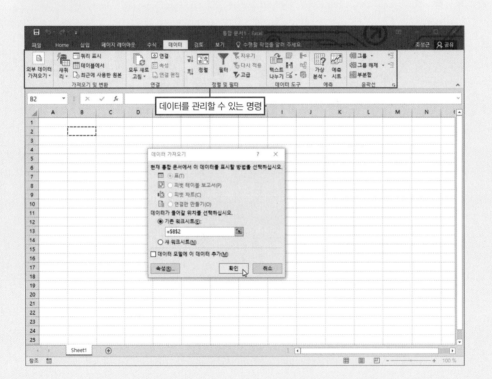

섹션별
주요 내용
① 외부 데이터 가져오기　② 텍스트 나누기　③ 중복 데이터 제거하기　④ 쿼리를 이용하여 외부 데이터 가져오기

Sub 1 외부 데이터 가져오기

텍스트 파일이나 CSV 파일 혹은 데이터베이스 파일은 엑셀 통합 문서로 가져와 엑셀 문서로 변환할 수 있습니다. 이런 기능을 이용하면 외부 주소록이나 방대한 양의 데이터베이스를 손쉽게 엑셀 통합 문서에서 사용할 수 있습니다. 또한 외부 데이터를 연결하면 엑셀에 삽입을 한 상태이더라도 외부 데이터의 내용이 변경되면 엑셀에 삽입된 데이터 또한 원본 데이터와 동일하게 변경됩니다.

01 외부 데이터를 가져오기 위해 [데이터] 탭 - [외부 데이터 가져오기] 그룹 - [텍스트]를 클릭합니다.

02 [텍스트 파일 가져오기] 창이 열리면 '중고차매물현황.csv' 파일을 선택한 다음 [가져오기] 버튼을 클릭합니다.

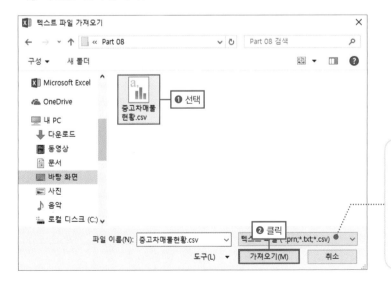

Tip 텍스트 파일 가져오기를 선택했기 때문에 자동으로 파일 형식이 텍스트 파일 설정됩니다. 엑셀 통합 문서에서 가져올 수 있는 텍스트 파일의 종류에는 '*.txt, *.prn, *.csv'가 있습니다.

03 [텍스트 마법사]가 시작됩니다. 엑셀 통합 문서로 텍스트 파일을 가져오기 위해서는 각 데이터를 구분하기 위한 구분자가 삽입되어 있어야 합니다. 먼저 구분자가 어떤 형태로 삽입되었는지 선택해야 합니다. 예제 텍스트 파일에서는 쉼표(,)를 사용했으므로 [구분 기호로 분리됨]을 선택하고 [다음] 버튼을 클릭합니다.

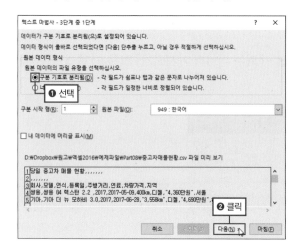

04 다음 단계로 구분자의 기호를 선택하는 화면이 표시되면 [구분 기호] 영역에서 '쉼표'를 선택하고 [다음] 버튼을 클릭합니다.

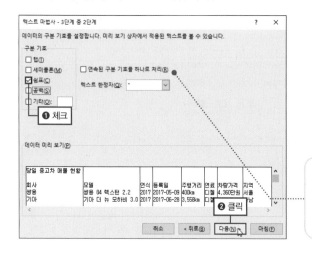

Tip 쉼표가 연속으로 두 개가 인식되면 자동으로 공백이 삽입됩니다. 만일 공백을 무시하고 삽입하려면 [연속된 구분 기호를 하나로 처리] 옵션 상자에 체크 표시하면 됩니다.

05 다음 3단계로 각 열의 셀 서식을 설정하는 화면이 표시됩니다. [데이터 미리 보기] 창에서 각 열을 선택한 다음 각 열의 셀 서식을 설정합니다. 각 열의 셀 서식을 모두 설정하고 나면 [마침] 버튼을 클릭합니다.

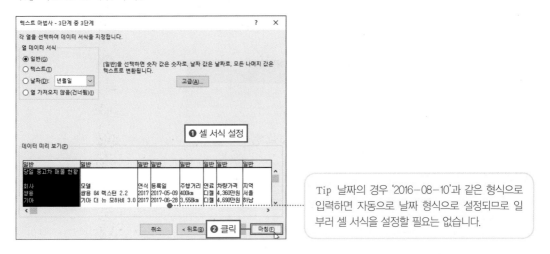

Tip 날짜의 경우 '2016-08-10'과 같은 형식으로 입력하면 자동으로 날짜 형식으로 설정되므로 일부러 셀 서식을 설정할 필요는 없습니다.

06 [데이터 가져오기] 창이 열리면 외부 데이터가 삽입될 위치를 지정해야 합니다. 창이 열린 상태에서 [B2]셀을 선택한 다음 [확인] 버튼을 클릭합니다.

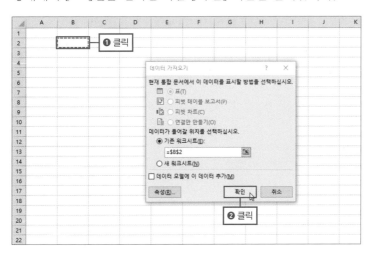

07 선택한 외부 텍스트 파일이 지정한 [B2]셀에 삽입됩니다. 현재 통합 문서에 삽입한 연결 문서가 어떤 문서인지 확인하거나 연결된 문서를 다시 한번 워크시트에 삽입하고자 할 때는 [기존 연결] 기능을 사용할 수 있습니다. 이번에는 방금 삽입한 연결 문서를 다시 한 번 삽입해 보겠습니다. [A1]셀을 선택한 다음 [데이터] 탭-[외부 데이터 가져오기] 그룹-[기존 연결]을 클릭합니다.

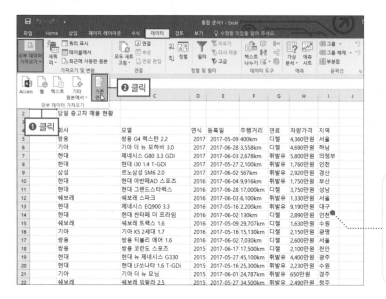

Tip 이미 삽입한 외부 데이터 영역에서는 기존 연결을 사용할 수 없으므로 [B2]셀에서 [J19]셀을 제외한 나머지 셀 중 임의의 셀을 선택한 다음 [기존 연결] 버튼을 클릭해야 합니다.

08 [기존 연결] 창이 열립니다. 이 창에서는 현재 통합 문서는 물론 다음 통합 문서에 연결된 문서의 목록들이 표시됩니다. [연결 선택] 목록에서 '중고차매물현황' 항목을 선택한 다음 [열기] 버튼을 클릭합니다.

Tip 연결 문서의 항목이 많아 연결 문서를 찾기 힘들 때는 [이 통합 문서의 연결] 영역에 있는 외부 문서를 찾으면 됩니다. [이 통합 문서의 연결] 영역에는 현재 통합 문서에 연결된 외부 문서 이름이 표시됩니다.

09 [데이터 가져오기] 창이 열리면 연결 문서를 삽입할 위치를 지정해야 하므로 [B24]셀을 선택하고 [확인] 버튼을 클릭합니다.

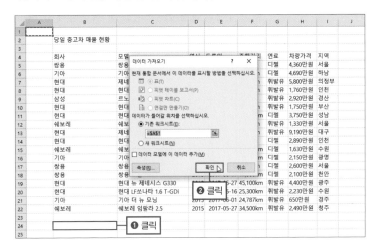

10 지정한 [B24]셀에 선택한 외부 연결 문서의 내용이 삽입됩니다.

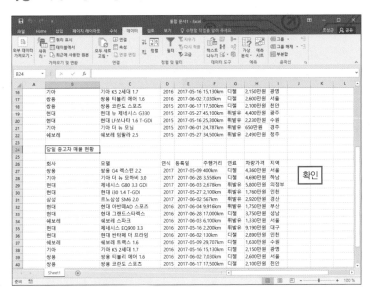

11 외부 연결 문서의 특징은 연결된 외부 문서의 내용이 변경되면 엑셀 통합 문서에 삽입된 내용도 변경된다는 점입니다. 그럼 외부 연결 문서의 내용을 변경하고 엑셀 통합 문서에서의 변화에 대해 확인해 보겠습니다. 외부 연결 문서인 '중고차매물현황.csv' 파일을 메모장에서 열고 '쌍용'을 'SSangYong'으로 변경한 다음 저장합니다.

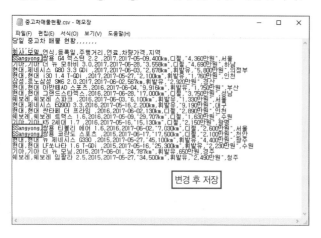

12 외부 연결 문서의 내용을 업데이트하기 위해 [데이터] 탭-[연결] 그룹-[모두 새로 고침]을 클릭합니다.

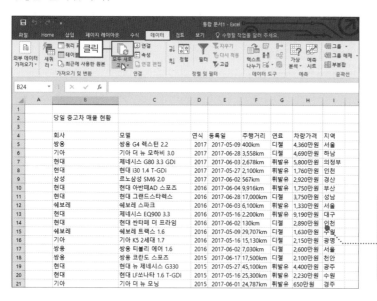

> Tip 현재 선택 중인 외부 연결 문서의 내용만 업데이트하려면 [데이터] 탭-[연결] 그룹-[모두 새로 고침▼]-[새로 고침]을 선택하면 됩니다.

13 다시 한 번 [텍스트 파일 가져오기] 창이 열리면 '중고차매물현황.csv' 파일을 선택하고 [가져오기] 버튼을 클릭합니다.

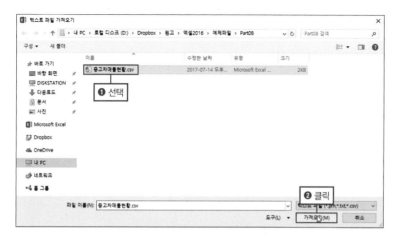

14 엑셀 통합 문서에 삽입된 외부 연결 문서의 내용 중 '쌍용'이 'Ssangyong'으로 변경된 것을 확인할 수 있습니다. 이처럼 외부 연결 문서를 이용하면 외부 문서의 내용을 언제든지 참조할 수 있기 때문에 실시간으로 변경되는 내용인 경우 매우 유용하고 정확하게 데이터를 관리할 수 있습니다.

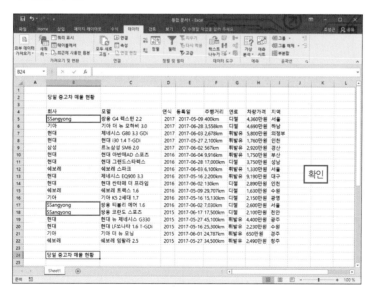

Sub ② 텍스트 나누기

엑셀 통합 문서의 한 열에 있는 데이터가 많은 경우에는 두 개의 셀로 나눌 수 있습니다. 한 셀의 내용을 두 개의 셀로 나누기 위해서는 반드시 쉼표나 탭과 같이 내용을 구분하기 위한 구분자가 포함되어야 합니다. 이번에는 쉼표가 구분자로 포함되어 있는 열을 두 개의 열로 나누어 보겠습니다.

01 열을 나누게 되면 기존에 있던 오른쪽 열의 내용이 사라지게 되므로 미리 비어있는 열을 삽입해야 합니다. D열을 나눌 것이므로 E열의 열 머리글을 마우스 오른쪽 버튼으로 클릭하고 [삽입]을 실행합니다.

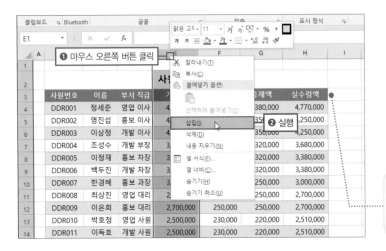

Tip 열을 삽입하게 되면 선택한 열 오른쪽에 새로운 열이 삽입됩니다.

02 D열의 오른쪽에 새로운 열이 삽입되면 [D3]셀에서 [D16]셀까지 나눌 범위를 선택한 다음 [데이터] 탭-[데이터 도구] 그룹-[텍스트 나누기]를 클릭합니다.

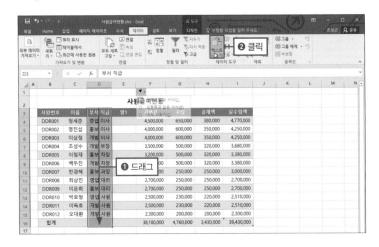

03 텍스트를 분리하기 위한 [텍스트 마법사] 창이 열립니다. 먼저 구분자의 형식을 선택해야 하므로 [구분 기호로 분리됨]을 선택하고 [다음] 버튼을 클릭합니다.

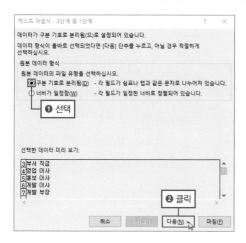

04 다음 단계로 구분자의 구분 기호를 선택하는 화면이 표시되면 [구분 기호] 영역에서 '공백' 옵션 상자에 체크 표시한 다음 [다음] 버튼을 클릭합니다.

Tip 구분 기호는 데이터를 구분하기 위한 기호로 탭이나 쉼표, 따옴표, 공백 등을 사용할 수 있습니다.

05 다음 3단계로 각 열의 셀 서식을 설정하는 화면이 표시되면 각 열을 선택하고 [텍스트]로 지정한 다음 [마침] 버튼을 클릭합니다.

06 기본의 열이 분리됨에 따라 오른쪽 열의 내용을 바꿀지 확인하는 대화상자가 표시되면 [확인] 버튼을 클릭합니다.

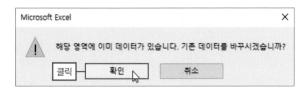

07 D열의 내용이 구분자에 의해 분리되어 새로운 열에 표시됩니다. 이처럼 [텍스트 나누기] 기능을 이용하면 일정한 규칙에 의해 입력된 데이터를 쉽게 분리할 수 있습니다.

A	B	C	D	E	F	G	H	I	J	K
1										
2				사원급여현황						
3	사원번호	이름	부서	직급	기본급	수당	공제액	실수령액		
4	DDR001	정세준	영업	이사	4,500,000	650,000	380,000	4,770,000		
5	DDR002	명진섭	홍보	이사	4,000,000	600,000	350,000	4,250,000		
6	DDR003	이상정	개발	이사	4,000,000	600,000	350,000	4,250,000		
7	DDR004	조성수	개발	부장	3,500,000	500,000	320,000	3,680,000		
8	DDR005	이정재	홍보	차장	3,200,000	500,000	320,000	3,380,000		
9	DDR006	백두진	개발	차장	3,200,000	500,000	320,000	3,380,000		
10	DDR007	한경혜	홍보	과장	3,000,000	250,000	250,000	3,000,000		
11	DDR008	최상진	영업	대리	2,700,000	250,000	250,000	2,700,000		
12	DDR009	이은희	홍보	대리	2,700,000	250,000	250,000	2,700,000		
13	DDR010	박호정	영업	사원	2,500,000	230,000	220,000	2,510,000		
14	DDR011	이득호	개발	사원	2,500,000	230,000	220,000	2,510,000		
15	DDR012	오대환	개발	사원	2,300,000	200,000	200,000	2,300,000		
16	합계				38,100,000	4,760,000	3,430,000	39,430,000		
17										

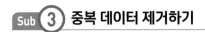

• 예제 파일 : Part 08/당일중고차매물현황.xlsx
• 완성 파일 : Part 08/당일중고차매물현황_완성.xlsx

Sub 3 중복 데이터 제거하기

외부 데이터를 가져오거나 많은 양의 데이터를 입력하다 보면 동일한 데이터를 중복해서 입력하는 경우가 있습니다. 입력한 데이터의 양이 많은 경우에는 이러한 중복 데이터를 일일이 찾아내기란 여간 번거로운 일이 아닙니다. 이런 경우에는 [중복된 항목 제거] 기능을 사용하여 쉽게 중복 데이터를 삭제할 수 있습니다.

01 중복 데이터를 제거할 범위를 지정하기 위해 [B5]셀에서 [I22]셀까지 선택하고 [데이터] 탭-[데이터 도구] 그룹-[중복된 항목 제거]를 클릭합니다.

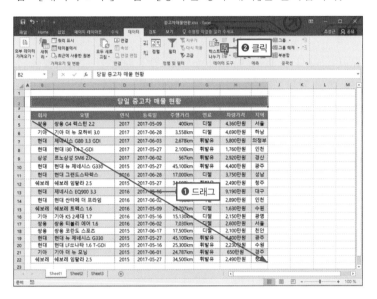

02 [중복된 항목 제거] 창이 열리면 [열] 상자에서 모든 열 이름에 체크 표시한 다음 [확인] 버튼을 클릭합니다. 이렇게 하면 모든 열에서 중복된 항목을 찾아 제거합니다.

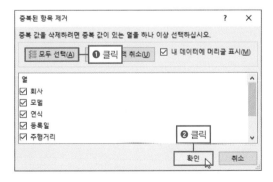

03 중복된 항목의 개수와 함께 검색된 레코드를 모두 삭제했음을 알리는 대화상자가 열립니다. 이처럼 [중복된 항목 제거] 기능을 사용하면 빠르고 편리하게 동일한 내용을 찾아 삭제할 수 있습니다. [확인] 버튼을 클릭하여 대화상자를 닫습니다.

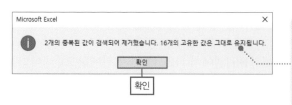

확인

Tip 데이터베이스에서는 데이터가 입력된 하나의 행을 레코드(Record)라고 부릅니다. 엑셀 통합 문서에서도 표 안의 데이터를 관리할 때는 데이터베이스와 동일한 형식을 가지게 되므로 중복된 레코드를 삭제했다고 하는 것이 맞는 표현이기도 합니다.

04 파일을 저장하지 않고 닫습니다. 다시 연 다음 이번에는 일부 열의 내용이 중복되었을 경우 해당 레코드를 제거하는 방법에 대해 알아보겠습니다. 중복 데이터를 제거할 범위를 지정하기 위해 다시 [B5]셀에서 [I22]셀까지 선택한 다음 [데이터] 탭-[데이터 도구] 그룹-[중복된 항목 제거]를 클릭합니다.

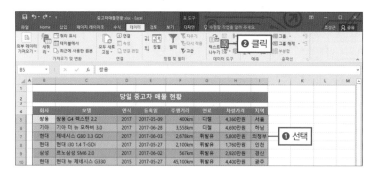

05 [중복된 항목 제거] 창이 열리면 모든 열 이름의 선택을 해제하기 위해 [모든 선택 취소] 버튼을 클릭합니다. [열] 상자의 모든 열 이름이 해제되면 [회사] 열 상자에만 체크 표시한 다음 [확인] 버튼을 클릭합니다.

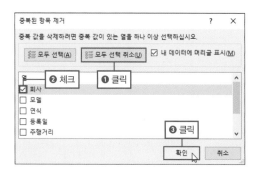

06 모든 열을 선택했을 때와는 달리 그보다 많은 수의 중복된 항목을 삭제했다는 대화상자가 표시됩니다. [확인] 버튼을 클릭하여 대화상자를 닫습니다.

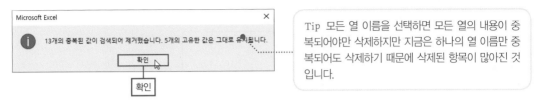

Tip 모든 열 이름을 선택하면 모든 열의 내용이 중복되어야만 삭제하지만 지금은 하나의 열 이름만 중복되어도 삭제하기 때문에 삭제된 항목이 많아진 것입니다.

07 다시 워크시트가 표시되면 중복된 항목이 제거되고 남은 레코드만 표시됩니다. 이처럼 [중복된 항목 제거] 기능을 이용하면 모든 열 또는 일부 열의 중복된 내용을 찾아 레코드를 삭제할 수 있습니다.

회사	모델	연식	등록일	주행거리	연료	차량가격	지역
			당일 중고차 매물 현황				
쌍용	쌍용 G4 렉스턴 2.2	2017	2017-05-09	400km	디젤	4,360만원	서울
기아	기아 더 뉴 모하비 3.0	2017	2017-06-28	3,558km	디젤	4,690만원	하남
현대	제네시스 G80 3.3 GDi	2017	2017-06-03	2,678km	휘발유	5,800만원	의정부
삼성	르노삼성 SM6 2.0	2017	2017-06-02	567km	휘발유	2,920만원	경산
쉐보레	쉐보레 임팔라 2.5	2015	2017-05-27	34,500km	휘발유	2,490만원	청주

Sub **4** 쿼리를 이용하여 외부 데이터 가져오기

• 완성 파일 : Part 08/파일목록_완성.xlsx

엑셀 2016의 새로운 기능 중에 쿼리를 이용하여 텍스트나 데이터베이스 등 외부 파일에서 원하는 데이터만을 엑셀로 가져올 수 있는 기능이 추가되었습니다. 이러한 쿼리 편집 기능을 이용하여 내 특정 폴더의 파일 위치를 엑셀에 정리하는 방법을 확인해 보겠습니다.

01 새 문서를 연 다음 [데이터] 탭-[가져오기 및 변환] 그룹-[새 쿼리]-[파일에서]-[폴더에서]를 선택합니다.

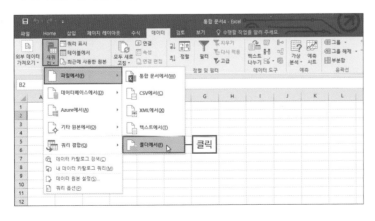

02 폴더 선택 상자가 표시되면 [찾아보기] 버튼을 클릭합니다. [폴더 찾아보기] 상자가 표시되면 파일 목록을 가져올 폴더를 선택한 다음 [확인] 버튼을 클릭합니다. 폴더 선택 상자가 표시되면 [확인] 버튼을 클릭합니다.

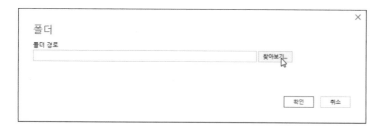

03 선택한 폴더의 파일 목록이 표시된다면 원하는 항목만 엑셀로 가져오기 위해 [편집] 버튼을 클릭합니다.

04 쿼리 편집 상자가 열리면 불필요한 열 머리글을 [Ctrl] 키를 누른 채로 선택하고 [홈] 탭-[열 관리] 그룹-[열 제거]를 이용하여 삭제합니다.

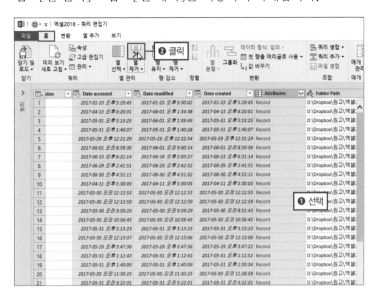

05 열 머리글의 필터 아이콘을 이용하여 표시하려는 파일 형식을 필터링합니다.

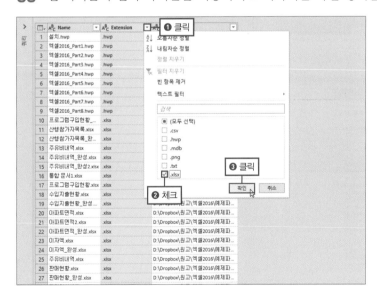

06 필터링되면 [홈] 탭-[닫기] 그룹-[닫기 및 로드]를 클릭하여 편집된 쿼리를 가져옵니다.

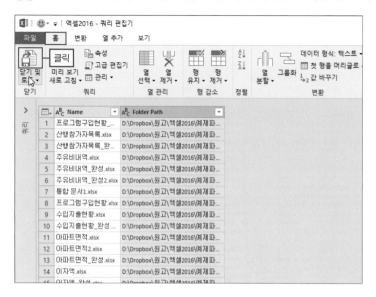

07 엑셀로 편집된 쿼리가 삽입됩니다. 이처럼 엑셀 2016에서는 파일 목록은 물론 외부 데이터베이스와 외부 형식의 파일 등을 쿼리를 통하여 편집한 다음 엑셀에 삽입할 수 있습니다.

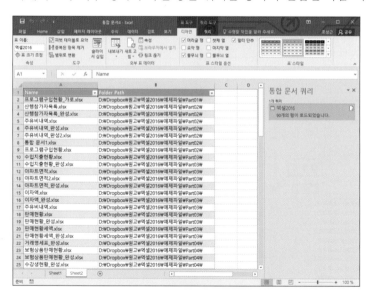

데이터 정렬하기

일정한 순서 없이 뒤섞여 있는 데이터 속에서 내가 원하는 데이터를 찾기란 쉬운 일이 아닙니다. 데이터 정렬은 일정한 기준에 의해 데이터를 다시 정렬하는 기능으로 텍스트는 물론 날짜·숫자의 크기에 의해 데이터를 정렬할 수 있습니다.

· Preview ·

▲ [이용구분], [이용금액], [이용일자]의 순서로 정렬한 모습

섹션별
주요 내용

① 숫자를 기준으로 데이터 정렬하기   ② 날짜를 기준으로 데이터 정렬하기
③ 사용자 지정에 의해 데이터 정렬하기

• 예제 파일 : Part 08\신용카드사용내역.xlsx
• 완성 파일 : Part 08\신용카드사용내역_완성.xlsx

데이터 정렬 중 가장 기본적인 기능으로, 숫자를 기준으로 오름차순 또는 내림차순으로 정렬합니다. 정렬의 기준으로 삼은 열에 따라 전체 레코드가 정렬되며, 스타일이 적용된 표의 경우에는 범위가 자동으로 표 전체로 지정되며 스타일이 지정되지 않은 경우에는 데이터가 연속적으로 입력된 범위를 자동으로 인식하여 범위를 지정합니다.

01 신용카드 이용 금액이 많은 순서대로 정렬해 보겠습니다. [E4]셀에서 [E17]셀까지를 선택합니다.

> Tip 정렬을 할 때는 기준이 되는 셀만 선택하면 됩니다. 본문에서는 금액의 범위를 알기 쉽게 이해하기 위해 선택한 것입니다. 필터와 정렬 기능은 [홈] 탭-[편집] 그룹과 [데이터] 탭-[정렬 및 필터] 그룹에서 사용할 수 있습니다.

02 [데이터] 탭-[정렬 및 필터] 그룹-[숫자 내림차순 정렬]을 클릭합니다. [이용금액] 열의 금액을 기준으로 모든 레코드가 많은 금액 순서로 정렬됩니다. 즉 내림차순은 높은 숫자에서 낮은 숫자로 정렬되고 반대로 오름차순은 낮은 숫자에서 높은 숫자로 정렬이 이루어집니다.

오름차순 순서

기본적으로 오름차순은 숫자의 경우 낮은 숫자부터, 알파벳의 경우는 'A'부터 정렬됩니다. 한글의 경우는 'ㄱ'부터 정렬이 시작됩니다. 이 외에 오름차순으로 정렬되는 순서는 다음과 같습니다.

• 숫자 : 음수에서 양수로 정렬되며 작은 수에서 큰 수로 정렬이 이루어집니다.

• 텍스트 : 왼쪽에서 오른쪽으로 한 자씩 순서대로 정렬됩니다. 예를 들어 'C450'이 입력된 셀은 'C400'이 입력된 셀보다 나중에 정렬됩니다. 알파벳의 경우 'A'부터 정렬되며 한글의 경우는 'ㄱ'부터 정렬이 시작됩니다.

• 텍스트와 숫자가 섞인 경우 : 텍스트와 숫자가 섞인 경우는 텍스트로 인식되지만 숫자가 앞에 오는 경우는 숫자의 정렬 방법이 적용됩니다. 또한 특수 문자가 함께 섞인 경우는 '숫자 〉 특수 문자 〉 텍스트'의 순서로 정렬이 이루어집니다.

• 논리 값/오류 값 : 참(True)가 거짓(False)보다 우선 정렬이 되며, 오류 값의 순서는 모두 동일합니다.

• 비어 있는 셀 : 비어 있는 셀은 언제나 항상 마지막에 정렬됩니다.

Sub ② 날짜를 기준으로 데이터 정렬하기

날짜를 기준으로 데이터를 정렬해 보겠습니다. 날짜의 경우도 내림차순은 최근 일자부터 과거 일자로 정렬이 되며, 오름차순은 과거 날짜에서 최근 날짜로 정렬이 이루어집니다. 단 날짜를 기준으로 정렬하기 위해서는 표시 형식이 날짜로 설정되어 있어야 합니다. 날짜로 인식하지 못하는 경우에는 텍스트로 인식하여 알파벳 혹은 숫자를 정렬하는 기준이 적용됩니다.

01 날짜를 기준으로 정렬해야 하므로 [B4]셀에서 [B17]셀까지 선택합니다.
날짜를 기준으로 정렬하기 위해 [데이터] 탭-[정렬 및 필터] 그룹-[날짜/시간 오름차순 정렬]을 클릭합니다.

Tip 숫자와 마찬가지로 날짜의 기준이 되는 [B4]셀만 선택해도 됩니다.

02 [이용일자] 열의 날짜를 기준으로 모든 레코드가 정렬됩니다. 이처럼 많은 양의 데이터 중에 자신이 찾고자 하는 날짜가 있다면 날짜를 기준으로 정렬을 하면 보다 쉽게 데이터를 찾을 수 있습니다.

신용카드 사용내역								
이용일자	이용카드	가맹점(은행)명	이용금액	할부개월	회자	원금	수수료	이용구분
2016-07-01	M147	이니시스	70,400	3	3	23,466	0	할부
2016-07-02	M147	비씨신용정보보호서비	900	0	0	900	0	일반
2016-07-04	M147	놀부보쌈(야탑)	54,000	2	1	27,000	0	할부
2016-07-05	M147	본죽(김포)	18,000	0	0	18,000	0	일반
2016-07-10	M147	어미가	37,000	0	0	37,000	0	일반
2016-07-11	M147	교보문고	180,000	6	2	30,000	0	할부
2016-07-12	M147	신선설렁탕	12,000	0	0	12,000	0	일반

Sub 3 사용자 지정에 의해 데이터 정렬하기

정렬해야 할 데이터 양이 방대한 경우에는 한 가지 정렬 조건보다는 여러 가지 조건을 함께 사용하면 보다 정확하게 데이터를 정렬할 수 있습니다. 이번에는 [이용구분]과 [이용금액] 그리고 [이용일자]를 이용하여 보다 정확한 데이터 정렬을 해 보겠습니다.

01 다양한 조건을 사용해야 하므로 [이용구분]과 [이용금액] 그리고 [이용일자] 열 중의 한 셀을 선택합니다.
[B4]셀을 선택한 다음 [데이터] 탭-[정렬 및 필터] 그룹-[정렬]을 클릭합니다.

02 [정렬] 창이 열리면 먼저 [이용 구분]을 기준으로 정렬하겠습니다. [정렬 기준] 상자를 열고 '이용 구분'을 선택합니다. '이용 구분' 항목의 [정렬] 상자를 열고 정렬 방법을 '내림차순'으로 지정한 다음 정렬 기준을 추가하기 위해 [기준 추가] 버튼을 클릭합니다.

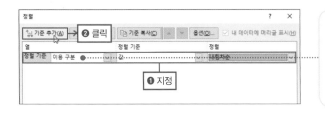

Tip [정렬 기준] 상자에는 자동으로 표 머리글이 표시됩니다. 표 머리글이 표시되지 않는다면 표 스타일을 적용하지 않은 상태이므로 먼저 표 스타일을 적용하여 데이터 영역을 지정해야 합니다.

03 새로운 정렬 기준 항목이 만들어지면 [다음 기준] 상자를 열어 '이용금액' 항목을 선택하고 [정렬] 상자를 열어 정렬 방법을 '내림차순'으로 지정합니다. 다시 새로운 정렬 기준을 추가하기 위해 [기준 추가] 버튼을 클릭합니다.

04 새로운 정렬 기준 항목이 추가되면 [다음 기준] 상자를 열어 '이용일자'를 선택한 다음 [정렬] 상자를 열고 정렬 방법으로 '오름차순'을 선택합니다. 모든 정렬 기준 설정이 완료되면 [확인] 버튼을 클릭합니다.

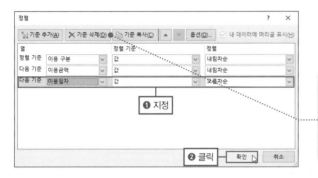

Tip 정렬 기준을 잘못 삽입한 경우에는 [열] 상자를 선택한 상태에서 [기준 삭제] 버튼을 클릭하면 선택한 정렬 기준이 삭제됩니다. 또한 [정렬] 방법이 동일한 경우에는 기준 정렬 기준을 복사한 다음 정렬 기준만 변경해도 됩니다.

05 다시 워크시트가 표시되면 [이용구분], [이용금액], [이용일자]의 순서로 정렬 기준에 의해 데이터가 정렬됩니다.

Tip 정렬된 상태로 엑셀 통합 문서를 저장하면 정렬 순서까지 함께 저장되어, 다음에 엑셀 통합 문서를 열게 되면 데이터가 정렬된 상태로 열립니다.

데이터 필터링하기

데이터 정렬이 정렬 기준에 의해 데이터를 보기 쉽게 정렬하는 데 반해 데이터 필터는 내가 원하는 데이터만 화면에 표시하게 하는 기능입니다. 데이터 필터를 사용하면 방대한 양의 데이터에서 내가 원하는 데이터만 화면에 표시할 수 있으므로 데이터 정렬보다 빠르고 정확하게 데이터를 찾을 수 있습니다.

· Preview ·

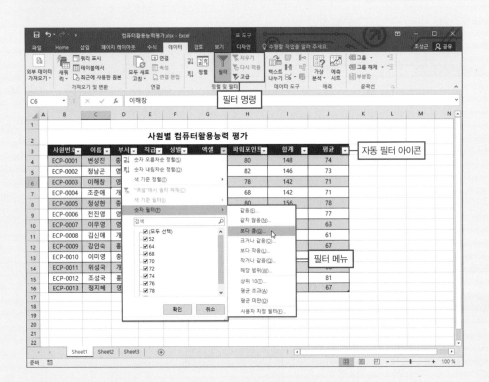

섹션별 주요 내용

① 자동 필터 사용하기
② 텍스트 필터를 통해 필터링하기
③ 이중으로 자동 필터를 적용하기
④ 조건 범위 안에 속하는 레코드만 필터링하기
⑤ 고급 필터 사용하기

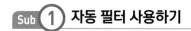
Sub 1 자동 필터 사용하기

자동 필터는 데이터 영역의 머리글에 자동 필터 아이콘을 사용하여 해당 열에서 지정한 레코드만 표시하는 기능입니다. 자동 필터를 사용하면 지정한 항목은 물론 일정 범위 안에 속하는 레코드들도 추출할 수 있습니다. 이번에는 자동 필터를 사용하여 해당 열에 특정 텍스트가 포함된 레코드만 표시되도록 필터링을 해 보겠습니다.

01 [부서] 열에서 '총무부'가 포함된 레코드만 추출하겠습니다. [부서] 열의 머리글인 [D3]셀을 선택한 다음 [데이터] 탭-[정렬 및 필터] 그룹-[필터]를 클릭합니다.

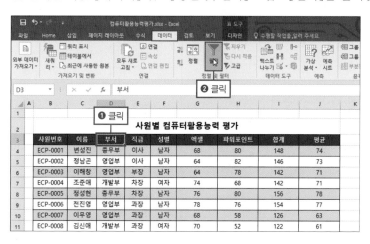

02 데이터 영역의 머리글에 자동 필터 아이콘(▼)이 표시되면 [D3]셀의 자동 필터 아이콘을 클릭합니다.

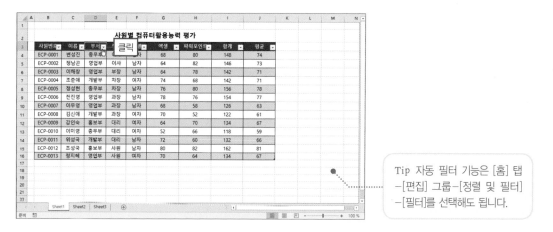

Tip 자동 필터 기능은 [홈] 탭-[편집] 그룹-[정렬 및 필터]-[필터]를 선택해도 됩니다.

03 자동 필터 화면이 표시되면 [총무부] 옵션 상자에만 체크 표시하고 나머지 항목은 모두 체크 표시를 해제한 다음 [확인] 버튼을 클릭합니다.

화면에 [부서]가 '총무부'인 레코드만 표시됩니다. 필터가 적용되면 자동 필터 아이콘이 필터링 상태(🔽)로 표시됩니다.

필터가 적용된 화면을 다시 원래의 화면으로 복원하려면 [데이터] 탭–[정렬 및 필터] 그룹–[지우기]를 클릭합니다.

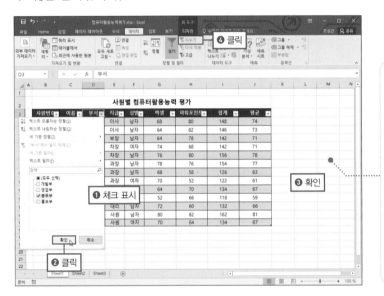

> **Tip** 필터가 적용된 상태에서 다른 열의 자동 필터 아이콘을 클릭하여 필터링을 하면 이중으로 필터링이 적용되어 보다 정확한 데이터를 추출할 수 있습니다.
> 다른 필터를 적용하지 않고 필터링을 완전히 지우려면 [데이터] 탭–[정렬 및 필터] 그룹에서 선택되어 있는 [필터]를 클릭하여 필터 작업을 해제하면 워크시트의 모든 필터가 지워집니다.

04 다시 필터링하기 이전의 처음 데이터 상태로 복원됩니다.

사원별 컴퓨터활용능력 평가

사원번호	이름	부서	직급	성별	엑셀	파워포인트	합계	평균
ECP-0001	변성진	총무부	이사	남자	68	80	148	74
ECP-0002	정남곤	영업부	이사	남자	64	82	146	73
ECP-0003	이해창	영업부	부장	남자	64	78	142	71
ECP-0004	조준애	개발부	차장	여자	74	68	142	71
ECP-0005	정성현	총무부	차장	남자	76	80	156	78
ECP-0006	전진영	영업부	과장	남자	78	76	154	77
ECP-0007	이무영	영업부	과장	남자	68	58	126	63
ECP-0008	김신애	개발부	과장	여자	70	52	122	61
ECP-0009	강인숙	홍보부	대리	여자	64	70	134	67
ECP-0010	이미영	총무부	대리	여자	52	66	118	59
ECP-0011	위성국	개발부	대리	남자	72	60	132	66
ECP-0012	조성국	홍보부	사원	남자	80	82	162	81
ECP-0013	정지혜	영업부	사원	여자	70	64	134	67

텍스트 필터는 엑셀 2016에서 새롭게 추가된 기능으로, 자동 필터에서 텍스트 검색을 통해 필터링을 할 수 있습니다. 텍스트 필터를 사용하면 직접 열 내용을 선택하지 않아도 입력한 텍스트가 포함된 레코드만을 실시간으로 찾아주므로 보다 효율적인 필터 작업을 할 수 있습니다.

01 [이름] 열에 속한 항목 중 '전'이라는 텍스트가 포함된 레코드를 찾아보겠습니다. 먼저 자동 필터를 적용하기 위해 [이름] 열의 머리글인 [C3]셀의 자동 필터 아이콘을 클릭합니다. 자동 필터 화면이 표시되면 [텍스트 필터]-[같음]을 실행합니다.

02 [사용자 지정 자동 필터] 입력 상자가 표시되면 입력 상자에 검색어를 입력한 다음 [확인] 버튼을 클릭합니다.

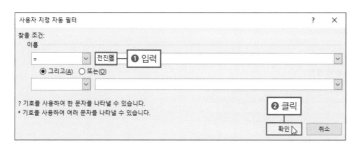

03 [텍스트 필터]에 의해 필터링된 레코드가 화면에 표시됩니다. 이처럼 [텍스트 필터] 검색을 사용하여 방대한 양의 데이터 속에서도 자신이 찾고자 하는 데이터만 정확하게 추출할 수 있는 장점이 있습니다.

Sub 3 · 이중으로 자동 필터를 적용하기

필터링이 적용된 상태에서 다시 자동 필터 아이콘을 이용하여 필터링을 하면 보다 정확한 데이터를 추출할 수 있습니다. 이번에는 [성별]이 '여자'인 레코드 중에서 다시 [직급]이 '대리'인 레코드만 추출하겠습니다.

01 [데이터] 탭-[정렬 및 필터] 그룹-[지우기]를 클릭하여 필터링 상태를 지운 다음 [성별]이 '여자'인 레코드만 화면이 표시하기 위해 [성별]의 머리글인 [F3]셀을 선택한 다음 [F3]셀의 자동 필터 아이콘을 클릭합니다.

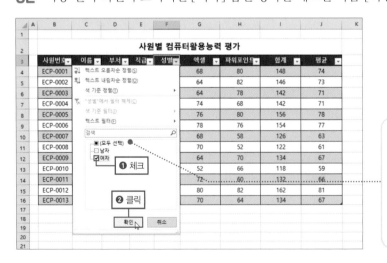

사원별 컴퓨터활용능력 평가

사원번호	이름	부서	직급	성별	엑셀	파워포인트	합계
ECP-0001	변성진	총무부	이사	남자	68	80	148
ECP-0002	정남곤	영업부	이사	남자	64	82	146
ECP-0003	이해창	영업부	부장	남자	64	78	142
ECP-0004	조준애	개발부	차장	여자	74	68	142
ECP-0005	정성현	총무부	차장	남자	76	80	156
ECP-0006	전진영	영업부	과장	남자	78	76	154
ECP-0007	이무영	영업부	과장	남자	68	58	126
ECP-0008	김신애	개발부	과장	여자	70	52	122
ECP-0009	강인숙	홍보부	대리	여자	64	70	134
ECP-0010	이미영	총무부	대리	여자	52	66	118
ECP-0011	위성국	개발부	대리	남자	72	60	132
ECP-0012	조성국	홍보부	사원	남자	80	82	162
ECP-0013	정지혜	영업부	사원	여자	70	64	134

02 자동 필터 화면이 표시되면 [여자] 옵션 상자만 체크한 다음 [확인] 버튼을 클릭합니다.

Tip 필터 범위 안에 포함된 항목이 여러 개인 경우에는 먼저 [(모두 선택)] 옵션 상자의 체크를 해제하여 모든 옵션 상자의 체크를 해제한 다음 필터링을 할 항목만 체크 표시하면 빠른 선택이 가능합니다.

03 [성별]이 '여자'인 레코드만 화면에 표시됩니다. 이제 1차 필터링이 적용된 상태에서 다시 한 번 [직급]이 '대리'인 레코드만 추출해 보겠습니다. [직급]의 머리글인 [E3]셀의 자동 필터 아이콘을 클릭합니다. 자동 필터 화면이 표시되면 [대리] 옵션 상자만 체크한 다음 [확인] 버튼을 클릭합니다.

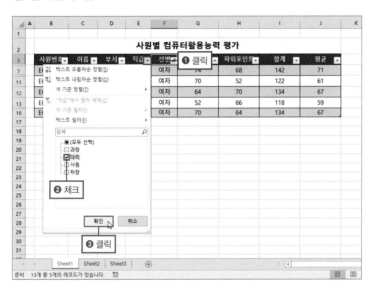

04 [성별]이 '여자'이면서 [직급]이 '대리'인 레코드만 화면에 표시됩니다. 이처럼 자동 필터를 사용하면 아무리 많은 양의 데이터에서도 자신이 원하는 데이터만을 화면에 표시하여 정확한 데이터를 추출할 수 있습니다.

적용된 자동 필터를 지우기 위해 [데이터] 탭-[정렬 및 필터] 그룹-[지우기]를 클릭합니다.

자동 필터의 또 다른 강력한 기능은 특정 레코드뿐만 아니라 조건으로 지정한 범위에 포함된 레코드를 찾을 수 있다는 점입니다. 이러한 범위 조건 필터링은 데이터베이스에서의 쿼리 작업과 같이 조건을 지정하여 사용자가 원하는 범위를 좁히는 방법입니다.

01 범위 조건 필터링을 적용하여 [엑셀] 점수가 '70'점이 넘는 레코드만 표시해 보겠습니다. 먼저 [엑셀] 점수가 포함되어 있는 [G3]셀의 자동 필터 아이콘을 클릭합니다. 자동 필터 화면이 표시되면 [숫자 필터]-[보다 큼]을 선택합니다.

02 [사용자 지정 자동 필터] 창이 열리면 첫 번째 조건을 '>' 항목으로 선택하고 [값]을 '70'으로 입력한 다음 [확인] 버튼을 클릭합니다.

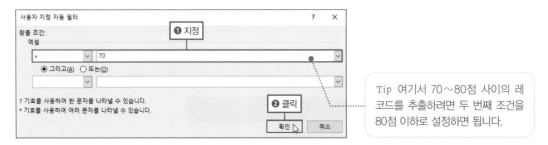

Tip 여기서 70~80점 사이의 레코드를 추출하려면 두 번째 조건을 80점 이하로 설정하면 됩니다.

03 다시 워크시트가 표시되면 [엑셀] 점수가 '70'점을 초과한 레코드만 화면에 표시됩니다. 이처럼 범위 조건 필터링을 사용하면 일정 범위에 있는 레코드를 쉽게 추출할 수 있습니다.

	사원별 컴퓨터활용능력 평가							
사원번호	이름	부서	직급	성별	엑셀	파워포인트	합계	평균
ECP-0004	조준애	개발부	차장	여자	74	68	142	71
ECP-0005	정성현	총무부	차장	남자	76	80	156	78
ECP-0006	전진영	영업부	과장	남자	78	76	154	77
ECP-0011	위성국	개발부	대리	남자	72	60	132	66
ECP-0012	조성국	홍보부	사원	남자	80	82	162	81

• 예제 파일 : Part 03\중고차현황.xlsx
• 완성 파일 : Part 08\중고차현황_완성.xlsx

데이터 양이 방대한 경우에는 자동 필터를 이용할 때 여러 단계를 거쳐야만 정확한 레코드를 추출할 수 있습니다. 이러한 경우에는 고급 필터를 사용하면 여러 단계의 필터링 과정을 한 번의 과정으로 줄일 수 있습니다. 단 고급 필터를 사용하기 위해서는 미리 필터링을 위한 조건이 워크시트에 입력되어 있어야 합니다.

01 [회사]가 '현대'이면서 [연식]이 '2016'보다 높거나 [회사]가 '기아'이면서 [연식]이 '2016'보다 높은 레코드를 추출하겠습니다. 먼저 고급 필터를 적용하기 위한 조건을 입력해야 합니다. [K4]셀에서 [L6]셀까지의 범위에 그림처럼 조건을 입력합니다.
조건의 범위에 테두리를 만들기 위해 [K4]셀에서 [L6]셀까지 선택한 다음 [홈] 탭-[글꼴] 그룹-[테두리]-[모든 테두리]를 선택합니다.

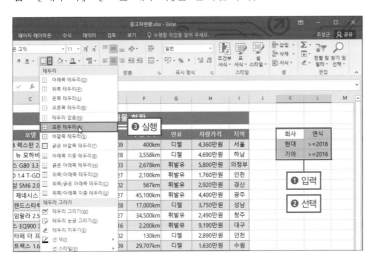

02 조건 영역에 테두리 선이 만들어지면 이제 고급 필터를 적용해 보겠습니다. 먼저 고급 필터가 적용될 범위의 임의의 셀을 선택합니다. 여기서는 [B4]셀을 선택한 다음 [데이터] 탭-[정렬 및 필터] 그룹-[고급]을 클릭합니다.

고급 필터의 조건

고급 필터의 조건을 입력할 때는 먼저 머리글을 입력하고 그 아래 행에 조건을 입력합니다. 고급 필터의 조건에는 조건을 입력하는 방법에 따라 그 의미가 달라집니다.

• AND

머리글과 조건을 같은 줄에 입력하면 'AND'의 의미가 됩니다. 예를 들어 아래와 같은 조건인 경우에는 [회사]가 '현대'이고 [연식]이 '2016'보다 높은 레코드가 추출됩니다.

회사	연식
현대	>=2016

• OR

머리글 아래 조건을 여러 개 입력하면 'OR'의 의미가 됩니다. 예를 들어 아래의 조건인 경우에는 [회사]가 '현대'이거나 '기아'인 레코드가 모두 추출됩니다.

회사
현대
기아

또한 아래의 조건인 경우에는 [회사]가 '현대'이거나 [연식]이 '2016'보다 높은 레코드가 모두 추출됩니다.

회사	연식
현대	
	>=2016

• 복합 조건

머리글의 오른쪽과 아래쪽에 모두 조건이 입력되면 'AND'와 'OR'이 모두 적용되는 조건을 만들 수 있습니다. 예를 들어 아래의 조건인 경우에는 [회사]가 '현대'이면서 [연식]이 '2016'보다 높거나 [회사]가 '기아'이면서 [연식]이 '2016'보다 높은 레코드를 모두 추출하게 됩니다.

회사	연식
현대	>=2016
기아	>=2016

03 [고급 필터] 창이 열리면 먼저 필터의 삽입 형태를 설정해야 합니다. 여기서는 필터의 결과를 새로운 데이터로 추출할 것이므로 [다른 장소에 복사]를 선택한 다음 [조건 범위] 버튼을 클릭합니다.

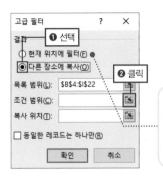

Tip 필터의 결과를 [현재 위치에 필터]로 선택하면 현재 선택한 범위의 레코드가 사라지고 고급 필터에 의해 추출된 레코드만 표시됩니다. [목록 범위]는 자동으로 표 전체가 데이터 범위로 지정됩니다. 또한 조건 범위를 직접 셀을 지정하여 입력하려면 [조건 범위] 입력 상자에 입력 대기 상태가 되어야 합니다.

04 [조건 범위] 입력 상자의 입력 대기 상태에서 [K4]셀에서 [L6]셀까지 범위를 지정하면 자동으로 [조건 범위] 입력 상자에 조건 범위가 입력됩니다.

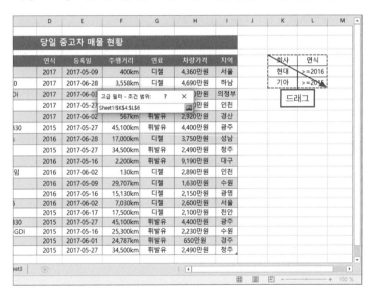

05 [조건 범위] 입력 상자에 조건 범위의 셀 주소가 입력된 다음 Enter 키를 누른 다음 고급 필터에 의해 필터링된 결과가 삽입될 위치를 지정해야 합니다. [복사 위치] 입력 상자를 클릭한 다음 [B24]셀을 선택하면 자동으로 셀 주소가 [복사 위치] 입력 상자에 입력됩니다.

[고급 필터] 창의 모든 조건 설정이 완료되면 [확인] 버튼을 클릭합니다.

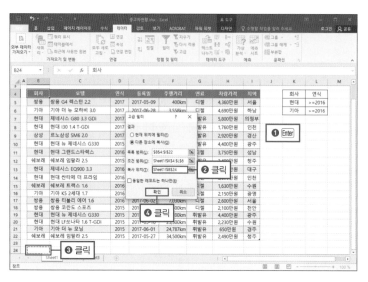

06 [B19]셀에 고급 필터에 의해 추출된 레코드가 삽입됩니다. 이처럼 고급 필터를 사용하면 다양한 조건을 한꺼번에 적용하여 정확하게 원하는 데이터만 추출할 수 있습니다.

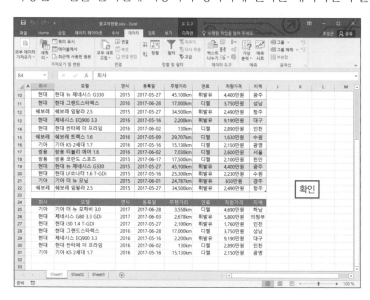

Index _찾아보기

A-H

ABS( ) 393
AND( ) 365
AVERAGE( ) 362
AVERAGEA( ) 414
COUNT( ) 416
COUNTA( ) 418
COUNTBLANK( ) 420
COUNTIF( ) 422
DATE( ) 380
DATEDIF( ) 384
DAY( ) 378
DAYS360( ) 390
HLOOKUP( ) 434

I-P

IF( )/AND( ) 365
INDEX( ) 441
INT( ) 395
LARGE( ) 424
LEFT( ) 448
LEN( ) 454
MATCH( ) 441
MAX( ) 367
MEDIAN( ) 429
Microsoft Office backstage 25
MID( ) 450
MIN( ) 367
MOD( ) 397
MODE.SNGL( ) 431
MONTH( ) 377
NOW( ) 372
PRODUCT( ) 398
PROPER( ) 456

R-Y

RANK.EQ( ) 363
RIGHT( ) 452
ROUND( ) 404

ROUNDDOWN( ) 409
ROUNDUP( ) 406
SMALL( ) 426
SmartArt 도구 44
SUM( ) 359, 360
SUMIF( ) 401
SUMPRODUCT( ) 398
Tell me 18
TEXT( ) 460
TODAY( ) 372
TRUNC( ) 411
UPPER( ) 458
VLOOKUP( ) 438
WEEKDAY( ) 382
WordArt 335
YEAR( ) 375

ㄱ-ㄷ

개발 도구 45
[개발 도구] 탭 42
거래명세표 281
거짓(False) 365
검토 41
계층 구조형 343
고급 필터 555
공동 작업 17
그라데이션 중지점 305
그래픽 만들기 344
그리기 도구 43
그림 326
그림 도구 43
글꼴 색 240
기호 127
나머지 397
날짜 371
데이터 계열 서식 493
데이터 막대 261
데이터베이스 16
데이터 원본 선택 500
데이터 유효성 검사 147
도형 윤곽선 309

동적 차트 518

ㄹ-ㅂ

리본 메뉴 35
리본 메뉴 사용자 지정 49
리본 메뉴에 없는 명령 49
맞춤 229
맞춤 설정 231
머리글 80
머리글/바닥글 도구 45
메모 131
모양 조절 핸들 312
문자열 연산자 177
미니 도구 모음 26
바닥글 80
반올림 404
백분율 스타일 217
병합하고 가운데 맞춤 28
보기 41
비교 연산자 176
빠른 실행 도구 모음 25, 33

ㅅ

사용자 지정 목록 편집 144
상대참조 187
상위/하위 규칙 261
상황 표시줄 26
새 규칙 262
새 통합 문서 56
색조 262
서식 없이 채우기 206
서식 파일 57
선택 영역에서 만들기 184
설치 20
세금계산서 462
셀 91
셀 강조 규칙 261
셀 배경 243
셀 병합 226
셀 서식 217

Index _찾아보기

수식	39
수식 도구	44
수식 분석	196
수식 입력 줄	25
수준 내리기	344
수준 올리기	344
수직 가운데 맞춤	307
수평 가운데 맞춤	307
수학 연산자	176
순위	363
숨기기	116
쉼표 스타일	207
스마트아트	340
스크린샷	328
스타일	244
스파크라인 도구	44
스프레드시트	12
시간	371
시트 보호	119
시트 탭	26

ㅇ

아이콘 집합	262
암호	68
업그레이드	20
엑셀	12
여백 표시	74
연산자	176
연속 데이터 채우기	139
열 너비	101
열 머리글	26
오류 검사	83
오류 메시지	154
오피스 2016	13
온라인 그림	331
옵션	32
외부 데이터 가져오기	252, 527
요구 사양	13
용지 방향	76
용지 여백	77
워드아트	335

워드아트 효과	338
워크시트	104
이동/복사	110
이동 옵션	159
이름 관리자	99
이름 상자	25
이름 정의	182
인쇄	73
인쇄 크기	78
일러스트레이션	303

ㅈ

자동 복구 정보 저장 간격	85
자동화 기능	16
절대 값	393
절대참조	189
점 편집	321
정렬 및 필터	257
정수	395
정의된 이름	99, 182
정품 인증	22
정황 탭	25
제목 표시줄	25
제한 대상	147
조건부 서식	261
조정	332

ㅊ

차트	483
차트 도구	43
차트 레이아웃	509
차트 요소	493
차트 요소 추가	509
차트 이동	512
차트 종류 변경	490
참(True)	365
참조	186
참조되는 셀 추적	196
참조 연산자	177
찾기 및 선택	159

채우기 색	239
채우기 핸들	138
최대값	367
최소값	367

ㅋ ~ ㅌ

클립아트	331
테두리	235
테두리 그리기	242
테마 셀 스타일	249
텍스트 나누기	534
텍스트 편집	306
통합 문서 보호	122
특수 문자	127

ㅍ

파일	35
파일 형식	66
[페이지 레이아웃] 탭	38
평균	169
표	252
표 도구	43
표시 형식	213
필터	257, 549

ㅎ

한 페이지에 시트 맞추기	79
함수	355
함수 라이브러리	357
함수 삽입	358
합계	169
행 높이	101
행 머리글	26
호환성 검사	67
혼합참조	192
[홈] 탭	36
확대/축소	30